러시아 연방의 절멸 위기 알타이 언어

사회언어학적 백과사전

러시아 연방의 절멸 위기 알타이 언어

사회언어학적 백과사전

Языки Российской Федерации

V. Ju. 미할첸코, G. D. 매코널 편

충북대학교 러시아·알타이지역 연구소, 최문정 편역

태학사

러시아 연방의 절멸 위기 알타이 언어
– 사회언어학적 백과사전

초판 1쇄 인쇄 | 2013년 5월 1일
초판 1쇄 발행 | 2013년 5월 8일

편   자 | V. Ju. 미할첸코, G. D. 매코널
편역자 | 충북대학교 러시아 · 알타이지역 연구소, 최문정
펴낸이 | 지현구

펴낸곳 | 태학사
등   록 | 제406-2006-00008호
주   소 | 경기도 파주시 광인사길 223
전   화 | (031)955-7580~2(마케팅부)   955-7585~90(편집부)
전   송 | (031)955-0910
전자우편 | thaehak4@chol.com
홈페이지 | www.thaehaksa.com

값은 뒤표지에 있습니다.

ISBN 978-89-5966-559-4   93790

* 이 도서는 2007년 정부(교육인적자원부)의 재원으로 한국연구재단의 지원을 받아 수행
  된 연구(KRF-2007-362-A00035)이다.

한국어판 발간사

다민족 연방 국가인 러시아에는 소련 시기부터 연방에 속한 민족들의 언어를 조사하고 연구하는 깊은 전통이 있다. 충북대학교 러시아·알타이지역 연구소가 한국 독자들에게 소개하는 이 백과사전은, 그러한 연구 중 하나가 방대한 결과물의 모습으로 집약된 것으로, '세계의 문자 언어' 시리즈 중에서 '러시아 연방의 언어'라는 제목으로 기획된 3권의 백과사전 시리즈 중 제2권이다. 러시아의 언어학 연구소와 캐나다의 라발 대학교 산하 국제 언어 계획 연구 센터가 공동으로 진행한 프로젝트의 결과물인 '세계의 문자 언어' 시리즈 중에서 서유럽, 아메리카, 인도, 중국, 아프리카의 언어편이 이미 출판되었고, '러시아 연방의 언어' 3권 중에서 제1권은 2000년, 본서인 제2권은 2003년에 출판되었다.

이 백과사전은 러시아 연방의 언어를 사회언어학적 관점에서 기술한 사전으로서, 제1권에는 기능면에서 발달한 32개 언어가, 제2권에는 54개의 소수민족 언어가 기술되어 있다. 한국어판에는 그중에서 알타이 언어에 속하는 소수민족 언어 12개와, 고립어이지만 알타이 언어와 관련이 있을 수 있는 니브흐어를 비롯한 총 13개 언어를 선별하여 번역하였다.

알타이 언어는 크게 만주퉁구스 어파, 몽골 어파, 튀르크 어파로 나뉜다. 언어의 개수를 세는 관점은 학자마다 다르지만, 총 55개의 알타이 언어 중에서 만주퉁구스 어파에는 11개 언어, 몽골 어파에는 10개 언어, 튀르크 어파에는 34개 언어가 속한다고 볼 수 있다. 이 백과사전에는 만주퉁구스 어파의 언어 8개, 튀르크 어파의 언어 4개가 기술되어 있다.

충북대학교 러시아·알타이지역 연구소는 2003년에 '러시아 연구소'라는 이름으로 출범하여, 러시아는 물론 중국, 몽골과 중앙아시아에 걸쳐 자리한 알타이 지역의 언어, 문화, 역사, 정치, 경제, 사회 등 해당 지역 전반에 대한 전문적이고 종합적인 연구를 수행해 왔다. 또한 이와 관련된 학술, 교육 분야의 교류를 통해 해당 지역과의 관계 증진에 기여하는 것을 목표로 활동하고 있다. 당 연구소는 2007년 한국연구재단의 '인문한국(HK) 지원 사업'에서 '중국·러시아·몽골의 알타이 지역'이라는 아젠다로 '유망 연구소'로 선정되어 그 주요 과제로서 백과사전인 『러시아 연방의 언어』를 번역하여 출판하게 되었다.

오늘날 전 세계에는 약 6천 개의 언어가 있고, 그중 절반이 넘는 3천여 개의 언어는 그 사용자 수가 3천 명이 안 되는 절멸 위기의 언어이다. 사용자가 1천 명이 채 되지 않는 언어도 전 세계 언어 중 4분의 1에 이르고, 모어 화자가 10명 미만인 절멸 직전의 언어도 200개가 넘는다. 러시아 연방의 경우 전체 인구 약 1억 5천만 명 중에서 20%가 넘는 약 3천만 명의 사람들은 약 145개에 달하는 비러시아계 민족의 구성원이고, 그 민족들 중 소수민족이 60여 개이다. 또한 그중 40개 민족의 언어는 화자의 수가 1만 명 미만인 절멸 위기의 언어이다. 특히 알타이 언어에 속하는 네기달어, 오로크어, 오로치어, 토파어, 출름튀르크어를 비롯하여, 알레우트어, 이조르어, 에네츠어, 유카기르어는 화자 수가 500명이 안 되는 언어이고, 케레크어와 유그어 등은 손가락으로 꼽을 정도의 화자만 남아 있다.

이렇듯 세계화의 그늘 아래에서 인류 문명과 세계 문화의 보고인 소수민족의 언어가 사라져가고 있는 것이다. 이러한 배경하에 백과사전의 서론에도 적혀 있듯이 "경제의 세계화 경향, 미국식 대중문화의 확산, 영어의 기능적 압박에 대한 대응으로 소수민족의 문화와 언어, 사라져 가는 언어, 세계의 문화와 언어의 다양성에 대해 학계가 주목하고 관심을 가지게 된" 것이다. 유네스코는 1996년에 '세계 언어 권리 선언'을 채택한 것을 시작으로, 2001년에는 '문화 다양성 선언'을 채택하였고, 2007년에는 '세계 언어 문서화 센터'를 설립하기에 이르렀다. 이처럼 자연을 위해서 생물 다양성이 필요한 것과 같이 인류를 위해서 문화 다양성이 보존되어야 한다는 인식이 확산되기 시작하였고, 이와 맞물려 절멸 위기의 언어를 보존하는 데 대한 관심이 세계 곳곳에서 생겨나게 된 것이다.

한국에서는 2003년에 한국알타이학회가 알타이 언어에 대한 현지 조사와 문서화 작업을 시작하였다. 이와 함께 이번 충북대학교 러시아·알타이지역 연구소가 번역하여 펴내는 이 백과사전은 러시아 연방의 알타이 언어 중에서 특히 절멸 위기의 소수민족 언어를 다룬 것으로서, 한국어와의 계통상 관련성이 제기되는 알타이 언어에 관한 한, 사라져 가는 인류의 언어를 기록하고 기술함으로써 언어 다양성을 보존하고자 하는 전 세계의 노력에서 한국이 그 중심에 서 있음을 보여주는 것이다.

이 백과사전의 한국어판에는 13개의 언어가 가나다순으로 배열되어 있고, 각 언어에 대한 사회언어학적 기술이 20개의 항목으로 전개된다. 서론에는 54개 러시아 소수민족의 언어에 대해 전반적 특성과 언어 정책, 사회적 기능이 상당히 구체적으로 기술되어 있으며, 소수민족 목록, 소수민족 언어 목록, 러시아 연방 언어의 계통 분류를 포함하여 이 백과사전의 활용에 참고가 될 만한 부록이 있고, 맨 마지막 부록에는 모든 기술 대상 언어의 사회언어학적 기능이 일목요연하게 표의 형태로 정리되어 있다. 각 언어의 1항에는 언어와 민족의 명칭이, 해당 민족 구성원이 스스로를 일컫는 자칭을 비롯하여 영어, 독일어, 프랑스어 표기까지 함께 제시되어 있다. 2항에는 통계 자료가 제시되어 있는데, 민족 구성원의 수, (모어 혹은 제2 언어로서의) 화자 수, 이중언어 사용자 수 같은 정보가 국가별, 지역별, 민족별, 성별, 연령별, 도시·촌별로 나와 있다. 3항과 4항, 그리고 20항은 각 언어에 대한 서술식 내용의 주축을 이루는 부분으로서, 언어학적 기술과 함께 문자와 기능에 대한 기술이 담겨 있다. 5항부터 18항까지는 해당 언어의 지위를 규정하고, 교육과 출판 그리고 대중 언론 영역에서의 언어의 기능 상태를 구체적인 수치를 포함한 정보를 토대로 보여 주고 있으며, 중앙·지역 정부, 입법·사법 기관, 생산·서비스·유통 분야에서의 언어 사용 실태를 담고 있다. 19항에는 각 언어별 참고 문헌이 언어 기술, 사전, 텍스트, 교재 등과 같은 부류별로 수록되어 있고, 각 언어의 전문가와 교육 기관에 대한 정보가 연락처에 이르기까지 구체적으로 제시되어 있다. 한국어판의 마지막 부분에는 방언명, 기관명, 지명의 목록을 키릴 문자 표기와 함께 정리하여 원래의 명칭을 찾고자 하는 연구자에게 도움이 되도록 하였고, 키릴 문자의 로마나이즈 규칙도 함께 실었다.

백과사전의 한국어판은 여러 사람의 노력으로 빛을 보게 되었다. 본문 텍스트 전체를 번역하고, 통계 수치와 문헌의 입력 작업과 교정 작업을 총괄하여 진행한 최문정 박사의 노고는 두말할 나위가 없고, 서론에 수록되어 있는 '부록 6'을 번역한 이형숙 박사(서론은 필자가 번역하였다), 기획부터 출판에 이르기까지 한국연구재단과의 접촉을 비롯하여 모든 행정적 지원을 담당한 이상오 박사, 통계 수치와 참고 문헌의 입력, 교정 과정에 참여한 충북대학교의 김솔아, 김지섭, 박정수, 박주영, 박진미, 임혜인 학생의 노력에 깊은 감사의 마음을 전한다. 아울러 통계 수치와 참고 문헌의 웹사이트상 입력을 위해 프로그램을 짜고, 이후 출판용 파일 전환 작업을 도맡아 진행한 유현조 박사에게도 고마움을 표한다. 또한 경제적 수익을 따지지 않고 이 백과사전의 학문적 의의만을 높이 평가하여 출판에 선뜻 동의해 주신 태학사의 지현구 사장님께도 깊이 감사드린다.

모쪼록 이 모든 땀방울의 결실이 러시아의 언어와 문화, 알타이 언어를 연구하는 연구자뿐 아니라, 세계의 절멸 위기 언어와, 한국어의 뿌리와 관련이 있을 수 있는 알타이 언어에 대해 관심이 있는 일반 독자들에게도 조금이나마 도움이 되기를 바란다.

2013년 봄

충북대학교 러시아·알타이지역 연구소

소장 김 용 화

서언

본서는 백과사전인 『세계의 문자 언어: 러시아 연방의 언어*(Pis'mennye jazyki mira: Jazyki Rossijskoj Federacii)*』 시리즈(이하 '백과사전 시리즈') 중 한 권이다. '백과사전 시리즈'는 1992년부터 1995년까지 러시아 토대 학문 연구 재단의 재정 지원을 받아 수행된 프로젝트의 결과물로서, 과제명은 '러시아의 문자 언어: 사회언어학적 초상(Pis'mennye jazyki Rossii: sociolingvisticheskij portret)'(과제 번호 93-06-11039)이다. 백과사전의 제1권은 2000년에 출판되었고, 러시아 인문과학 연구 재단의 재정 지원을 받았다(과제 번호 99-04-16/58). 제2권, 즉 본서도 동 재단의 지원을 받았다(과제 번호 02-04-16050).

러시아 연방의 언어에 대한 기술(제1권과 제2권)은 국제적인 프로젝트의 결과물인 『세계의 문자 언어*(Pis'mennye jazyki mira)*』라는 여러 권짜리 시리즈의 일부이다. 이 프로젝트는 라발 대학교 산하 국제 언어 계획 연구 센터(캐나다의 퀘벡 소재)의 제안에 따라 캐나다 학자인 그랜트 매코널(Grant D. McConnell)을 연구 책임자로 하여 진행되었다. 서유럽, 아메리카, 인도, 중국, 아프리카의 언어 편은 이미 출판된 상태이며, 이 국제 프로젝트에서 러시아 연방의 언어 편은 아래와 같이 3권으로 구성될 것이다.

제1권은 러시아 연방의 언어 가운데 주로 기능면에서 가장 발달한 32개 문자 언어에 관한 사회언어학적 기술이다.

제2권은 러시아 연방의 언어 가운데 54개 소수민족의 문자 언어 또는 비문자 언어에 대한 사회언어학적 기술이며, 러시아 연방 토착민족 언어 기술의 완결판이다.

제3권은 디아스포라별, 즉 소수민족별 언어 기술, 러시아 민족 언어 지도,

그리고 2002년 인구 조사 데이터 중 언어의 기능에 관한 자료 등 세 부분으로 구성될 것이다.

제1권은 러시아 학술원 객원 회원이고 러시아 자연과학 학술원 회원이자 어문학 박사인 손체프(V. M. Solncev) 교수와 역시 러시아 자연과학 학술원 회원으로 민족 언어 관계 연구 센터 소장이자 어문학 박사인 미할첸코(V. Ju. Mikhal'chenko) 교수가 편집을 맡았다. 손체프 교수는 소련 시기에 창설되어 현재도 기능하고 있는 '언어와 사회'라는 학문 위원회 회장을 오랫동안 역임했다. 이 위원회는 사회언어학에 관한 연구를 조율하는 것을 주요 과제로 하여, 러시아 내 민족의 언어와 다른 다민족 국가의 언어 자료를 토대로 사회언어학적 이론을 정립하고, 언어 상황과 언어 정책에 관한 이론을 수립하고 있으며, 이 분야에서 이 위원회의 업적은 높이 평가되고 있다. 본서는 민족 언어 관계 연구 센터와 손체프 교수가 이끄는 학술 위원회인 '언어와 사회'가 공동 작업으로 만든 것이다.

제2권, 즉 본서의 연구와 집필은 제1권과 동시에 진행되었다. 제2권의 주요 자료는 미할첸코를 연구 책임자로 한 '러시아 연방 소수민족 언어 데이터베이스'의 구축 과정에서 수집되었다.

러시아 학술원 산하 언어학 연구소(Institut lingvisticheskikh issledovanij, RAN)는 소련의 언어, 그리고 이후 러시아 연방과 CIS(독립국가연합)의 언어에 관한 백과사전적 저술의 편찬과 관련하여 오랜 학술적 전통을 가지고 있다. 예를 들어, 학계에 널리 알려진 저술로 총 5권으로 구성된 『소련 제 민족의 언어(*Jazyki narodov SSSR*)』 시리즈(1966~1968)가 있다. 현재는 총 3권으로 구성된 『러시아 연방과 인접 국가들의 언어(*Jazyki Rossijskoj Federacii i sosednikh gosudarstv*)』 시리즈(제1권은 1997년, 제2권은 2001년 출간)를 출판 중이다. 러시아와 캐나다의 공동 작업인 이 저술이 위에 언급한 백과사전류와 다른 점은 언어의 사회적 기능을 서술의 주요 대상으로 한 사회언어학적 백과사전이라는 점이다. 또한 연구 결과를 이 국제 프로젝트의 결과물로 출판된 여타 시리즈에 제시된 다른 나라 언어들의 사회적 기능에 관한 자료와 대조할 수 있다는 점 역시 본연구의 특성이다. 이러한 연구 방법을 선택한 이

유는 러시아 연방에서 사용되는 언어에 대한 사회언어학적 연구가 국제적 연구와 그 맥을 함께해야 한다는 필요성 때문이다. 나아가 이러한 연구 방법은 사회언어학적 유형론의 향후 발전의 지평을 크게 열어주는 것이다.

본서는 러시아 학술원 산하 언어학 연구소와 여타 학술 기관들에 소속된 연구자들이 공동 집필한 것으로, 각 소수민족 언어의 집필자는 다음과 같다.

알렉세예프(M. Je. Aleksejev) 베즈타어, 보틀리흐어, 기누흐어, 고도베리어, 훈지브어, 카이타그어, 카라타어, 틴디어, 흐바르시어, 차말랄어, 체즈어

바스카코프(A. N. Baskakov) 토파어, 출름튀르크어, 쇼르어

바흐냔(K. V. Bakhnjan) 알레우트어, 돌간어

고(故) **즈다노바**(T. Ju. Zhdanova) 응아나산어

카자케비치(O. A. Kazakevich) 케트어, 삼림-네네츠어, 셀쿠프어, 에네츠어, 유그어

코제먀키나(V. A. Kozhemjakina) 안디어, 아르치어, 바그발랄어

콘드라시키나(Je. A. Kondrashkina) 니브흐어, 오로크어, 울치어

크류치코바(T. B. Krjuchkova) 벱스어, 보트어, 이조르어, 카렐어, 사미어

나시로바(O. D. Nasyrova) 이텔멘어, 나나이어

니콜라예바(I. A. Nikolajeva) 유카기르어

파르페노바(O. S. Parfenova) 만시어, 오로치어

고(故) **시모노바**(M. D. Simonova) 우디허어

트루시코바(Ju. V. Trushkova) 알류토르어, 케레크어, 코랴크어

하사노바(M. M. Khasanova) 네기달어

일부 언어는 다음과 같이 공동으로 집필되었다.

아브두살라모프(A. A. Abdusalamov), **콜레스니크**(N. G. Kolesnik) 아굴어, 아흐바흐어, 쿠바치어, 루툴어, 차후르어

부리킨(A. A. Burykin), **파르페노바**(O. S. Parfenova) 어웡키어

부리킨(A. A. Burykin), **트루시코바**(Ju. V. Trushkova) 축치어, 어원어

카자케비치(O. A. Kazakevich), **니콜라예바**(I. A. Nikolajeva)　한티어

카자케비치(O. A. Kazakevich), **파르페노바**(O. S. Parfenova)　툰드라-네네츠어

나시로바(O. D. Nasyrova), **트루시코바**(Ju. V. Trushkova)　아시아에스키모어

언어 기술에 대한 학술적 감수는 카자케비치, 트루시코바, 사마리나(I. V. Samarina)가 담당했다. 각 언어의 기술에 대한 완성도와 정확도는 해당 언어 집필자의 몫이다.

러시아 학술원 산하 언어학 연구소 편집부

일러두기

1. 러시아어 원문에는 총 54개의 언어가 기술되어 있지만, 한국어판에는 알타이 언어 12개와 니브흐어를 포함하여 총 13개의 언어를 선별하여 수록하였다(배열은 가나다순). 54개 언어 전체를 다루고 있는 서론의 내용은 원문 그대로 번역하였다.

2. 이 백과사전에 제시된 통계 수치, 즉 해당 민족 구성원의 수, 각 언어의 사용자 수 같은 통계 수치는 모두 1989년에 실시된 러시아 연방 총인구 조사의 결과를 토대로 계산된 수치이다. 인구 조사는 그 이후에도 2002년과 2010년에 실시되었기 때문에, 각 민족 구성원의 수 데이터에는 2010년 인구 조사 결과를 역주의 형태로 제시하였다.

3. 인명과 지명 같은 고유명사의 한글 표기는 현행 외래어 표기법을 따랐다. 서명 등과 같이 키릴 문자를 로마나이즈할 필요가 있을 경우에는 일관된 규칙에 따랐으며, 그 규칙은 ‘별첨 부록 4’에 제시하였다.

4. 원서의 서론 부록 중에서 ‘부록 8. 각 러시아 연방 주체의 법에 나타난 언어 문제’는 한국어 판에 싣지 않았다. 그에 따라 ‘부록 8’을 언급한 주해 내용도 모두 싣지 않았다. 원서의 ‘부록 11. 약어 목록’은 러시아어에 관한 것이므로 생략하였다. 따라서 한국어판의 부록 번호는 재조정된 것이다.

5. 각 언어의 ‘19.1. 문헌’ 항목은 모두 키릴 문자의 원문을 그대로 옮겼다.
   - 문헌 목록은 APA 방식에 따라 재정리하였다.
   - 출판 연도는 저자 바로 뒤에 괄호로 제시하였고, 성 뒤에는 쉼표를 찍었다. 서명은 이탤릭 체로 구분하였다.
   - 한 저자의 저서가 두 종 이상인 경우, 출판 연도순으로 배열하였다.
   - 한 저서의 판본이 두 종 이상인 경우(1판, 2판 등), 두 종의 문헌으로 개별 제시하였다.

6. 서론과 본문에서 러시아 연방의 주체 또는 CIS(독립국가연합) 소속 국가의 이름이 나열된 경우, 원서의 배열 기준이 러시아어 알파벳 순서라면 가나다 순서로 재배열하였다.

7. 러시아인의 인명은 이름, 부칭(父稱), 성 등 세 부분으로 이루어져 있는데, 인명의 제시 순서는 러시아어 원문을 그대로 따랐다. ‘19.2. 전문가와 컨설턴트’ 항목에 나오는 이름의 경우는 성-이름-부칭의 순서이고, 각 언어의 맨 마지막에 제시된 집필자는 이름-부칭-성의 순서이다.

8. 지명, 방언명, 기관명은 원어를 대조하면서 찾아볼 수 있도록 별첨 부록 1, 2, 3에 키릴 문자와 함께 제시하였다.

백과사전에 기술된 언어 목록 (가나다순)

	한글 표기	영문 표기	집필자
1	고도베리어	Godoberi	M. Aleksejev
2	기누흐어	Hinukh	M. Aleksejev
3	나나이어	Nanai	O. Nasyrova
4	네기달어	Negidal	M. Khasanova
5	니브흐어	Nivkh	Je. Kondrashkina
6	돌간어	Dolgan	K. Bakhnjan
7	루툴어	Rutul	A. Abdusalmov, N. Kolesnik
8	만시어	Mansi	O. Parfenova
9	바그발랄어	Bagvalal (Bagulal)	V. Kozhemjakina
10	베즈타어	Bezhta	M. Aleksejev
11	벱스어	Vepsian	T. Krjuchkova
12	보트어	Votian (Votic)	T. Krjuchkova
13	보틀리흐어	Botlikh	M. Aleksejev
14	사미어	Saami	T. Krjuchkova
15	삼림-네네츠어	Forest Nenets	O. Kazakevich
16	셀쿠프어	Selkyp	O. Kazakevich
17	쇼르어	Shor	A. Baskakov
18	아굴어	Ag(h)ul	A. Abdusalamov, N. Kolesnik
19	아르치어	Archi	V. Kozhemjakina
20	아시아에스키모어	Yupik (Asiatic Eskimo)	O. Nasyrova, Ju. Trushkova
21	아흐바흐어	Akhvakh	A. Abdusalmov, N. Kolesnik
22	안디어	Andi	V. Kozhemjakina
23	알레우트어	Aleut	K. Bakhnjan
24	알류토르어	Alutor	Ju. Trushkova
25	어원어	Even	A. Burykin, Ju. Trushkova
26	어윙키어	Evenki	A. Burykin, O. Parfenova
27	에네츠어	Enets	O. Kazakevich

	한글 표기	영문 표기	집필자
28	오로치어	Oroch	O. Parfenova
29	오로크어	Orok	Je. Kondrashkina
30	우디허어	Udihe	M. Simonov
31	울치어	Ulchi	Je. Kondrashkina
32	유그어	Yug	O. Kazakevich
33	유카기르어	Yukagir	I. Nikolajeva
34	응아나산어	Nganasan	T. Zhdanova
35	이조르어	Izhorian	T. Krjuchkova
36	이텔멘어	Itelmen	O. Nasyrova
37	차말랄어	Chamalal	M. Aleksejev
38	차후르어	Tsakhur	A. Abdusalmov, N. Kolesnik
39	체즈어	Tsez	M. Aleksejev
40	축치어	Chukchi	A. Burykin, Ju. Trushkova
41	출름튀르크어	Chulym-Turkic	A. Baskakov
42	카라타어	Karata	M. Aleksejev
43	카렐어	Karelian	T. Krjuchkova
44	카이타그어	Kaitag	M. Aleksejev
45	케레크어	Kerek	Ju. Trushkova
46	케트어	Ket	O. Kazakevich
47	코랴크어	Koryak	Ju. Trushkova
48	쿠바치어	Kubachi	A. Abdusalmov, N. Kolesnik
49	토파어	Tofalar (Tofa)	A. Baskakov
50	툰드라-네네츠어	Tundra Nenets	O. Kazakevich, O. Parfenova
51	틴디어	Tindi	M. Aleksejev
52	한티어	Khanty	O. Kazakevich, I. Nikolajeva
53	훈지브어	Hunzib	M. Aleksejev
54	흐바르시어	Khvarshi	M. Aleksejev

1. 이 목록은 러시아어 원문에 기술된 언어 목록이다.
2. 한국어 번역본에 수록된 13개 언어는 음영으로 표시하였다.

차 례

서론

1. 개요

러시아와 캐나다의 국제 공동 작업으로 러시아 연방의 언어를 다룬『세계의 문자 언어: 러시아 연방의 언어』시리즈 제1권에서는 학술적 문제들뿐 아니라 러시아 연방의 현재의 언어 상황을 고찰했다. 제1권은 러시아에서 기능적으로 가장 발달한 언어들이 상업 및 사무 영역, 교육과 서적 출판 영역, 대중 언론 영역, 종교 영역, 그리고 문화 영역과 같은 조직적인 의사소통 영역에서 수행하고 있는 사회적 기능의 특성은 무엇인가를 중점적으로 고찰했다. 이러한 연구 대상을 선택한 것은 제1권에서 다룬 러시아 민족 언어들의 실제 기능 상태를 고려했기 때문이다. 이 경우 학술적 기술의 우선순위는 분석 대상 언어들의 현재의 사회적 기능을 반영하고 있는 제1권의 자료에 의해 결정되었다. 바로 이 때문에 사회언어학적 관점에서 매우 중요한 일부 기능들이 서론에 반영되지 못한 경우가 있다. 물론 그러한 기능들은 각 언어에 해당하는 본문 내용에서는 상세하게 다루어지고 있다. 일례로 상업 및 사무적 의사소통 영역을 들 수 있는데, 러시아 연방의 발전된 언어에서조차 이러한 사회적 기능에 알맞은 용어나 문어와 구어의 기능적 문체가 만들어지기 시작한 것이 최근 몇 년 사이의 일이다.

제1권은 러시아를 이루는 민족의 언어 가운데 전통적으로 가장 기능이 발전된 언어들을 다루었다. 바로 이 언어들이 1990년대에 채택된 언어 관련 법률에 따라 향후 발전을 위한 새로운 전환점을 맞게 되었고, 이어 사회적 기능의 확대가 예상되는 언어들이다. 이 언어들은 국가어의 지위를 획득함으로써 해당 민족의 언어 공동체뿐만 아니라 공화국이라는 국가 형태를 갖춘 해당 연방 주체에 거주하는 다른 언어 공동체에서도 기능을 계속 확대할 수 있는 법적 토대를 마련했다. 언어 관련 법률들이 시행되면서 다양한 의사소통 영역에서, 그리고 다양한 민족의 언어 공동체 내에서 해당 민족어의 사용 범위가 상당히 넓어졌다. 그러나 사회적 기능 확대와 같은 긍정적 측면 이외에 부정적 측면도 존재하는데, 다음 세 가지 경향성이 서로 충돌하여 야기되는 민족적 언어 갈등이 바로 그것이다. 첫째, 러시아어가 (전 국가의) 연방급 국가어로서 사회적 기능을 유지하려는 경향, 둘째, 지역 수준이나 공화국 수준의 새로운 국가어들이 (러시아어를 포함한 다수민족 언어가) 이미 점유하고 있는 사회적 기능을 대체하려는 경향, 셋째, (국가어도 아니고 명목민족어[1]도 아닌) 나머지 언어를 사용하는 사람들이 그들 언어의 기능 수준에 불만을 갖는 경향이 있는 것이다. 이러한 상황을 이해하고 원만하게 관리하기 위해서는 각 언어의 기능적 발달 수준을 잘 알아야 하고, 다양한 언어 공동체의 다음과 같은 사회언어학적 변수들을 정확하게 파악해야 한다. 발화 능력은 어느 정도인가? 어떠한 가치를 지향하고 있는가? 해당 언어의 화자들이 사회의 여러 의사소통 영역에 어느 정도 참여하고 있는가? 제1권의 자료들은 이와 같은 과제를 해결해 줌과 동시에 언어의 기능적 발전 수준을 공시적으로 대조할 수 있도록 해주는 출발점이 된다. 제1권의 자료는, 한편으로는 러시아에서 사용되는 언어들의 기능적 분류를 위한 토대를 제공하고, 다른 한편으로는 연구 결과를 '세계의 문자 언어' 시리즈에 포함된 다른 지역(유럽, 인도, 중국, 아프리카, 아메리카)의 언어 자료와 비교할 수 있도록 하고 있어, 사회적 기능이 발전한 러시아 연방 언어에 대한 연구 자료를 세계 언어의 기능적 분류에 활용할 수 있을 것이다.

제2권, 즉 본서에서 다루어지고 있는 언어는 제1권의 언어들과 다르고, 따라서 학술적 문제점도 제1권과는 차이가 있다. 제2권에서는 제1권의 언어와 비교하여 사회적 기능이 덜 발달된 문자 언어를 다루고 있으며, 구체적으로는 문자가 존재했으나 사용이 중단되었다가 최근에 문자 전통이 재개된 언어(pis'mennye jazyki s vozobnovlennoj pis'mennoj tradicijej, languages with a written tradition resumed. 이하 LWTR), 1920~1930년대에 문자가 제정된 언어(mladopis'mennye jazyki, young written languages. 이하 YWL), 20세기 말에 문자가 제정된 언어(novopis'mennye jazyki, new written languages. 이하 NWL), 문자가 없는 비문자 언어(bespis'mennyje jazyki, unwritten languages.

---

1 명목민족(title nation)이란 다민족 국가 내에서 자치공화국 등과 같은 자치 주체를 가진 민족, 즉 민족의 명칭이 공화국의 명칭으로 대표되는 민족을 뜻하고, 명목민족어란 명목민족의 언어를 뜻한다. 예를 들어, 부랴트 공화국으로 대표되는 부랴트족은 명목민족이지만, 공화국을 갖지 못한 오로치족, 우디허족 등은 명목민족이 아니다. _옮긴이

이하 UWL)가 포함된다. 언어 자료에 대해 이와 같은 방식으로 접근한 이유는 사회언어학적 백과사전에 러시아에 존재하는 모든 언어의 사회적 기능을 담아야 할 필요가 있고, 각 언어의 현 상태를 가능한 한 완전한 모습으로 그려내야 하며, 새로운 문자가 제정되고 언어의 기능이 확대되는 것과 같은 생생한 현재의 진행 과정을 국제 프로젝트의 이 저서에 반영할 필요가 있기 때문이었다. 한편, 이 프로젝트의 다른 시리즈를 집필한 저자들, 예를 들어, 중국의 사회언어학자들도 한 나라에 존재하는 모든 언어를 기술한다는 이러한 로드맵에 따라 작업했다(제1권과 제2권으로 구성되어 중국의 언어를 다루고 있는 제4집을 참조하라. 부록 09).

문자의 존재 여부와 제정 시기에 따라 위에서 언급한 언어 부류는 각기 다른 특성을 지닌다. 예를 들어, 문자를 다시 제정한 언어는 민족의 언어문화의 근간이 되는 자신의 고유한 문자를 계속 발전시키기에는 조건이 좋지 않았다. 1920~1930년대에 문자가 제정된 언어의 문헌 전통은 제1권에서 다루어진 대부분의 언어에 비해 그 역사가 짧다. 1980년대 말 페레스트로이카 때 문화학자와 언어학자들 사이에서는 문자를 보유하지 못한 모든 언어를 위해 문자를 제정해야 한다는 견해가 지배적이었다. 이 시기에 아굴어, 돌간어 등과 같은 일련의 언어를 위한 문자가 제정되었다. 다른 비문자 언어들을 위해 문자를 제정하는 작업도 앞으로 계속될 것으로 보인다.

분명 문자의 제정은 그 언어의 기능이 지속적으로 발전할 수 있는 중요한 동기이고, 민족어와 민족의 언어문화를 기록하고 발전시키는 수단이다. 그러나 문자가 제정되는 언어는 통상 더 발전된 언어를 선호하는 소수민족의 언어라는 점을 잊어서는 안 된다. 왜냐하면 한 개인의 관점에서 보면, 더 발전된 언어를 사용할 경우 (고등 교육 수혜, 여러 지역에서의 취업 가능성 등과 같이) 사회적으로 훨씬 더 좋은 미래가 보장되기 때문이다. 그러므로 문자를 연구하여 고안해 내고, 그것을 어떤 언어 공동체에 보급할 때는, 그것을 해당 언어 공동체에 강요해서는 안 되며, 또한 향후 해당 문자의 유지와 기능에 대한 사회적 전망을 분명히 파악해야 한다. 어떠한 문자를 제정하기 전에 이러한 상황들을 고려하여 해당 공동체가 문자를 원하는지, 제정된 문자를 사용할 의사가 있는지에 대해 사회언어학적으로 조사하는 작업이 절대적으로 필요하다. 문자를 만들어 그것을 보급하려는 외부적인 노력과, 문자를 고안하고 제정한 사람들의 호의적인 바람만으로는 문자가 성공적으로 보급되기에 충분하지 않다. 문자를 정착시키기 위한 수단, 해당 민족의 분포 상황, 자신의 민족 문화에 대한 강한 지향성 등과 같은 일련의 객관적인 요소 역시 필요하다. 소수민족의 문화와 언어, 사라져 가는 언어, 세계의 문화와 언어의 다양성에 대해 학계가 주목하고 관심을 갖게 된 것은 경제의 세계화 경향, 미국식 대중문화의 확산, 영어의 기능적 압박에 대한 대응으로 나타난 것으로 여겨진다. 한편, 러시아 연방의 영토 내에서는 러시아어가 이러한 현상들의 결과에 대해 어느 정도 책임을 느끼고, 러시아에 거주하는 다른 민족들의 언어와 문화를 이러한 과정으로부터 상당 부분 보호하고 있다. 그러면서도 러시아어는 러시아 연방의 소수민족 언어에 여전히 막대한 영향을 미치고 있는 발달된 언어 중 하나이다.

본서의 연구 대상은 대부분 토착 소수민족 언어이다(카렐어는 예외인데, 이 언어는 명목민족어이지만 문자가 다시 제정된 언어로서 문자 전통이 길지 않은 언어이다). 그래서 사회적 기능이 덜 발달한 언어와 소수민족 언어(문자 언어와 비문자 언어)에 대한 연구와 더불어 언어의 기능적 발달 정도에 대한 종합적 평가, 각 언어의 사회언어학적 기술, 그리고 이 언어들에 대한 기능적 분류에 관한 문제가 제기된다. 이와 관련하여 제2권에서 연구된 언어들을 분류하고 사회언어학적 백과사전에 제시된 모든 자료를 종합하는 것 역시 중요하다. 즉, 제2권에서 주요한 문제점으로 간주되는 것은 다음과 같다.

1) 소수민족 언어의 발달에 관한 언어 정책
2) 소수민족 언어와 이들의 분류
3) 소수민족 언어의 사회적 기능
4) 러시아 내 모든 토착민족 언어의 사회언어학적 특성

2. 러시아 소수민족의 언어: 전반적 특성

러시아 연방의 영토 내에는 63개의 소수민족이 거주한다. 극북 지역과 시베리아에 20여 개 민족, 캅카스(코카서스)에 30여 개 민족이 분포하고 있다 (부록 2 참조). 민족지학적 기준에 의거하면, "소수민족이란 인구가 5만 명 미만으로, 자신들의 전통적인 거주 지역에서 살고 있는 민족공동체를 일컫는다."[2]

하지만 일부 소수민족은 독자적인 언어가 아니라, 언어의 한 존재 형태인 방언을 사용한다. 예를 들어, 베세르만족이 사용하는 언어는 우드무르트어 (우랄 어족, 핀우고르 어파)의 방언이다. 그런데 언어학자의 입장에 따라 일부 언어(idiom)는 독자적인 언어로 간주되기도 하고, 어떤 언어의 방언으로 간주되기도 한다. 예를 들어, 일부 연구자는 카이타그어(idiom)를 독자적인 언어로 평가하는 반면, 다른 연구자들은 다르긴어의 방언으로 본다. 본서의 집필에 참여한 연구자들은 다양한 언어학적 변수를 고려하여 연구 대상 언어를 54개로 결정했다(부록 3 참조). 물론 독자적인 언어와 방언간의 차이는 연구자들에게 여전히 이론적 논쟁의 대상으로 남아 있다. 그러나 사회언어학적 관점에서 언어와 방언을 가르는 변수는 문자의 유무, 광범위한 사회적 기능의 수행 여부, 언어 화자들의 고양된 민족적 자의식, 다양한 층위의 시스템의 일정한 특성 등이다. 방언에 비해 언어는 언어 화자의 수나 기능 영역의 측면에서 훨씬 광범위한 사회적 기반을 갖는다. 바로 이러한 연유로 러시아의 소수민족 언어 목록에는 54개의 언어가 포함된 것이고, 이 언어들은 민족 언어 관계 연구 센터가 세계 절멸 위기 언어 데이터베이스[3]에 포함시키기 위해서 제시한 것이다. 이 데이터베이스는 영어로 만들어졌고, 러시아어판도 발

---

2 "Osnovy zakonodatel'stva Rossijskoj Federacii o pravovom statuse korennykh malochislennykh narodov". Projekt "Aborigen", prilozhenije k gazete "Federacija", 22 ijunja 1993; Postanovlenije Pravitel'stva RF ot 30.09.2000 № 740.

3 더 자세한 것은 Vida Ju. Mikhal'chenko의 Endangered Languages of Russia: an Informational Database // Endangered Languages. Papers from the International Symposium on Endangered Languages. Tokyo, November, 18-20, 1995, pp.115-143을 참조할 것.

표되었다.

3. 러시아 소수민족의 언어: 언어 정책

국가의 민족 정책이란 언어에 대한 사회의 의식적인 행위로서, 민족의 삶을 실질적으로 조절하는 행위이고, 어느 정도는 특정 언어의 기능을 조절하는 행위이다. 합리적인 언어 정책은 민족의 언어생활을 조절하고, 그 언어생활을 민족이 지향하는 바와 부합하는 문명화의 방향으로 유도할 수 있다.

조절의 대상이 되는 것은 조직적인 의사소통 영역뿐이다. 즉흥적인 의사소통은 정부에 의해 규정될 수 없는, 고유한 법칙들에 따라 이루어지며, 이에 해당하는 대표적인 경우가 비공식적인 영역의 개인 간 의사소통이다. 민족의 융합을 지향했던 민족 정책은 언어 기능의 부분적인 축소를 가져왔다. 이러한 민족 정책을 시행하는 과정에서 일련의 인구학적 조치, 즉 민족의 이주, 계획 이주, 민족 혼합과 같은 조치가 있었고, 민족 간 의사소통어(러시아어)가 근거 없이 지나치게 보급되었다. 이에 비해 현재의 민족 언어 정책은 민족의 다양성, 그들의 문화와 언어의 다양성을 고려하여, 민족들의 언어와 문화를 통합하는 방식이 아니라, 언어 화자들이 무엇에 가치를 두고 있는지, 그들이 선호하는 것이 무엇인지에 주목하기 시작했다. 각각의 소수민족, 그리고 그 문화와 언어에 개별적으로 접근하기 위해서는 민족학·사회언어학적 연구가 현실적으로 특히 필수적이다. 왜냐하면 한 민족의 언어의 역사와 현재 상황에 관한 연구를 통해서만이 그 민족의 언어의 미래를 예측할 수 있고, 언어의 보존과 발전을 위한 실현 가능한 대책을 수립할 수 있기 때문이다. 모든 소수민족의 거주 지역을 빠른 시일 내에, 그리고 효율적으로 조사하고, 그 결과에 기반 하여 각 언어의 발전을 위한 특별 프로그램을 시급히 강구해야 한다. 이 프로그램은 언어 정책의 공통적이고 보편적인 원칙들을 개별 소수민족 언어에 구체적으로 적용한 것이어야 한다. 소수민족 언어에 관한 문제를 해결할 때, 어떤 한 민족에 대한 연구 결과와 방안을 민족 문화적, 그리고 언어적으로 전혀 다른 상황에 적용하는 일반화 방식은 매우 위험한 태도이다. 소수민족 언어의 생존을 위해서는 우선 실제 사회적으로 활성화된 의사소통 영역, 즉 해당 소수민족 언어가 사용될 수 있는 영역을 파악해야 한다. 다음 단계는 이러한 기능들을 복원하여 다른 의사소통 영역으로 확장시킬 수 있는 합목적적이고, 체계화된 방안을 마련하는 것이다.

소수민족의 언어와 문화의 발달에 관해 한 국가가 시행하는 정책을 보면 그 국가의 인도적 수준과 문명화된 정도를 상당 부분 파악할 수 있다. 민족어의 문제를 바르고 적절하게 해결하는 것은 어려운 일이다. 하지만 그것이 바로 소수민족 언어에 대한 민족 정책의 원칙들의 성과와 전망을 보여주는 분명한 지표이다. 소수민족의 언어를 되살리고 발전시키는 과정에서 다른 나라의 경험을 참고하는 것은 대단히 중요하다. 이 때 객관성이 필수적인데, 객관적인 태도를 통해서만이 다민족 국가에서 언어 정책을 시행하는 과정에서 기존의 틀에 박힌 관점들을 새롭게 평가할 수 있다.

소수민족의 언어를 보존하고 발전시키기 위해 여러 국제기구가 많은 노력을 기울이고 있다. 1992년 유럽 평의회는 「유럽 지역어 및 소수언어 헌장(European Charter for Regional or Minority Languages)」을 채택했다. 이 헌장에 의거하여 유럽 평의회 회원국, 그리고 유럽 평의회에 가입하기를 희망하는 국가들은, 헌장에 선언된 바와 같이, 소수민족에게 언어에 관한 권리를 보장해야 할 의무를 갖게 된다. 러시아 연방은 이 헌장을 비준했고, 이와 관련하여 소수민족 언어의 기능을 지원하기 위한 연구와 조직적인 작업이 지속적으로 활발하게 진행되었다.

최근 러시아는 법률을 제정한다든지, 소수민족 언어의 발전을 위한 기금을 조성하고 프로그램을 구성한다든지, 문자를 제정하고 일부 소수민족 언어를 교육매개어로 사용하는 등 소수민족 언어의 복원과 발전에 많은 관심을 기울이고 있다. 이러한 방안들은 현재 러시아에서 전체적으로 진행되고 있는 민족 발전과 언어 발전 과정의 일부이고, 이 과정은 러시아 내 민족어 발전의 새로운 단계라고 일컬을 수 있다. 소련 시기 1920~1930년대에 해당하는 소수민족 언어 발전사의 제1단계는 문자가 없었던 50여 개의 언어를 위한 문자가 제정된 시기이다(YWL). 최근 10년 사이에도 몇몇 언어를 위한 문자가 제정되었다(NWL). 이 시기에 문자가 없는 언어를 위한 문자가 제정된 것과 동시에 이전에 만들어진 문자는 더 정제되었다. 또한 알레우트어, 응아나산어, 네기달어, 오로크어, 오로치어, 이조르어, 쇼르어, 에네츠어, 사미어, 뱁스어, 카렐어는 초등학교 1~2학년 교과서 편찬 작업을 진행했고, 새로운 철자본도 출판했다. 교과서와 교재가 제작되면서 20세기 말에 문자가 제정된 언어(NWL)와 차후르어, 루툴어, 아굴어와 같이 문자 전통이 재개된 언어(LWTR)는 모어(母語)로 교육을 시작할 수 있게 되었다.

이 모든 방안들은 전 시기와 비교하여 사회가 언어에 대해 더 광범위하게, 의식적으로 영향을 미치고자 하는 맥락에서 추진되고 있는데, 이는 조직적인 여러 의사소통 영역(교육, 서적 출판, 대중 언론 영역, 행정 문서 영역 등)에서 언어 사용을 법률적으로 조절하려는 노력에서 잘 드러난다. 언어를 복원하고 문자를 제정하는 과정에서 소수민족 언어가 어느 정도의 생명력을 가지고 있는가, 그리고 다양한 의사소통 영역에서 그 언어들이 어느 정도 사용될 수 있는가의 문제가 제기된다.

바로 이 언어들이 가장 열악한 상황에 놓여 있었으며, 상황은 지금도 마찬가지이다. 언어의 사용 인구가 감소하고 있고, 민족 문화의 여러 문화층이 사라지고 있으며, 민족 전통 생업도 사라지고 있다. 또한 케레크어와 유그어 같은 유일무이한 언어도 절멸해 가고 있다. 법률적으로 5만 명 미만을 소수민족으로 규정하고 있기 때문에 아디게이족(10만 명 이상), 라크족(10만 명), 타바사란족(7만 5천 명), 노가이족(6만 명) 등과 같은 민족은 소수민족에 해당하지 않는다. 그러나 민족 구성원의 수, 언어 화자의 수가 민족어의 발전에 관한 문제들을 해결하는 데 유일하게 유의미한 지표는 아니다. 언어의 생명력을 측정할 때 이에 못지않게 중요한 요인으로 작용하는 것이 언어 화자의 분포 양상(분산적 분포, 혹은 집중적 분포)과 민족적 자의식의 수준 같은 요소들이다. 가장 중요한 요인 중 하나로 인정되어야 하는 것은 바로 문자가 없는 상태 또는 문자의 발전 정도가 낮은 상태이다. 이 경우 교육 영역과 일련의 세부 문화 영역에서 언어를 사용할 수 없거나 언어의 기능이 제한될 수밖에 없기 때문이다. 일반적으로 소수민족의 경우 모어의 기능 수준이 높지 않으면, 이 미약한 기능은 이중언어 혹은 다중언어의 광범위한 확산으로 상쇄된다. 또한 이중 언어 상황에서 표준어의 기능이 발달되지 않으면 전체 민족어에서 방언 분화가 유지되기 쉽다.[4]

소수민족의 언어를 발전시키기 위한 기본적인 원칙들은 주로 민족적, 사회적, 인구학적, 그리고 문화적 요인들에 의해 규정되며, 이 요인들은 소수민족 언어의 생명력에 긍정적인 영향뿐만 아니라 부정적인 영향도 미친다.[5]

언어의 기능이 긍정적인 방향으로 발전하기 위해서는 여러 민족·언어학적 요인들이 유리하게 결합되어야 하고, 사회적·문화적 조건들이 뒷받침되어야 한다. 소수민족 언어가 생존하기 위해 가장 중요한 요인들은 민족의 거주 지역, 언어 화자의 연령별 분포 상황, 결혼의 민족적 특성, (가정 내 혹은 가정 밖에서) 취학 전 아동의 양육 성격, 민족 간 언어 접촉, 민족의 존재 형태(전통적 혹은 현대적), 민족적 자의식, 학교의 언어 교육, 국가의 언어 정책 등이다. 여기에 열거된 요인들 중 대부분은 객관적인 요인이지만, 언어 정책은 사회가 언어에 대해 의식적으로 영향을 미치는 행위이다.

인구학적 요인으로는 해당 언어를 사용하는 인구의 수가 있다. 그러나 이에 못지않게 중요한 것이 언어 화자의 분포 상황(집중적 혹은 분산적 분포)이다. 해당 민족이 자신의 언어와 문화를 발전시키려는 노력을 실현할 수 있는 조건이 바로 이 요인에 달렸기 때문이다. 언어의 기능에서 가장 불리한 것은 민족이 여러 지역에 분산되어 분포하는 형태이다. 예를 들어, 극북 지역 소수민족들은 광활한 영토에 분산적으로 분포하고 있다. 이들의 거주 지역은 러시아 연방 전체 영토의 64%를 차지한다. 이와 같이 분산되어 있는 경우 언어의 방언 분화 정도가 크다. 반면 캅카스(코카서스)의 소수민족들은 대개 밀집

---

4 Isajev M. I. Jazyki malochislennykh narodov SSSR: problemy funkcionirovanija i sokhranenija // Nacional'no-jazykovyje problemy: SSSR i zarubezhnyje strany. M., 1990.

5 Kibrik A. Je. O faktorakh, otricatel'no blijajushchikh na zhiznesposobnost' jazykov malochislennykh narodov // Russkij jazyk i jazyki narodov Krajnego Severa. L., 1981.

해 있고, 이 분포 양상은 언어의 기능과 생존력 면에서 분산되어 분포해 있는 민족의 언어와는 전혀 다른 조건을 제공한다. 다른 한편, 캅카스는 민족의 삶과 언어의 상황에서 또 다른 어려운 문제점을 가지고 있다. 이는 캅카스의 소수민족들이 러시아 연방 북부 캅카스의 여러 공화국뿐만 아니라, 다른 국가에도 거주하고 있다는 점이다. 차후르족은 다게스탄과 아제르바이잔에, 타트족도 다게스탄과 아제르바이잔에, 그리고 아바진족은 아디게야와 카라차이-체르케스에 분포하고 있다. 이처럼 일부 민족들은 여러 다른 공화국, 심지어 CIS내의 다른 독립 국가에 소속되어 있기 때문에 각기 다른 원칙의 민족 정책과 언어 정책을 적용받기도 한다.

언어 화자의 연령별 분포는 언어의 생존 가능성을 예측하는 가장 중요한 지표 중 하나이다. 언어 화자들이 모든 연령대에 분포되어 있다면, 그 언어는 적어도 향후 40~50년 안에는 사어(死語)가 되지 않을 것이다. 그런데 어린이나 청소년이 이미 자신의 민족어를 구사하지 못하는 상황에서 그 언어가 소실되지 않도록 하기 위해 특단의 언어 정책이 추진되지 않는다면, 그 언어는 유지되기 어렵고, 실제로 그 언어를 유지하는 것은 현실성이 없는 일이다.

문화적·언어적 요인에 해당하는 것은 문자의 존재, 학교 내 언어 교육, 민족의 언어 접촉이다. 문자는 언어를 보존하는 데 크게 기여한다. 구어는 텍스트, 문학 작품, 구전 민속 문화의 기록을 가능하게 하는 문어에 의해 유지되기 때문이며, 구어뿐 아니라 문어가 사용되는 대중 언론 매체를 통해서 언어가 기능할 수 있는 전제 조건들이 창출되기 때문이다. 학교는 언어 능력을 확장시키는 주요 매체이기 때문에 학교의 언어 교육은 의식적으로 언어를 보존하기 위한 방법 중 하나이다. 바로 이 때문에 최근 몇 년 사이 여러 지역에서 학교 교육이 언어의 보존과 보급을 위한 가장 핵심적인 요소로 간주되고 있다. 언어 접촉 역시 소수민족 언어의 생존 과정에 영향을 미친다. 언어 접촉이 빈번할수록 소수민족 언어의 생명력은 더 취약해진다. 일반적으로 소수언어는 사회적으로 더 권위 있는 언어와 접촉하게 된다. 예를 들어, 알레우트어, 에스키모어, 유카기르어, 니브흐어, 셀쿠프어 등은 사회적으로 더 권위 있는 러시아어와 함께 기능하고 있다. 따라서 이 언어들은 러시아어와 기능상 보완 관계에 있다. 기능상 보완 관계는 한편으로는 소수민족 언어 집단에서 의사소통의 여러 영역에서 발생하는 모든 사회적 요구를 충족시키도록 해 주고, 다른 한편으로는 이 언어들이 러시아어에 동화되는 과정을 촉진한다. 왜냐하면 일부 소수민족 언어 화자는 자신의 모어를 잊고 완전히 러시아어로 이동하기 때문이다. 언어 동화의 과정은 자연스럽고, 강제적이지 않으며 자의로 진행되는 것이 대단히 중요하다.

주요 **사회적·심리적 요인**으로는 민족적 자의식이 있다. 민족적 자의식이 높으면 민족어의 기능상 부정적인 점을 중화시킬 수 있다. 반대로 민족적 자의식이 낮으면 민족어의 기능은 빠르게 상실된다. 그 외에도 언어 화자의 가치관, 의사소통 과정에서 어떤 언어를 선호하는가 역시 언어의 생명력에 영향을 미친다.

4. 러시아 소수민족의 언어: 사회적 기능

학문적 근거에 의거하여 사회적 기능들의 위계를 설정하는 것은 매우 어려운 일이다. 왜냐하면 모든 언어는 고유의 역사가 있고, 언어 화자의 삶 속에 녹아있는 언어의 사회적 역할은 언어마다 다르기 때문이다. 언어의 사회적 기능이란 언어를 여러 의사소통 영역에서 체계적이고 항시적으로 사용하는 것을 의미한다. 이 때문에, 예를 들어, 언어 화자의 생활 속에서 민속 문화의 언어를 즉흥적이고 우연적으로, 그리고 비체계적으로 사용하는 것은 주요한 의사소통 영역에 포함되지 않는다. 그러나 언어의 주요 기능을 분류하지 않고는 언어의 수많은 기능 영역과 하부 영역을 파악하기 어렵고, 따라서 언어의 기능상 지위를 설정하는 것이 불가능하다. 언어의 주요 기능 영역이란 해당 언어가 활발히 사용되는 의사소통 영역들 중에서 해당 민족에게 사회적으로 가장 유의미한 영역을 말한다. 기능상 발전한 언어의 경우 교육 영역과 대중 언론 영역이 조직적인 의사소통의 주요 영역에 해당한다. 바로 **교육 영역**에서 개인의 언어 능력이 형성되고, 언어가 여러 의사소통 영역에서 계속 기능할 수 있는 조건이 만들어지기 때문이다. 방언적 특성을 제거하고 대신 표준어 규범이 안착하도록 하는 교육의 통합적 기능은 대단히 중요하다. 또 다른 한편으로 해당 언어 공동체의 언어적 통일성을 형성해주는, 일정 연령대에 대한 교육의 대중적 성격도 매우 지대하다. 물론 (가족, 이웃, 혹은 친구와의 의사소통과 같이) 즉흥적이고 일상적인 개인 간의 의사소통 영역 역시 소수민족 언어에 중요한 의미를 지닌다. 바로 이것을 통하여 새로운 세대가 잊고 있는 민족어에 대한 지식을 되살릴 수도 있기 때문이다. 그러나 언어가 단지 이 영역에서만 기능한다면 '가족어'로 남을 수밖에 없다. 소수민족에게 언어 기능상 또 다른 주요 영역은 생산 분야이다.

알려진 바와 같이, 러시아의 소수민족 언어들은 그 발전 단계가 동일하지 않고, 그 언어들이 사용되는 의사소통 영역의 형성 정도도 각기 다르다. 혹은 반대로 소수민족 언어의 절멸과 관련하여 의사소통 영역들의 소실 정도도 각 민족마다 차이가 있다. 바로 이 때문에 위에서 언급한 주요 기능 영역을 보존하는 데 있어 소수민족의 각 언어 그룹과 각 언어에 따라 개별적인 접근 방식을 취해야 한다. 본서의 집필자들의 연구에 의하면, 언급된 주요 기능 영역 외에도 소수민족의 언어 기능에서 중요한 역할을 하는 영역으로 가족 내의 일상적인 의사소통 영역, 전통 생업 관련 영역, 그리고 (민족 문화의 하부 분야 중 하나인) 구전 민속 문화 영역이 있다. 다시 말해, 법률적으로 혹은 국가의 언어 정책에 의해 조절될 수 없는 모든 유형의 개인 간 의사소통 역시 중요한 역할을 한다. 물론 서적 출판, 민족 문화(연극, 영화, 녹음 자료) 같은 또 다른 의사소통 영역도 중요하다. 종교 영역은 예부터 민족어가 자주 사용되었던 민족 정신 문화의 전통적 분야로서, 대단히 흥미로운 영역이다.

교육 영역은 교육 과정에 따라 취학 전 보육(유치원), 초중등 교육(초등학교, 중등학교, 고등학교, 중등전문학교 등), 고등 교육 기관(종합대학, 단과대학, 연구소, 아카데미) 등의 하부 영역별로 나뉜다. 상기의 모든 하부 영역에서 언어는 다음 두 가지 기능을 수행할 수 있다. 1) (1주일에 몇 회) **교과목**으로 학습되거나, 2) (모든 교과목 혹은 일부 교과목의) **교육매개어**로 사용된다.

연구 결과에 의하면, 취학 전 보육의 하부 영역에서 교과목으로서 민족어가 가장 활발히 사용되는 언어 그룹은 1920~1930년대에 문자가 제정된 언어(YWL)와 문자 전통이 복원된 언어(LWTR) 그룹이다. 문자를 보유하고 있는 다른 언어 그룹에서는 여러 언어가 단편적으로 사용되고, 비문자 언어에서는 민족어가 학교 교육에서 전혀 사용되지 않고 있다. 이것은 YWL 그룹과 LWTR 그룹에서 언어의 기능 복원을 위한 적극적인 학술적 노력과 계몽 활동을 펼친 결과로 설명된다(표1 참조).[6] 본서에서 논의된 언어들이 보육 언어로 사용되는 경우는 드물다(차후르어, 아굴어, 루툴어 참조).

문자를 보유하고 있는 언어들 중 에네츠어를 제외한 모든 언어가 초등학교에서 교과목으로 지정되어 있고, 이들 중 대부분이 중등학교에서도 교과목으로 교육되고 있으나, 교육매개어로는 사용되지 않고 있다.

문자 보유어와 문자의 전통이 재개된 언어들은 대개 초등학교에서 교과목으로 사용되고 있다. YWL와 NWL 언어의 경우 대부분 초등학교와 중등학교에서 교과목으로 기능하고, 어원어만 교과목뿐만 아니라 교육매개어로도 사용되고 있다. 중등전문학교 과정에서는 대부분의 YWL과 LWTR(벱스어, 우디허어, 차후르어는 제외), 그리고 NWL인 유카기르어가 교과목으로 기능하고 있다.

비문자 언어들은 위와 같은 사회적 기능을 수행할 수 없다(좀 더 자세한 것은 표1 참조).

---

6 표 1, 2, 3, 4는 콜레스니크(N. G. Kolesnik)가 작성했다.

표1 교육 영역

표1 교육 영역

언어	취학 전 교육		초등학교		중등학교		중등 전문학교		고등 교육기관	
	보육 언어	교과목	교육 매개어	교과목	교육 매개어	교과목	교육 매개어	교과목	교육 매개어	교과목
YWL										
나나이어	-	+	-	+	-	+	-	+	-	+
네네츠어 (툰드라)	-*	+	-*	+	-	+	-	+	-	+
니브흐어	-	+	-	+	-	+	-	+	-	+
만시어	-	+	-	+	-	+	-	+	-	+
셀쿠프어	-	+	-	+	-	+	-	+	-	+
어원어	-	+	+	+	+	+	-	+	-	+
어윙키어	-	+	-	+	-	+	-	+	-	+
축치어	-	-	-	+	-	+	-	+	-	+
코랴크어	-	-	-	+	-	+	-	+	-	+
한티어	-*	+	-*	+	-	+	-	+	-	+
LWTR										
벱스어	-	+	-	+	-	+**	-	-	-	+
사미어	-	+	-	+	-	-	-	+	-	+
쇼르어	-	+	-	+	-	+	-	+**	-	+
아시아 에스키모어	-	-	-	+	-	+	-	+	-	+
우디허어	-	-	-	+	-	+**	-	-	-	+
이텔멘어	-	-	-	+	-	+	-	+	-	+
차후르어	+	-	-*	+	-	+**	-	-	-	+
카렐어	-	+	-	+	-	+**	-	+	-	+
NWL										
네네츠어 (삼림)	-	-	-	+	-	+	-	-	-	+
돌간어	-	-	-	+	-	+	-	-	-	-
루툴어	+	-	-*	+	-	-	-	-	-	+
아굴어	+	-*	-*	+	-	+**	-	-	-	+
에네츠어	-	-	-	-	-	-	-	-	-	-
울치어	-	N/Y	-	+	-	-	-	-	-	+
유카기르어	-	-	-	+	-	+	-	+	-	+
응아나산어	-	-	-	+	-	+	-	-	-	+
케트어	-	+	-	+	-	+	-	-	-	+
토파어	-	-	-	+	-	-	-	-	-	-
UWL										
고도베리어	-*	-	-*	-	-	-	-	-	-	-

언어	취학 전 교육		초등학교		중등학교		중등 전문학교		고등 교육기관	
	보육 언어	교과목	교육 매개어	교과목	교육 매개어	교과목	교육 매개어	교과목	교육 매개어	교과목
UWL										
기누흐어	-*	–	-*	–	–	–	–	–	–	–
네기달어	–	–	–	+	–	–	–	–	–	–
바그발랄어	-*	–	-*	–	–	–	–	–	–	–
베즈타어	-*	–	-*	–	–	–	–	–	–	–
보트어	–	–	–	–	–	–	–	–	–	–
보틀리흐어	-*	–	-*	–	–	–	–	–	–	–
아르치어	-*	–	-*	–	–	–	–	–	–	–
아흐바흐어	-*	–	-*	–	–	–	–	–	–	–
안디어	-*	–	-*	–	–	–	–	–	–	–
알레우트어	–	–	–	–	–	–	–	–	–	–
알류토르어	–	–	–	–	–	–	–	–	–	–
오로치어	–	–	–	–	–	–	–	–	–	+
오로크어	–	–	–	+**	–	+**	–	–	–	+
유그어	–	–	–	–	–	–	–	–	–	–
이조르어	–	–	+**	–	–	–	–	–	–	–
차말랄어	-*	–	-*	–	–	–	–	–	–	–
체즈어	-*	-*	-*	–	–	–	–	–	–	–
출름튀르크어	–	–	–	–	–	–	–	–	–	–
카라타어	-*	–	-*	–	–	–	–	–	–	–
카이타그어	-*	–	-*	–	–	–	–	–	–	–
케레크어	–	–	–	–	–	–	–	–	–	–
쿠바치어	–	–	–	–	–	–	–	–	–	–
틴디어	-*	–	-*	–	–	–	–	–	–	–
훈지브어	-*	–	-*	–	–	–	–	–	–	–
흐바르시어	-*	–	-*	–	–	–	–	–	–	–

표1 주석

- -*: (공식적 교육매개어와 함께) 비공식적 보육 언어나 교육매개어로 사용되는 언어
- +**: 선택 과목으로 교육되는 언어
- '**고등 교육 기관**' 열: 제2권에서 다루어지고 있는 사회적 기능이 미미하거나 매우 낮은 언어의 경우, '고등 교육 기관' 열의 '+' 기호는 해당 언어가 이 영역에서 사용된다는 것을 보여 주는 지표는 아니다. 이는 해당 언어학 분야에 대한 학문적 관심을 반영하는 것이다.

대중 언론 영역은 매우 복잡한 양상을 띤다. 여기에서 언급되어야 할 것은 첫째, 비문자 언어들은 서적 출판 영역뿐만 아니라, 말로 실현되는 대중 매체에서도 기능하지 않는다는 것이다(라디오 방송을 하는 네기달어와 오로크어는 예외). 두 번째 규칙성은 본서에서 논의된 모든 언어가 (벱스어와 카렐어를 제외하고) 통상 잡지와 같은 정기 간행물을 보유하고 있지 않는다는 것이고, 세 번째 규칙성은 문자 언어 및 YWL과 NWL이 라디오와 텔레비전과 같이 말로 실현되는 대중 매체에서 더 활발히 사용되고 있다는 점이다.

신문 영역에서 이텔멘어, 루툴어, 차후르어, 케트어, 토파어, 유카기르어 등은 사용되지 않고 있다(좀 더 자세한 것은 표2 참조).

물론 신문의 발행 부수가 적거나, 소수민족 언어가 사용되는 텔레비전이나 라디오 프로그램 방송 시간이 아주 짧은 경우에는, 해당 언어 공동체의 언어생활이나 언어의 사회적 기능을 유지하고 복원하는 데에 유의미한 영향을 미칠 수는 없다.

표2 대중 언론 영역

언어	신문 (발행 종 수)	잡지 (발행 종 수)	라디오 방송	텔레비전 방송
YWL				
나나이어	1	-	+	+
네네츠어 (툰드라)	3	-	+	+
니브흐어	1~2	-	+	+
만시어	1	-	+	+
어원어	2	-	+	+
어웡키어	1	-	+	+
축치어	2	-	+	+
코랴크어	1	-	+	+
한티어	2	-	+	+
LWTR				
벱스어	1	1	+	+
사미어	-	-	+	-

언어	신문 (발행 종 수)	잡지 (발행 종 수)	라디오 방송	텔레비전 방송
LWTR				
셀쿠프어	–	–	+	+
쇼르어	1	–	+	+
아시아에스키모어	2	–	+	–
우디허어	–	–	–	–
이텔멘어	–	–	+	–
차후르어	–	–	–	+
카렐어	3	1	+	+
NWL				
고도베리어	–	–	–	–
기누흐어	–	–	–	–
네네츠어 (삼림)	–	–	+	+
돌간어	1	–	+	+
루툴어	–	–	–	+
아굴어	–	–	+	+
에네츠어	1	–	+	–
울치어	1	–	+	–
유카기르어	–	–	+	–
응아나산어	1	–	+	–
케트어	–	–	–	–
토파어	–	–	–	–
UWL				
네기달어	–	–	+	–
바그발랄어	–	–	–	–
베즈타어	–	–	–	–
보트어	–	–	–	–
보틀리흐어	–	–	–	–
아르치어	–	–	–	–
아흐바흐어	–	–	–	–
안디어	–	–	–	–

언어	신문 (발행 종 수)	잡지 (발행 종 수)	라디오 방송	텔레비전 방송
UWL				
알레우트어	-	-	-	-
알류토르어	-	-	-	-
오로치어	-	-	-	-
오로크어	-	-	+	-
유그어	-	-	-	-
이조르어	-	-	-	-
차말랄어	-	-	-	-
체즈어	-	-	-	-
출름튀르크어	-	-	-	-
카라타어	-	-	-	-
카이타그어	-	-	-	-
케레크어	-	-	-	-
쿠바치어	-	-	-	-
틴디어	-	-	-	-
훈지브어	-	-	-	-
흐바르시어	-	-	-	-

서적 출판 영역에서 가장 활발히 사용되는 언어는 수백 권의 책이 출판된 카렐어(특히 문자 전통이 단절되기 전까지)와 축치어이다. 다음은 100편 이상의 출판물이 있는 툰드라-네네츠어와 어웡키어이고, 그 다음은 출판물이 100편 가까이 되는 코랴크어, 만시어, 한티어와 어원어이다. 다른 언어들은 이 영역에서 그리 활발히 사용되지 않고 있으며, 몇 종에서 수십 종의 인쇄물을 보유하고 있을 뿐이다(자세한 것은 표3 참조).

이 영역에서는 더 많은 사람이 사용하는 이웃 민족어나 러시아어가 소수 민족 언어의 기능을 보완하는 것으로 보인다.

이처럼 소수민족 언어가 제한적으로 사용되고 있으므로 당연히 소수민족 언어 공동체의 모든 정신적 욕구를 완전히 충족시킬 수 없다. 지금까지 논의된 자료들은 이 영역에서 민족 문화를 형성하는 과정에 소수민족의 언어가 관여할 수 있는 개략적인 지표만 제시했다. 여러 언어 공동체가 이 영역에 관여하고, 그 공동체들의 언어가 문헌에 적용되는 정도가 동일하지 않아서 이중언어나 다중언어 사용이 요구될 수밖에 없다. 학습 교재나 학술 서적이라는 하위 영역이 잘 발달하지 못한 것은 초등학교, 중등학교, 중등전문학교, 그리고 고등학교와 같이 여러 하위 교육 영역에서 민족어의 기능 수준이 낮기 때문이다.

표 3 서적 출판 영역

언어	도서 출판물 수에 대한 전반적 평가	문학 작품 (아동 문학 포함)	초등·중등 학교 교과서 및 교재	고등 교육 교재, 전문 학술 서적 (사전 포함)	구비 문학
YWL					
나나이어	E	E	F	G	G
네네츠어 (툰드라)	C/D	E	D/E	F	E
니브흐어	E	F	F	G	F
만시어	D	D	E	G	F
어원어	D	E	E	G	F
어윙키어	C/D	E	E	F	F
축치어	C	D	D	G	F
코랴크어	D	E	E	G	F
한티어	D	E	E	F	E
LWTR					
벱스어	F	–	F	G	G
사미어	F	–	F	G	G
셀쿠프어	E	G	F	G	F
쇼르어	E	E	F	G	G
아시아 에스키모어	E	E	E	G	G
우디허어	G	G	G	G	G
이텔멘어	G	G	G	G	G
차후르어	E	E	G	G	G
카렐어	C	D	E	G	F
네네츠어 (삼림)	G	G	G	G	G

언어	도서 출판물 수에 대한 전반적 평가	문학 작품 (아동 문학 포함)	초등·중등 학교 교과서 및 교재	고등 교육 교재, 전문 학술 서적 (사전 포함)	구비 문학
NWL					
돌간어	G	G	G	G	G
루툴어	F	F	G	G	F
아굴어	F	F	G	G	F
에네츠어	G	–	–	G	G
울치어	G	–	G	G	G
유카기르어	F	G	G	G	F
응아나산어	G	–	G	G	F
케트어	F	–	G	G	F
토파어	G	–	G	G	G
UWL					
고도베리어	–	–	–	*	*
기누흐어	–	–	–	*	*
네기달어	–	–	–	*	*
바그발랄어	–	–	–	*	*
베즈타어	–	–	*	*	*
보트어	–	–	–	*	*
보틀리흐어	–	–	–	*	*
아르치어	–	–	–	*	*
아흐바흐어	–	–	–	*	*
안디어	–	–	–	*	*
알레우트어	–	–	–	*	*
알류토르어	–	–	–	*	*
오로치어	–	–	*	*	*
오로크어	–	–	–	*	*
유그어	–	–	–	*	*
이조르어	E	G	G	*	*
차말랄어	–	–	–	*	*
체즈어		–	*	*	*
출름튀르크어	–	–	–	*	*

언어	도서 출판물 수에 대한 전반적 평가	문학 작품 (아동 문학 포함)	초등·중등 학교 교과서 및 교재	고등 교육 교재, 전문 학술 서적 (사전 포함)	구비 문학
UWL					
카라타어	-	-	-	*	*
카이타그어	-	-	-	*	*
케레크어		-	-	*	*
쿠바치어	-	-	-	*	*
틴디어	-	-	-	*	*
훈지브어	-	-	-	*	*
흐바르시어	-	-	-	*	*

표 3 주석

- **해당 언어로 출판된 도서 출판물의 수에 대한 전반적 평가**

  AAA – 수십만 편 / AA – 1만 편 이상 / A – 수천 편 / B – 약 1,000편 /
  C – 수백 편 / D – 약 100편 / E – 수십 편 / F – 10편 이상 / G – 10편 미만.
  이 영역에서 기능이 높은 언어들(AAA, AA, B)은 제1권에 수록되어 있다.
- 표1에서와 마찬가지로 사회적 기능이 낮은 언어의 경우, '초등·중등학교 교과서 및
  교재', '고등 교육 교재 및 전문 학술 서적(사전포함)' 열의 평가는 이 영역에서 해당
  언어가 사용되고 있다는 것을 표시하기보다는, 그 언어에 대한 학술적 관심이 존재
  한다는 것을 나타낸다. 이러한 관심은 학술적 연구 목적으로 수집된 자료가 사전이
  나 구비문학 텍스트로 출판되고 있다는 점에 잘 반영되어 있다. 비문자 언어가 이
  와 같은 출판물을 보유한 경우는 별표(*)로 표시했다.

이외에도 NWL, 심지어 100편 이상의 출판물이 있는 민족어의 경우도 문
자 전통이 굳게 자리 잡기까지는 수십 년의 시간이 더 필요할 것이라는 점을
언급하지 않을 수 없다. 이 영역에서 해당 민족어의 기능이 전통으로 자리
잡기 위해서는 서적 출판 작업이 계속 유지되고 발전되어야 한다. 비문자 언
어 중에는 구비문학이나 학습 서적을 전사 방법으로 출판하는 경우도 있다.
엄격히 말하면, 이와 같은 민족어는 소량의 인쇄물이 존재할지라도 고유의
문자를 보유하지 못한 언어로 봐야 한다. 그런데 국제 프로젝트의 첫 번째
결과물인 제1집 '서유럽의 언어' 편에서는 알파벳이 있고 이것을 사용한 교
과서가 한 권이라도 출판되었다면 문자를 보유한 언어로 간주하였다.

민족 문화 영역. 본서에서 연구된 언어들은 민족 문화 영역에서 유의미한 기능을 수행하지 못하고 있다. 응아나산어로 음악극이, 그리고 카렐어로 연극이 공연되는 정도이다. 본서에서 연구되는 거의 모든 언어들이 녹음테이프나 레코드판에서는 사용되었다. 그러나 이 영역에서도 민족어의 사용 정도는 미미하다. 녹음된 것도 대부분 현지 조사 과정에서 언어학자, 구비문학 연구자, 민속학자에 의해 이루어진 것이고, 그 목적이 순전히 학술적이라서 해당 학문 분야의 틀 안에서 텍스트를 보존하고 연구를 진행하기 위한 것이다.

종교 영역. 본서에서 연구되는 언어를 사용하는 사람들은 기독교(정교), 이슬람교, 혹은 불교와 같이 다양한 종교를 가지고 있고, 북방·시베리아 민족의 거의 대부분은 애니미즘(정령 신앙), 조상 숭배, 수렵 숭배 같은 해당 지역의 전통 신앙을 보존하고 있다. 엄격한 의미로 샤머니즘은 종교가 아니다. 세계관의 체계로서 애니미즘과 샤머니즘은 그 세계관에 동참시킬 것을 목적으로 한 설교나 교육을 하지 않으며, 의식 행위는 현재까지 유지되고 있으나 그 정도가 광범위하지 않다. 따라서 이 영역에서 언어의 사용도 제한적일 수밖에 없다. 대부분의 북방·시베리아 민족은 19세기에 완전히 혹은 부분적으로 정교를 받아들였다. 그러나 여기에서 기독교(정교)는 (샤머니즘, 애니미즘, 혹은 조상 숭배 같은) 전통적인 가치관 체계를 배제하지 않았기 때문에 형식적인 성격을 지닐 뿐이다. 이 때문에 종교 관련 텍스트가 단편적으로 번역되었는데도 불구하고 이 영역에서 소수민족 언어는 유의미한 기능을 할 수 없었다. 또한 전통 신앙의 의식 행위에서도 20세기, 특히 중후반에 소수민족 언어의 사용이 상당히 축소되었다.

종교 영역에서 이슬람교를 믿는 민족들의 언어 기능도 제한적이다. 이는 다른 이유에 기인하는데, 이슬람교의 언어는 전통적으로 아랍어이고, 따라서 『코란』 텍스트에 주해를 달 때, 또는 전통적인 종교 관련 발화에서도 민족어의 사용은 제한적일 수밖에 없기 때문이다. 소수민족 언어로 『코란』이 번역된 경우는 거의 없다(『코란』의 일부가 루툴어로 번역되었다). 종교 텍스트는 일부(대부분 「누가복음」의 산상설교)가 최근에 성서 번역 연구소(스웨덴의 스톡홀름 소재)의 후원 아래 번역되었지만(좀 더 자세한 것은 표4 참조), 이 영역에서 민족어가 갖는 실질적 의미는 극히 미미하다.

표4 종교 영역

언어	종교	해당 언어로 된 종교 문헌	설교	종교 의식	종교 교육
지역: 북서					
벱스어	기독교	E	–	–	–
보트어*	기독교	–	–	–	–
사미어	기독교	E	–	–	–
이조르어	기독교	–	–	–	–
카렐어	기독교	E	–	–	–
지역: 북부 캅카스					
고도베리어	이슬람교	–	(+)	(+)	–
기누흐어	이슬람교	–	(+)	(+)	–
루툴어	이슬람교	(K), (E)	(+)	(+)	–
바그발랄어	이슬람교	–	(+)	(+)	–
베즈타어	이슬람교	–	(+)	(+)	–
보틀리흐어	이슬람교	–	(+)	(+)	–
아굴어	이슬람교	–	(+)	(+)	–
아르치어	이슬람교	(E)	(+)	(+)	–
아흐바흐어	이슬람교	–	(+)	(+)	–
안디어	이슬람교	(E)	(+)	(+)	–
차말랄어	이슬람교	–	(+)	(+)	–
차후르어	이슬람교	(E)	(+)	(+)	–
체즈어	이슬람교	(E)	(+)	(+)	–
카라타어	이슬람교	–	(+)	(+)	–
카이타그어	이슬람교	–	(+)	(+)	–
쿠바치어	이슬람교	(E)	(+)	(+)	–
틴디어	이슬람교	–	(+)	(+)	–
훈지브어	이슬람교	–	(+)	(+)	–
흐바르시어	이슬람교	–	(+)	(+)	–

언어	종교	해당 언어로 된 종교 문헌	설교	종교 의식	종교 교육
지역: 극북, 시베리아					
나나이어	기독교, 샤머니즘	E	–	(+)	–
네기달어	샤머니즘	–	–	(+)	–
네네츠어 (삼림)	기독교, 샤머니즘	(E)	–	(+)	–
네네츠어 (툰드라)	기독교, 샤머니즘	–	–	(+)	–
니브흐어	기독교, 샤머니즘	(E)	–	(+)	–
돌간어	기독교, 샤머니즘	E	–	(+)	–
만시어	기독교, 샤머니즘	E	–	(+)	–
셀쿠프어	기독교, 샤머니즘	(E)	–	(+)	–
쇼르어	기독교, 샤머니즘	(E)	–	(+)	–
아시아에스키모어	샤머니즘	–	–	(+)	–
알레우트어	기독교, 샤머니즘	E	–	(+)	–
알류토르어	기독교, 샤머니즘	–	–	(+)	–
어원어	기독교, 샤머니즘	E	–	(+)	–
어웡키어	기독교, 샤머니즘	(E)	–	–	–
에네츠어	기독교, 샤머니즘	(E)	–	–	–
오로치어	샤머니즘	–	–	–	–
오로크어	기독교, 샤머니즘	–	–	(+)	–
우디허어	기독교, 샤머니즘	–	–	(+)	–
울치어	기독교, 샤머니즘	–	–	(+)	–
유그어	샤머니즘	–	–	–	–
유카기르어	기독교, 샤머니즘	(E)	–	–	–
응아나산어	기독교, 샤머니즘	(E)	–	(+)	–
이텔멘어	기독교, 샤머니즘	(E)	–	(+)	–
축치어	기독교, 샤머니즘	(E)	–	(+)	–
출름튀르크어	기독교, 샤머니즘	–	–	–	–
케레크어	샤머니즘	–	–	(+)	–
케트어	기독교, 샤머니즘	(E)	–	(+)	–
코랴크어	기독교, 샤머니즘	(E)	–	(+)	–
토파어	기독교, 샤머니즘	–	–	(+)	–
한티어	기독교, 샤머니즘	E	–	(+)	–

표 4 주석
- * 비문자 언어
- E 복음서
- (E) 복음서의 단편
- (Б) 『성서』의 단편
- (K) 『코란』의 단편
- 기독교 – 정교를 뜻하며, 구교도와 종파는 고려하지 않았다.
- 샤머니즘 – 샤머니즘, 애니미즘, 조상 숭배 등을 말한다.
- (+) 해당 언어가 매우 제한적으로 사용된다.

본서에서는 언어의 의사소통 영역 및 사회적 기능을 계량적으로, 그리고 주제별 지표와 함께 고찰했으나, 몇몇 경우에는 특정 현상에 관하여 전문적인 평가가 주어지기도 했다. 이 때문에 위에 제시한 표들에서 일부 지표에 대해서는 상세히 설명하는 주석이 첨부되기도 했다. 여러 지표에 대한 좀 더 자세한 내용은 해당 언어가 상세히 고찰되는 본문 내용을 참조하기 바란다.

5. 언어의 사회언어학적 분류의 문제

소수민족 언어, 혹은 절멸 위기의 언어를 분류하는 방법은 몇 가지가 있다. 연구자들은 이 모든 언어를 '병든' 언어로 간주하고, '건강한' 언어와 '사어' 사이에 이 병든 언어를 배치한다(건강한 언어, 병든 언어, 절멸 위기의 언어, 사어).[7] 소수민족 언어에 관한 연구에서는 이 언어들의 소실 및 절멸 경향에 대한 우려와 경종이 잘 나타나 있다. 다음 세대를 위해 소수민족의 언어와 문화를 반드시 보존해야 하는 것은 자명하다. 이를 위해서는 이 언어와 문화를 학술적으로 기술해야 하고, 음성 발화를 녹음해야 하며, 소수민족의 문화 박물관을 설립해야 한다. 다시 말해, 세계 문화의 중요한 한 부분인 이 언어들

---

7 Kibrik A. Je. Ocherki po obshchim i prikladnym voprosam jazykoznanija. M., 1992, pp. 67-69.

과 문화들을 기록하고 보존하기 위해 가능한 모든 것을 해야만 한다. 그러나 이와 함께 주지해야 하는 사실은, 언어가 사라져 가는 길은 두 가지가 있으니, 그 사회적 기능을 잃어감으로써 사라지기도 하지만, 언어 화자가 소멸해 가는 것도 언어 절멸에 이르는 길이라는 점이다. 이 때문에 최근 수십 년간 러시아가 시행하고 있는 복잡한 개혁 과정에서 소수민족 언어 화자들의 물리적 생존 문제가 우선적 문제로 대두되고 있다. 이것은 특히 혹독한 기후 조건에서 거주하는 북방의 토착 소수민족에게 해당된다. 북캅카스 민족에게는 다른 위험이 존재하는데, 즉 수적으로 훨씬 우월한 이웃 민족의 언어를 사용함으로써 모어의 사회적 기능이 소실될 위험이다. 이러한 차이는 거주 지역의 다양한 기후 조건과 북방과 남방 지역의 인구 분포상의 차이로 야기된다. 그러면서도 어떤 언어는 사라져 가고, 또 어떤 언어는 나타나며, 혹은 전반적인 세계화에 기인한 언어의 균등화가 진행되는 것과 같이 세계의 언어적 과정이 전반적으로 진전되어 가는 경향도 고려하지 않을 수 없다. 사회가 발전해 가는 것을 멈출 수 없는 것과 마찬가지로 이러한 과정에서 나타나는 변화를 멈추는 것도 불가능하다. 즉 현존하는 소수민족의 문화와 언어에 대해 할 수 있는 것은 단지 그것을 기록하고, 가능한 한 절멸을 지연시키는 일뿐이다.

사회언어학적인 언어 분류의 기준으로는 문자의 유무(문자 언어와 비문자 언어), 문자의 제정 시기(고대, 20세기 초 이전, 1920~1930년대, 20세기 말), 법적 지위(국가어, 공식어, 토착 소수민족 언어, 특정 지위를 확보하지 못한 언어), 수행하는 기능의 정도(국제 의사소통 언어, 민족 간 의사소통 언어, 민족 간 의사소통 지역어, 민족어, 행정 단위 언어), 화자 수(다수민족 언어, 중수민족 언어, 소수민족 언어) 등이 있다. 그러나 이 개개의 지표는 언어의 특징을 어떤 한 측면에서만 규정하는 일면적인 것이다. 총체적인 분류를 위해서는, 즉 한 언어에 대한 '스테레오적인' 사회언어학적 초상을 그려내기 위해서는 열거한 모든 변수를 함께 고려해야 한다. 당연히 주목해야 할 것은 언어의 사회적 기능이다. 예를 들어, 한 의사소통 영역에서만 사용되는 언어, 즉 주요 의사소통 영역이 1개인 언어는 단일기능 언어라 부르고, 주요 의사소통 영역이 2개인 언어는 이중기능 언어, 그리고 주요 의사소통 영역이 3개 이상인 언어는 다기능 언어라 부를 수 있다. 여기에서 보충적인 기호를 사용할 수 있는데, 예를 들어, 4개 영역에서 사용되면 F4로 표시할 수 있다. 총괄표(부록 10)에서는 본서에서 논의된 모든 언어를 위에서 언급한 모든 분류 변수별로 제시하고(가로 방향), 각 변수에 따른 부분 평가를 종합하여 도출된 한 언어에 대한 총체적 평가는 마지막 열에 적시했다. 예를 들어, 알레우트어는 소수민족 언어이며, 특정한 지위도 없고, 명목민족어도 아니며, NWL이고, 주요 기능 영역이 2개인 이중기능 언어로 비조직적인 의사소통 영역에서 사용되는 언어이다(부록 10. 총괄표 '러시아 연방 언어의 사회언어학적 분류' 참조). 총괄표에 제시된 언어 평가에는 제1권과 제2권에 참여한 저자들의 전문적인 평가가 활용되었음을 일러둔다. 이 모든 평가는 절대적인 성격을 띠는 것이 아니라, 독자들의 이해를 돕기 위한 것이다. 구체적인 사회언어학적 연구가 진척되어감에 따라 전문적인 평가는 더욱 정교해질 것이 분명하지만, 사회언어학적 관점에서 언어를 유형화하는 초기 단계로서는 현재의 평가들도 충분히 유의미하다. 또한 각 언어의 기능에 관한 좀 더 자세한 내용은 서론에서 제시된 표들과 각 언어에 대해 기술한 본문 내용을 통해 알 수 있다.

부록에서는 편의를 위해 제1권에 제시된 표 중 몇 개를 재수록했다(부록 1, 4, 5, 6). 아울러 본서에 기술된 소수민족의 언어에 대한 기술 맵이 수록되어 있는데(부록 7), 이것은 러시아 연방의 언어 상황의 특수성과 관련하여 연구 과정에서 상세화된 것이다. 언어 기능의 법률적 측면을 다루는 부록도 있다(부록 8[8]).

각 언어는 다음과 같은 순서로 기술된다.

---

[8] 러시아어 원문에는 러시아 연방 각 연방 주체의 언어 관련 법률의 구체적인 법조문과 관련 정보가 부록 8에 실려 있으나, 본 번역서에는 포함시키지 않았다. 이후 본문에서 이 부록에 대한 주해와 언급은 생략한다. _옮긴이

1. 언어 명칭

2. 통계 자료와 지리 자료

3. 언어 개요

4. 문자와 정서법

5. 지위

6. 문헌의 발달 역사

7. 종교 관습과 이데올로기 작품에서 해당 언어의 사용

8. 문학 범주

9. 정기 간행물

10. 교육 기관

11. 대중 언론 매체에서 해당 언어의 사용

12. 중앙 정부에서 해당 언어의 사용

13. 지역 정부에서 해당 언어의 사용

14. 지방 관청에서 해당 언어의 사용

15. 법원에서 해당 언어의 사용

16. 입법 기관에서 해당 언어의 사용

17. 생산 분야에서 해당 언어의 사용

18. 서비스 및 유통 분야에서 해당 언어의 사용

19. 정보의 출처

20. 전반적 정보

– V. 미할첸코

[부록]

1. 러시아 연방 언어 목록 (ABC순, 계통 분류 포함)

	한글 표기	영문 표기	계통 분류
1	아바진어	Abazin	북코카서스 어족
2	알타이어	Altai	튀르크 어파
3	아굴어	Aghul	북코카서스 어족
4	아흐바흐어	Akhvakh	북코카서스 어족
5	아디게이어	Adyghe	북코카서스 어족
6	알레우트어	Aleut	에스키모-알레우트 어족
7	알류토르어	Alutor	추코트-캄차카 어족
8	안디어	Andi	북코카서스 어족
9	아르치어	Archi	북코카서스 어족
10	아바르어	Avar	북코카서스 어족
11	바그발랄어	Bagvalal (Bagulal)	북코카서스 어족
12	바시키르어	Bashkir	튀르크 어파
13	베즈타어	Bezhta	북코카서스 어족
14	보틀리흐어	Botlikh	북코카서스 어족
15	부랴트어	Buryat	몽골 어파
16	차말랄어	Chamalal	북코카서스 어족
17	체첸어	Chechen	북코카서스 어족
18	축치어	Chukchi	추코트-캄차카 어족
19	출름튀르크어	Chulym-turkic	튀르크 어파
20	추바시어	Chuvash	튀르크 어파
21	다르긴어	Dargin (Dargwa)	북코카서스 어족
22	돌간어	Dolgan	튀르크 어파

	한글 표기	영문 표기	계통 분류
23	에네츠어	Enets	우랄 어족
24	어원어	Even	만주퉁구스 어파
25	어윙키어	Evenki	만주퉁구스 어파
26	고도베리어	Godoberi	북코카서스 어족
27	기누흐어	Hinukh	북코카서스 어족
28	훈지브어	Hunzib	북코카서스 어족
29	잉구시어	Ingush	북코카서스 어족
30	이텔멘어	Itelmen	고립어
31	이조르어	Izhorian	우랄 어족
32	카바르다-체르케스어	Kabardian (Kabardino-Cherkes)	북코카서스 어족
33	카이타그어	Kaitag	북코카서스 어족
34	칼미크어	Kalmyk	몽골 어파
35	카라차이-발카르어	Karachay-Balkar	튀르크 어파
36	카라타어	Karata	북코카서스 어족
37	카렐어	Karelian	우랄 어족
38	케레크어	Kerek	추코트-캄차카 어족
39	케트어	Ket	예니세이 어족
40	하카스어	Khakas	튀르크 어파
41	한티어	Khanty	우랄 어족
42	흐바르시어	Khvarshi	북코카서스 어족
43	코미-페르먀크어	Komi-Permyak	우랄 어족
44	코미-지랸어	Komi-Zyrian	우랄 어족
45	코랴크어	Koryak	추코트-캄차카 어족
46	쿠바치어	Kubachi	북코카서스 어족
47	쿠므크어	Kumyk	튀르크 어파
48	라크어	Lak	북코카서스 어족
49	레즈긴어	Lezgian	북코카서스 어족

	한글 표기	영문 표기	계통 분류
50	만시어	Mansi	우랄 어족
51	산악-마리어	Mari, Hill	우랄 어족
52	초지-마리어	Mari, Meadow	우랄 어족
53	에르자-모르도바어	Mordvinic, Erzya	우랄 어족
54	모크샤-모르도바어	Mordvinic, Moksha	우랄 어족
55	나나이어	Nanai	만주퉁구스 어파
56	네기달어	Negidal	만주퉁구스 어파
57	삼림-네네츠어	Nenets, Forest	우랄 어족
58	툰드라-네네츠어	Nenets, Tundra	우랄 어족
59	응아나산어	Nganasan	우랄 어족
60	니브흐어	Nivkh	고립어
61	노가이어	Nogai	튀르크 어파
62	오로치어	Oroch	만주퉁구스 어파
63	오로크어	Orok	만주퉁구스 어파
64	오세티아어	Ossetic	인도유럽 어족
65	러시아어	Russian	인도유럽 어족
66	루툴어	Rutul	북코카서스 어족
67	사미어	Saami	우랄 어족
68	야쿠트어	Sakha (Yakut)	튀르크 어파
69	셀쿠프어	Selkyp	우랄 어족
70	쇼르어	Shor	튀르크 어파
71	타바사란어	Tabasaran	북코카서스 어족
72	타트어	Tat	인도유럽 어족
73	타타르어	Tatar	튀르크 어파
74	틴디어	Tindi	북코카서스 어족
75	토파어	Tofalar (Tofa)	튀르크 어파
76	차후르어	Tsakhur	북코카서스 어족

	한글 표기	영문 표기	계통 분류
77	체즈(디도이)어	Tsez	북코카서스 어족
78	투바어	Tuvan	튀르크 어파
79	우디허어	Udihe	만주퉁구스 어파
80	우드무르트어	Udmurt	우랄 어족
81	울치어	Ulchi	만주퉁구스 어파
82	벱스어	Vepsian	우랄 어족
83	보트어	Votian (Votic)	우랄 어족
84	유그어	Yug	예니세이 어족
85	유카기르어	Yukagir	고립어
86	아시아에스키모어	Yupik (Asiatic Eskimo)	에스키모-알레우트 어족

2. 러시아 소수민족 목록 (ABC순)

한글 표기	영문 표기	한글 표기	영문 표기
아바진족	Abazin	쿠만드족	Kumandins
아굴족	Aghul	만시족	Mansi
아흐바흐족	Akhvakh	산악 유태족과 타트족	Mountain Jews & Tat
알레우트족	Aleut	나가이바크족	Nağaybäk
알류토르족	Alutor	나나이족	Nanai
안디족	Andi	네기달족	Negidal
아르치족	Archi	네네츠족	Nenets
바그발랄족	Bagvalal (Bagulal)	응아나산족	Nganasan
베세르먄족	Besermyan	니브흐족	Nivkh
베즈타족	Bezhta	오로치족	Oroch
보틀리흐족	Botlikh	오로크족 (윌타족)	Orok
차말랄족	Chamalal	루툴족	Rutul
첼칸족	Chelkans	사미족	Saami
축치족	Chukchi	셀쿠프족	Selkyp
출름족	Chulym	샵수그족	Shapsugs
추반족	Chuvans	쇼르족	Shor
돌간족	Dolgan	소요트족	Soyot
에네츠족	Enets	타트족	Tat
어원족	Even	타즈족	Taz
어웡키족	Evenki	텔레우트족	Teleuts
고도베리족	Godoberi	틴디족	Tindi
기누흐족	Hinukh	토파족	Tofalar (Tofa)
훈지브족	Hunzib	차후르족	Tsakhur
이텔멘족	Itelmen	체즈족	Tsez
이조르족	Izhorian	투발라르족	Tubalar

한글 표기	영문 표기	한글 표기	영문 표기
카이타그족	Kaitag	투바-토자족	Tuba-Todza
카라타족	Karata	우디허족	Udihe
케레크족	Kerek	울치족	Ulchi
케트족	Ket	벱스족	Vepsian
한티족	Khanty	보트족	Votian (Votic)
흐바르시족	Khvarshi	유그족	Yug
코랴크족	Koryak	유카기르족	Yukagir
쿠바치족	Kubachi	에스키모족 (유피크족)	Yupik (Asiatic Eskimo)

3. 러시아 소수민족 언어 목록 (ABC순)[9]

한글 표기	영문 표기	한글 표기	영문표기
아바진어	Abazin	코랴크어	Koryak
아굴어	Aghul	쿠바치어	Kubachi
아흐바흐어	Akhvakh	만시어	Mansi
알레우트어	Aleut	나나이어	Nanai
알류토르어	Alutor	네기달어	Negidal
안디어	Andi	삼림-네네츠어	Nenets, Forest
아르치어	Archi	툰드라-네네츠어	Nenets, Tundra
바그발랄어	Bagvalal (Bagulal)	응아나산어	Nganasan
베즈타어	Bezhta	니브흐어	Nivkh
보틀리흐어	Botlikh	오로치어	Oroch
차말랄어	Chamalal	오로크어	Orok
축치어	Chukchi	루툴어	Rutul
출름튀르크어	Chulym-turkic	사미어	Saami
돌간어	Dolgan	셀쿠프어	Selkyp
에네츠어	Enets	쇼르어	Shor
어원어	Even	타트어	Tat
어웡키어	Evenki	틴디어	Tindi
고도베리어	Godoberi	토파어	Tofalar (Tofa)
기누흐어	Hinukh	차후르어	Tsakhur
훈지브어	Hunzib	체즈어	Tsez
이텔멘어	Itelmen	우디허어	Udihe
이조르어	Izhorian	울치어	Ulchi

---

9 소수민족 언어의 수는 러시아 연방 토착민족의 수와 일치하지 않는다. 왜냐하면 일부 민족은 언어학적인 면에서 독자적인 언어가 아니라 방언으로 간주되는 언어(idiom)를 사용하기 때문이다.

카이타그어	Kaitag	벱스어	Vepsian
카라타어	Karata	보트어	Votian (Votic)
케레크어	Kerek	유그어	Yug
케트어	Ket	유카기르어	Yukagir
한티어	Khanty	아시아에스키모어	Yupik (Asiatic Eskimo)
흐바르시어	Khvarshi		

4. 러시아 연방 언어의 계통 분류[10]

◇ 인도유럽 어족 ◇

   인도이란 어파

      이란 어군

         동이란 하위어군

            오세티아어(1)

         남이란 하위어군

            타트어(1)

      슬라브 어군

         동슬라브 하위어군

            러시아어(1)

◇ 북코카서스 어족 ◇

   서코카서스(압하스-아디게이) 어파

      압하스-아바진 어군

         아바진어(1)

      아디게이 어군

         아디게이어(1)

         카바르다-체르케스어(카바르다어, 체르케스어)(1)

   동코카서스(나흐-다게스탄) 어파

      아바르-안디-체즈 어군

         아바르 하위어군

            아바르어(1)

---

10 여기에는 '세계의 문자 언어' 시리즈 중 『러시아 연방의 언어. 사회언어학적 백과사전. 제1권』(모스크바, 2000)과 본서(제2권)에 기술된 언어들만 제시되어 있다. 언어명 뒤에 붙은 (1)은 제1권에 기술된 언어, (2)는 제2권에 기술된 언어를 뜻한다.

안디 하위어군
　고도베리어(2)
　바그발랄어(2)
　보틀리흐어(2)
　아흐바흐어(2)
　안디어(2)
　차말랄어(2)
　카라타어(2)
　틴디어(2)
체즈 하위어군
　기누흐어(2)
　베즈타어(2)
　체즈어(2)
　훈지브어(2)
　흐바르시어(2)
레즈긴 어군
　동레즈긴 하위어군
　　레즈긴어(1)
　　아굴어(2)
　　타바사란어(1)
　루튤-차후르 하위어군
　　루튤어(2)
　　차후르어(2)
　　아르치어(2)
라크-다르긴 어군
　다르긴 하위어군
　　다르긴어(1)
　　카이타그어(2)

쿠바치어(2)

라크 하위어군

라크어(1)

나흐 어군

잉구시어(1)

체첸어(1)

◇ **알타이 어족** ◇

튀르크 어파

서부 훈 분파

큽차크 어군

큽차크-폴로베츠 하위어군

카라차이-발카르어(1)

쿠므크어(1)

큽차크-불가르 하위어군

바시키르어(1)

타타르어(1)

큽차크-노가이 하위어군

노가이어(1)

동부 훈 분파

우고르-오구즈 어군

우고르-투큐이 하위어군

토파어(2)[11]

투바어(1)

야쿠트 하위어군

돌간어(2)

---

[11] 제2권에 수록된 언어 중 번역본에 포함된 13개 언어는 굵은 글씨로 표시한다. _옮긴이

야쿠트어(1)

하카스 하위어군

쇼르어(2)

추바시어(1)[12]

출름튀르크어(2)

하카스어(1)

크르그즈-큽차크 하위어군

알타이(오이로트)어(1)

몽골 어파

부랴트(부랴트-몽골)어(1)

칼미크어(1)

만주퉁구스 어파

북부(퉁구스) 분파

아무르(나니) 어군

나나이어(2)

오로치어(2)

오로크어(2)

우디허어(2)

울치어(2)

시베리아(에벤키) 어군

네기달어(2)

어웬어(2)

어웡키어(2)

---

12 원문에는 (2)로 표시되어 있으나, 실제로는 제2권의 수록 언어가 아니다. 오기로 보고 바로잡는다. _옮긴이

◇ 우랄 어족 ◇

핀우고르 어파

사미 어군

사미어(2)

발트-핀 어군

북부 하위어군

벱스어(2)

이조르어(2)

카렐어(2)

남부 하위어군

보트어(2)

볼가 어군

마리어(산악-마리어, 초지-마리어)(1)

모르도바어(모크샤, 에르자)(1)

페름 어군

우드무르트어(1)

코마-지랸어(1)

코마-페르먀크어(1)

우고르 어군

오비-우고르 하위어군

만시어(2)

한티어(2)

사모예드 어파

북사모예드 어군

삼림-네네츠어(2)

툰드라-네네츠어(2)

에네츠어(2)

웅아나산어(2)

남사모예드 어군

셀쿠프어(2)

◇ **추코트-캄차카 어족** ◇

추코트-코랴크 어군

알류토르어(2)

추코트어(2)

케레크어(2)

코랴크어(2)

◇ **에스키모-알레우트 어족** ◇

알레우트 어파

알레우트어(2)

에스키모 어파

유피크 어군

아시아에스키모어[차플리노어(방언), 또는 시베리아 유피크어, 나
우칸어(방언)](2)

◇ **예니세이 어족** ◇

케트-유그 어군

케트어(2)

유그어(2)

◇ **고립어** ◇

니브흐어(2)

유카기르어(2)

이텔멘어(2)

5. 러시아 연방 행정 구분[13] [14]

공화국

다게스탄 공화국 Республика Дагестан

마리 엘 공화국 Республика Марий Эл

모르도비야 공화국 Республика Мордовия

바시코르토스탄 공화국 Республика Башкортостан

부랴트 공화국 Республика Бурятия

북오세티야 공화국 Республика Северная Осетия, Алания

사하(야쿠티야) 공화국 Республика Саха (Якутия)

아디게야 공화국 Республика Адыгея

알타이 공화국 Республика Алтай

우드무르트 공화국 Удмуртская Республика

잉구세티야 공화국 Республика Ингушетия

체첸 공화국 Чеченская Республика

추바시 공화국 Чувашская Республика (Чаваш Республика)

카라차이-체르케스 공화국 Карачаево-Черкесская Республика

카렐리야 공화국 Республика Карелия

카바르다-발카르 공화국 Кабардино-Балкарская Республика

칼미크 공화국 Республика Калмыкия (Хальмг Танч)

코미 공화국 Республика Коми

---

13 이곳에 제시된 89개 러시아 연방 주체의 명칭은 1992년 러시아 헌법에 규정된 것이다. 러시아 연방에는 21개의 공화국, 6개의 크라이(kraj), 49개의 주, 2개의 연방급 도시, 1개의 자치주, 10개의 자치구가 있다.

14 2008년부터 러시아 연방의 주체는 83개로 변경되었다. 크라이는 9개로 늘어났고, 주는 46개로 줄었으며, 자치구는 4개로 축소되었다. 크라이는 가장자리에 위치한 주를 일컫지만, 현재는 가장자리가 아닌 위치에 있는 크라이도 있다. 주(oblast')와 지위가 다르지 않지만 구별을 위해서 '크라이'라고 적는다. _옮긴이

타타르스탄 공화국 Республика Татарстан (Татарстан)

투바 공화국 Республика Тыва (Тува)

하카스 공화국 Республика Хакасия

크라이[15]

스타브로폴 크라이 Ставропольский край

알타이 크라이 Алтайский край

프리모르스키 크라이(연해주) Приморский край

크라스노다르 크라이 Краснодарский край

크라스노야르스크 크라이 Красноярский край

하바롭스크 크라이 Хабаровский край

주[16]

노보시비르스크 주 Новосибирская обл.

노브고로드 주 Новгородская обл.

니즈니노브고로드 주 Нижегородская обл.

랴잔 주 Рязанская обл.

레닌그라드 주 Ленинградская обл.

로스토프 주 Ростовская обл.

리페츠크 주 Липецкая обл.

마가단 주 Магаданская обл.

---

15 자바이칼스키, 캄차카, 페름 크라이가 새로 구성되어 현재는 9개의 크라이가 있다. _옮긴이

16 치타 주, 캄차카 주, 페름 주가 다른 자치구와 새로운 크라이를 구성하여 49개에서 46개로 줄었다. _옮긴이

모스크바 주 Московская обл.

무르만스크 주 Мурманская обл.

벨고로드 주 Белгородская обл.

보로네시 주 Воронежская обл.

볼고그라드 주 Волгоградская обл.

볼로그다 주 Вологодская обл.

브랸스크 주 Брянская обл.

블라디미르 주 Владимирская обл.

사라토프 주 Саратовская обл.

사마라 주 Самарская обл.

사할린 주 Сахалинская обл.

스몰렌스크 주 Смоленская обл.

스베르들롭스크 주 Свердловская обл.

아르한겔스크 주 Архангельская обл.

아무르 주 Амурская обл.

아스트라한 주 Астраханская обл.

야로슬라블 주 Ярославская обл.

오렌부르크 주 Оренбургская обл.

오룔 주 Орловская обл.

옴스크 주 Омская обл.

울리야놉스크 주 Ульяновская обл.

이르쿠츠크 주 Иркутская обл.

이바노보 주 Ивановская обл.

첼랴빈스크 주 Челябинская обл.

치타 주 Читинская обл.[17]

칼루가 주 Калужская обл.

---

17 아가-부랴트 자치구와 함께 자바이칼스키 크라이를 새로 구성하였다(2007). _옮긴이

칼리닌그라드 주 Калининградская обл.

캄차카 주 Камчатская обл.[18]

케메로보 주 Кемеровская обл.

코스트로마 주 Костромская обл.

쿠르간 주 Курганская обл.

쿠르스크 주 Курская обл.

키로프 주 Кировская обл.

탐보프 주 Тамбовская обл.

톰스크 주 Томская обл.

툴라 주 Тульская обл.

튜멘 주 Тюменская обл.

트베리 주 Тверская обл.

페름 주 Пермская обл.[19]

펜자 주 Пензенская обл.

프스코프 주 Псковская обл.

연방급 도시

모스크바 시 г. Москва

상트페테르부르크 시 г. Санкт-Петербург

자치주

유대인 자치주 Еврейская авт. обл. (하바롭스크 크라이 내)

---

18 코랴크 자치구와 함께 캄차카 크라이를 새로 구성하였다(2005). _옮긴이
19 코미-페르먀크 자치구와 함께 페름 크라이를 새로 구성하였다(2003). _옮긴이

자치구[20]

네네츠 자치구 Ненецкий АО

아가-부랴트 자치구 Агинский Бурятский АО[21]

야말-네네츠 자치구 Ямало-Ненецкий АО

어윙키 자치구 Эвенкийский АО[22]

우스티-오르다부랴트 자치구 Усть-Ордынский Бурятский АО[23]

추코트 자치구 Чукотский АО

코랴크 자치구 Корякский АО[24]

코미-페르먀크 자치구 Коми-Пермяцкий АО[25]

타이미르(돌간-네네츠) 자치구 Таймырский (Долгано-Ненецкий) АО[26]

한티-만시 자치구 Ханты-Мансийский АО

---

20 아가-부랴트, 어윙키, 우스티-오르다부랴트, 코랴크, 코마-페르먀크, 타이미르 자치구는 기존의 연방 주체에 병합되거나 새로운 크라이를 구성하였다. 자치구는 총 10개에서 4개로 줄어들었다. _옮긴이

21 치타 주와 함께 자바이칼스키 크라이를 새로 구성하였다(2007). _옮긴이

22 타이미르 자치구와 함께 크라스노야르스크 크라이에 병합되었다(2005). _옮긴이

23 이르쿠츠크 주에 병합되었다(2006). _옮긴이

24 캄차카 주와 함께 캄차카 크라이를 새로 구성하였다(2005). _옮긴이

25 페름 주와 함께 페름 크라이를 새로 구성하였다(2003). _옮긴이

26 어윙키 자치구와 함께 크라스노야르스크 크라이로 병합되었다(2005). _옮긴이

6. 1989년 전(全) 소련 인구 조사에 없는 일부 통계 자료의 계산 방법

언어 기술의 통계 부분에는 1989년 전 소련 인구 조사 데이터가 이용되었으며, 이를 토대로 언어 기능의 특성을 규명하는 데 필요한 일부 통계 지표들이 계산되었다.

통계 부분에는 (가령 1명, 3명, 5명 등과 같이) 매우 적은 수치가 제시된 경우도 간혹 있다. 학문을 위해서는 이러한 수치도 중요하다고 생각되며, 특히 소수민족 언어의 사회언어학적 특성을 내용으로 하는 본서의 성격상 그러한 수치도 중요하다고 본다. 물론 소수민족 언어와 러시아어, 러시아어와 소수민족 언어의 이중언어 사용은 대중적인 현상이지만, 사회언어학에는 '개인적 이중언어 사용'이라는 개념이 있다. 예를 들어, 만일 러시아에 제1 언어로 모르도바어를 쓰고 제2 언어로 만시어를 쓰는 5~6명의 인구가 살고 있다면, 언어적 상호 작용을 연구하는 관점에서 볼 때 이 두 언어를 사용하는 개인들의 말은 학문적 결론을 도출하기에 충분한 자료가 될 수 있다. 그러므로 대중적 유형의 이중언어 사용뿐만 아니라 개인적 유형의 이중언어 사용에 대한 자료도 연구하는 것이 바람직하다.

통계 부분의 결함이 있다면, 이는 인구 조사 자체의 결점에 기인한 것이다. 예를 들어, 만일 자료제공인이 사실은 자신의 민족어를 구사하지 못하는 경우가 있더라도, 자신의 민족어를 모어로 간주한다고 대답하리라는 것이 분명할 경우, "어떤 언어를 모어로 간주하는가?"라는 질문에 대한 답변이 과연 어떤 정보를 담고 있겠는가? 인구 조사에는 언어 상황의 분석에 있어서 매우 중요한 아래와 같은 질문들이 빠져 있다.

1. 당신은 모어를 구사하는가?
2. 당신은 모어를 사용하고 있는가?
3. 당신은 가정에서 어떤 언어로 말하는가?
4. 여타 상황에서 당신은 어떤 언어들로 의사소통하고 있는가?

이러한 질문들에 대한 대답만이 민족적 자의식과 특정 언어의 실제 기능 사이의 실질적 상관성을 보여 줄 수 있을 것이다. 이러한 상관성은 당연히 구체적인 사회언어학적 연구를 통해 확립되는데, 러시아에서 이러한 연구는 아직까지 거의 수행되지 않았다.

저명한 학자 실버(B. Silver)[27]는 한 언어의 화자를 네 그룹으로 분류하여 다음과 같이 나누었다.

1) 동화된 사람들 (A–Assimilated)

2) 모어를 제1 언어로 사용하는 이중언어 사용자들 (UB–Unassimilated Bilinguals)

3) 모어를 제2 언어로 사용하는 이중언어 사용자들 (AB–Assimilated Bilinguals)

4) 동화되지 않은 사람들 (U–Unassimilated)

소련과 러시아의 언어 상황을 연구하는 연구자들은 실버가 창안한 인구 조사 데이터 처리 기법들을 이용했다. 실버는 위에서 언급한 4개의 비(非)교차 그룹을 분류해 내기 위해 상당히 복잡한 수학적 기법들을 적용했다. 우리도 단일언어 사용자를 계산하면서 이 문제에 봉착했다. 인구 조사의 결함은 모어만 아는 단일언어 사용자, 러시아어만 아는 단일언어 사용자, 그리고 다른 어떤 한 언어만 아는 단일언어 사용자가 인구 조사에서는 한 줄에 나타나 있다는 데 있다. 공식(公式)의 1차적인 수치부터 잘못 되어 있는 것이다. 이 수치는 언어에 대한 실제 지식을 고려하지 않고 단지 개인의 민족적 자의식만을 고려한 것이다. 즉, 그가 어떤 언어를, 대개는 자신의 민족어를 모어로 **생각한다**는 점만을 고려한 것이다. 모어에 대한 실제 **지식**은 이 숫자보다 10~40% 정도 더 낮다. 정확하지 않은 1차적 수치로는 결코 올바른 답을 얻을 수 없을 것이다. 단일언어 사용자들을 정확하게 계산하는 것은 기본적으로 불가능하다고 여겨진다. 다른 언어들(모어와 제2 언어)을 사용하는 그룹을

---

27 B. Silver. Methods of Deriving Data on Bilingualism from the 1970 Soviet Census // Soviet Studies. Vol. 27. No.4(October 1975). pp. 574-597.

어디에 포함시켜야 하는지 알 수 없기 때문이다. 따라서 실버의 방법에 따라 최대치와 최소치 사이의 평균을 산출하는 방법으로 단일언어 사용자들의 정확한 수를 찾는 것은 그 의미를 잃게 된다. 우리는 그보다 더 단순한 공식을 택했다.

1) **X 언어를 사용하는 단일언어 사용자** – 해당 민족 그룹의 모어를 사용하는 사람 중에서 이중언어 사용자(즉, 제2 언어로 러시아어를 사용하는 이중언어 사용자와 다른 제2 언어를 사용하는 이중언어 사용자)의 합을 뺀 것.

2) **러시아어를 사용하는 단일언어 사용자(여기에는 소수의 다른 언어 사용자도 포함될 가능성이 있다)** – 모든 단일언어 사용자 중에서 X 언어를 사용하는 단일언어 사용자를 뺀 것.

이러한 계산을 위해서는 해당 언어를 사용하는 절대 다수의 단일언어 사용자들이 해당 민족 그룹에 속한다는 사실을 공리로 인정한다는 점이 중요하다(즉, 다른 민족에 속하면서 해당 민족 언어를 사용하는 단일언어 사용자들은 계산에 포함되지 않았다). 이러한 공식은 대부분 민족의 경우에 통할 수 있다. 그러나 이 방법의 결함은 해당 민족 내에 자신의 민족어나 러시아어뿐만 아니라 또 다른 언어들을 사용하는 단일언어 사용자가 상당히 큰 그룹을 이루고 있는 경우에 나타난다(가령, 타타르어와 오세티아어를 사용하는 사람들의 경우가 그러하다).

따라서 본서에는 오직 자신의 민족어만을 알고 있는 단일언어 사용자 그룹이 산정되어 있다. 이중언어 사용자 그룹들(민족어를 모어로 하고 러시아어를 아는 사람, 또는 다른 언어를 모어로 하는 사람)에 대한 데이터는 인구 조사의 특정 항목들에 제시되어 있다.

인구 조사를 실시할 때, 해당 민족 언어만을 쓰는 단일언어 사용자, 러시아어만을 사용하는 단일언어 사용자, 다른 언어들을 사용하는 단일언어 사용자의 정확한 수치를 밝혀낸다면 대단히 효율적일 것이라고 생각한다.

위에서 지적한 문제 외에도, 우리는 소련에서 정기적으로 실시되었던 공식 인구 조사가 본서의 통일된 콘셉트를 유지하는 데 필요한 모든 정보를 제공해 주지는 않는다는 문제에 봉착했다. 그래서 우리는 언어인구학과 관련된 내용[28]에서 1989년의 공식 조사 데이터뿐만 아니라, 이를 토대로 우리가 추가로 계산한 수치를 이용했다.

1. 본서에 이용된 1989년 전 소련 인구 조사 데이터

† 해당 민족 구성원에 대한 정보

A – 해당 민족 그룹의 모든 구성원

(A 중에서 **모어**를 구사하는 사람은 아래와 같이 세분한다.)

B – 해당 민족 그룹의 구성원 중 자신의 **민족어**를 **모어**로 인정한 사람 이 중에서 $B_{гор.}$은 도시인, $B_{сел.}$은 촌사람

C – 해당 민족 그룹의 구성원 중 **러시아어**를 **모어**로 인정한 사람

D – 해당 민족 그룹의 구성원 중 **다른 언어**를 **모어**로 인정한 사람 (러시아어도 아니고 자신의 민족어도 아닌) 다른 언어를 모어로 구사하는 일부 민족의 구성원에 대해서는 인구 조사에서 세분된 정보가 제공된다. 즉, '다른 언어들'을 구사하는 사람들의 총수가 아니라, D_1, D_2, D_3 등과 같이 구체적인 언어들 각각을 모어로 구사하는 사람의 수가 제시되어 있다(이 경우에 $D = D_1 + D_2 + D_3$ 이다.)

(A 중에서 **제2 언어**를 구사하는 사람은 아래와 같이 세분한다.)

---

28 각 언어들의 기술 내용 중 '2. 통계 자료와 지리 자료(1989년 인구 조사 자료)'를 참조하라.

E – 해당 민족 그룹의 구성원 중 자신의 **민족어를 제2 언어**로 구사하는 사람

F – 해당 민족 그룹의 구성원 중 **러시아어를 제2 언어**로 구사하는 사람

G – 해당 민족 그룹의 구성원 중 **다른 언어를 제2 언어**로 구사하는 사람

† 다른 민족 그룹들의 구성원에 대한 정보

H – 해당 언어를 **모어**로 인정한 다른 민족 그룹의 구성원

1989년 인구 조사에서 일부 언어의 경우 세분된 정보가 주어졌다. 즉, 해당 언어를 모어로 구사하는 여러 다른 민족에 대한 자료가 H_1, H_2, H_3 등과 같이 제시되어 있다(이 경우에 $H = H_1 + H_2 + H_3$이다).

J – 해당 언어를 **제2 언어**로 인정한 다른 민족 그룹의 구성원

인구 조사에서 일부 언어의 경우 세분된 정보가 주어졌다. 해당 언어를 제2 언어로서 구사하는 여러 민족에 대한 자료가 J_1, J_2, J_3 등과 같이 제시되어 있다(이 경우에 $J = J_1 + J_2 + J_3$ 이다).

해당 언어를 모어나 제2 언어로 구사하는 다른 민족 그룹의 구성원에 대한 정보는 인구 조사에서 해당 민족의 주요 거주지인 지역에만 나타나고, 대다수 언어의 경우 그런 정보가 없다.

2. 1989년 전 소련 인구 조사 데이터를 근거로 산정된 변수들[29]

K* – 해당 민족 그룹의 구성원 중에서 자신의 민족어로 말하지 않는 사람

---

29 여기서 이 변수들은 *로 표시되어 있다.

해당 민족 구성원의 총수(A)에서 해당 언어를 모어로 인정한 사람의 수(B)와 제2 언어로 구사하는 사람의 수(E)를 뺀 것이다. 따라서,

$$K^* = A - (B + E)$$

L* – 해당 언어로 말하는 사람의 총수

여기에는 해당 민족 그룹과 다른 그룹의 구성원 중에서 해당 언어를 모어로 인정한 사람뿐 아니라, 제2 언어로 구사하는 사람도 포함된다. 즉, L* = (B + E) + (H + J), 또는 같은 말이지만, 해당 언어를 모어로 구사하는 모든 사람과 제2 언어로 구사하는 모든 사람의 총합이다. 즉, L* = M* + N*. 따라서,

$$L^* = (B + E) + (H + J) \text{ 또는 } L^* = M^* + N^*$$

M* – 해당 언어를 모어로 인정한 모든 사람

해당 민족 그룹 구성원 중에서 해당 언어를 모어로 구사하는 사람(B)과, 다른 그룹의 구성원 중에서 해당 언어를 모어로 구사하는 사람(H)을 합한 것이다. 따라서,

$$M^* = B + H$$

N* – 해당 언어가 제2 언어인 모든 사람

해당 민족 그룹 구성원 중에서 해당 언어를 제2 언어로 구사하는 사람(E)과, 다른 민족 그룹의 구성원 중에서 해당 언어를 제2 언어로 구사하는 사람(J)을 합한 것이다. 인구 조사에 J값이 나와 있을 경우에 그러하고, 만약 J값이 없다면, N* = E이다.

$$N^* = E + J$$

P* – 해당 언어만을 구사하는 단일언어 사용자

미지수 P*를 얻기 위해서는 해당 민족 그룹 내에서 해당 언어를 모어로 인정한 모든 사람(B) 중에서 러시아어를 제2 언어로 구사하는 이중언어 사용자(F)와 다른 언어를 제2 언어로 구사하는 이중언어 사용자(G)를 뺀다.

이 경우에 우리는 해당 언어만을 사용하는 단일언어 사용자는 모두 해당 민족 그룹의 구성원이라고 전제한다(대개, 다른 민족에 속하는 단일언어 사용자는 아예 없거나, 아니면 사라져 가고 있다고 봐도 좋을 정도로 그 수가 적다). 따라서,

$$P^* = B - (F + G)$$

R* – 이중언어 사용자. 단, 해당 언어가 모어인 사람 중 이중언어 사용자 이 경우에는 2개의 값인 R^*_1과 R^*_2가 계산된다.

R^*_1 – 민족 소속과 무관한 이중언어 사용자의 총수

이 값에는 해당 민족 구성원뿐만 아니라 다른 민족 구성원도 들어가기 때문에, 해당 언어를 모어로 인정한 모든 사람(M*) 중에서 단일언어 사용자(P*)를 빼면 얻을 수 있다. 따라서,

$$R^*_1 = M^* - P^*$$

R^*_2 – 이중언어 사용자이면서 해당 민족 그룹의 구성원인 사람

해당 민족 그룹 구성원 중에서 러시아어를 제2 언어로 구사하는 사람(F)과 어떤 다른 언어를 구사하는 사람(G)의 수를 합한 것. 따라서, $R^*_2 = F + G$이다.

이 똑같은 값을 다른 방법으로도 계산할 수 있다. 즉, 자신의 민족어를 모어로 인정한 해당 민족 구성원 전체(B) 중에서 단일언어 사용자의 수(P*)를 빼는 것이다. $R^*_2 = B - P^*$. 따라서,

$$R^*_2 = F + G \text{ 또는 } R^* = B - P^*$$

C^*_1 – 해당 민족 그룹의 구성원 중에서 러시아어를 모어로 인정한 사람 (모두는 아니고, 자신의 민족어를 제2 언어로도 구사하지 않는 사람 만)이 값을 얻기 위해서는 러시아어를 모어로 인정한 모든 사람(C) 중에서 자신의 민족어를 제2 언어로 알고 있는 사람(E)을 뺀다. 따라서,

$$C^*_1 = C - E$$

3. 각 언어 기술의 통계 부분을 이해하기 위한 열쇠

각각의 언어를 다루고 있는 각 장에는 본서의 전반적인 콘셉트에 맞게 언어인구학적 성격의 정보 그룹이 제시되어 있다. 이 정보 그룹의 각각의 항목에 담긴 정보는 다음과 같은 방식으로 통일적으로 구성되어 있다.

통계적 기술의 항목은 대개 몇 개의 단락으로 이루어져 있다.

- **제1단락** 해당 언어 관련 정보와 **러시아** 전역의 해당 언어 화자 관련 정보

- **제2단락** 해당 민족의 **주요 거주지인 지역**에 대한 정보

- 그 다음으로는 해당 민족의 구성원(언어 화자)이 거주하고 있는 러시아 연방의 모든 **여타 지역**에 대한 정보를 담은 단락들이 이어진다.

- **마지막 단락** '다른 지역들', 즉 인구 조사에 나와 있는 정보의 범위 밖에 있는 지역들에 대한 정보. 여기에는 러시아 전체에 공통된 데이터(제1 단

락)에서 개별 지역들에 대한 데이터를 빼는 방법으로 얻어진 정보가 포함된다.

> ‘다른 지역들’ = ‘러시아’ − (‘지역$_1$’ + ‘지역$_2$’ + ‘지역$_3$’ + ……)

- 각 단락의 첫 행에는 지역 이름이 등장한다(첫 단락에 ‘러시아’라고 적혀 있거나, 마지막 단락에 ‘다른 지역들’이라고 명시되어 있다).

항목 2.1.1. 해당 민족의 언어를 말하지 않는 민족 구성원의 수 (지역별·모어별)(K*)

이 항목에서 각각의 단락은 3행으로 이루어져 있다.

- **제1행**(‘러시아, 개별 지역들의 명칭’) – 계산된 K*값이 제시된다.
- **제2행**(‘러시아어’) – 계산된 C*$_1$값이 제시된다.
- **제3행**(‘다른 언어들’) – 해당 민족 그룹의 구성원 중에서 **다른 언어**를 모어로 인정한 사람(D)에 대한 인구 조사 데이터가 제시된다. 따라서, 제2행과 제3행을 합하면(C*$_1$ + D), K*값이 된다. 즉,

> 러시아 연방, 지역들 K* = A − (B + E) = C*$_1$ + D
> 러시아어 C*$_1$ = C − E
> 다른 언어들 D

항목 2.2. 러시아 내 해당 언어 화자의 총수 (지역별)

러시아 전체와 모든 지역에 대해 L*값이 산정된다. 즉,

> 러시아 연방, 지역들 L* = (B + E) + (H + J), 또는 L* = M* + N*

항목 2.2.1. 해당 언어가 모어인 화자의 총수 (지역별·민족별)(M*)

- **제1행**(‘러시아, 개별 지역들의 명칭’) – 계산된 M*값이 제시된다.
- **제2행**(‘해당 언어 화자의 민족명’) – 해당 민족 그룹 구성원 중에서

해당 언어를 모어로 인정한 사람의 수에 대한 인구 조사 데이터
가 제공된다(B).

- **제3행**('기타') – 다른 민족 그룹 구성원 관련 데이터가 제공된다
(H). 즉,

러시아 연방, 지역들 $M^* = B + H$
민족명 B
기타(민족) H

일부 언어의 경우, 해당 언어를 구사하는 다른 민족 구성원 관련 정
보가 전혀 없다(즉, H값이 없다. 이 경우 $M^* = B$이다).

항목 2.2.1.1. 단일언어 사용자의 총수 (지역별)(P*)

이 항목에는 해당 언어만을 사용하는 단일언어 사용자 관련 정보
가 포함된다. 즉,

러시아 연방, 지역들 $P^* = B - (F + G)$

항목 2.2.1.2. 러시아 내 이중언어 사용자의 총수 (R*1)

(러시아어나 다른 언어들이 아니라) 바로 해당 민족 언어를 모어로
인정하는 이중언어 사용자만이 집계되어 있다. 해당 언어를 모어로
구사하는 사람의 총수(M^*)에서 해당 언어만을 말하는 모든 단일언어
사용자(P^*)를 뺀다. 즉,

러시아 $R^*_1 = M^* - P^*$

항목 2.2.1.3.과 2.2.1.4.에는 러시아 내 남성 이중언어 사용자와 여성 이중언어 사용자에 대한 (인구 조사) 정보가 담겨 있다.

여기에는 해당 민족
의 사람만이 포함되며, 이들 중에는 자신의 민족어를 모어로 인정한 사

람뿐만 아니라 러시아어나 다른 언어를 모어로 인정한 사람도 있다(인구 조사 자료에서 남성 이중언어 사용자와 여성 이중언어 사용자의 연령별 분포에 대한 데이터는 모든 언어에 대해서 있는 것은 아니다).

항목 2.2.1.5. 이중언어 사용자의 제2 언어별 분포 (지역별 · 민족별)

- **제1행**('러시아, 개별 지역들의 명칭') – 이중언어 사용자의 총수, 즉 R^*_1(즉, 2.2.1.2.항에서 계산된 것)이 제시된다.
- **제2행**('해당 민족의 민족명') – R^*_2값이 계산되어 있다(즉, 오직 해당 민족의 수 중에서 이중언어 사용자).
- **제3행**('러시아어') – 해당 민족 그룹의 구성원 중에서 러시아어를 제2 언어로 구사하는 사람의 수(F)에 대한 인구 조사 자료가 제시된다.
- **제4행**('다른 언어들') – 해당 민족 그룹의 구성원 중에서 다른 언어를 제2 언어로 구사하는 사람의 수(G)에 대한 인구 조사 자료가 제시된다. 즉,

$$
\begin{array}{ll}
\text{러시아 연방, 지역들} & R^*_1 \\
\text{'민족명'} & R^*_2 = F + G = B - P^* \\
\text{'러시아어'} & F \\
\text{'다른 언어들'} & G
\end{array}
$$

여기서 지적할 점은, 인구 조사에 (해당 민족 외의) 다른 민족 그룹에 대한 정보가 없을 경우, 제2행은 제1행과 일치한다는 점이다. 즉, $R^*_1 = R^*_2$ 도 될 수 있다.

항목 2.2.1.6. 해당 언어가 모어인 화자 중 도시 · 촌 주민의 수 (지역별)

- **제1행**(러시아, 개별 지역들의 명칭) – 해당 민족어를 모어로 구사하는 사람의 총수(M*)이다.
- **제2행**(도시) – 도시 거주자에 대해 M^*_{rop} 값이 계산된다.

- **제3행(촌)** – 촌 거주자에 대해 $M^*_{сел}$ 값이 계산된다. 즉,

> 러시아 연방, 지역들 $M^* = B + H$
> '도시' $M^*_{гор} = B_{гор} + H_{гор}$
> '촌' $M^*_{сел} = B_{сел} + H_{сел}$

항목 2.2.2. 해당 언어가 제2 언어인 화자의 총수 (지역별·민족별)(N*)

- **제1행('러시아, 개별 지역들의 명칭')** – 해당 언어가 제2 언어인 화자의 총수(N*값).
- **제2행('해당 민족의 민족명')** – 해당 민족 그룹 구성원 중에서 해당 언어를 제2 언어로 구사하는 사람에 대한 정보(E).
- **제3행('기타')** – 다른 민족 그룹 구성원 중에서 해당 언어를 제2 언어로 구사하는 사람에 대한 정보(J). 인구 조사에 그런 내용이 제시되어 있을 경우에 해당한다(제시되지 않은 경우, $N^* = E$).

일부 언어의 경우, 이 항목에 해당 언어를 제2 언어로 인정한 각기 다른 민족 그룹의 구성원에 대해 세분된 정보가 J_1, J_2, J_3, J_4 등과 같이 제시된다. 그러나 인구 조사에는 모든 언어에 대해 이런 정보가 제공되어 있지 않다. 따라서,

> 러시아 연방, 지역들 $N^* = E + J$
> '민족명' E
> '기타' J

이밖에도, 각 언어별 장의 통계 부분에는 CIS 내 해당 언어에 대한 정보와, 러시아와 CIS 내 친족어에 대한 정보가 제시되어 있다(2.3항과 2.4항).

7. 언어 기술 맵

언어명

0. 언어 정의
0.1. 기본 명칭

1. 언어 명칭
1.1. 언어 화자가 사용하는 명칭
1.2. 정부 문서 또는 헌법에서 사용하는 명칭
1.3. 이전에 사용했던 명칭
1.4. 외국어 명칭
  - 영어
  - 독일어
  - 프랑스어
* **민족 명칭**
* 기본 명칭
* 민족 자칭
* 정부 문서 또는 헌법에서 사용하는 명칭
* 이전에 사용했던 명칭
* 외국어 명칭
  - 영어
  - 독일어
  - 프랑스어

2. 통계 자료와 지리 자료 (1989년 인구 조사 자료)
2.1. 민족 구성원의 총수 (국가별·지역별)
  2.1.1. 해당 민족의 언어를 말하지 않는 민족 구성원의 수 (지역별·모어

별)

2.2. 러시아 내 해당 언어 화자의 총수 (지역별)

2.2.1. 해당 언어가 모어인 화자의 총수 (지역별·민족별)

2.2.1.1. 단일언어 사용자의 총수

2.2.1.2. 이중언어 사용자의 총수

2.2.1.3. 남성 이중언어 사용자의 수

2.2.1.3.1. 남성 이중언어 사용자의 연령별 분포

– 2.2.1.3.1.A. 0~15세

– 2.2.1.3.1.B. 16~29세

– 2.2.1.3.1.C. 30~49세

– 2.2.1.3.1.D. 50세 이상

2.2.1.4. 여성 이중언어 사용자의 수

2.2.1.4.1. 여성 이중언어 사용자의 연령별 분포

– 2.2.1.4.1.A. 0~15세

– 2.2.1.4.1.B. 16~29세

– 2.2.1.4.1.C. 30~49세

– 2.2.1.4.1.D. 50세 이상

2.2.1.5. 이중언어 사용자의 제2 언어별 분포 (지역별)

2.2.1.6. 해당 언어가 모어인 화자 중 도시·촌 주민의 수

2.2.2. 해당 언어가 제2 언어인 화자의 총수 (지역별·민족별)

2.3. 친족 언어와 친족 언어 화자의 수 (국가별·지역별)

2.4. 해당 언어가 모어인 화자의 수[30] (국가별·지역별)

2.5. 해당 언어가 제2 언어인 화자의 수[31] (국가별·지역별)

---

[30] 이 항목은 2.2.1항과 관련이 있다. 2.2.1항에는 지역별 모어 화자의 수가 민족별로 나와 있고, 2.4항에는 모어 화자의 수가 국가별로 제시되어 있다. _옮긴이

[31] 이 항목은 2.2.2항과 관련이 있다. 2.2.2항에는 지역별 제2 언어 화자의 수가 민족별로 나와 있고, 2.5항에는 제2 언어 화자의 수가 국가별로 제시되어 있다. _옮긴이

3. 언어 개요

3.1. 계통 분류상의 위치

   3.1.1. 어파

   3.1.2. 분파

   3.1.3. 어군

   3.1.4. 하위어군

* 친족 언어

* 언어 접촉

* 추가적 지리 자료 (언어 분포 지역)

3.2. 주요 언어학적 특성 (간략한 기술)

3.3. 유형론적 특성

3.4. 방언 구분

3.5. 명칭이 있는 주요 지역적 이형

4. 문자와 정서법

4.1. 문자 체계와 서체 (서법)

4.2. 정서법

   4.2.1. 통일된 체계

      · (있다/없다)

   4.2.2. 통일된 체계가 있는 경우, 통일 원칙

* 표준어

* 문자의 역사 개요

5. 지위

5.1. 해당 언어 화자가 자신의 언어를 충분히 발달된 언어이자 다른 언어들에 대응하는 언어라고 생각하는가?

   5.1.1. 해당 언어가 내적 구조 면에서 다른 언어들과 크게 구별되기 때문에?

・ (그렇다/아니다)

5.1.2. 해당 언어가 발달된 문명의 도구로서 높은 발달 수준을 지니고
있기 때문에?

・ (그렇다/아니다)

5.2. 언어의 표준화가 이루어졌는가?

・ (그렇다/아니다)

5.2.A. 문자 규범이 있는가?

・ (그렇다/아니다)

5.2.B. 구어 규범이 있는가?

・ (그렇다/아니다)

5.2.1. 표준화된 언어가 여러 개(pluricentric language)인가?

・ (그렇다/아니다)

5.2.2. 2개의 표준이 혼합되어 있는가?

・ (그렇다/아니다)

5.2.3. 특정 지역적 이형으로 된 문헌이 있는가?

・ (있다/없다)

5.2.3.A. 문헌이 있는 지역적 이형

5.3. 언어의 법적 지위 (국가별·지역별)

− 국가

・ 언어의 지위

− 지역

・ 언어의 지위

5.4. 해당 언어 화자의 언어적·문화적 권리를 인정하는 텍스트 (헌법, 법, 조항,
명령 등)

− 문서 명칭

・ 문서 발생 일자

・ 텍스트 기술

・ 출처

6. 문헌의 발달 역사

6.0. 문헌이 있는가?

- (있다/없다)

6.1. 문헌이 만들어진 경우

6.1.1. 해당 언어가 모어인 화자가 주로 만든 것인가?

- (그렇다/아니다)

6.1.2. 해당 언어가 모어가 아닌 사람들이 주로 만든 것인가?

- (그렇다/아니다)

6.1.3. 위 두 범주의 사람들이 같은 정도로 만든 것인가?

- (그렇다/아니다)

6.2. 문헌의 구성은

6.2.1. 주로 원어로 되어 있는가?

- (그렇다/아니다)

6.2.2. 주로 번역문으로 되어 있는가?

- (그렇다/아니다)

6.2.3. 원어와 번역문이 같은 정도인가?

- (그렇다/아니다)

6.2.4. 번역은 어느 언어에서 되었는가?

6.3. 출판물에 대한 통계 자료

6.3.1. 출판물

- 연도/기간
  - 총 편수
  - 출처

6.3.2. 해당 언어로 된 번역문

- 연도/기간
  - 총 편수
  - 출처

6.3.3. 해당 언어에서 다른 언어로 된 번역문

‒ 연도/기간

‧ 총 편수

‧ 출처

7. 종교 관습과 이데올로기 작품에서 해당 언어의 사용

7.1. 종교적 예배, 의식, 의례에서 해당 언어의 사용

◇ 종교　기독교 (정교)

A. 설교　‧ (사용된다/사용되지 않는다)

B. 예배/의식　‧ (사용된다/사용되지 않는다)

C. 교육　‧ (사용된다/사용되지 않는다)

◇ 종교　이슬람교

A. 설교　‧ (사용된다/사용되지 않는다)

B. 예배/의식　‧ (사용된다/사용되지 않는다)

C. 교육　‧ (사용된다/사용되지 않는다)

◇ 종교　유대교

A. 설교　‧ (사용된다/사용되지 않는다)

B. 예배/의식　‧ (사용된다/사용되지 않는다)

C. 교육　‧ (사용된다/사용되지 않는다)

◇ 종교　불교

A. 설교　‧ (사용된다/사용되지 않는다)

B. 예배/의식　‧ (사용된다/사용되지 않는다)

C. 교육　‧ (사용된다/사용되지 않는다)

◇ 종교　샤머니즘

‒ 의식　‧ (사용된다/사용되지 않는다)

7.2. 종교 텍스트의 번역

‒ 종교

‧ 텍스트

‧ 총 텍스트 편수

        - 출처
        - 연도/기간

7.3. 이데올로기 작품
    - 이데올로기 명칭
        - 총 텍스트 편수
        - 출처
        - 연도/기간

8. 문학 범주
8.1. 서술적 장르
    - 연도/기간
        - 총 텍스트 편수
        - 출처
    ### 8.1.1. 서정시, 희곡, 노래
        - 연도/기간
            - 총 텍스트 편수
            - 총 발행 부수
            - 출처
    ### 8.1.1.A. 서정시
        - 연도/기간
            - 총 텍스트 편수
            - 총 발행 부수
            - 출처
    ### 8.1.1.B. 희곡
        - 연도/기간
            - 총 텍스트 편수
            - 총 발행 부수
            - 출처

8.1.1.C. 찬송가/성가곡집

  – 연도/기간

    • 총 텍스트 편수

    • 총 발행 부수

    • 출처

8.1.2. 소설류

  – 연도/기간

    • 총 텍스트 편수

    • 총 발행 부수

    • 출처

8.1.2.A. 단편 소설

  – 연도/기간

    • 총 텍스트 편수

    • 총 발행 부수

    • 출처

8.1.2.B. 중편 소설

  – 연도/기간

    • 총 텍스트 편수

    • 총 발행 부수

  – 출처

8.1.2.C. 장편 소설

  – 연도/기간

    • 총 텍스트 편수

    • 총 발행 부수

    • 출처

8.2. 비서술적 장르 (정보, 학술, 교육, 방법론)

  – 연도/기간

    • 총 텍스트 편수

- 출처

8.2.1. 대중 대상 비서술적 산문 (초등학교 수준)
- 연도/기간
  - 총 텍스트 편수
  - 출처

  8.2.1.1. 취학 전 어린이 보육 기관과 초등학교용 교재와 연습 문제집
  - 연도/기간
    - 총 텍스트 편수
    - 출처

  8.2.1.2. 기타 대중 대상 비서술 산문
  - 연도/기간
    - 총 텍스트 편수
    - 출처

8.2.2. 고급 수준 비서술적 산문 (중등학교 수준)
- 연도/기간
  - 총 텍스트 편수
  - 출처

  8.2.2.1. 중등학교용 교재와 연습 문제집
  - 연도/기간
    - 총 텍스트 편수
    - 출처

  8.2.2.2. 기타 고급 수준 비서술적 산문
  - 연도/기간
    - 총 텍스트 편수
    - 출처

8.2.3. 학술 비서술적 산문 (대학 수준)
- 연도/기간

9.A. 정기 간행물 (명칭별)

  9.A.1. 신문

    – 지역

- 간행물 종류
- 발행 연도/기간
- 정기 간행물 제목
- 발행 장소
- 발행 주기
- 발행 부수
- 제1 언어
- 다른 언어
- 분야
- 출처

  9.A.2. 별지와 정보지

    – 지역

- 간행물 종류
- 발행 연도/기간
- 정기 간행물 제목
- 발행 장소
- 발행 주기
- 발행 부수
- 제1 언어
- 다른 언어
- 분야
- 출처

  9.A.3. 잡지

    – 지역

- 간행물 종류

- 발행 연도/기간
- 정기 간행물 제목
- 발행 장소
- 발행 주기
- 발행 부수
- 제1 언어
- 다른 언어
- 분야
- 출처

10. 교육 기관

- 지역

A. 해당 언어가 교육매개어이거나 해당 언어를 교과목으로 가르치는가?

- (그렇다/아니다/제한적으로 그렇다)

B. 해당 언어가 교육매개어인가?

- (그렇다/아니다/제한적으로 그렇다)

C. 해당 언어를 교과목으로 가르치는가?

- (그렇다/아니다/제한적으로 그렇다)

D. 교재

- (있다/없다)

E. 교사에 대한 특혜

- (있다/없다)

- 연도/기간

- 출처

10.A-B. 교육매개어로 해당 언어의 사용

- 지역

- 사용 정도

- (사용된다/사용되지 않는다/제한적으로 사용된다)

- 연도/기간
- 출처

10.A-B.0.1. 교재

- (있다/없다)

10.A-B.1. 취학 전 보육

- 사용 정도

- (사용된다/사용되지 않는다/제한적으로 사용된다)

- 지역
- 교육 기관의 유형

- 취학 전 교육 기관

- 국립/비국립
- 연도/기간

교육 기관 수

학생 수

주당 시수

- 출처

10.A-B.1.1. 교재

- (있다/없다)

10.A-B.2. 초등 교육

- 사용 정도

- (사용된다/사용되지 않는다/제한적으로 사용된다)

- 지역
- 교육 기관의 유형

- 초등학교

- 국립/비국립
- 연도/기간

교육 기관 수

학생 수

주당 시수

– 출처

10.A-B.2.1. 교재

· (있다/없다)

10.A-B.3. 중등 일반 교육

– 사용 정도

· (사용된다/사용되지 않는다/제한적으로 사용된다)

– 지역

– 교육 기관의 유형

· 중등학교

– 국립/비국립

– 연도/기간

교육 기관 수

학생 수

주당 시수

– 출처

10.A-B.3.1. 교재

· (있다/없다)

10.A-B.4. 중등 전문 교육

– 사용 정도

· (사용된다/사용되지 않는다/제한적으로 사용된다)

– 지역

– 교육 기관의 유형

· 중등 전문 학교

– 국립/비국립

– 연도/기간

교육 기관 수

학생 수

주당 시수

  – 출처

    10.A-B.4.1. 교재

      · (있다/없다)

10.A-B.5. 고등 교육

  – 사용 정도

    · (사용된다/사용되지 않는다/제한적으로 사용된다)

  – 지역

  – 교육 기관의 유형

    · 고등 교육 기관

  – 국립/비국립

  – 연도/기간

  교육 기관 수

  학생 수

  주당 시수

  – 출처

    10.A-B.5.1. 교재

      · (있다/없다)

10.C. 교과목으로 해당 언어 교육

  · (있다/없다/제한적임)

  – 지역

  – 교육 기관의 유형

    · 학교

  – 국립/비국립

  – 연도/기간

  교육 기관 수

  학생 수

  주당 시수

- 출처

  10.C.0.1. 교재

- (있다/없다)

10.C.1. 취학 전 보육

- (있다/없다/제한적임)
- 지역
- 교육 기관의 유형
  - 취학 전 교육 기관
- 국립/비국립
- 연도/기간

  교육 기관 수

  학생 수

  주당 시수
- 출처

  10.C.1.1. 교재

- (있다/없다)

10.C.2. 초등 교육

- (있다/없다/제한적임)
- 지역
- 교육 기관의 유형
  - 초등학교
- 국립/비국립
- 연도/기간

  교육 기관 수

  학생 수

  주당 시수
- 출처

  10.C.2.1. 교재

· (있다/없다)

10.C.3. 중등 일반 교육

· (있다/없다/제한적임)
– 지역
– 교육 기관의 유형
  · 중등학교
– 국립/비국립
– 연도/기간
  교육 기관 수
  학생 수
  주당 시수
– 출처

10.C.3.1. 교재

· (있다/없다)

10.C.4. 중등 전문 교육

· (있다/없다/제한적임)
– 지역
– 교육 기관의 유형
  · 중등 전문 학교
– 국립/비국립
– 연도/기간
  교육 기관 수
  학생 수
  주당 시수
– 출처

10.C.4.1. 교재

· (있다/없다)

10.C.5. 고등 교육

· (있다/없다/제한적임)

– 지역

– 교육 기관의 유형

· 고등 교육 기관

– 국립/비국립

– 연도/기간

교육 기관 수

학생 수

주당 시수

– 출처

10.C.5.1. 교재

· (있다/없다)

11. 대중 언론 매체에서 해당 언어의 사용

11.1. 라디오 방송

– 지역

– 사용 정도

· (사용된다/사용되지 않는다/제한적으로 사용된다)

– 연도/기간

방송국

방송 시간 (해당 언어)

프로그램 유형 (해당 언어)

출처

11.2. 텔레비전 방송

– 지역

– 사용 정도

· (사용된다/사용되지 않는다/제한적으로 사용된다)

– 연도/기간

방송국

방송 시간 (해당 언어)

프로그램 유형 (해당 언어)

출처

11.3. 영화

  – 사용 정도

    • (사용된다/사용되지 않는다/제한적으로 사용된다)

  – 총 영화 편수

11.4. 레코드판

    • (있다/없다)

  – 개수

공연

구비문학

음악

  – 기록 보유자

11.5. 음성 녹음 자료 (필름과 카세트)

    • (있다/없다)

  – 수량

공연

구비문학

음악

  – 기록 보유자

11.6. 극장

  – 사용 정도

    • (사용된다/사용되지 않는다/제한적으로 사용된다)

  – 마을 (지역)

극장 유형

개수

연도/기간

12. 중앙 정부에서 해당 언어의 사용
  - 국가
    정부 기관
    사용 정도
    · (사용된다/사용되지 않는다/제한적으로 사용된다)

13. 지역 정부에서 해당 언어의 사용
  지역
  정부 기관
  사용 정도
  · (사용된다/사용되지 않는다/제한적으로 사용된다)
13.1. 법조문에서
    · (사용된다/사용되지 않는다/제한적으로 사용된다)
13.2. 명령, 규칙, 지침 등 내부 문서에서
    · (사용된다/사용되지 않는다/제한적으로 사용된다)
13.3. 내부 서한, 각서, 기타 통신문에서
    · (사용된다/사용되지 않는다/제한적으로 사용된다)
13.4. 기관 내 대화에서
    13.4.1. 전화 통화에서
        · (사용된다/사용되지 않는다/제한적으로 사용된다)
    13.4.2. 공식 모임과 기타 공식 회의에서
        · (사용된다/사용되지 않는다/제한적으로 사용된다)
    13.4.3. 사무실 내 대화에서
        · (사용된다/사용되지 않는다/제한적으로 사용된다)
13.5. 외부 통신문에서
    13.5.1. 다수를 대상으로

- (사용된다/사용되지 않는다/제한적으로 사용된다)

13.5.2. 다른 정부 부서, 기관과

- (사용된다/사용되지 않는다/제한적으로 사용된다)

13.5.3. 지방 정부와

- (사용된다/사용되지 않는다/제한적으로 사용된다)

13.5.4. 경제 기관, 기타 상업적 기관과

- (사용된다/사용되지 않는다/제한적으로 사용된다)

13.5.5. 학술 실험실, 연구소, 대학과

- (사용된다/사용되지 않는다/제한적으로 사용된다)

13.6. 외부 대화에서

13.6.1. 다수를 대상으로

13.6.1.1. 전화 통화에서

- (사용된다/사용되지 않는다/제한적으로 사용된다)

13.6.1.2. 공식 모임에서

- (사용된다/사용되지 않는다/제한적으로 사용된다)

13.6.2. 다른 정부 부서, 기관과

13.6.2.1. 전화 통화에서

- (사용된다/사용되지 않는다/제한적으로 사용된다)

13.6.2.2. 모임에서

- (사용된다/사용되지 않는다/제한적으로 사용된다)

13.6.3. 경제 기관, 기타 상업적 기관과

13.6.3.1. 전화 통화에서

- (사용된다/사용되지 않는다/제한적으로 사용된다)

13.6.3.2. 모임에서

- (사용된다/사용되지 않는다/제한적으로 사용된다)

13.6.4. 학술 기관과

13.6.4.1. 전화 통화에서

- (사용된다/사용되지 않는다/제한적으로 사용된다)

13.6.4.2. 모임에서

· (사용된다/사용되지 않는다/제한적으로 사용된다)

14. 지방 관청에서 해당 언어의 사용

지역

정부 기관

사용 정도

· (사용된다/사용되지 않는다/제한적으로 사용된다)

14.1. 법조문에서

· (사용된다/사용되지 않는다/제한적으로 사용된다)

14.2. 명령, 규칙, 지침 등 내부 문서에서

· (사용된다/사용되지 않는다/제한적으로 사용된다)

14.3. 내부 서한, 각서, 기타 통신문에서

· (사용된다/사용되지 않는다/제한적으로 사용된다)

14.4. 내부 대화에서

14.4.1. 전화 통화에서

· (사용된다/사용되지 않는다/제한적으로 사용된다)

14.4.2. 공식 모임과 기타 공식 회의에서

· (사용된다/사용되지 않는다/제한적으로 사용된다)

14.4.3. 사무실 내 대화에서

· (사용된다/사용되지 않는다/제한적으로 사용된다)

14.5. 외부 통신문에서

14.5.1. 다수를 대상으로

· (사용된다/사용되지 않는다/제한적으로 사용된다)

14.5.2. 다른 정부 부서, 기관과

· (사용된다/사용되지 않는다/제한적으로 사용된다)

14.5.3. 지방 정부와

· (사용된다/사용되지 않는다/제한적으로 사용된다)

14.5.4. 경제 기관, 기타 상업적 기관과

- (사용된다/사용되지 않는다/제한적으로 사용된다)

14.5.5. 학술 실험실, 연구소, 대학과

- (사용된다/사용되지 않는다/제한적으로 사용된다)

14.6. 기관 내 대화에서

14.6.1. 다수를 대상으로

14.6.1.1. 전화 통화에서

- (사용된다/사용되지 않는다/제한적으로 사용된다)

14.6.1.2. 공식 모임에서

- (사용된다/사용되지 않는다/제한적으로 사용된다)

14.6.2. 다른 정부 부서, 기관과

14.6.2.1. 전화 통화에서

- (사용된다/사용되지 않는다/제한적으로 사용된다)

14.6.2.2. 모임에서

- (사용된다/사용되지 않는다/제한적으로 사용된다)

14.6.3. 경제 기관, 기타 상업적 기관과

14.6.3.1. 전화 통화에서

- (사용된다/사용되지 않는다/제한적으로 사용된다)

14.6.3.2. 모임에서

- (사용된다/사용되지 않는다/제한적으로 사용된다)

14.6.4. 학술 기관과

14.6.4.1. 전화 통화에서

- (사용된다/사용되지 않는다/제한적으로 사용된다)

14.6.4.2. 모임에서

- (사용된다/사용되지 않는다/제한적으로 사용된다)

15. 법원에서 해당 언어의 사용
국가

정부 기관

사용 정도

* (사용된다/사용되지 않는다/제한적으로 사용된다)

A. 법원의 서면 판결

  * (사용된다/사용되지 않는다/제한적으로 사용된다)

B. 법원의 구두 판결

  * (사용된다/사용되지 않는다/제한적으로 사용된다)

C. 증인 진술

  * (사용된다/사용되지 않는다/제한적으로 사용된다)

D. 변론

  * (사용된다/사용되지 않는다/제한적으로 사용된다)

E. 소송 절차 (선서 후 서면 진술, 소장, 법원 출두 전 의견서 교환)

  * (사용된다/사용되지 않는다/제한적으로 사용된다)

F. 공증인의 소송 절차 관련 우편물

  * (사용된다/사용되지 않는다/제한적으로 사용된다)

16. 입법 기관에서 해당 언어의 사용

16.1. 중앙 입법 기관 또는 의회

  국가

  입법 기관

  사용 정도

  * (사용된다/사용되지 않는다/제한적으로 사용된다)

16.2. 공화국 수도, 지역 중심지의 입법 기관, 공화국 대표 기관

  지역

  입법 기관

  사용 정도

  * (사용된다/사용되지 않는다/제한적으로 사용된다)

  16.2.1. 총회 토론 과정에서

- • (사용된다/사용되지 않는다/제한적으로 사용된다)

16.2.2. 법안, 법령, 기타 법에서

- • (사용된다/사용되지 않는다/제한적으로 사용된다)

16.2.3. 토론 기록 등에서

- • (사용된다/사용되지 않는다/제한적으로 사용된다)

16.2.4. 위원회 회의에서

16.2.4.1. 토론에서

- • (사용된다/사용되지 않는다/제한적으로 사용된다)

16.2.4.2. 서면 회의 보고서에서

- • (사용된다/사용되지 않는다/제한적으로 사용된다)

17. 생산 분야에서 해당 언어의 사용

지역

◇ 사용 분야 공업

사용 정도

- • (사용된다/사용되지 않는다/제한적으로 사용된다)

◇ 사용 분야 농업

사용 정도

- • (사용된다/사용되지 않는다/제한적으로 사용된다)

◇ 사용 분야 전통적 경제 활동

사용 정도

- • (사용된다/사용되지 않는다/제한적으로 사용된다)

17.1. 서면 광고에서

- • (사용된다/사용되지 않는다/제한적으로 사용된다)

A. 대기업

- • (사용된다/사용되지 않는다/제한적으로 사용된다)

B. 중기업

- • (사용된다/사용되지 않는다/제한적으로 사용된다)

C. 소기업

  - (사용된다/사용되지 않는다/제한적으로 사용된다)

17.2. 구어 광고에서

  - (사용된다/사용되지 않는다/제한적으로 사용된다)

  A. 대기업

  - (사용된다/사용되지 않는다/제한적으로 사용된다)

  B. 중기업

  - (사용된다/사용되지 않는다/제한적으로 사용된다)

  C. 소기업

  - (사용된다/사용되지 않는다/제한적으로 사용된다)

17.3. 제품 표시에서

  - (사용된다/사용되지 않는다/제한적으로 사용된다)

  A. 대기업

  - (사용된다/사용되지 않는다/제한적으로 사용된다)

  B. 중기업

  - (사용된다/사용되지 않는다/제한적으로 사용된다)

  C. 소기업

  - (사용된다/사용되지 않는다/제한적으로 사용된다)

17.4. 제품 사용 설명서에서

  - (사용된다/사용되지 않는다/제한적으로 사용된다)

17.5. 내부 서면 정보 교환에서

  17.5.1. 공고/안내지

  - (사용된다/사용되지 않는다/제한적으로 사용된다)

  17.5.2. 편지/서한

  - (사용된다/사용되지 않는다/제한적으로 사용된다)

17.6. 외부 서면 정보 교환에서

  17.6.1. 지역 정부와

  - (사용된다/사용되지 않는다/제한적으로 사용된다)

17.7. 외부 대화에서

    17.7.1. 지역 정부와

        - (사용된다/사용되지 않는다/제한적으로 사용된다)

18. 서비스 및 유통 분야에서 해당 언어의 사용

지역

사용 정도

- (사용된다/사용되지 않는다/제한적으로 사용된다)

18.1. 서면 광고에서

    - (사용된다/사용되지 않는다/제한적으로 사용된다)

    A. 대기업

        - (사용된다/사용되지 않는다/제한적으로 사용된다)

    B. 중기업

        - (사용된다/사용되지 않는다/제한적으로 사용된다)

    C. 소기업

        - (사용된다/사용되지 않는다/제한적으로 사용된다)

18.2. 구어 광고에서

    - (사용된다/사용되지 않는다/제한적으로 사용된다)

    A. 대기업

        - (사용된다/사용되지 않는다/제한적으로 사용된다)

    B. 중기업

        - (사용된다/사용되지 않는다/제한적으로 사용된다)

    C. 소기업

        - (사용된다/사용되지 않는다/제한적으로 사용된다)

18.3. 제품 표시에서

    - (사용된다/사용되지 않는다/제한적으로 사용된다)

    A. 대기업

        - (사용된다/사용되지 않는다/제한적으로 사용된다)

B. 중기업

- (사용된다/사용되지 않는다/제한적으로 사용된다)

C. 소기업

- (사용된다/사용되지 않는다/제한적으로 사용된다)

18.4. 제품 사용 설명서에서

- (사용된다/사용되지 않는다/제한적으로 사용된다)

18.5. 내부 서면 정보 교환에서

18.5.1. 공고/안내지

- (사용된다/사용되지 않는다/제한적으로 사용된다)

18.5.2. 편지/서한

- (사용된다/사용되지 않는다/제한적으로 사용된다)

18.6. 외부 서면 정보 교환에서

18.6.1. 지역 정부와

- (사용된다/사용되지 않는다/제한적으로 사용된다)

18.7. 외부 대화에서

18.7.1. 지역 정부와

- (사용된다/사용되지 않는다/제한적으로 사용된다)

19. 정보의 출처

19.1. 문헌

19.1.1. 일반

19.1.1.1. 문헌 정보

19.1.1.2. 언어 기술

19.1.1.3. 사전

19.1.1.4. 텍스트

19.1.2. 사회언어학

19.1.3. 교재

19.2. 전문가, 자문

19.3. 기관, 연구소, 기구

       19.3.1. 해당 언어의 발전을 돕는 기관, 연구소, 기구

       19.3.2. 해당 언어를 연구하는 기관, 연구소, 기구

19.4. 전자 매체에 담긴 정보 (CD, 인터넷)

20. 전반적 정보

  (언어의 기능과 문자 발달의 역사 개요)

8. 『러시아 연방의 언어』 프로젝트의 부속 도서

Metody sociolingvisticheskikh issledovanij. M., 1995. [사회언어학 연구 방법]

Problemy jazykovoi zhizni Rossijskoi Federacii i zarubezhnykh stran. M., 1994. [러시아 연방과 외국의 언어생활의 여러 문제]

Social'naja lingvistika v Rossijskoi Federacii (1992~ 1998). M., 1998. (러시아어, 영어, 프랑스어). [러시아 연방 사회언어학]

Jazyk v kontekste obshchestvennogo razvitija. M., 1994. [사회 발달 맥락 속의 언어]

Jazyki Rossii i stran novogo zarubezh'ja: status i funkcii. M., 2000. [러시아와 새로이 등장한 외국(구소련 국가들)의 언어: 지위와 기능]

Jazykovaja situacija v Rossijskoi Federacii: 1992. M., 1992. [1992년 러시아 연방의 언어 상황]

Jazykovyje problemy Rossijskoi Federacii i zakony o jazykakh. M., 1994. [러시아 연방의 언어 문제와 언어 관련 법]

9. 주요 참고문헌 목록

Pis'mennyje jazyki mira, Jazyki Rossijskoi Federacii. Sociolingvisticheskaja ehnciklopedija. Kniga 1. M., 2000. ['세계의 문자 언어' 시리즈. 러시아 연방의 언어. 사회언어학적 백과사전. 제1권]

The Written Languages of the world. A Survey of the Degree and Modes of Use. Vol. I. The Americas, 1978.

The Written Languages of the world. A Survey of the Degree and Modes of Use. Vol. II. India, 1989 (2 books).

The Written Languages of the world. A Survey of the Degree and Modes of Use. Vol. III. Western Europe, 1989.

The Written Languages of the world. A Survey of the Degree and Modes of Use. Vol. IV. China, 1995 (2 books).

The Written Languages of the world. A Survey of the Degree and Modes of Use. Vol. V. West Africa, 1989 (2 books).

Jazyki mira. Kavkazskije jazyki. M., 1999. [세계의 언어. 코카서스 언어]

Jazyki mira. Mongl'skije jazyki. Tunguso-manchzhurskije jazyki, Japonskij jazyk, Korejskij jazyk. M., 1997. [세계의 언어. 몽골 언어, 만주퉁구스 언어, 일본어, 한국어]

Jazyki mira. Paleoaziatskije jazyki. M., 1997. [세계의 언어. 고아시아 언어]

Jazyki mira. Tjurkskije jazyki. M., 1997. [세계의 언어. 튀르크 언어]

Jazyki mira. Ural'skije jazyki, M., 1993. [세계의 언어. 우랄 언어]

Jazyki narodov Rossii. Krasnaja kniga. Ehnciklopedicheskij slovar'-spravochnik. M., 2002. [러시아 민족의 언어. Red book. 백과사전–안내서]

Jazyki narodov SSSR. T. 1. Indojevropejskije jazyki. M., 1966. [소련 민족의 언어. 제1권. 인도유럽 언어]

Jazyki narodov SSSR. T. 2. Tjurkskije jazyki, M., 1966. [소련 민족의 언어.

제2권. 튀르크 언어]

Jazyki narodov SSSR. T. 3. Finno-ugorskije i samodijskije jazyki. M., 1966.
[소련 민족의 언어. 제3권. 핀우고르, 사모예드 언어]

Jazyki narodov SSSR. T. 4. Iberijsko-kavkazskije jazyki. M., 1967. [소련 민
족의 언어. 제4권. 이베리아-코카서스 언어]

*Jazyki narodov SSSR. T. 5. Mongol'skije, tunguso-manchzhurskije i paleo-
aziatskije jazyki.* L., 1968. [소련 민족의 언어. 제5권. 몽골 언어, 만주퉁
구스 언어, 고아시아 언어]

Jazyki Rossijskoi Federacii i sosednikh gosudarstv. Ehnciklopedija. T. 1. M.,
1997. [러시아 연방과 인접 국가의 언어. 백과사전. 제1권]

Jazyki Rossijskoi Federacii i sosednikh gosudarstv. Ehnciklopedija. T. 2. M.,
2001. [러시아 연방과 인접 국가의 언어. 백과사전. 제2권]

*Gosudarstvennyje i titul'nyje jazyki Rossii. Ehnciklopedicheskij slovar'-
spravochnik* / Pod obshch. red. prof. V. N. Neroznaka. M., 2002. [러시
아의 국가어와 명목민족어들. 백과사전-안내서]

*Gosudarstvennyje jazyki v Rossijskoi Federacii. Ehnciklopedicheskij slovar'-
spravochnik* / Gl. red. V. N. Neroznak. M.,1995. [러시아 연방의 국가어
들]

*Kontaktologicheskij ehnciklopedicheskij slovar'-spravochnik. Vyp. 1. Severnyj
region. Jazyki narodov Severa, Sibiri i Dal'nego Vostoka v kontaktakh
s russkim jazykom.* M., 1994. [접촉학 백과사전-안내서. 제1호. 북부 지역.
북방, 시베리아, 극동의 언어들. 러시아어와 접촉의 관점에서]

*Krasnaja kniga jazykov narodov Rossii. Ehnciklopedicheskij slovar'-spra-
vochnik.* M., 1994. [러시아 연방 여러 민족의 언어. Red book. 백과사전
-안내서]

Malyje jazyki Evrazii: sociolingvisticheskij aspekt. Sbornik statej. M., 1997.
[유라시아의 소언어. 사회언어학적 측면. 논문집]

Nacional'nyj sostav naselenija RSFSR po dannym Vsesojuznoj perepisi naselenija 1989 g. M., 1990. [사회주의 러시아 소비에트 연방 국민의 민족 구성. 1989년 전 소비에트 인구 조사 자료]

Problemy jazykovoi zhizni Rossijskoi Fede- racii i zarubezhnykh stran. M., 1994. [러시아 연방과 외국의 언어생활의 여러 문제]

Jazyk v kontekste obshchestvennogo razvitija. M., 1994. [사회 발달 맥락 속의 언어]

G.D. McConnell. A Model of Language Development and Vitality, *Indian Journal of Applied Linguistics*, 1996 (Ed.) U.S. Bahri New Delhi, vol. 22, № 1 January-June.

Silver, Brian. Methods of Deriving Data on Bilingualism from the 1970 Soviet Census, *Soviet Studies*, vol. 27, 1974, no. 4 (October 1975), pp. 574~597.

10. 러시아 연방 언어의 사회언어학적 분류 (총괄표)

| 언어 | 민족 구성원 수
민족어 화자 수 | | | 법적 지위 | | 문자 | | | | 소통 영역 | | 기능 수준에 대한 전반적 평가 |
	다수민족	중수민족	소수민족	연방법	공화국법	O W L	Y W L	N W L	U W L	비조직적 의사소통 영역	조직적 의사소통 영역	
고도베리어		2,500 약 2,500							+	+		D
기누흐어		700 >700							+	+		D
나나이어			11,883 5,864	+			+			+	+	C/D
네기달어			587 184	+					+	+		D*
네네츠어 (툰드라)			약 32,190 약 25,770	+			+			+	+	B/C
네네츠어 (삼림)			약 2,000 약 1,750	+				+		+	+	C
노가이어		73,703 67,008			+		+			+	+	B
니브흐어			4,631 1,202	+			+			+	+	C
다르긴어	353,348 348,284				+		+			+	+	A/B
돌간어			6,584 5,532	+	+			+		+		C/D
라크어		106,245 104,271			+		+			+	+	B
레즈긴어		257,270 242,195			+	+				+	+	A/B
루툴어			19,503 18,718	+				+		+	+	C
마리어 (산악)		643,689 553,445			+	+				+	+	B
마리어 (초지)					+	+				+	+	A/B
만시어			8,279 3,444	+			+			+	+	C/D
모르도바어 (모크샤)	1,072,939 830,240				+	+				+	+	B
모르도바어 (에르쟈)					+	+				+	+	A/B
바그발랄어			5,000 ~6,000 >5,000						+	+		D
바시키르어	1,345,273 1,018,390				+		+			+	+	A/B
베즈타어			7,000 약 7,000						+	+		D
뱁스어			12,142 8,053	+			+*			+	+	C/D

언어	민족 구성원 수 민족어 화자 수			법적 지위		문자				소통 영역		기능 수준에 대한 전반적 평가
	다수민족	중수민족	소수민족	연방법	공화국법	OWL	YWL	NWL	UWL	비조직적 의사소통 영역	조직적 의사소통 영역	
보트어			자료 없음						+	(+)		D**
보틀리흐어			8,500 >8,000						+	+		D
부랴트어		417,425 375,910			+		+			+	+	B
사미어			1835 899	+			+*			+	+	D
셀쿠프어			3,564 1,797	+			+*			+	+	C/D
쇼르어			15,745 10,128	+			+*			+	+	C/D
아굴어			17,728 19,185		+			+		+	+	C
아디게이어		122,908 119,464			+		+			+	+	B
아르치어			1,000 약 1,000						+	+		D
아바르어	544,016 534,901				+	+				+	+	A/B
아바진어			32,983 31,184	+	+		+			+	+	B/C
아시아 에스키모어			1704 935	+			+*			+	+	C/D
아흐바흐어			약 5,000 약 5,000						+	+		D
안디어			20,000 약 20,000						+	+		D
알레우트어			644 190	+					+	+		D*
알류토르어			2,200 ~3,000 <1,000	+					+	+		D
알타이어		69,409 61,739			+		+			+	+	B/C
야쿠트어		380,242 391,215			+		+			+	+	B
어원어			17,055 7,850	+	+		+			+	+	C
어웡키어			29,901 9,891	+	+		+			+	+	C
에네츠어			198 106	+				+		+		D
오로치어			671 133	+					+	+		D*
오로크어			391 130	+					+	+		D*
오세티어		402,275 334,199			+	+				+	+	A/B

언어	민족 구성원 수 민족어 화자 수			법적 지위		문자				소통 영역		기능 수준에 대한 전반적 평가
	다수민족	중수민족	소수민족	연방법	공화 국법	O W L	Y W L	N W L	U W L	비조직적 의사 소통 영역	조직적 의사 소통 영역	
우드무르트어	714,833 560,151				+	+				+	+	A/B
우디허어			1,902 594	+			+*			+		C/D
울치어			3,173 1,111	+				+		+	+	C
유그어			약 15 ≤2						+	(+)		D**
유카기르어			1,112 397	+	+			+		+	+	C/D
응아나산어			1,262 1,084	+				+		+	+	C/D
이조르어			449 249	+					+	+		D*
이텔멘어			2,429 562	+			+*			+	+	D
잉구시어		215,068 212,315			+	+				+	+	B
차말랄어			12,000 약 12,000						+	+		D
차후르어			6,492 6,200		+		+*			+	+	C
체즈어			약 8,000 약 8,000						+	+		D
체첸어	898,999 893,121				+		+			+	+	B
추바시어	17,773,645 1,468,356				+	+				+	+	A/B
축치어			15,107 11,450	+	+		+			+	+	C
출름튀르크어			702 약 500	+					+	+		D*
카라차이- 발카르어		228,673 225,756			+		+			+	+	B
카라타어			6,400 <6,400						+	+		D
카렐어		124,921 47,256		−			+*			+	+	B/C
카바르다- 체르케스어		436,813 429,390			+	+				+	+	A/B
카이타그어			20,000 약 20,000						+	+		D
칼미크어		165,821 156,329			+	+				+	+	B
케레크어			<100 3	+					+	(+)		D**
케트어			1,084 589	+				+		+		C/D

언어	민족 구성원 수 민족어 화자 수			법적 지위		문자				소통 영역		기능 수준에 대한 전반적 평가
	다수민족	중수민족	소수민족	연방법	공화국법	OWL	YWL	NWL	UWL	비조직적 의사소통 영역	조직적 의사소통 영역	
코랴크어			8,942 5,167	+			+			+	+	D
코미-지랸어		336,309 268,316			+	+				+	+	B
코미-페르먀크어		147,269 117,935			+		+			+	+	B/C
쿠므크어		277,163 286,669			+	+				+	+	A/B
쿠바치어			약 5,000 약 5,000						+	+		D
타바사란어		93,587 90,732			+		+			+	+	B/C
타타르어	5,522,096 5,139,384				+	+				+	+	A
타트어			19,420 16,227		+		+			+	+	B/C
토파어			722 323	+				+		+		D
투바어		206,160 204,381			+		+			+	+	B/C
틴디어			7,000 약 7,000						+	+		D
하카스어		78,500 63,164			+		+			+	+	B
한티어			22,283 14,181	+			+			+	+	C
훈지브어		2,000 약 2,000							+	+		D
흐바르시어			약 1,500 약 1,500						+	+		D
러시아어	119,865,946 143,732,573			+	+	+				+	+	AA

총괄표[32]에 대한 주석

- **민족 구성원 수와 민족어 화자 수**
  - **윗줄** 해당 민족 구성원 수
  - **아랫줄** 해당 언어를 모어나 제2 언어로 사용하는 모든 사람의 수(소속 민족 무관)
- **다수민족** 50만 명 이상

---

32 이 표는 콜레스니크(N. G. Kolesnik)가 작성한 것이다.

- **중수민족** 5만 명에서 50만 명
- **소수민족** 5만 명 미만
- **법적 지위**
  - 연방법에 따르면, 러시아 연방 전역의 국가어는 러시아어이고, 지역법에도 러시아어가 국가어로 명명되어 있다.
  - 연방법에 따르면, 구성원이 50만 명 미만인 민족 중 대부분은 '러시아 연방 토착 소수민족'이라는 법적 지위를 가지고 있고, 그들의 민족어는 '러시아 연방 토착 소수민족 언어'이다. 지역 차원에서 이 지위는 지역법에도 명시되어 있는 경우도 있다.
- **문자**
  - OWL(Old Written Languages, Staropis'mennye jazyki)은 문자의 기능 부담 수준과 관계없이 20세기 초 이전에 출판물을 보유한 언어이다.
  - YWL(Young Written Languages, Mladopis'mennye jazyki)은 1920~1930년대에 문자가 제정된 언어, 혹은 문자의 사용이 중단되었다가 1990년대에 재개된 언어이다.
  - NWL(New Written Languages, Novopis'mennye jazyki)은 20세기 말에 문자가 제정된 언어이다.
  - UWL(Unwritten Languages, Bespis'mennye jazyki)은 문자가 없는 언어이다.
  - +*는 YWL 열에서 1990년대에 문자가 다시 사용되기 시작한 언어이다.
- **언어의 기능 수준 평가**
  - AA　OWL로서 모든 의사소통 영역에서 최대의 기능 수준을 구현한다.
  - A　　OWL로서 대부분의 의사소통 영역에서 기능한다. 대부분의 조직적인 의사소통 영역에서 기능 수준이 매우 높다.
  - B　　OWL 혹은 YWL로서, 안정된 규범을 지닌 표준어이다. 일부 의사소통 영역에서 기능 수준이 높다.
  - C　　YWL 혹은 NWL로서 표준어가 형성되고 있는 단계이다. 사용 영역이 제한적이며, 조직적인 의사소통 영역에서 기능 수준이 낮다.
  - D　　통상 UWL이다. 규범화된 표준어가 없거나, 형성되는 초기 단계, 조직적인 의사소통 영역에서 사용되지 않거나, 최소한으로 사용된다. 주로 비조직적인 의사소통 영역에서 사용된다.
  - D*　 비조직적 의사소통 영역에서만 사용되고, 기능 부담 수준이 높지 않다.
  - D**　절멸 위기의 언어이다.

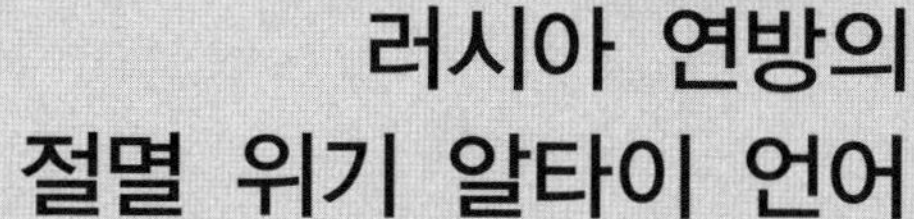

러시아 연방의
절멸 위기 알타이 언어

1

나나이어 0. 나시로바

0. 언어 정의

0.1. 기본 명칭 – 나나이어

1. 언어 명칭

1.1. 언어 화자가 사용하는 명칭 – 나나이(нанай)[33]

1.2. 정부 문서 또는 헌법에서 사용하는 명칭 – 나나이어

1.3. 이전에 사용했던 명칭 – 골드어

1.4. 외국어 명칭 – 영어 Nanai / 독일어 Nanaiisch / 프랑스어 nanaï

* 민족 명칭

기본 명칭 – 나나이인

민족 자칭 – 나나이(нанай) / 나니(нани)

주해 이 자칭은 '현지 사람', '이곳 사람'이라는 의미이다.

정부 문서 또는 헌법에서 사용하는 명칭 – 나나이인

이전에 사용했던 명칭 – 골드인

외국어 명칭 – 영어 Nanais / 독일어 Nanaien / 프랑스어 Nanaïs

2. 통계 자료와 지리 자료 (1989년 인구 조사 자료)

2.1. 민족 구성원의 총수 (국가별 · 지역별)

- 러시아 11,883[34]

---

[33] '1.1. 언어 화자가 사용하는 명칭'과 아래의 '민족 자칭'은 실제 해당 민족 사람들이 자신의 언어와 민족 명칭을 일컫는 명칭인데, 여기에서는 키릴 문자로 적힌 것을 그대로 한글로 옮겨 적을 수밖에 없으므로 괄호 안에 키릴 표기를 참고로 병기한다. _옮긴이

[34] 2010년 인구 조사 자료에 따르면 러시아 연방에 거주하는 나나이족은 총 12,003명이다 (http://www.perepis-2010.ru). _옮긴이

하바롭스크 크라이[35]   10,582

다른 지역   1,301

- 다른 나라

CIS(러시아 제외)와 발트 국가   140

  ▶ 라트비아   2
  ▶ 몰도바   4
  ▶ 벨라루스   14
  ▶ 아르메니아   1
  ▶ 아제르바이잔   4
  ▶ 에스토니아   6
  ▶ 우즈베키스탄   14
  ▶ 우크라이나   39
  ▶ 조지아   5
  ▶ 카자흐스탄   35
  ▶ 키르기스스탄   4
  ▶ 타지키스탄   3
  ▶ 투르크메니스탄   9

중국   2,000

주해 각기 다른 출처에 따르면 중국에 사는 나나이인의 수는 1,400명(L. I. Sem)에서 4,000명(Janhunen, 1997)에 달한다.

2.1.1. 해당 민족의 언어를 말하지 않는 민족 구성원의 수 (지역별·모어별)

- 러시아 – 6,019

  러시아어 – 5,947

  다른 언어 – 72

  - 하바롭스크 크라이 – 5,194

    러시아어 – 5,148

    다른 언어 – 46

  - 다른 지역 – 825

  러시아어 – 799

  다른 언어 – 26

---

35 러시아 연방을 구성하는 주체의 유형 중에서 크라이(kraj)는 원래 가장자리에 위치한 주를 일컫는 단위였으나, 현재는 가장자리가 아닌 위치에 있는 크라이도 있다. 주(oblast')와 지위가 다르지 않지만 구별을 위해서 '크라이'라고 적는다. _옮긴이

2.2. 러시아 내 해당 언어 화자의 총수 (지역별)

- 러시아 – 5,864

  하바롭스크 크라이 – 5,388

  다른 지역 – 476

  2.2.1. 해당 언어가 모어인 화자의 총수 (지역별·민족별)

  - 러시아 – 5,240

    나나이인 – 5,240

    기타 – 자료 없음

    - 하바롭스크 크라이 – 4,821

      나나이인 – 4,821

      기타 – 자료 없음

    - 다른 지역 – 419

      나나이인 – 419

      기타 – 자료 없음

  2.2.1.1. 단일언어 사용자의 총수

  - 러시아 – 356

    나나이인 – 자료 없음[36]

    기타 – 자료 없음

    - 하바롭스크 크라이 – 290

      나나이인 – 290

    - 기타 지역 – 66

      나나이인 – 66

  2.2.1.2. 이중언어 사용자의 총수

  - 러시아 – 5,508

    나나이인 – 4,884

    기타 – 624

    주해 여기에 적힌 숫자(5,508)는 이 언어가 모어인 사람뿐만 아니라, 모든 이중언어 사용자가 포함된 숫자이다.

  2.2.1.3. 남성 이중언어 사용자의 수

  - 러시아 – 자료 없음

  2.2.1.4. 여성 이중언어 사용자의 수

---

36 원문의 오류로 보인다. 356이 되어야 할 것으로 생각된다. _옮긴이

- 러시아 – 자료 없음

2.2.1.5. 이중언어 사용자의 제2 언어별 분포 (지역별)

주해 제2 언어별 이중언어 사용자의 분포에 관한 데이터는 나나이 인에 관한 것뿐이다. 다른 민족에 대한 자료는 없다.[37]

- 러시아 – 4,884

  러시아어 – 4,775

  다른 언어 – 109

  - 하바롭스크 크라이 – 4,531

    러시아어 – 4,436

    다른 언어 – 95

  - 다른 지역 – 353

    러시아어 – 339

    다른 언어 – 14

2.2.1.6. 해당 언어가 모어인 화자 중 도시·촌 주민의 수

- 러시아 – 5,240

  도시 – 1,684

  촌 – 3,556

  - 하바롭스크 크라이 – 4,821

    도시 – 1,365

    촌 – 3,456

  - 다른 지역 – 419

    도시 – 319

    촌 – 100

2.2.2. 해당 언어가 제2 언어인 화자의 총수 (지역별·민족별)

- 러시아 – 624

  나나이인 – 624

  기타 – 자료 없음

  - 하바롭스크 크라이 – 567

    나나이인 – 567

    기타 – 자료 없음

---

37 원문에는 아래에 '러시아', '하바롭스크 크라이', '다른 지역' 행에 적힌 명수와 똑같이 각 행의 바로 아래에 '나나이인'의 명수가 적혀 있으나, 주해에 나나이인에 관한 자료뿐임이 밝혀져 있으므로 생략한다. _옮긴이

- 다른 지역 – 57
  나나이인 – 57
  기타 – 자료 없음

주해 데이터는 나나이인에 관한 것뿐이다. 다른 민족에 관한 자료는 없다.

2.3. 친족 언어와 친족 언어 화자의 수 (국가별·지역별)

- 오로치어 – 133
  러시아 – 133
  - ▶ 하바롭스크 크라이 – 75
  - ▶ 다른 지역 – 58
  다른 나라 – 자료 없음
- 울치어 – 1,138
  러시아 – 1,111
  - ▶ 하바롭스크 크라이 – 898
  - ▶ 다른 지역 – 213
  다른 나라 – 27
  CIS(러시아 제외)와 발트 국가 – 27
- 오로크어 – 130
  러시아 – 130
  - ▶ 사할린 주 – 106
  - ▶ 다른 지역 – 24
  다른 나라 – 자료 없음
- 우디허어 – 594
  러시아 – 594
  - ▶ 프리모르스키 크라이(연해주) – 115
  - ▶ 하바롭스크 크라이 – 224
  - ▶ 다른 지역 – 255
  다른 나라 – 자료 없음

2.4. 해당 언어가 모어인 화자의 수 (국가별·지역별)

- 러시아 – 5,240
  하바롭스크 크라이 – 4,821
  다른 지역 – 419
- 다른 나라 – 1,000 이상
  CIS(러시아 제외)와 발트 국가 – 58

▶ 라트비아 – 1

▶ 몰도바 – 2

▶ 벨라루스 – 3

▶ 아르메니아 – 1

▶ 아제르바이잔 – 3

▶ 에스토니아 – 2

▶ 우즈베키스탄 – 7

▶ 우크라이나 – 15

▶ 조지아 – 4

▶ 카자흐스탄 – 13

▶ 키르기스스탄 – 3

▶ 타지키스탄 – 2

▶ 투르크메니스탄 – 2

중국 – 1,000

2.5. 해당 언어가 제2 언어인 화자의 수 (국가별·지역별)

- 러시아 – 624

하바롭스크 크라이 – 567

다른 지역 – 57

- 다른 나라 – 6

CIS(러시아 제외)와 발트 국가 – 6

▶ 벨라루스 – 1

▶ 에스토니아 – 1

▶ 우크라이나 – 1

▶ 카자흐스탄 – 3

3. 언어 개요

3.1. 계통 분류상의 위치

3.1.0. 어족 – 알타이 어족

3.1.1. 어파 – 만주퉁구스 어파

3.1.2. 분파 – 북부(퉁구스) 분파

3.1.3. 어군 – 아무르(나니) 어군

3.1.4. 하위어군 – 없다

* 친족 언어 – 울치어, 오로크어, 오로치어, 우디허어
* 언어 접촉 – 러시아어, 어윙키어, 솔론어, 비라르어, 울치어, 오로크어, 네기달어,
  우디허어, 만주어, 몽골어, 중국어

주해 역사상 각기 다른 시기에 나나이족의 여러 그룹은 친족어 또는 비친족어를 말하는 다른 민족들과 접촉해왔다. 아무르 강 하류의 나나이족 그룹은 어윙키인, 솔론인, 비라르인과 접촉했고, 아무르 강 상류의 나나이족 그룹은 만주어 화자들과 접촉했으며, 남부 그룹은 중국인과 접촉했다. 그 결과 나나이어는 어윙키어, 만주어, 중국어 어휘를 다수 차용하게 되었고, 남부 그룹(골드-타즈)의 나나이인은 중국어를 사용하게 되었다.

17세기 중반 이후에는 나나이인과 러시아인의 접촉이 시작되었다. 1847~1917년에 이러한 접촉이 더욱 확대되었는데, 이는 프리아무리예[38]와 프리모리예[39]의 땅이 러시아에 속하게 되었기 때문이다. 이로 인해 나나이어의 어휘에 다수의 러시아어 차용어가 (옛말뿐 아니라 신어도) 등장하게 되었다. 나나이인에게 주요 민족 간 의사소통 언어는 중국어와 러시아어이다. 러시아 연방 내에서는 나나이인들 사이의 의사소통에도 부분적으로 러시아어가 사용된다.

* **추가적 지리 자료** (언어 분포 지역)
  * 러시아
    하바롭스크 크라이
    ▶ 하바롭스키 셀스키 구
    ▶ 나나이 구
    ▶ 소네치니 구
    ▶ 콤소몰스크 구
    ▶ 아무르 구
    ▶ 울치 구
    프리모르스키 크라이(연해주)
    ▶ 포자르스키 구
    ▶ 야코블레프 구
    ▶ 키로프 구
    ▶ 추구예프 구

---

38 아무르 강 중하류 유역, 아무르 주와 하바롭스크 크라이의 남부 일대를 일컫는 지명이다. _옮긴이
39 하바롭스크 크라이의 일부와 프리모르스키 크라이(연해주)처럼 동해에 연한 지역을 일컫는 지명이다. _옮긴이

▶ 올가 구

사할린 주

▶ 포로나이 구

- 중국 – 헤이룽장 성

    주해 러시아 이외에 중국 동북부 헤이룽장 성(숭가리 강과 우수리 강 사이의 지역)에
    도 나나이인이 거주한다.

3.2. 주요 언어학적 특성 (간략한 기술)

통사구조면에서 나나이어는 **주격-대격 언어**이고, **형태론**적 특징상 **접미
사를 첨가하는 교착어**이다.

- 음성학

    모음 42개 모음 음소가 있고, 이들은 6개 주요 유형으로 분류할 수 있다.
    혀의 전후 위치와 높이에 따른 대칭성이 특징이다. 나나이어의 모
    음은 3개의 전후 위치로 나뉘고, 1열 모음(a, o, i)과 2열 모음(e, u,
    i) 등 두 그룹이 대립한다. **모음조화**의 법칙이 있다.

    자음 18개의 자음 음소가 있고, 연자음 변이형은 경자음이 연음화 모음
    앞에 놓일 때 생긴다. [n]만 연자음쌍 [n']이 있다.

- 형태론

    교착어이다.

    품사 실사(명사, 형용사, 대명사, 수사, 동사, 부사, 수사어), 허사(후치사, 접
    속사, 소사)와 감탄사가 있다.

    명사 **인간/비인간**과 **격** 범주가 있다. 문법적 성(性), 유정성/무정성 범주
    는 없다. 격변화(곡용)는 **단순** 격변화와 **소유** 격변화가 있고, 소유
    격변화는 인칭과 비인칭으로 나뉜다. 단순 격변화에는 7개의 격이
    있고, 소유 격변화에는 8개의 격이 있다.

    형용사 형태론적으로 변하지 않는다. 명사화될 수 있다.

    수사 기수사, 서수사, 집합수사, 분배수사가 있다. **십진법**을 사용한다.

    대명사 인칭대명사, 정대명사, 지시대명사, 의문대명사가 있다.

    동사 동사의 굴절과 조어에는 특별한 접미사가 사용된다. 단어 합성(word
    compounding)은 별로 생산적이지 않다. 축약은 없다. **타동성/자동성,
    인칭**(1, 2, 3), **수**(단수, 복수), **법** 범주가 있다. 직설법(현재-미래 시제,
    과거 시제, 미래 시제 I/II), 명령법(가까운 미래, 먼 미래), 접속법(시제
    범주는 표현되지 않는다)이 있다. **상** 범주의 유무에 대해서는 논란이
    있다. 6개 그룹의 **부동사**(동시, 다른 시간, 조건, 조간-시간, 순행, 목적)

와 **형동사**[능동-소유(possessive), 능동-비소유(non-possessive), 피동]
가 있다. 형동사는 **시제**(현재와 과거)와 **격** 범주를 가진다.

- 조어론

주요 조어 수단은 **접사 첨가**이다.

- 통사론

교착어에 속하는 모든 만주퉁구스어파의 언어와 마찬가지로 나나이어에
는 **고정 어순**이 있다. '수식어는 피수식어 앞에 온다'는 법칙이 기본이고,
문장의 종속 성분은 앞에 오고, 서술어는 문장의 끝에 온다. 어순은 단어
의 통사적 기능을 표현하는 보충적인 (때로는 주된) 수단으로 쓰인다. **성
분절** 또는 **절대 구문**이라고도 불리는 종속 구성이 있는 **복문**이 특징적이
다(이는 모든 알타이 언어에 고유한 유형론적 특징이다).

- 어휘론

나나이인은 수 세기 동안 친족 민족 또는 친족이 아닌 민족들과 접촉하여
문화적 가치를 공유해 왔고, 이는 나나이어의 어휘에 반영되었다. 고유 어
휘는 (어로, 수렵 등) 경제 활동과 관련된 단어, 자연 환경, 생활 풍습, 공
예, 전통 신앙(샤머니즘)에 관한 단어들이다.

　어원인, 솔론인, 비라르인과 접촉하는 과정에서 아무르 강 하류의 나
나이인들은 몇몇 동물 이름, 가옥명, 지명을 차용했고, 아무르 강 상류의
나나이인들은 **만주어**에서 사회조직, 제도, 생산 도구와 생산 수단, 종교관
과 관련된 용어를 차용해 왔다. 중국인과의 접촉 결과 가장 남쪽에 살았
던 나나이인들은 중국어를 통용어로 사용하게 되었다(골드-타즈). **우수리**
방언군, **숭가리** 방언군의 언어에는 친족명, 인명, 민족명, 농기구명 등에
중국어 차용어가 들어 왔다.

　특히 나나이어의 운명에 중요한 의미를 가지는 것은 러시아의 유럽 지
역과 시베리아 지역에서 이주해온 사람들과의 접촉이다. 이른바 나나이와
러시아(슬라브)의 언어문화적 관계는 그 특성상 크게 두 시기, 즉, (1) 17세
기부터 1917년까지, (2) 1917년부터 오늘날까지로 나눌 수 있다. 제1기의
후반(1848~1917)에는 아무르 유역과 프리모리예 지방이 다시 러시아에
귀속되었고, 러시아인과의 지속적인 접촉이 다시 시작되어 더욱 심화되었
다. 나나이인의 어휘에 bog(신), svjashchennik(성직자), car(차르), kupec(상
인), krest(십자가), sapogi(장화), lapti(자작나무의 껍질로 엮은 신), azbuka(알
파벳), spichka(성냥) 같은 단어가 들어오게 되었다. 나나이인들은 러시아
어의 일상 발화에 쓰이는 단어를 사용하는 과정에서 자신의 발음에 맞도

록 적응 과정을 거쳤다. 러시아어 또는 중국어가 민족 간 통용어로 자리 잡는 과정이 자연 발생적, 자발적으로 이루어졌다.

나나이와 러시아의 접촉 제2기(1917년 10월부터 1990년대까지)는 러시아어가 민족 간 통용어로 자리매김하는 과정이다. 러시아어는 현재 일부 지식인들에게는 민족 내 통용어로도 기능하게 되었다.

나나이어의 어휘론 분야에서 중요한 변화가 일어나고 있다. 전통 생업 분야에서는 나나이어에 있는 개념들이 우세한 반면, 새로운 경제 분야에서는 새로운 용어가 만들어질 때 나나이어와 러시아어의 조합이 우세하다. 나나이어가 언어학적 지위를 획득해 가는 과정에서 방언들 사이의 활발한 상호 작용이 나타나게 되었고, 사회정치적 성격의 러시아어 어휘가 적극적으로 차용되고 있다.

나나이어의 지명과 고유명사 분야에서는 이중적인 현상이 나타나고 있다. 지방의 지명은 자체 명칭과 나란히 러시아 명칭이 있고, 큰 강의 이름들은 자체 명칭으로 나나이족 역사의 특정한 단계를 반영한다. 도시는 주로 러시아식 이름이다. 나나이인의 성은 예를 들어 오닝카(Oningka), 벨디(Bel'dy), 사마르(Samar) 같은 씨족 명칭을 보존하고 있고, 우샤코프(Ushakov), 비류코프(Birjukov), 레스니코프(Lesnikov) 같은 일부 러시아식 성도 기능하고 있다.

노년층과 중년층의 이름은 전통적이고 민족적인 러시아식 세례명이고, 젊은 세대의 이름은 모두 러시아식 이름이다.

3.3. 유형론적 특성

- 형태론적 구조 – 교착어(접미사 첨가)
- 모음조화가 잘 보존되어 있음
- 통사론적 구조 – 주격-대격 언어[40]
- 어순 – 주어+목적어+술어[41](고정 어순)

3.4. 방언 구분

◇ 상류 아무르 방언

아무르 우안 지역어 – 헤이룽장 성(중국 동북부)

숭가리 지역어 – 헤이룽장 성(중국 동북부)

비킨(우수리) 지역어 – 프리모르스키 크라이(연해주)(포자르스키 구, 야

---

40 원문에는 'nominative 구조'로 되어 있다. 맥락상 '능격-절대격 언어'와 대비되는 '주격-대격 언어'를 가리키는 것으로 보아 이하 모두 이렇게 번역했다. _옮긴이
41 이하 SOV라고 표기한다. _옮긴이

코블레프 구, 키로프 구, 추구예프 구, 올가 구)

쿠르-우르미 지역어 – 하바롭스크 크라이(하바롭스크 셀스키 구)

◇ 중류 아무르 방언 – 하바롭스크 크라이(하바롭스크 셀스키 구, 나나이 구)

시카치-알랸 지역어

나이힌 지역어

주엔 지역어

◇ 하류 아무르 방언 – 하바롭스크 크라이(소네츠니 구, 콤소몰스크 구, 아무르 구, 울치 구), 사할린 주(포로나이 구)

볼론 지역어

에콘 지역어

고린 지역어

주해 1979년 인구 조사 자료에 따르면 아무르 우안 지역어와 숭가리 지역어의 화자는 총 약 1,400명이고, 비킨(우수리) 지역어 화자는 약 300명, 쿠르-우르미 지역어 화자는 약 250명이다. 중류 아무르 방언과 하류 아무르 방언 화자는 합해서 약 7,500명이다.

나이힌 지역어는 종종 별개의 방언으로 간주되며, 화자는 약 400명이다. 나이힌 지역어를 토대로 나나이어의 표준어가 발달했다. 나이힌 방언은 나나이인이 거주하는 지역의 중심부에 퍼져 있고, 언어적 특성은 대부분의 나나이 방언과 공통적이다. 나이힌 지역어는 가장 많이 연구되었고, 그래서 나나이어의 기술은 대개 나이힌 방언 자료에 토대를 두고 있다.

나나이어의 방언들 중에서 서로 가장 가까운 것은 아무르 지역어들이다. 주변적인 지역어(시카차-알랸, 고린)는 비킨 및 쿠르-우르미 지역어와 공통점이 있다. 중심적인 방언(나이힌)과 주변적인 방언들은 음성 및 어휘 면에서 차이점이 많다. 그래서 나나이어의 각기 다른 방언 화자들은 서로를 이해하는 데 어려움이 있다.

3.5. 명칭이 있는 주요 지역적 이형 – 없다

4. 문자와 정서법

• YWL(Young Written Language, Mladopis'mennyj jazyk) 1920~1930년대에 문자가 제정된 언어

4.1. 문자 체계와 서체(서법) – 키릴 문자

4.2. 정서법

4.2.1. 통일된 체계 – 있다

4.2.2. 통일된 체계가 있는 경우, 통일 원칙 – 음소 원칙

* 표준어 – 표준어가 충분히 발달되지 않았다.

> **주해** 나나이어 표준어의 토대는 나이힌 방언이다.

* 문자의 역사 개요

나나이어는 1920~1930년대에 문자가 만들어진 언어이다. 1860년대 말에 러시아 선교사인 프로토디야코노프 형제(A. & P. Protod'jakonov)가 골드족 어린이의 교육을 위해 첫 자모를 만들었다. 나나이 문자의 토대로 러시아 서법을 택한 그들은 10권의 종교 서적을 나나이어로 번역했고, 나나이 구비 문학 작품들도 출판했다. 1869년에 당시 막 고안된 알파벳으로 A. 프로토디야코노프가 편찬한 『러시아어-골드어 사전(*Russko-gol'dskij slovar'*)』이 출판되었고, 1885년에는 P. 프로토디야코노프의 『골드와 길랴크 어린이의 교육을 위한 골드어 ABC(*Gol'dskaja azbuka dlja obuchenija gol'dskikh i giljakskikh detej*)』가 출판되었다. 이 알파벳은 1906년까지 기능했고, 그 이후에는 교육 현장에서 쓰이지 않게 되었다. 1929년에 레닌그라드의 북방 민족 연구소(Institiut narodov Severa, 옛 극북 민족 학부)에서 단일 북방 알파벳이 고안되었고, 1931년에 승인을 받았다. 이것은 라틴 문자를 토대로 한 것이었다. 1936년에는 나나이 문자가 키릴 문자로 전환되었다. 1983년에 오넨코(S. Onenko)가 새로운 알파벳을 시도했지만 채택되지 않았다.

키릴 문자를 토대로 한 현재의 나나이어 문자는 1993년에 채택되었다.

5. 지위

5.1. 해당 언어 화자가 자신의 언어를 충분히 발달된 언어이자 다른 언어들에 대응하는 언어라고 생각하는가?

5.1.1. 해당 언어가 내적 구조 면에서 다른 언어들과 크게 구별되기 때문에? – 그렇다

5.1.2. 해당 언어가 발달된 문명의 도구로서 높은 발달 수준을 지니고 있기 때문에? – 아니다

5.2. 언어의 표준화가 이루어졌는가? – 그렇다

5.2.A. 문자 규범이 있는가? – 있다

5.2.B. 구어 규범이 있는가? – 없다

5.2.1. 표준화된 언어가 여러 개(pluricentric language)인가? – 표준어가 하나인 언어

5.2.2. 2개의 표준이 혼합되어 있는가? – 아니다

5.2.3. 특정 지역적 이형으로 된 문헌이 있는가? – 없다

5.3. 언어의 법적 지위 (국가별·지역별)

국가 – 러시아

해당 언어의 지위 – 러시아 연방 토착 소수민족 언어

주해 하바롭스크 크라이, 프리모르스키 크라이(연해주), 사할린 주에서는 사실상 권장 언어의 지위를 가진다.

5.4. 해당 언어 화자의 언어적·문화적 권리를 인정하는 텍스트 (헌법, 법, 조항, 명령 등)[42]

6. 문헌의 발달 역사

6.0. 문헌이 있는가? – 있다

6.1. 문헌이 만들어진 경우

6.1.1. 해당 언어가 모어인 화자가 주로 만든 것인가? – 아니다

6.1.2. 해당 언어가 모어가 아닌 사람들이 주로 만든 것인가? – 아니다

6.1.3. 위 두 범주의 사람들이 같은 정도로 만든 것인가? – 그렇다

6.2. 문헌의 구성은

6.2.1. 주로 원어로 되어 있는가? – 아니다

6.2.2. 주로 번역문으로 되어 있는가? – 그렇다

6.2.3. 원어와 번역문이 같은 정도인가? – 아니다

6.2.4. 번역은 어느 언어에서 이루어졌는가? – 러시아어

6.3. 출판물에 대한 통계 자료

6.3.1. 출판물

연도/기간 – 1998년 이전

총 편수 – 10편 이상

◇ 연도/기간 – 1917년 이전

편수 – 2편

◇ 연도/기간 – 1917~1998년

편수 – 10편 이상

---

42 원문에는 해당 언어 화자의 언어적, 문화적 권리를 인정하는 해당 지역의 법조문 텍스트가 담긴 부록 내용을 참조하라는 내용의 주해가 있으나, 번역서에서는 러시아 연방 주체의 법조문이 수록된 부록을 번역하지 않았으므로 이하 모든 언어의 5.4.항에 이어진 주해 내용은 생략한다. _옮긴이

주해 1985년부터 1995년까지 나나이 초등학교용 교재가 10권 출간되었다. 이는 취학 전 수준부터 4학년 수준까지 나나이 학교의 전 학년을 위한 교재이다. 나나이 철자본이 2권(1988, 1993), 그리고 1학년용 교재인 『나나이어(*Nanajskij jazyk*)』와 명문집『별(*Zvjozdochka*)』이 있다. 2학년용으로는 교재 1권과 독본(1985, 1989)이 있고, 3학년용으로는 교재 2권(1990, 1995)이 있는데, 그중 1권에는 독본이 들어 있다. 4학년용으로는 교재 1권과 독본 1권이 있다(1993). 그뿐만 아니라 1989년에는 러시아어-나나이어 회화책인『나나이어로 말해요(*Pogovorim po-nanajski*)』가 나왔다.

　대부분의 교육용 서적은 프로스베셰니예(Prosveshchenije, 계몽) 출판사의 레닌그라드(현 상트페테르부르크) 지부에서 출판되었고, 독본 1권만 하바롭스크 출판사에서 나왔다.

6.3.2. 해당 언어로 된 번역문

총 편수 – 10편 이상

6.3.3. 해당 언어에서 다른 언어로 된 번역문

총 편수 – 수십 편

주해　구비문학 텍스트가 러시아어로 다수 번역되었다.

7. 종교 관습과 이데올로기 작품에서 해당 언어의 사용

주해　19세기 말에 나나이인들은 정교를 받아들였다. 그러나 정령 신앙과 샤머니즘 등 전통 신앙도 보존되었다.

7.1. 종교적 예배, 의식, 의례에서 해당 언어의 사용

◇ 종교 – 기독교(정교)

A. 설교 – 사용되지 않는다

B. 예배/의식 – 사용되지 않는다

C. 교육 – 사용되지 않는다

◇ 종교 – 샤머니즘

의식 – 사용된다

◇ 종교 – 불교

A. 설교 – 사용되지 않는다

B. 예배/의식 – 사용되지 않는다

C. 교육 – 사용되지 않는다

주해　전통 이교 숭배 의식을 행할 때는 나나이어가 지배적이었고, 차용된 종교 의례에서는 그 종교가 시작된 언어의 어휘가 사용되었다. 불교 행사에서는 만주어와 중국어가, 기독교 행사에서는 고대(교회) 슬라브어가 사용되었다.

7.2. 종교 텍스트의 번역 – 있다

◇ 종교 – 기독교

텍스트 – 「누가복음」(발췌)

총 텍스트 편수 – 자료 없음

주해 1860년대 중반에 러시아 선교사인 프로토디야코노프 형제가 약 10권의 종교적 내용의 책을 나나이어로 번역했다. 현재 스웨덴의 스톡홀름에 있는 성서번역 연구소의 프로젝트의 일환으로 「누가복음」이 나나이어로 번역되고 있다. 1995년에 「누가복음」 중 일부의 번역본이 출간되었다.

출처 – ibtnet.org/moscow/index.htm

연도/기간 – 2002년

7.3. 이데올로기 작품 – 있다

◇ 이데올로기 명칭 – 공산주의

총 텍스트 편수 – 약간

주해 소련 시기에 이데올로기적 내용의 텍스트들이 출판되었다.

8. 문학 범주

연도/기간 – 1998년 이전

8.1. 서술적 장르

총 텍스트 편수 – 적다(극소수)

출처 – 『러시아 민족의 언어들. Red book(*Krasnaja kniga jazykov narodov Rossii*)』. M., 1994.

주해 나나이인의 문학은 러시아어와 나나이어 두 형태로 발전하고 있다.

8.1.1. 서정시, 희곡, 노래

8.1.1.A. 서정시

총 텍스트 편수 – 10편 이상

8.1.1.B. 희곡 – 없다

8.1.1.C. 찬송가/성가곡집 – 없다

8.1.2. 소설류

8.1.2.A. 단편 소설

총 텍스트 편수 – 적다(극소수)

8.1.2.B. 중편 소설

총 텍스트 편수 – 적다(극소수)

8.1.2.C. 장편 소설

     총 텍스트 편수 - 적다(극소수)

8.2. 비서술적 장르 (정보, 학술, 교육, 방법론)

총 텍스트 편수 - 10편 이상

출처 - 러시아 국립도서관 카탈로그

8.2.1. 대중 대상 비서술적 산문(초등학교 수준)

     총 텍스트 편수 - 10편

8.2.1.1. 취학 전 어린이 보육 기관과 초등학교용 교재와 연습 문제집

     총 텍스트 편수 - 10편

8.2.1.2. 기타 대중 대상 비서술 산문 - 없다

8.2.2. 고급 수준 비서술적 산문(중등학교 수준) - 없다

8.2.3. 학술 비서술적 산문(대학 수준) - 없다

8.2.4. 기타 비서술적 산문(미분류) - 없다

주해 문법과 그 외 언어학 서적은 러시아어로 된 것뿐이다.

8.2.4.1. 방법론 서적

     총 텍스트 편수 - 6편 이상

8.2.4.2. 사전

     총 텍스트 편수 - 6편

8.2.4.3. 문법서 - 없다

8.2.4.4. 언어학 서적 - 없다

8.2.4.5. 문헌 정보 - 없다

8.3. 구비문학 출판

총 텍스트 편수 - 수십 편

장르 - 민담(설화)/신화/노래

주해 1986년에 나우카(Nauka, 과학) 출판사 레닌그라드 지부에서 아브로린(V. A. Avrorin)의 책 『나나이어와 나나이 구비문학 자료(*Materialy po nanajskomu jazyku i fol'kloru*)』가 나왔다. 이 책에는 아브로린이 1941년과 1948년에 나나이인 거주 지역에서 조사하면서 수집하고 기록한 나나이 구비문학 작품들이 포함되어 있다. 이 책은 고린 나나이인의 구비문학과 나이힌 나나이인의 구비문학, 전설, 단편 소설을 포함하고 있으며, 44편의 텍스트가 들어 있다. 또한 심케비치(P. P. Shimkevich), 카플란(M. A. Kaplan), 푸틴체바(A. P. Putinceva), 수니크(O. P. Sunik), 셈(L. I. Sem), 킬레(N. B. Kile) 등과 같은 학자들도 나나이인들의 구비문학 작품을 수집했다.

9. 정기 간행물

사용 정도 – 최소한

주해 2개월에 1회씩 지역 신문의 한 면이 나나이어로 나온다.

출처 –『러시아 민족의 언어. Red book. 백과사전-안내서*(Jazyki narodov Rossii. Krasnaja kniga. Ehnciklopedicheskij slovar'-spravochnik)*』, M., 2002.

연도/기간 – 2002년

10. 교육 기관

지역 – 하바롭스크 크라이

A. 해당 언어가 교육매개어이거나 해당 언어를 교과목으로 가르치는가? – 그렇다

B. 해당 언어가 교육매개어인가? – 아니다

C. 해당 언어를 교과목으로 가르치는가? – 그렇다

D. 교재 – 있다

E. 교사에 대한 특혜 – 자료 없음

연도/기간 – 1997/1998학년도

출처 – 러시아 연방 교육부

10.A-B. 교육매개어로 해당 언어의 사용

　　지역 – 하바롭스크 크라이

　　사용 정도 – 사용되지 않는다

　　연도/기간 – 1997/1998학년도

　　출처 – 러시아 연방 교육부

10.C. 교과목으로 해당 언어 교육 – 있다

　　지역 – 하바롭스크 크라이

주해 일부 학교에 모어 동아리가 있다. 1995/1996학년에는 모어 교육이 초등학교와 중등학교에서 주당 2시간의 선택 과목으로 변경되었다.

　　나나이어 교사 양성은 상트페테르부르크의 게르첸 러시아 국립사범대학교(Rossijskij gosudarstvennyj pedagogicheskij universitet(RGPU) im. A. I. Gercena) 산하 북방 민족 연구소(옛 극북 민족 학부)에서 이루어진다. 1995년부터 하바롭스크 사범대학교와 니콜라옙스크-나-아무레 사범학교에서도 이루어진다.

　　10.C.0.1. 교재 – 있다

10.C.1. 취학 전 보육 – 있다

주해 나나이어 교육은 유치원의 예비 그룹에서 시작되기도 한다.

10.C.1.1. 교과서 – 있다

10.C.2. 초등 교육

지역 – 하바롭스크 크라이

교육 기관의 유형 – 초등학교/국립

◇ 연도/기간 – 1997/1998학년도

교육 기관 수 – 14개

학생 수 – 1,218명

주당 시수 – 6시간

◇ 연도/기간 – 1994년

교육 기관 수 – 14개

학생 수 – 588명

주당 시수 – 2~6시간

출처 – 러시아 연방 교육부

10.C.2.1. 교재 – 있다

10.C.3. 중등 일반 교육 – 있다

지역 – 하바롭스크 크라이

교육 기관의 유형 – 중등학교/국립

연도/기간 – 1997/1998학년도

교육 기관 수 – 14개

학생 수 – 630명

주당 시수 – 2~6시간

출처 – 러시아 연방 교육부

10.C.3.1. 교재 – 자료 없음

10.C.4. 중등 전문 교육 – 있다

지역 – 하바롭스크 크라이

교육 기관의 유형 – 중등 전문 교육 기관/국립

연도/기간 – 1997/1998학년도

교육 기관 수 – 1개

교육 기관명 – 니콜라옙스크-나-아무레 사범학교 (Nikolaevskoe-na-Amure pedagogicheskoe uchilishche)

학생 수 – 자료 없음

주당 시수 – 자료 없음

출처 – 러시아 연방 교육부

10.C.4.1. 교재 – 자료 없음

10.C.5. 고등 교육

◇ 지역 – 상트페테르부르크 시

교육 기관의 유형 – 고등 교육 기관/국립

◇ 연도/기간 – 2002/2003학년도

교육 기관 수 – 1개

교육 기관명 – 게르첸 러시아 국립사범대학교, 북방 민족 연구
소

학생 수 – 15명

주당 시수 – 자료 없음

출처 – 게르첸 국립사범대학교, 북방 민족 연구소 행정실

주해 현재 게르첸 러시아 국립사범대학교의 북방 민족 연구소에서
나나이어를 전공하는 학생은 15명이다. '모어와 문학' 전공은
주당 시수가 학년마다 다르다. 1학년과 2학년은 4시간, 3학년
은 3시간, 4학년은 4시간, 5학년은 8시간이다.

◇ 연도/기간 – 1995~1999년

교육 기관 수 – 1개

교육 기관명 – 게르첸 러시아 국립사범대학교, 극북 민족 학부

학생 수 – 자료 없음

주당 시수 – 자료 없음

출처 – 러시아 연방 교육부

◇ 지역 – 하바롭스크 크라이

교육 기관의 유형 – 고등 교육 기관/국립

연도/기간 – 1995~1999년

교육 기관 수 – 1개

교육 기관명 – 하바롭스크 사범대학

학생 수 – 자료 없음

주당 시수 – 자료 없음

출처 – 러시아 연방 교육부

10.C.5.1. 교재 – 없다

11. 대중 언론 매체에서 해당 언어의 사용

11.1. 라디오 방송

지역 – 하바롭스크 크라이

사용 정도 – 사용된다

연도/기간 – 1992~1994년

방송국 – 지방 라디오 방송국(트로이츠코예 촌)

방송 시간(나나이어) – 자료 없음

프로그램 유형(나나이어) – 짤막한 지역 정보, 언어 교육 방송

출처 – 『러시아 민족의 언어들. Red book』, M.,1994

11.2. 텔레비전 방송

지역 – 하바롭스크 크라이

사용 정도 – 사용된다

연도/기간 – 1992~1994년

◇ 방송국 – 하바롭스크 시 텔레비전 방송국

방송 시간(나나이어) – 자료 없음

프로그램 유형(나나이어) – 정보성, 오락성

출처 – 『러시아 민족의 언어들. Red book』, M., 1994

◇ 방송국 – 콤소몰스크-나-아무레 텔레비전 방송국

방송 시간(나나이어) – 자료 없음

프로그램 유형(나나이어) – 정보성, 오락성

출처 – 『러시아 민족의 언어들. Red book』, M., 1994

주해 주요 방송은 러시아어로 진행되고, 일부 방송만 나나이어로 나온다.

11.3. 영화

사용 정도 – 사용되지 않는다

11.4. 레코드판 – 자료 없음

11.5. 음성 녹음 자료(필름과 카세트) – 자료 없음

주해 스톨랴로프(A. V. Stoljarov), 셈(L. I. Sem), 셈(Ju. A. Sem), 오넨코(S. Onenko) 같은 현대의 연구자들에게 나나이어 녹음자료가 분명히 있다.

11.6. 극장

사용 정도 – 사용되지 않는다

12. 중앙 정부에서 해당 언어의 사용

◇ 국가 – 러시아

▶ 정부 기관 – 러시아 연방 정부

▶ 사용 정도 – 사용되지 않는다

13. 지역 정부에서 해당 언어의 사용

◇ 지역 – 하바롭스크 크라이

▶ 정부 기관 – 지역 정부

▶ 사용 정도 – 사용되지 않는다

14. 지방 관청에서 해당 언어의 사용

◇ 지역 – 하바롭스크 크라이

▶ 정부 기관 – 지방 관청

▶ 사용 정도 – 자료 없음

15. 법원에서 해당 언어의 사용

◇ 국가 – 러시아

▶ 지역 – 하바롭스크 크라이

▶ 사용 정도 – 사용되지 않는다[43]

16. 입법 기관에서 해당 언어의 사용

16.1. 중앙 입법 기관 또는 의회

◇ 국가 – 러시아

▶ 입법 기관 – 러시아 연방 의회

▶ 사용 정도 – 사용되지 않는다

16.2. 공화국 수도, 지역 중심지의 입법 기관, 공화국 대표 기관

◇ 지역 – 하바롭스크 크라이

---

43 원문에는 법원의 구체적인 사용 영역이 제시되고 그 항목마다 '사용되지 않는다'는 내용이 들어있으나 여기에서는 사용 정도가 '사용되지 않는다'인 경우 이하 내용은 생략한다. 구체적인 사용 영역의 세부 내용은 '부록 7. 언어 기술 맵'을 참조하라. _옮긴이

▶ 입법 기관 – 하바롭스크 크라이 두마

▶ 사용 정도 – 사용되지 않는다

17. 생산 분야에서 해당 언어의 사용

지역 – 하바롭스크 크라이

◇ 사용 분야 – 공업

사용 정도 – 사용되지 않는다

◇ 사용 분야 – 농업

사용 정도 – 사용되지 않는다

◇ 사용 분야 – 전통적 경제 활동

사용 정도 – 제한적으로 사용된다

주해 해당 민족 구성원들의 구어에서만 사용된다.

주해 나나이족의 전통 생업은 어로와 수렵이다.

18. 서비스 및 유통 분야에서 해당 언어의 사용

지역 – 하바롭스크 크라이

사용 정도 – 사용되지 않는다

주해 구어에서 해당 민족 구성원들 사이에서만 사용된다.

19. 정보의 출처

19.1. 문헌

19.1.1. 일반

19.1.1.1. 문헌 정보

Горелова, Л. М. (1997). *Библиография работ по советскому тунгусо-маньчжуроведению.* М.

Горцевская, В. А. (1959). *Очерк истории изучения тунгусо-маньчжур-ских языков (с подробной библиографией).* Л.

19.1.1.2. 언어 기술

Аврорин, В. А. (1957). *Основные правила произношения и правописа-ния нанайского языка.* Л.

Аврорин, В. А. (1959). *Грамматика нанайского языка* (Т. 1). М.-Л.

Аврорин, В. А. (1961). *Грамматика нанайского языка* (Т. 2). М.-Л.

Аврорин, В. А. (1968). Нанайский язык. *Языки народов СССР. Т. 5. Монгольские, тунгусо-маньчжурские и палеоазиатские языки.* Л.

Аврорин, В. А. (1981). *Синтаксические исследования по нанайскому языку.* Л.

Киле, Н. Б. (1973). *Образные слова нанайского языка.* Л.

Киле, Н. Б. (1981). Фольклорная лексика в нанайском языке. *Этнография и фольклор народов Дальнего Востока СССР.* Владивосток.

Кормушин, И. В. (1990). Нанайский язык. *Лингвистический энциклопедический словарь.* М.

Петрова, Т. И. (1941). *Очерк грамматики нанайского языка.* Л.

Сем, Л. И. (1997). Нанайский язык. Языки мира. Монгольские языки. Тунгусо-маньчжрские языки. Японский язык. Корейский язык. М.

Сем, Л. И. (2001). Нанайский язык. Языки Российской Федерации и соседних государств. Энциклопедия. Т. 2. М.

Суник, О. П. (1957). К типологической характеристике языков тунгусо-маньчжурской группы. *ВЯ.*, №. 6.

■ 방언

Сем, Л. И. (1976). *Очерки диалектов нанайского языка. Бикинский (уссурийский) диалект,* Л.

Суник, О. П. (1958). Кур-урмийский диалект. *Исследования и материалы по нанайскому языку.* Л.

Dörfer, G. (1975). Ist Kur-Urmisch ein nanaischer Dialekt? *Ural-Altaische Jahrbücher.* Bd. 47.

19.1.1.3. 사전

Киле, А. С. (1994). *Нанайско-русский тематический словарь.* Хабаровск.

Киле, А. С. (1999). *Нанайско-русский тематический словарь, 2-е изд.* Хабаровск.

Оненко, С. Н. (1959). *Русско-нанайский словарь.* Л.

Оненко, С. Н. (1980). *Нанайско-русский словарь.* М.

Петрова, Т. И. (1960). *Нанайско-русский словарь.* Л.

Grube, W. (1900). *Goldisch-deutsches Wörterverzeichnis mit verglei-*

chender Berücksichtigung der übrigen tungusischen Dialekte. SPb.

19.1.1.4. 텍스트

Аврорин, В. А. (1986). *Материалы по нанайскому языку и фольклору.* Л.

Бельды, Г. (1980). *На найни. Стихи.* Хабаровск.

Нанайские сказки / Зап. и обраб. М.А. Каплан. (1950). Л.-М.

19.1.2. 사회언어학

Герасимова, А. Н. (2002). Нанайский и ульчский языки в России: сравнительная характеристика социолингвистической ситуации. *Языки коренных народов Сибири.* Вып. 12. Новосибирск.

Малые языки Евразии. Социолингвистический аспект. (1997). М.

Сем, Л. И., & Сем, Ю. А. (1994). Нанайский язык. *Контактологический энциклопедический словарь-справочник. Вып. 1. Северный регион. Языки народов Севера, Сибири и Дальнего Востока в контактах с русским языком.* М.

Столяров, А. В. (1994). Нанайский язык. *Красная книга языков народов России, Энциклопедический словарь-справочник.* М.

Столяров, А. В. (1997). Нанайский язык. Социолингвистическая ситуяция и перспектива сохранения. *Малочисленные народы Севера, Сибири и Дальнего Востока. Проблема сохранения и развития.* СПб.

Столяров, А. В. (2002). Нанайский язык. *Языки народов России. Красная книга. Энциклопедический словарь-справочник.* М.

Yanhunen, J. (1997). The language of Manchuria in Today's China. *Northern Minority Languages. Problems of Survival / Ed. by Hiroshi Shoji.* Osaka.

19.1.3. 교재

Актанко, Т. Г., & Оненко, Г. Н. (1993). *Букварь. Для 1 класса нанайской школы.* М.

Бельды, И. А. (Сост.). (1989). *Нанай хэсэдиэни хисангогоари. Лоцананай хисангогони. (Поговорим по-нанайски. Русско-нанайский разговорник). / Сост. И.А. Бельды.* Хабаровск.

Киле, Н. Б., Сем, Л. И., & Гаер, Е. А. (1985). *Нанай Хэсэни. Учебник и книга для чтения для 2 класса* (2-е изд.). Л.

Киле, Н. Б., Сем, Л. И., & Гаер, Е. А. (1990). *Нанай Хэсэни. Учебник и книга для чтения для 3 класса* (3-е изд., дораб.). Л.

Оненко, Г. Н., & Киле, Л. Т. (1993). *Нанай Хэсэни. Учебник и книга для чтения для 4 класса* (3-е изд.). СПб.

Оненко, Г. Н., & Пассар, А. А. (1985). *Хосиктакан (Звездочка). Книга для чтения в подготовительном-первом классах нанайской школы.* Л.

Оненко, С. Н., Бельды, Н. Г., & Оненко, Г. Н. (1990). *Нанай Хэсэни. Учебник и книга для чтения для 1 класса нанайской школы.* Л.

Оненко, С. Н., Бельды,, И. П., & Оненко, Г. Н. (1989). *Нанай Хэсэни. Учебник и книга для чтения для 2 класса* (3-е изд.). Л.

19.2. 전문가, 자문

◇ 셈 류보피 이바노브나(Сем Любовь Ивановна)

Ph.D., 조교수

게르첸 러시아 국립사범대학교, 북방 민족 연구소

직장 주소 Россия, 198097, г. Санкт-Петербург, просп. Стачек, 30

◇ 스톨랴로프 А. V.(Столяров А. В.)

게르첸 러시아 국립사범대학교, 북방 민족 연구소

직장 주소 Россия, 191186, г. Санкт-Петербург, просп. Стачек, 30

19.3. 기관, 연구소, 기구

19.3.1. 해당 언어의 발전을 돕는 기관, 연구소, 기구

◇ 언어학 연구소(RAN[44])(SPb)[45]

주소 Россия, 199053, г. Санкт-Петербург, Тучков пер., 9

TEL 7-812-3281611

◇ 니콜라옙스크-나-아무레 사범학교, 북방 민족 분과

주소 Россия, 682430, г. Николаевск-на-Амуре, ул. Север-

---

[44] 이하 '(RAN)'은 '러시아 학술원' 산하의 연구소를 가리키는 약어이다. 러시아어 'Российская Академия Наук'의 첫 자를 딴 약어이다. _옮긴이

[45] 한국어로 '언어학 연구소'라고 번역되는 기관이 2개 있다. 하나는 모스크바에 있는 'Institut jazykoznanija'이고, 다른 하나는 상트페테르부르크에 있는 'Institut lingvisticheskikh issledovanij'이다. 구별을 위해서 모스크바에 있는 것은 (M), 상트페테르부르크에 있는 것은 (SPb)를 덧붙인다. _옮긴이

ная, 185

◇ 역사학 · 어문학 · 철학 통합 연구소(SO RAN[46])

주소 Россия, 630090, г. Новосибирск 90, просп. акад. Лаврентьева, 17

TEL 7-3832-350567

FAX 7-3832-301518

◇ 게르첸 러시아 국립사범대학교, 북방 민족 연구소

주소 Россия, 198097, г. Санкт-Петербург, просп. Стачек, 30

FAX 7-812-3121195

E-mail nich@herzen.spb.ru, rector@herzen.spb.ru

웹사이트 www.herzen.spb.ru

◇ 하바롭스크 국립사범대학교

주소 Россия, 680000, г. Хабаровск, ул. Карла Маркса, 68

19.3.2. 해당 언어를 연구하는 기관, 연구소, 기구

◇ 언어학 연구소(RAN)(SPb)

주소 Россия, 199053, г. Санкт-Петербург, Тучков пер., 9

TEL 7-812-3281611

◇ 니콜라옙스크-나-아무레 사범학교, 북방 민족 분과

주소 Россия, 682430, г. Николаевск-на-Амуре, ул. Северная, 185

◇ 역사학 · 어문학 · 철학 통합 연구소(SO RAN)

주소 Россия, 630090, г. Новосибирск 90, просп. акад. Лаврентьева, 17

TEL 7-3832-350567

FAX 7-3832-301518

◇ 게르첸 러시아 국립사범대학교, 북방 민족 연구소

주소 Россия, 198097, г. Санкт-Петербург, просп. Стачек, 30

FAX 7-812-3121195

E-mail nich@herzen.spb.ru, rector@herzen.spb.ru

---

46 이하 '(SO RAN)'은 '러시아 학술원 시베리아 지부' 산하의 연구소를 가리키는 약어이다. 러시아어 'Сибирское отделение Российской Академии Наук'의 첫 자를 딴 약어이다. _옮긴이

웹사이트 www.herzen.spb.ru

◇ 하바롭스크 국립사범대학교

주소 Россия, 680000, г. Хабаровск, ул. Карла Маркса, 68

19.4. 전자 매체에 담긴 정보(CD, 인터넷) – 없다

20. 전반적 정보 (언어의 기능과 문자 발달의 역사 개요)

계통 분류

나나이어는 알타이 어족 만주퉁구스 어파의 남부(아무르) 어군에 속한다.

자칭

▸ 언어 자칭 – 나나이(нанай)

▸ 민족 자칭 – 나나이(нанай), 나니(нани)

나나이어(구칭은 골드어)는 극북 지역에 거주하는 소수민족의 언어이다. 나나이어를 쓰는 소수민족은 하바롭스크 크라이, 프리모르스키 크라이(연해주), 사할린 주의 한 구, 중국 숭가리 강과 우수리 강 사이의 한 성에 거주한다.

19세기 중반, 아무르 강 유역(프리아무리예)이 러시아에 귀속되고, 이 땅에 러시아인들이 살기 시작한 이후부터 이 지역과 이곳에 사는 민족들에 대한 학술적 연구가 시작되었다. 그때부터 나나이인은 주로 골드인이라고 불렀다. 1930년대 초부터 이 민족의 명칭으로 자칭인 나나이가 사용되기 시작했고, 1940년대 초 무렵에 두 가지 민족명인 나나이치(nanajcy), 나나이(nanaj)가 공히 인정되기 시작했다.

민족 인구수

러시아에는 총 11,883명[47]이 산다(이 숫자와 이후의 숫자는 1989년 인구 조사 데이터를 따른다). 나나이어를 모어로 인정한 사람의 수는 1959년에는 나나이인 전체 수의 86%인 8,026명이었고, 1979년에는 55.9%인 10,357명, 1989년에는 48.5%인 5,240명에 불과했다. 실제로 활발하게 나

---

[47] 2010년 인구 조사 자료에 따르면 러시아 연방에 거주하는 나나이족은 총 12,003명이다 (http://www.perepis-2010.ru). _옮긴이

나이어를 구사하는 사람의 수는 이 수치의 절반이고, 주로 50세 이상의 사람들이다. 나머지 나나이인은 러시아어를 쓴다.

최근 자료에 따르면 약 2,000명의 나나이어 화자가 중국에 살고 있으며, 그곳에서는 '허저인(赫哲人)'이라고 불린다.

종교

나나이인은 극동의 다른 소수민족과 마찬가지로 정교를 받아들였다. 그러나 일부는 계속해서 이교도로 남아 있고, 또 다른 일부는 불교도이다.

방언 구분

나나이어는 **상류 아무르 방언, 중류 아무르 방언, 하류 아무르 방언** 등 3개의 방언으로 나뉜다. 상류 아무르 방언은 다시 아무르 우안과 숭가리(둘 다 중국 땅) 방언, 비킨(우수리) 방언, 쿠르-우르미 방언 등 4개의 하위 방언으로 분류된다. 중류 아무르 방언에는 시카치-알랸, 나이힌, 주엔 같은 하위 방언이 있고, 하류 아무르 방언에는 볼론, 에콘, 고린 같은 하위 방언이 있다.

표준어

표준어는 나이힌 방언을 토대로 만들어졌다. 나나이어의 표준어는 엄격하게 표준화되지는 않았다.

문자

나나이어는 1920~1930년대에 문자가 제정된 언어이다. 19세기 후반 러시아 선교사였던 프로토디야코노프 형제(A. & P. Protod'jakonov)가 러시아 서법을 토대로 최초의 나나이어 철자를 만들었다. 1869년에는 막 제정된 알파벳으로 A. 프로토디야코노프가 편찬한 『러시아어-골드어 사전(*Russko-gol'dskij slovar'*)』이 출판되었다. 1885년에는 P. 프로토디야코노프가 만든 『골드, 길랴크 어린이를 위한 골드어 ABC(*Gol'dskaja azbuka dlja obuchenija gol'dskikh i giljakskikh detej*)』가 나왔다. 이 알파벳은 1906년까지 기능하다가 그 이후부터는 교육 현장에서 배제되었다. 1929년에 레닌그라드 북방 민족 연구소에서 라틴 문자를 토대로 북방 알파벳이 고안되어, 1931년에 승인되었다. 1936년에 나나이 문자는 다시 키릴 문자로 전환되었다. 키릴 문자를 토대로 한 현재의 나나이 알파벳은 1993년에 승인된 것이다.

기능면에서 나나이어는 충분히 발달하지 못한 언어이다. 나나이어는 다음과 같은 국가가 관리하는 의사소통 분야에서 기능한다.

> ▶ **초등 교육** 분야 – 초등학교 1~4학년에서 교과목으로 교육
> ▶ **중등 교육** 분야 – 중등학교 5~11학년에서 교과목으로 교육
> ▶ **대중 언론** 분야 – 정기 간행물(한 달에 한 번 지역 신문의 한 면이 나나이어로 나옴), 라디오와 텔레비전 방송이 제한된 분량으로 진행됨.
> ▶ **문학, 구비문학** 분야 – 많지는 않지만, 문학 작품, 구비문학 텍스트가 나나이어로 출판되고, 번역 문학 작품도 있음.
> ▶ **교과서와 교재** 분야 – 초등학교 교과서와 교육 자료가 출판됨.
> ▶ **재판** 분야 – 제한적

나나이어가 사용되는 주요 분야는 나이 든 세대의 일상 대화이다. 이 세대는 민족 수의 4분의 1 가량을 차지한다. 40세 미만의 나나이인은 대개 나나이어를 수동적으로 구사하고, 아이들이 나나이어를 아는 경우는 나이 든 세대가 있는 가정 내에서, 그리고 나나이인이 다수를 차지하는 마을에서뿐이다.

문자가 제정된 이후, 즉 1930년대부터 나나이어는 교육 과정에서 사용되기 시작했다. 철자본과 나나이어 교재, 수학 교재가 편찬되었고 많은 수의 러시아 문학 작품이 번역되었다. 바로 그 시기에 나나이어로 된 신문이 나오기 시작했고, 오늘날에는 월 1~2회 발행되는 지역 신문의 한 면으로 나온다. 현재 트로이츠코예 촌에서 라디오 방송이 진행되는데, 나나이 지역에 대한 간략한 정보와 나나이어 배우기 코너가 있다. 최근 몇 년간 하바롭스크와 콤소몰스크-나-아무레에서 나나이어로 된 텔레비전 방송도 진행되고 있다. 나나이어의 생명력에서 중요한 부분은 많은 양은 아니지만 현지 출판사에서 나오는, 나나이 산문 작가와 시인들의 원어 작품들이다.

나나이인의 **문학 서적**은 두 가지 형태, 즉 러시아어와 나나이어로 발전했다.

나나이 문학의 태동은 러시아어로 된 문학 작품의 등장과 함께 시작되었고, 문자가 제정된 이후에야 나나이어로 된 문헌이 나오기 시작했다.

현재 산문은 주로 러시아어로 발전하고 있고, 나나이어로 된 산문은 적다. 시는 러시아어와 나나이어로 나온다.

학문, 공연 예술, 텔레비전, 정기 간행물은 러시아어로 발전하고 있다. 이와 함께 민족 전통 문화와 생활 양식을 홍보하는 민속 공연단의 공연이 나나이어와 러시아어로 개최된다.

1980년대와 1990년대 초에 나나이어 교육 분야의 상황은 상당히 안정적이었다. 교육은 준비 학년에서 시작되었고, 일부 지역에서는 유치원부터 수업이 이루어졌다. 1~4학년의 초등학교 학생들은 1주일에 6회 모국어 수업을 받았다.

1995/1996학년도 초에 모국어 교육이 선택 과목으로 전환되었다(1주일에 2시간). 모국어가 교과 과정에 필수 과목으로 포함되어 있는 지역은 하바롭스크 크라이의 5개 지역뿐이다.

현재 하바롭스크 크라이의 교육위원회는 나나이족 집중 거주 지역의 학교들에 민족 학교의 지위를 부여하도록 권고하고 있다.

나나이어의 보존과 발전 문제를 크게 우려하고 있는 나나이어 화자들은 나나이어 정서법의 개혁을 요구하고 있다. 나나이어 문자의 개혁에 대한 주된 주장은 나나이 학자인 오넨코(S. N. Onenko)의 저서들에 담겨 있다.

나나이어 연구의 역사에서, 그리고 이론과 문법의 개발 과정에서 러시아의 언어학 사상이 중요한 역할을 했다. 크게 두 단계, 즉 혁명 이전과 소련 시기로 나뉜다.

혁명 이전 시기에는 러시아 연구자들이 나나이어를 처음 접해서 번역을 하기 시작했고, 나나이어 사전과 문법의 특징에 대한 전반적인 성격 규정을 하기 시작했으며, 극동의 언어들의 분류 체계 내에서 나나이어가 차지하는 위치를 정했다[프로토디야코노프(P. Protod'jakonov), 브릴킨(A. Brylkin), 자하로프(I. Zakharov), 슈렝크(L. Shrenk)]. 소련 시기에는 러시아 언어학자와 나나이 언어학자 간에 협력이 이루어졌다. 이 시기에 문법이 정리되었고, 사전이 편찬되었으며, 어휘론, 형태론, 통사론의 일부가 연구되었다[페트로바(T. Petrova), 수니크(O. Sunik), 아브로린(V. Avrorin), 푸틴체바(A. Putinceva), 오넨코(S. Onenko), 킬레(N. Kile), 셈(L. Sem) 등].

현재 나나이어를 교육하는 기관은 상트페테르부르크의 게르첸 러시아 국립사범대학교, 하바롭스크 사범대학교, 니콜라옙스크-나-아무레 사범학교이다.

주요 연구 기관

주요 나나이어 연구 기관은 상트페테르부르크에 소재한 언어학 연구소(RAN)와 노보시비르스크에 소재한 역사학·어문학·철학 통합 연구소(SO RAN)이다.

비록 사업이 진행되고 있기는 하지만, 향후 나나이어가 발전 가능한가는 의문이고, 생명력 수준은 상당히 낮다. 그 이유는 민족 구성원의 수가 적고, 기능면에서 발달하지 못했기 때문이며, 러시아어 언어 환경에 동화되고 있기 때문이다.

† 집필자

올가 도스자노브나 나시로바
(Ol'ga Doszhanovna Nasyrova, Ольга Досжановна Насырова)
Ph.D., 연구원
언어학 연구소(RAN)(M)[48] 민족 언어 관계 연구 센터(NICNJaO)
직장 주소 Россия, 125009, г. Москва, Б. Кисловский пер., 1/12
TEL 7-095-2905268
FAX 7-095-2905228
E-mail socioling@mail.ru

연도/기간 1998~2002년

---

[48] 한국어로 '언어학 연구소'라고 번역되는 기관이 2개 있다. 하나는 모스크바에 있는 'Institut jazykoznanija'이고, 다른 하나는 상트페테르부르크에 있는 'Institut lingvisticheskikh issledovanij'이다. 구별을 위해서 모스크바에 있는 것은 (M), 상트페테르부르크에 있는 것은 (SPb)를 덧붙인다. _옮긴이

네기달어 M. 하사노바

0. 언어 정의

0.1. 기본 명칭 – 네기달어

1. 언어 명칭

1.1. 언어 화자가 사용하는 명칭 – 나아버설틴 허서닌(наабэсэлтин хэсэнин, 직역하면 '현지인의 언어')

1.2. 정부 문서 또는 헌법에서 사용하는 명칭 – 네기달어

1.3. 이전에 사용했던 명칭 – 네기달어

1.4. 외국어 명칭 – 영어 Neg(h)idal / 독일어 Negidal / 프랑스어 neguidal

* 민족 명칭

기본 명칭 – 네기달인

민족 자칭 – 옐칸 버여닌(елкан бэйэнин)

엄응운 버여닌(эмӈун бэйэнин, 암군 강변에 사는 사람)

나아 버여닌, 나아버언(наа бэйэнин, наабээн, 강변에 사는 사람)

주해 모든 네기달인에게 공통적인 자칭은 없다. 지역 그룹별로 각기 다른 자칭을 사용한다.

정부 문서 또는 헌법에서 사용하는 명칭 – 네기달인

이전에 사용했던 명칭 – 네기달인

외국어 명칭 – 영어 Neg(h)idals / 독일어 Negidalen / 프랑스어 Neguidals

2. 통계 자료와 지리 자료 (1989년 인구 조사 자료)

2.1. 민족 구성원의 총수 (국가별 · 지역별)

- 러시아 – 587[49]

하바롭스크 크라이 – 502

기타 지역 – 85

- 다른 나라

CIS(러시아 제외)와 발트 국가 – 35

주해 우리 자료에 따르면 네기달인의 수는 350명을 넘지 않는다.

2.1.1. 해당 민족의 언어를 말하지 않는 민족 구성원의 수 (지역별·모어별)

- 러시아 – 403

러시아어 – 380

다른 언어 – 23

- 하바롭스크 크라이 – 359

러시아어 – 342

다른 언어 – 17

- 다른 지역 – 44

러시아어 – 38

다른 언어 – 6

주해 네기달인을 350명으로 보는 자료에 따르면(2.1항 참조), 자기 민족의 언어를 말할 줄 모르는 네기달인의 수는 약 310명이다.

2.2. 러시아 내 해당 언어 화자의 총수 (지역별)

- 러시아 – 184
- 하바롭스크 크라이 – 143
- 다른 지역 – 41

주해 우리 자료에 따르면 실제 네기달어 화자의 수는 40~50명이다.

2.2.1. 해당 언어가 모어인 화자의 총수 (지역별·민족별)

- 러시아 – 156

네기달인 – 156

기타 – 자료 없음

- 하바롭스크 크라이 – 119

네기달인 – 119

기타 – 자료 없음

- 다른 지역 – 37

네기달인 – 37

---

49 2010년 인구 조사 자료에 따르면 러시아 연방에 거주하는 네기달족은 총 513명이다 (http://www.perepis-2010.ru). _옮긴이

기타 – 자료 없음

주해 실제로 자신의 민족의 언어를 모어로서 구사할 수 있는 네기달인의
수는 훨씬 적다. 네기달어를 모어로 인정한다는 것은 민족적, 문화적
정체성의 표현이다. 우리의 자료에 따르면 네기달어 화자의 총수는
40~50명을 넘지 않으며, 네기달어를 자유롭게 구사할 수 있는 사람은
10~15명에 불과하고 모두 노인들이다.

2.2.1.1. 단일언어 사용자의 총수

- 러시아 – 14

  네기달인 – 14

  - 하바롭스크 크라이 – 4

  네기달인 – 4

  - 다른 지역 – 10

  네기달인 – 37

주해 1989년만 해도 네기달어만 사용하는 사람의 실제 수는 인구
조사에 나타난 것보다 더 적었다. 그들은 모두 노인이었다.
현재 네기달어만 사용하는 사람은 남아 있지 않다.

2.2.1.2. 이중언어 사용자의 총수

- 러시아 – 142

  네기달인 – 142

주해 네기달어 화자는 모두 이중언어 사용자이다. 실제 이중언어
사용자의 수는 40~50명으로 평가된다. 두 언어를 모두 다
잘 하는 사람들만을 고려하면, 실제 이중언어 사용자의 수는
훨씬 적은 10~15명이다. 이들은 노인(60세 이상)이며, 그중
남자는 대략 5~6명, 여자는 9~10명이다.

2.2.1.3. 남성 이중언어 사용자의 수

- 러시아 – 자료 없음

  네기달인 – 자료 없음

2.2.1.4. 여성 이중언어 사용자의 수

- 러시아 – 자료 없음

  네기달인 – 자료 없음

2.2.1.5. 이중언어 사용자의 제2 언어별 분포 (지역별)

주해 이중언어 사용자를 제2 언어에 따라 분류한 자료는 네기달인에
관한 것뿐이다. 다른 민족에 대한 자료는 없다.

- 러시아 – 142

러시아어 – 129

다른 언어 – 13

- 하바롭스크 크라이 – 115

러시아어 – 106

다른 언어 – 9

- 다른 지역 – 27

러시아어 – 23

다른 언어 – 4

2.2.1.6. 해당 언어가 모어인 화자 중 도시·촌 주민의 수

- 러시아 – 156

도시 – 61

촌 – 95

- 하바롭스크 크라이 – 119

도시 – 38

촌 – 81

- 다른 지역 – 37

도시 – 23

촌 – 14

주해 대부분의 네기달인은 촌에 산다.

2.2.2. 해당 언어가 제2 언어인 화자의 총수 (지역별·민족별)

- 러시아 – 28

네기달인 – 28

다른 민족 – 자료 없음

- 하바롭스크 크라이 – 24

네기달인 – 24

다른 민족 – 자료 없음

- 다른 지역 – 4

네기달인 – 4

다른 민족 – 자료 없음

2.3. 친족 언어와 친족 언어 화자의 수 (국가별·지역별)

- 어윙키어 – 15,000

러시아 – 9,891

다른 나라 – 5,109

       ▶ CIS(러시아 제외)와 발트 국가 – 109

       ▶ 중국 – 5,000

- 어원어 – 7,918

   러시아 – 7,850

   다른 나라 – 68

       ▶ CIS(러시아 제외)와 발트 국가 – 68

- 솔론어 – 25,000

   러시아 – 0

   다른 나라 – 25,000

       ▶ CIS(러시아 제외)와 발트 국가 – 9

       ▶ 중국 – 약 25,000

2.4. 해당 언어가 모어인 화자의 수 (국가별·지역별)

- 러시아 – 156

   하바롭스크 크라이 – 119

   다른 지역 – 37

- 다른 나라 – 20

   CIS(러시아 제외)와 발트 국가 – 20

2.5. 해당 언어가 제2 언어인 화자의 수 (국가별·지역별)

- 러시아 – 28

   하바롭스크 크라이 – 24

   다른 지역 – 4

- 다른 나라 – 5

   CIS(러시아 제외)와 발트 국가 – 5

3. 언어 개요

3.1. 계통 분류상의 위치

3.1.1. 어파 – 만주퉁구스 어파

3.1.2. 분파 – 북부(퉁구스) 분파

3.1.3. 어군 – 시베리아(에본키[50]) 어군

3.1.4. 하위어군 – 없다

    주해 수니크(O. P. Sunik)(1997)의 순수 언어학적 분류에 따르면, 만주퉁구

---

50 이하 '에본키 어군'이라고 번역한 것의 러시아어 원문은 'эвонкийская группа'이다.

스 언어들은 2개의 어군(분파), 즉 퉁구스 분파와 만주 분파로 나뉜다. 퉁구스 분파(어군)는 다시 2개의 하위 그룹, 즉 시베리아 (또는 에본키) 어군과 아무르 (또는 나니) 어군으로 나뉜다. 전자에는 어웡키어, 어원어, 네기달어, 솔론어가 속하고, 후자에는 나나이어, 울치어, 오로크어, 오로치어, 우디허어가 속한다.

* 친족 언어 – 어웡키어, 어원어
* 언어 접촉 – 러시아어, 어웡키어, 니브흐어, 울치어, 나나이어
* 추가적 지리 자료 (언어 분포 지역)
  * 러시아

    하바롭스크 크라이
    - ▶ 울치 구(아무르 강 하류)
    - ▶ 폴리나 오시펜코 구(암군 강 중류)

3.2. 주요 언어학적 특성 (간략한 기술)
  * 음성학

    모음　모음 음소는 6개이다. 모음조화가 발견되며, 2개의 모음조화 계열(a 계열 조화와 e계열 조화)로 이루어져 있고, 장단모음이 있다. 모음의 길이는 음운론적 의미를 지닌다.

    자음　자음 음소는 18개이다. 자음 r는 고유명사, 의성어, 차용어에서만 발견된다.

    음절　전형적인 음절 구조는 V, CV, VC, CVC이다.

    강세　강세의 성격은 별로 연구되지 않았다. 1음절 외의 음절에서 장모음은 강세 모음으로 인식된다.

  * 형태론

    교착어이며 **접미사를 첨가**하는 언어이다.

    품사　실사는 크게 2가지, 즉 **명사류**(명사, 형용사, 수사, 대명사)와 **동사**로 구별된다. 명사류와 동사 외에 실사에 해당하는 것으로는 **부사**와 **수사어**가 있다. **허사**에는 후치사, 소사, 접속사, 감탄사가 해당된다.

    명사　명사는 선택적 범주로 **인간**(personality) 범주(인간/비인간)가 있으며, 어형이 변화하는 격 범주[주격, 정(定)대격, 부정(不定)대격, 여격, 처소격, 향격, 경격(연격), 탈격(ablative), 조격]와 **수** 범주(단수, 복수)가 있고, **소유** 범주(양도 불가능, 양도 가능)가 있다. 그 외에도 **절대(독립) 소유** 형태가 있다. 성 범주와 유정성 범주는 없다.

    형용사　형용사의 유일한 어형 변화 범주는 **비교급** 범주(원급, 비교급)이다.

명사화가 되는 경우에만 명사처럼 **수와 격**에 따라 변화하고 **소유**
지표를 취한다.

수사 13가지 수사가 있다. **십진법**을 사용한다.

동사류 동사류는 **인칭** 형태와 **비인칭** 형태(형동사와 부동사)로 나뉜다. 모
든 동사류는 **태** 범주와 **동작류**(반복, 다회, 강조, 지속, 시작 등) 범주,
시제 범주와 이른바 '**명사류**' 범주(kategorija porody)가 있다.

동사 동사는 3개의 법(3시제인 직설법, 2시제인 명령법과 접속법)이 있으며,
인칭 범주(1, 2, 3인칭)와 **수** 범주(단수, 복수)가 있다. 그 외에도 분
석적으로 만들어지는 동사 형태가 있는데, 친치우스(V. I. Cincius)
와는 달리 여기서는 법의 체계에 포함시키지 않는다.

형동사 모든 동사류 중에서 네기달인의 발화에 가장 자주 사용되는 것이
형동사이다. 또한 형동사가 독자적인 서술어로 사용되는 경우도 흔
하다. 모든 방언에 나타나는 형동사는 3가지이며, 2가지 형동사 형
태는 '상류' 방언에서만 나타난다. 부정(不定) 주체 형동사라는 그
룹도 있는데, 이는 3가지이며 시제 구분이 된다.

부동사 부동사 형태는 9개 이상이며, 동시 부동사 1개, 선행행위부동사
몇 개, 연접(직후)행위부동사 1개, 조건-시간부동사 2개, 목적부동사
1개가 있다.

아무르 친족 언어들의 영향을 받아서 나타난 네기달어의 특징으로
는 다양한 **소사**(小辭)와 **의성어**가 다수 존재한다는 점이다. 대부분
의 의성어는 **첩어**로 만들어진다.

• 조어론

지배적인 조어 방법은 **접미사 첨가**이다.

• 통사론

단문은 **주격-대격 구조**이다. 문장 내 어순은 비교적 자유로우며, 서술어는
주로 문미에 놓인다. 가장 전형적인 **어순**은 SOV이다. 2개의 명사류 간의
소유관계는 '이자팟(izafat)'[51] 관계를 통해서 실현된다. **접속사**는 발화 중
에 거의 사용되지 않는다. 병렬 관계와 종속 관계를 표현하려면 접속사
없는 연결을 사용한다. 형동사와 부동사 구문이 활발하게 사용되는 것이
특징이다.

---

51 '명사+명사', 즉 '명사 수식 구성'을 뜻한다. _옮긴이

- 어휘론

  네기달 고유어 외에도 이웃의 **만주퉁구스족(어윙키, 울치)**의 언어들과 **니브흐어, 야쿠트어**에서 들어온 **차용어**가 있다. 19~20세기에는 **러시아어**에서 들어온 차용어도 많이 생겼다.

3.3. 유형론적 특성

- 형태론적 구조 – 교착어
- 주요 형태론적 수단 – 접미사 첨가
- 통사론적 구조 – 주격-대격 언어
- 어순 – SOV(자유 어순)

3.4. 방언 구분

◇ 상류 방언 – 폴리나 오시펜코 구(폴리나 오시펜코 촌, 블라디미롭카 촌)

◇ 하류 방언 – 하바롭스크 크라이(울치 구, 니콜라옙스크-나-아무레 구)

본(本) 하류 지역어

우스트-암군 지역어

주해 상류 방언은 암군 강 중류에 분포하며, 이 방언의 화자는 150명이다. 이 방언은 어윙키어의 영향을 지속적으로 받고 있다.

네기달어 하류 방언군은 약 200명 정도가 사용한다. 이들은 암군 강 하류와 아무르 강 유역에 흩어져 거주한다. 하류 방언은 아무르 친족 언어(주로 울치어)의 영향을 크게 받고 있고, 어느 정도는 니브흐어의 영향도 받고 있다고 할 수 있다.

하류 방언은 상류 방언과 주로 음성적으로 구별된다[$x \sim k$ 대응, 경모음(hard vowel)이 있는 단어 내 연구개(uvular)음의 존재].

하류 방언 중 우스트-암군 지역어의 화자는 1944년 이전에는 우스트-암군 촌에 살았고, 그 이후에는 다른 곳으로 이주했다. 이 지역어를 처음으로 기술한 사람은 페브노프(A. M. Pevnov)와 하사노바(M. M. Khasanova)이며, 1990년대 초에 작업했다. 이 지역어는 모(母) 지역어와 음성적으로, 또 어느 정도는 어휘 면에서 차이가 있다[예를 들어, 부정(否定)조동사가 다른 모든 네기달 방언에서 e-인 것과 달리 u-이다]. 우스트-암군 지역어 화자의 수는 현재 매우 적다. 모든 네기달인은 서로의 말을 완벽하게 이해할 수 있다.

3.5. 명칭이 있는 주요 지역적 이형 – 없다

4. 문자와 정서법

- UWL(Unwritten Language, bespis'mennyj jazyk) 문자 없는 언어

4.1. 문자 체계와 서체(서법) – 키릴 문자

주해 하사노바(M. M. Khasanova)가 제안한 네기달어 알파벳을 하바롭스크 크라이 정부가 1993년에 승인했으나, 네기달어로 된 문헌은 존재하지 않으며, 공식적으로 문자가 없는 언어로 간주된다.

4.2. 정서법

4.2.1. 통일된 체계 – 없다

주해 하사노바가 네기달 학교용 교재를 편찬했다. 이를 네기달어 표준 정서법을 개발하는 과정의 시초라고 볼 수 있으나, 이 교재는 지금까지 출판되지 못했다.

4.2.2. 통일된 체계가 있는 경우, 통일 원칙 – 없다

* 표준어 – 없다

* 문자의 역사 개요

네기달어에는 문자가 존재하지 않는다. 일부 구비문학 텍스트를 연구자들이 음성 전사로 기록한 바 있다. 1993년에 하바롭스크 크라이 정부에 의해 승인된 네기달어 알파벳은 하사노바가 1990년대 초에 제안한 것이다. 그녀가 네기달 학교용 교재를 편찬했지만, 출판되지 못했다.

5. 지위

5.1. 해당 언어 화자가 자신의 언어를 충분히 발달된 언어이자 다른 언어들에 대응하는 언어라고 생각하는가?

5.1.1. 해당 언어가 내적 구조 면에서 다른 언어들과 크게 구별되기 때문에? – 그렇다

5.1.2. 해당 언어가 발달된 문명의 도구로서 높은 발달 수준을 지니고 있기 때문에? – 아니다

주해 네기달어 화자들의 말에 따르면, 네기달어는 전통 생활 양식과 생업 등의 분야에서는 잘 사용되고 있는 반면, 현대 생활 양식 분야에서는 러시아어를 쓸 수밖에 없기 때문에 덜 사용되고 있다.

5.2. 언어의 표준화가 이루어졌는가? – 아니다

5.2.A. 문자 규범이 있는가? – 없다

5.2.B. 구어 규범이 있는가? – 없다

5.2.1. 표준화된 언어가 여러 개(pluricentric language)인가? – 아니다

5.2.2. 2개의 표준이 혼합되어 있는가? – 아니다

5.2.3. 특정 지역적 이형(異形)으로 된 문헌이 있는가? – 없다

5.3. 언어의 법적 지위 (국가별·지역별)

국가 – 러시아

해당 언어의 지위 – 러시아 연방 토착 소수민족 언어

◇ 지역 – 하바롭스크 크라이

해당 언어의 지위 – 러시아 연방 토착 소수민족 언어

5.4. 해당 언어 화자의 언어적·문화적 권리를 인정하는 텍스트 (헌법, 법, 조항, 명령 등)

6. 문헌의 발달 역사

6.0. 문헌이 있는가? – 없다

주해 일부 구비문학 작품은 연구자들이 음성 전사로 기록한 바 있고, 그 기록 중 일부는 출판되었다.

6.3.[52] 출판물에 대한 통계 자료

6.3.1. 출판물 – 극소수

주해 네기달어와 네기달 문화를 연구하는 사람들이 구비문학 텍스트를 기록한 것을 의미한다. 텍스트는 음성 전사로 적혀 있다.

6.3.2. 해당 언어로 된 번역문 – 없다

6.3.3. 해당 언어에서 다른 언어로 된 번역문 – 극소수

주해 일부 구비문학 텍스트는 네기달어에서 러시아어로 번역되었다.

7. 종교 관습과 이데올로기 작품에서 해당 언어의 사용

7.1. 종교적 예배, 의식, 의례에서 해당 언어의 사용 – 제한적으로 사용된다

◇ 종교 – 샤머니즘

의식 – 사용된다

주해 전통 문화 의식을 수행할 수 있는 몇 안 되는 사람들이 일부 의식을 수행하는 과정에서 네기달어를 사용한다. 의식은 매우 제한적으로 보존되고 있다.

7.2. 종교 텍스트의 번역 – 없다

출처 – ibtnet.org/moscow/index.htm

연도/기간 – 2002년

7.3. 이데올로기 작품 – 없다

---

[52] 6.0항에서 문헌이 있는 경우에 문헌에 대한 구체적인 정보를 담은 6.1, 6.2항이 이어지고, 문헌이 없는 경우에는 곧바로 6.3항으로 연결된다. _옮긴이

8. 문학 범주

주해 네기달어로 된 문학 작품은 없다. 일부 구비문학 작품을 연구자들이 음성 전사로 기록한 적은 있다.

8.1. 서술적 장르 – 없다

8.2. 비서술적 장르(정보, 학술, 교육, 방법론) – 없다

8.3. 구비문학 출판

연도/기간 – 1926~1985년

총 텍스트 편수 – 3편

장르 – 민담(설화), 수수께끼

주해 네기달어로 된 구비문학 텍스트는 (1926년부터) 각기 다른 시기에 기록되었다. 기록한 사람은 밀니코바(K. M. Myl'nikova), 친치우스(V. I. Cincius), 콜레스니코바(V. D. Kolesnikova), 콘스탄티노바(O. A. Konstantinova), 페브노프(A. M. Pevnov), 하사노바(M. M. Khasanova)이다. 1931년에는 밀니코바와 친치우스가 기록한 몇몇 텍스트가 출판되었고, 1982년에는 친치우스가 기록한 텍스트들이 출간되었다[Cincius V. I., 『네기달어. 연구와 자료(*Negidal'skij jazyk. Issledovanija i materialy*)』. L., 1982). 또한 소논문도 있다[Cincius V. I., 「네기달인의 수수께끼(*Zagadki negidal'cev*)」, Uchenyje zapiski LGPI. T. 132. 1957].

9. 정기 간행물

◇ 지역 – 하바롭스크 크라이

사용 정도 – 사용되지 않는다

주해 지역 신문(폴리나 오시펜코 구)에 네기달어로 된 소량의 자료를 게재하려는 시도가 간간이 있었다.

10. 교육 기관

지역 – 하바롭스크 크라이

A. 해당 언어가 교육매개어이거나 해당 언어를 교과목으로 가르치는가? – 그렇다

B. 해당 언어가 교육매개어인가? – 아니다

C. 해당 언어를 교과목으로 가르치는가? – 그렇다

D. 교재는 있는가? – 없다

주해 M. M. 하사노바가 선택 수업용으로 개발한 작은 자료가 있으나, 출판은 되지 않았다.

E. 교사에 대한 특혜는 있는가? – 없다

연도/기간 – 2002년

출처 – 러시아 연방 교육부

10.A-B. 교육매개어로 해당 언어의 사용

　　　사용 정도 – 사용되지 않는다

　　　연도/기간 – 1997/1998학년도

　　　출처 – 러시아 연방 교육부

10.C. 교과목으로 해당 언어 교육 – 있다

　　지역 – 하바롭스크 크라이

　　연도/기간 – 1997/1998학년도

　　출처 – 러시아 연방 교육부

　　10.C.0.1. 교재 – 없다

　　10.C.1. 취학 전 보육 – 없다

　　10.C.2. 초등 교육 – 있다

　　　　지역 – 하바롭스크 크라이

　　　　교육 기관의 유형 – 초등학교 / 국립

　　　　연도/기간 – 1997/1998학년도

　　　　교육 기관 수 – 1개

　　　　학생 수 – 40명

　　　　주당 시수 – 자료 없음

　　　　출처 – 러시아 연방 교육부

　　　　주해 네기달어는 학교에서 선택 과목이다. 2001/2002학년도 초등 교육
　　　　　　에서 네기달어의 사용에 대한 러시아 연방 교육부의 자료는 없다.

　　　　10.C.2.1. 교재 – 있다

　　10.C.3. 중등 일반 교육 – 없다

　　　　주해 네기달어가 하바롭스크 크라이의 폴리나 오시펜코 구 1개 학교의
　　　　　　중등 학년에서 선택적으로 교육되고 있다는 비공식적인 자료가 있
　　　　　　다.

　　　　10.C.3.1. 교재 – 없다

　　10.C.4. 중등 전문 교육 – 없다

　　　　10.C.4.1. 교재 – 없다

　　10.C.5. 고등 교육 – 없다

　　　　10.C.5.1. 교재 – 없다

11. 대중 언론 매체에서 해당 언어의 사용

11.1. 라디오 방송

지역 – 하바롭스크 크라이

사용 정도 – 제한적으로 사용된다

연도/기간 – 1994년

방송국 – 폴리나 오시펜코 구 라디오 센터

방송 시간(네기달어) – 1주일에 10~15분

프로그램 유형(네기달어) – 다양함

주해 주요 방송은 러시아어로 진행되고, 일부 방송만이 네기달어로 진행된다. 방송 주제의 범위는 분명히 정해져 있지 않다. 방송은 비정기적으로, 순전히 두세 사람의 열정으로 진행되고 있다.

11.2. 텔레비전 방송

사용 정도 – 사용되지 않는다

11.3. 영화

사용 정도 – 사용되지 않는다

11.4. 레코드판 – 있다

개수 – 3개

▶ 공연 – 없다

▶ 구비문학 – 있다

▶ 음악 – 있다

기록 보유자 – 스튜디오 멜로디아(Melodija), 러시아작곡가연맹 사운드 라이브러리

주해 레코드판이 몇 개 나왔다. 그러나 1990년대에 몇 곡의 네기달 노래가 다른 민족의 민요와 함께 레코드판에 녹음되었다. 러시아 작곡가 연맹의 음성 기록 보관소에 소장되어 있는 레코드는 다음과 같다. 「북방 민족의 아마추어 예술(*Samodejatel'noje iskusstvo narodov Severa*)」(M., "Melodija", 1983), 「소련 극동 민족의 음악(*Muzyka narodov Dal'nego Vostoka SSSR*)」(M., "Melodija", 1985), 「북방 오로라의 음악(*Muzyka Severnogo Sijanija*)」(M., "Melodija", 1990).

11.5. 음성 녹음 자료(필름과 카세트테이프) – 있다

연도/기간 – 1960~2002년

수량 – 자료 없음

▶ 공연 – 자료 없음

　　　　▶ 구비문학 – 있다

　　　　▶ 음악 – 자료 없음

　　기록 보유자

　　　　▶ 하바롭스크 크라이 민속예술회관들

　　　　▶ 하바롭스크 크라이 방송위원회

　　　　▶ 기록 보관소들

주해 1960년대 말부터 일부 연구자들과 기관이 네기달족의 구비문학을 녹음했다. 녹음 자료는 해당 기관들의 기록 보관소나 수집자 개인이 소장하고 있다.

11.6. 극장

　　사용 정도 – 사용되지 않는다

12. 중앙 정부에서 해당 언어의 사용

　　◇ 국가 – 러시아

　　　▶ 정부 기관 – 러시아 연방 정부

　　　▶ 사용 정도 – 사용되지 않는다

13. 지역 정부에서 해당 언어의 사용

　　◇ 지역 – 하바롭스크 크라이

　　　▶ 정부 기관 – 지역 정부

　　　▶ 사용 정도 – 사용되지 않는다

14. 지방 관청에서 해당 언어의 사용

　　◇ 지역 – 하바롭스크 크라이(울치 구, 폴리나 오시펜코 구)

　　　▶ 정부 기관 – 지방 관청

　　　▶ 사용 정도 – 자료 없음

15. 법원에서 해당 언어의 사용

　　◇ 국가 – 러시아

　　　▶ 지역 – 하바롭스크 크라이

　　　▶ 사용 정도 – 사용되지 않는다

주해 네기달인 거주 지역의 법정에서는 실제로 러시아어가 사용된다. 그와 동시에 러시아 연방의 모든 국민에게 언어적 권리가 보장된다.

16. 입법 기관에서 해당 언어의 사용

16.1. 중앙 입법 기관 또는 의회
◇ 국가 – 러시아
▶ 입법 기관 – 러시아 연방 의회
▶ 사용 정도 – 사용되지 않는다

16.2. 공화국 수도·지역 중심지의 입법 기관, 공화국 대표 기관
◇ 지역 – 하바롭스크 크라이
▶ 입법 기관 – 하바롭스크 크라이 두마
▶ 사용 정도 – 사용되지 않는다

17. 생산 분야에서 해당 언어의 사용

지역 – 하바롭스크 크라이
◇ 사용 분야 – 공업
사용 정도 – 사용되지 않는다
◇ 사용 분야 – 농업
사용 정도 – 사용되지 않는다
◇ 사용 분야 – 전통적 경제 활동
사용 정도 – 사용된다

주해 네기달족의 전통 생업은 어로와 수렵이다.

18. 서비스 및 유통 분야에서 해당 언어의 사용

지역 – 하바롭스크 크라이
사용 정도 – 사용되지 않는다

19. 정보의 출처

19.1. 문헌
19.1.1. 일반
19.1.1.1. 문헌 정보
Горелова, Л. М. (1997). *Библиография работ по советскому тунгусо-*

маньчжуроведению). М.

Горцевская, В. А . (1959). *Очерк истории изучения тунгусо-маньчжур-
ских языков (с подробной библиографией).* Л.

19.1.1.2. 언어 기술

Колесникова, В. Д., & Константинова, О. А. (1968). Негидальский язык.
*Языки народов СССР. Т. 5. Монгольские, тунгусо-маньчжурские
и палеоазиатские языки.* Л.

Кормушин, И. В. (1990). Негидальский язык. *Лингвистический энци-
клопедический словарь.* М.

Мыльникова, К. М., & Цинциус, В. И. (1931). Материалы по негидаль
скому языку. *Тунгусский сборник.* 1. Л.

Недялков, И. В. (2001). Негидальский язык. *Языки Российской Феде-
рации и соседних государств. Энциклопедия. Т. 2.* М.

Цинциус, В. И. (1982). *Негидальский язык: исследования и материалы.*
Л.

Цинциус, В. И. (1997). Негидальский язык. *Языки мира. Монгольские
языки. Тунгусо-маньчжурские языки. Японский язык. Корейский
язык.* М.

주해 네기달어 문법 개요와 약 7,000개의 어휘가 수록되어 있다.

Schmidt, P. (1923). The Language of Negidals. *Acta Universitatis Latviensis.*
V. 5. Riga.

19.1.1.3. 사전

Цинциус, В. И. (1982). *Негидальский язык. Исследования и материалы.*
Л.

주해 약 7,000개의 어휘가 수록되어 있다.

19.1.1.4. 텍스트

Мыльникова, К. М., & Цинциус, В. И. (1931). Материалы по негидаль-
скому языку. *Тунгусский сборник.* Вып. 1. Л.

Цинциус, В. И. (1957). Загадки негидальцев. Учен. зап. *Ленинград-
ского педагогического ин-та им. А.И. Герцена.* Т. 132.

주해 네기달 구전 문학에 대한 별도의 출판물은 없다. 일련의 구비문학 텍스트가
밀니코바(K. M. Myl'nikova)와 친치우스 (V. I. Cincius)가 네기달어와 네기달
전통 문화에 관해 쓴 학술 서적에 인용되어 있다.

19.1.2. 사회언어학

*Малочисленные народы Севера, Сибири и Дальнего Востока. Про-
блемы сохранения и развития языков.* (1997). СПб.

Недялков, И. В. (1994). Негидальско-русские языковые связи. *Кон-
тактологический энциклопедический словарь-справочник. Вып. 1.
Северный регион. Языки народов Севера, Сибири и Дальнего Восто-
ка в констактах с русским языком.* М.

Певнов, А. М., & Хасанова, М. М. (1994). Негидальский язык. *Кра-
сная книга языков народов России, Энциклопедический словарь-
справочник.* М.

Хасанова, М. М., & Певнов, А. М. (2002). Негидальский язык. *Языки
народов России. Красная книга. Энциклопедический словарь-спра-
вочник.* М.

Цинциус, В. И. (1974). Обрядовый фольклор негидальцев, связанный
с промыслом. *Фольклор и этнография.* Л.

Штернберг, Л. Я. (1933). *Гиляки, орочи, гольды, негидальцы, айны /
Статьи и материалы под ред. и с предисл. Я.П. Алькора (Кошкина).*
Хабаровск.

Middendorf, A. (1847). *Reise in den äußersten Norden und Osten Sibiriens.*
СПб.

19.1.3. 교재 - 없다

19.2. 전문가, 자문

◇ 페브노프 알렉산드르 미하일로비치(Певнов Александр Михайлович)

Ph.D. 선임 연구원

언어학 연구소(RAN)(M), 알타이 언어 분과

직장 주소 Россия, 199053, г. Санкт-Петербург, Тучков пер., 9

◇ 하사노바 마리나 만수로브나(Хасанова Марина Мансуровна)

Ph.D. 선임 연구원

인류학·민속지학 박물관 '쿤스트카메라(Kunstkamera)'(RAN)
시베리아실

직장 주소 Россия, 199034, г. Санкт-Петербург, Университетская
наб., 3

TEL 7-812-3284142

19.3. 기관, 연구소, 기구

19.3.1. 해당 언어의 발전을 돕는 기관, 연구소, 기구

◇ 러시아 연방 북방 시베리아 극동 토착 소수민족 연합

주소 Россия, 119415, г. Москва, а/я 110. Измайловский
остров, Южный корпус, комн. 32, 33

FAX 7-095-1646939, 7-095-1650754

E-mail udege@glasnet.ru

웹사이트 www.raipon.org

주해 러시아 연방의 각 지역에 북방 시베리아 극동 토착 소수민족
연합의 지부가 30여 개 설립되어 있다. 여기에는 모스크바 지
부의 주소만을 싣는다.

◇ 러시아 토착민족 정보 센터 '리이오라버틀리안(Льыоравэтльан)'

주소 Россия, 125009, г. Москва, Ни.китский пер, д. 4, офис
406

TEL/FAX 7-095-2023820

E-mail iicl@orc.ru

웹사이트 www.indigenous.ru

◇ 언어학 연구소(RAN)(SPb)

주소 Россия, 199053, г. Санкт-Петербург, Тучков пер., 9

TEL 7-812-3281611

◇ 민족 교육 교육 센터

주소 Россия, 119415, г. Москва, Просп. Вернадского, 37,
корп. 2, комн. 547.

TEL 7-095-9389547

FAX 7-095-9389567

E-mail ritc@mail.ru / mail@ritc.ru

19.3.2. 해당 언어를 연구하는 기관, 연구소, 기구

◇ 언어학 연구소(RAN)(SPb), 고아시아·사모예드 언어 분과

주소 Россия, 199053, г. Санкт-Петербург, Тучков пер., 9

TEL 7-812-3281611

◇ 인류학·민속지학 박물관 '쿤스트카메라(Kunstkamera)'(RAN)

주소 Россия, 199034, г. Санкт-Петербург, Университет-
ская наб., 3

TEL   7-812-3284142

19.4. 전자 매체에 담긴 정보(CD, 인터넷) – 없다

20. 전반적 정보 (언어의 기능과 문자 발달의 역사 개요)

계통 분류

네기달어는 만주퉁구스 어파의 퉁구스(북부) 분파 중 시베리아(에본키)
어군에 속한다. 가장 가까운 친족어는 어웡키어, 어윈어, 솔론어이다.

자칭

▶ 언어 자칭 – 나버설틴 허서닌(набэсэлтин хэсэнин).
 네기달어는 북방 토착민족인 네기달족의 언어이다.

▶ 민족 자칭 – 네기달(негидал). 직역하면 '연안의', '연안에 사는 사람'
 이라는 뜻이다.

방언 구분

네기달어는 2개의 주요 방언, 즉, **상류 방언**(암군 강 중류)과 **하류 방언**
(암군 강 하류와 아무르 강)으로 분류된다. 하류 방언에서는 다시 우스트-
암군 지역어가 분류된다. 각기 다른 방언 화자들은 서로 완벽하게 이해할
수 있다.

종교

네기달족의 전통적인 세계관은 샤머니즘인데, 이를 엄격한 의미에서
종교라고 부를 수는 없다. 현재 네기달어는 소수의 전통 문화 담지자들이
수행하는 일부 의식에서 보존되어 있다.

민족 인구수와 거주지

네기달어는 하바롭스크 크라이의 울치 구와 폴리나 오시펜코 구(암군
강 하류와 아무르 강 중류)에 퍼져 있다. 네기달족의 인구수는 1990년대에
약 350명이었다.[53]

---

[53] 2010년 인구 조사 자료에 따르면 러시아 연방에 거주하는 네기달족은 총 513명이다
(http://www.perepis-2010.ru). _옮긴이

민족·언어 상황

모어를 어느 정도 구사할 수 있는 사람은 40~50명을 넘지 않는다. 더욱이 **모어**로서 네기달어를 구사하는 화자로 볼 수 있는 사람은 주로 나이가 60세 이상인 10~15명 정도의 소수 그룹뿐이다. 비교를 위한 수치를 들면, 1979년 인구 조사에 따르면 네기달인은 약 500명이었고, 그중 44.4%가 네기달어를 모어로 인정했다. 중간 세대는 잘해야 네기달어를 듣고 이해하는 정도이고 말은 못 한다. 일상생활에서 네기달어를 현재 사용하는 사람은 나이 든 부부로 이루어진 5~6가구뿐이다. 아이들은 모어를 전혀 모르며, 가족 내 연장자가 어린 가족에게 언어를 전수하는 체제는 상실되었다. 현재 대부분의 네기달인은 모두 러시아어로 말하는 **단일 언어 사용자**이다. 20년 전만 해도 니브흐어를 구사하는 네기달 노인들이 있었고, 많은 사람이 어웡키어를 잘 알았다.

분포와 접촉

네기달인은 주로 촌에 거주한다. 상류 방언 화자가 집중적으로 거주하는 지역은 폴리나 오시펜코 구의 마을들이고, 하류 방언 화자들은 하바롭스크 크라이의 울치 구와 니콜라옙스크-나-아무레 구의 마을들에 흩어져서 거주한다. 역사적으로 네기달어에 영향을 준 접촉을 보면, 상류 방언은 친족어인 어웡키어, 하류 방언은 울치어, 니브흐어와 접촉이 있었다. 최근 수십 년간 러시아어가 네기달어에 미치는 영향이 증가되고 있다.

연구와 문서화 역사

네기달족이 독자적인 종족으로 기록된 것은 19세기 중반에 작성된 미덴도르프(A. Middendorf)와 네벨스키(G. I. Nevel'skij)의 연구 자료이다. 20세기 들어 가장 널리 알려진 네기달어 연구는 친치우스(V. I. Cincius)의 연구이다.

문자

네기달어는 항상 구어 형태로 존재했었다. 네기달어는 구비문학 전통이 풍부하다. 1993년 하바롭스크 크라이 주 정부는 하사노바(M. M. Khasanova)가 (키릴 문자를 토대로) 제안한 알파벳과 정서법 규칙을 통과시켰다. 그러나 네기달어로 된 출판물은 단 하나도 없었다. 일본인인 이케가미(Dz. Ikegami) 교수가 고안한 오로크 알파벳과 함께 네기달 알파벳은 제정된 이래 실제 결과물이 따르지 못한 실례로 알려져 있다. 네기달어는 지금까지 문자가 없는 언어이다. 네기달어로 된 문헌은 없다. 네기달어 연구자들이 음성 전사의 형태로 낸 일부 구비문학 텍스트 기록이 있을 뿐이다.

표준어
표준어는 없다.

네기달어는 러시아 **토착 소수민족의 언어**라는 법적 **지위**를 지닌다.

1980년대 말에서 1990년대 초에 미약하나마 네기달어 복원 시도가 있었다. 하바롭스크 크라이의 폴리나 오시펜코 구에 있는 블라디미롭카 촌락의 초등학교에서 네기달어가 선택 과목으로 교육된 바 있다(현재 이 수업에 대한 믿을 만한 자료는 없다). 하바롭스크 크라이의 울치 구에 있는 티르 촌의 중등학교에서도 얼마간 네기달어가 선택적으로 교육되었으나, 이후에 교사가 사망하면서 수업은 중단되었다.

네기달어는 다음 영역에서 제한적으로 사용된다.

▶ **초등 교육** – 폴리나 오시펜코 구의 단 하나의 학교에서 선택 과목으로 교수.
▶ **라디오 방송** – 1주일에 10~15분.
▶ **정기 간행물** – 폴리나 오시펜코 구의 지역 신문에 네기달어로 된 기사를 게재하려는 시도가 몇 차례 있었음.

현재 네기달어는 주로 가정 내 일상생활에서 개인 간 의사소통 언어로 사용된다.
네기달어의 **생명력** 수준은 절멸해 가는 언어로 규정할 수 있고, 가까운 미래에 절멸할 것으로 예측되고 있다. 이와 관련하여 이 언어의 문서화와 연구 활동이 특히 큰 중요성을 띤다.

주요 연구 기관
네기달어의 주요 연구 기관은 상트페테르부르크에 있는 언어학 연구소

(RAN)와 인류학·민속지학 박물관 '쿤스트카메라'이다.

† 집필자

마리나 만수로브나 하사노바
(Marina Mansurovna Khasanova, Марина Мансуровна Хасанова)
Ph.D., 선임 연구원
인류학·민속지학 박물관 '쿤스트카메라'
시베리아실
직장 주소 Россия, 199034, г. Санкт-Петербург, Университетская наб., 3
TEL   7-812-3284142

연도/기간   1998~1999년

3
니브흐어 Je. 콘드라시키나

0. 언어 정의

0.1. 기본 명칭 – 니브흐어

1. 언어 명칭

1.1. 언어 화자가 사용하는 명칭 – 니브흐구(нивхгу)

1.2. 정부 문서 또는 헌법에서 사용하는 명칭 – 니브흐어

1.3. 이전에 사용했던 명칭 – 길랴크어

1.4. 외국어 명칭 – 영어 Nivkh / 독일어 Nikbun / 프랑스어 nivkh

* 민족 명칭

기본 명칭 – 니브흐인

민족 자칭 – 니이브흐구(ньивхгу) / 니이그브눈(ньигвнун)

정부 문서 또는 헌법에서 사용하는 명칭 – 니브흐인

이전에 사용했던 명칭 – 길랴크인

외국어 명칭 – 영어 Nivkhs / 독일어 Nikbunen / 프랑스어 Nivkhs

2. 통계 자료와 지리 자료 (1989년 인구 조사 자료)

2.1. 민족 구성원의 총수 (국가별 · 지역별)

- 러시아 – 4,631[54]

  하바롭스크 크라이 – 2,386

  사할린 주 – 2,008

  다른 지역 – 237

---

54 2010년 인구 조사 자료에 따르면 러시아 연방에 거주하는 니브흐족은 총 4,652명이다 (http://www.perepis-2010.ru). _옮긴이

- 다른 나라

  CIS(러시아 제외) – 42

  ▶ 몰도바 – 1

  ▶ 벨라루스 – 3

  ▶ 아제르바이잔 – 1

  ▶ 우즈베키스탄 – 4

  ▶ 우크라이나 – 10

  ▶ 조지아 – 4

  ▶ 카자흐스탄 16

  ▶ 키르기스스탄 – 2

  ▶ 투르크메니스탄 – 1

2.1.1. 해당 민족의 언어를 말하지 않는 민족 구성원의 수 (지역별·모어별)

- 러시아 – 3,552

  러시아어 – 3,529

  다른 언어 – 23

  - 하바롭스크 크라이 – 1,842

    러시아어 – 1,824

    다른 언어 – 18

  - 사할린 주 – 1,561

    러시아어 – 1,560

    다른 언어 – 1

  - 다른 지역 – 149

    러시아어 – 145

    다른 언어 – 4

2.2. 러시아 내 해당 언어 화자의 총수 (지역별)

- 러시아 – 1,202

  사할린 주 – 493

  하바롭스크 크라이 – 611

  다른 지역 – 98

2.2.1. 해당 언어가 모어인 화자의 총수 (지역별·민족별)

- 러시아 – 1079

  니브흐인 – 1079

  기타 – 자료 없음

- 사할린 주 – 447

  니브흐인 – 447

  기타 – 자료 없음

- 하바롭스크 크라이 – 544

  니브흐인 – 544

  기타 – 자료 없음

- 다른 지역 – 88

  니브흐인 – 88

  기타 – 자료 없음

2.2.1.1. 단일언어 사용자의 총수

- 러시아 – 108

  니브흐인 – 108

  - 사할린 주 – 26

    니브흐인 – 26

  - 하바롭스크 크라이 – 58

    니브흐인 – 58

  - 다른 지역 – 24

    니브흐인 – 24

2.2.1.2. 이중언어 사용자의 총수

- 러시아 – 971

  니브흐인 – 971

  - 사할린 주 – 421

    니브흐인 – 421

  - 하바롭스크 크라이 – 486

    니브흐인 – 486

  - 다른 지역 – 24

    니브흐인 – 24

2.2.1.3. 남성 이중언어 사용자의 수

- 러시아 – 자료 없음

  니브흐인 – 자료 없음

2.2.1.4. 여성 이중언어 사용자의 수

- 러시아 – 자료 없음

  니브흐인 – 자료 없음

2.2.1.5. 이중언어 사용자의 제2 언어별 분포 (지역별)

주해 이중언어 사용자를 제2 언어에 따라 분류한 자료는 니브흐인에
관한 것뿐이다. 다른 민족에 관한 자료는 없다.

- 러시아 – 971

  러시아어 – 917

  다른 언어 – 54

  - 사할린 주 – 421

    러시아어 – 412

    다른 언어 – 9

  - 하바롭스크 크라이 – 486

    러시아어 – 443

    다른 언어 – 43

  - 다른 지역 – 64

    러시아어 – 62

    다른 언어 – 2

2.2.1.6. 해당 언어가 모어인 화자 중 도시·촌 주민의 수

- 러시아 – 1,079

  도시 – 553

  촌 – 526

  - 사할린 주 – 447

    도시 – 281

    촌 – 167

  - 하바롭스크 크라이 – 544

    도시 – 211

    촌 – 333

  - 다른 지역 – 88

    도시 – 61

    촌 – 27

2.2.2. 해당 언어가 제2 언어인 화자의 총수 (지역별·민족별)

- 러시아 – 123

  니브흐인 – 123

  기타 – 자료 없음

  - 사할린 주 – 46

니브흐인 – 46

기타 – 자료 없음

- 하바롭스크 크라이 – 6

니브흐인 – 6

기타 – 자료 없음

- 다른 지역 – 10

니브흐인 – 10

기타 – 자료 없음

주해 자료는 니브흐인에 관한 것뿐이다. 다른 민족에 대한 자료는 없다.

2.3. 친족 언어와 친족 언어 화자의 수 (국가별 · 지역별) – 없다

주해 니브흐어의 계통에 대한 문제는 완전히 해결되지 못했다. 만주퉁구스 언어, 튀르크 언어, 추코트 언어, 몽골 언어, 중국의 언어들, 또한 북미 인디언의 언어들과 친족 관계 또는 일정한 유사성이 있다는 가설이 제기된 적이 있다. 현재 가장 일반적인 관점은 니브흐어를 계통적으로 고립어로 보고, 고아시아 언어 그룹에 잠정적으로 포함시키는 것이다.

2.4. 해당 언어가 모어인 화자의 수 (국가별 · 지역별)

- 러시아 – 1,079

사할린 주 – 447

하바롭스크 크라이 – 544

다른 지역 – 88

- 다른 나라 – 10

CIS(러시아 제외)와 발트 국가 – 10

  ▶ 몰도바 – 1

  ▶ 아제르바이잔 – 1

  ▶ 우즈베키스탄 – 2

  ▶ 조지아 – 1

  ▶ 카자흐스탄 – 4

  ▶ 투르크메니스탄 – 1

주해 자료는 니브흐인에 관한 것뿐이다. 다른 민족에 대한 자료는 없다.

2.5. 해당 언어가 제2 언어인 화자의 수 (국가별 · 지역별)

- 러시아 – 123

사할린 주 – 46

하바롭스크 크라이 – 67

다른 지역 – 10

- 다른 나라 – 3

  CIS지역(러시아 제외) – 3

  ▶ 우크라이나 – 2

  ▶ 카자흐스탄 – 1

  주해 자료는 니브흐인에 관한 것뿐이다. 다른 민족에 대한 자료는 없다.

3. 언어 개요

3.1. 계통 분류상의 위치

3.1.1. 어파 – 없다

3.1.2. 분파 – 없다

3.1.3. 어군 – 없다

3.1.4. 하위어군 – 없다

* 친족 언어 – 없다

  주해 계통적으로 고립어이다.

* 언어 접촉 – 러시아어, 일본어, 어윙키어, 오로크어, 나나이어, 울치어

* 추가적 지리 자료 (언어 분포 지역)

  - 러시아

  하바롭스크 크라이

  ▶ 하바롭스크 시

  ▶ 콤소몰스크-나-아무레 시

  ▶ 니콜라옙스크-나-아무레 시

  ▶ 알레옙카 촌락(아무르 강 유역)

  사할린 주

  ▶ 네크라솝카 촌락

  ▶ 노글리키 촌락(사할린 섬 북부)

  ▶ 포로나이스키 구(사할린 섬 남부)

  주해 니브흐인은 흩어져서 살고 있다. 가장 집중적으로 모여 사는 곳은 아무르 강
  유역의 알레옙카 촌락, (사할린 섬의) 네크라솝카 촌락과 노글리키 촌락이다.

3.2. 주요 언어학적 특성 (간략한 기술)

- 음성학

  모음 모음 음소는 i, e, a, u, o, ɨ 등 6개이다.

  자음 자음 음소는 32개(아무르 방언) 또는 33개(동사할린 방언)이다. 음운
  체계의 특성은 유성음 – 무기식음 – 기식음의 파열음 삼중 대립이

존재한다는 점과, 후두파열음, 후두마찰음, 그리고 무성장애음인 r̃
이 있다는 점이다.

음성적 특징 고모음(i, u, ɨ)과 저모음(e, o, a)의 대립이 나타나는 모음조화
는 사라졌다. 보상적 장모음화가 생겨났고, 따라서 일부 단어에서
는 장모음-단모음 대립이 나타나기 시작했다. 모음의 **억양상 길이**
로 속성의 강도를 표현할 수 있다.

주요 음성 법칙 단어 또는 형태소 내 어두 자음의 교체가 있으며, 선행
단어 또는 형태소의 어말 자음에 의해 나타난다.

강세 니브흐어의 강세는 고정 강세가 아니고 이동 강세이다. 어디에나 올
수 있고, 의미 구별 기능을 가진다.

음절 구조 음절 구조는 V, CV, VC, CVC이다.

- 형태론

품사 명사, 수사, 대명사, 동사, 부사, 수사어(의성어), 허사와 감탄사 등
8개의 품사가 있다. 형용사는 없고, 그 의미상 대응어는 성질동사이다.
절대격, 여대격, 비교격, 처소격, 처소–방위종격, 여향격, 근접격, 조
격으로 이루어진 **격** 범주는 명사와 수사, 대명사에 있으며, 아무르
방언에서는 8개 형태, 동사할린 방언에서는 7개 형태로 나타난다.
수 범주는 명사, 대명사, 동사에 있다. 쌍수의 흔적이 있다.

명사 명사는 **격**과 **수** 범주가 있고, **성** 범주, '**명사류**'(kategorija klassa) 범
주, **유정성** 범주는 없다. **동반격**은 쌍수가 있다.

대명사 인칭대명사, 지시대명사, 재귀정대명사, 정대명사, 의문상대대명
사, 부정대명사가 있다. 지시대명사는 화자와의 거리에 따라, 혹은
물건이 이미 언급되었던 것인지 아닌지에 따라 달라진다.

수사 주로 개수사이다. 셈 체계에는 특정한 물체의 셈에만 사용되는 26개
의 하위 체계가 있다.

동사 **정형**(定形)과 **비정형**(非定形, 형동사와 부동사) 동사 형태가 있다. **자
동사/타동사** 범주와 **태**(기본태, 청유태, 재귀태, 청유재귀태, 상호태),
상, **법**[직설법, 단언법(categorical mood), 전달법, 추측법, 조건법,
접속법, 양보법, 명령법], **인칭**, **시제**(미래, 비미래), 수와 **부정** 범주
가 있다.

부사 비교급이 있는 성질부사와 시간, 장소, 비교, 정도, 척도, 수량 부사
가 있다. (수량 부사를 제외한) 부사를 만드는 방법 중 하나는 부동사
의 부사화이다.

수사어 수사어는 시각, 청각, 감각적 수식과 관련이 있으며, 변화하지 않고 접미사도 붙지 않는다. 이들은 상황보어 또는 서술어의 기능을 하는데, 독자적으로 기능하거나 아니면 동사 *ha-*('그렇게 하다')와 결합하여 기능한다.

허사 후치사, 접속사와 소사가 있다. 감탄사는 몇 개뿐이다.

- 조어론

가장 생산적인 파생 방법은 **접미사 첨가**, **치환**, **어간 합성** 등과 같은 형태론적 조어법이다.

- 통사론

주격-대격 통사론적 **구조**를 가진 언어이다. 주어와 목적어는 절대격으로 사용된다. 전형적인 어순은 SOV이다. 수식어는 피수식어 앞에 오고, 주어는 자주 생략된다. **복문**은 구체적인 의미 관계로 연결된 서술어의 연쇄이다. 그 의미 관계의 유형에 따라 비정형 동사 형태(부동사)를 만드는 지표가 결정된다.

- 어휘론

기본 어휘를 이루는 것은 수렵, 어로 및 그 도구들과 관련된 **고유어**, 친족용어, 자연 현상을 가리키는 어휘이다. 현대적인 사회 활동, 문화 생활과 관련이 있는 어휘에는 러시아어 **차용어**가 널리 퍼져 있다. **아무르 방언**에는 **만주퉁구스 언어**들에서 차용된 어휘층이 크게 분포한다.

3.3. 유형론적 특성

- 형태론적 구조 – 교착어(종합적)
- 통사론적 구조 – 주격-대격 언어
- 어순 – SOV

주해 (내부 굴절을 비롯한) 굴절의 요소가 있으며, 일부 **분석적** 특징이 있다. **포합**의 유무에 대한 문제는 논란이 되고 있다.

3.4. 방언 구분

아무르 방언

동사할린 방언

북사할린 방언

남사할린 방언

주해 최근까지는 아무르 방언과 동사할린 방언 등 2개의 방언으로 구분되고, 각각 하위 방언들이 존재한다는 의견이 일반적이었다. 방언들 사이에는 어휘적, 음성적, 형태적 차이가 크다. 그루즈데바(Je. Ju. Gruzdeva)가 1997년에 지리적 분포에 따라 4개의 방언을 구분했으나, 아직까지 그 차이에 대해서는 연구되지 않았다.

3.5. 명칭이 있는 주요 지역적 이형 – 없다

4. 문자와 정서법

- YWL(Young Written Language, Mladopis'mennyj jazyk) 1920~1930년대에 문자가 제정된 언어

4.1. 문자 체계와 서체(서법) – 키릴 문자

4.2. 정서법

 4.2.1. 통일된 체계 – 있다

 4.2.2. 통일된 체계가 있는 경우, 통일 원칙 – 음소 원칙

* 표준어 – 표준어가 충분히 발달되지 않았다

 주해 최초의 작품은 1930년대 문자 제정 이후에 나왔다. 민담(설화)이 기록되었고, 단편 소설, 중편 소설, 자서전이 쓰였다.

* 문자의 역사 개요

오랜 옛날에 니브흐족은 상형 문자를 사용했다.

1932년에 라틴 문자를 토대로 아무르 방언을 위한 알파벳이 만들어졌다. 그러나 이 문자는 살아남지 못했는데, 니브흐인들이 러시아 문자를 사용하는 것을 선호했기 때문이다.

1953년에 아무르 방언 문자가 러시아 서법으로 전환되었다. 1979년에는 역시 러시아 문자를 토대로 동사할린 방언을 위한 문자가 만들어졌다.

5. 지위

5.1. 해당 언어 화자가 자신의 언어를 충분히 발달된 언어이자 다른 언어들에 대응하는 언어라고 생각하는가? – 그렇다

 5.1.1. 해당 언어가 내적 구조 면에서 다른 언어들과 크게 구별되기 때문에? – 그렇다

 5.1.2. 해당 언어가 발달된 문명의 도구로서 높은 발달 수준을 지니고 있기 때문에? – 아니다

5.2. 언어의 표준화가 이루어졌는가? – 아니다

 5.2.A. 문자 규범이 있는가? – 없다

 5.2.B. 구어 규범이 있는가? – 없다

 5.2.1. 표준화된 언어가 여러 개(pluricentric language)인가? – 아니다

5.2.2. 2개의 표준이 혼합되어 있는가? – 아니다

5.2.3. 특정 지역적 이형으로 된 문헌이 있는가? – 없다

5.3. 언어의 법적 지위 (국가별 · 지역별)

국가 – 러시아

해당 언어의 지위 – 러시아 연방 토착 소수민족 언어

◇ 지역 – 하바롭스크 크라이, 사할린 주

해당 언어의 지위 – 미정

5.4. 해당 언어 화자의 언어적 · 문화적 권리를 인정하는 텍스트 (헌법, 법, 조항, 명령 등)

6. 문헌의 발달 역사

6.0. 문헌이 있는가? – 있다

6.1. 문헌이 만들어진 경우

6.1.1. 해당 언어가 모어인 화자가 주로 만든 것인가? – 그렇다

6.1.2. 해당 언어가 모어가 아닌 사람들이 주로 만든 것인가? – 아니다

6.1.3. 위 두 범주의 사람들이 같은 정도로 만든 것인가? – 아니다

6.2. 문헌의 구성은

6.2.1. 주로 원어로 되어 있는가? – 그렇다

6.2.2. 주로 번역문으로 되어 있는가? – 아니다

6.2.3. 원어와 번역문이 같은 정도인가? – 아니다

6.2.4. 어느 언어에서 번역이 되었는가? – 러시아어

6.3. 출판물에 대한 통계 자료

6.3.1. 출판물

연도/기간 – 1932~1998년

총 편수 – 22편

◇ 연도/기간 – 1932~1937년

편수 – 5편

◇ 연도/기간 1982~1998년

편수 – 17편

주해 출판물의 총 편수에는 철자본과 그 외 교재뿐만 아니라 문학 작품도 포함된다.

6.3.2. 해당 언어로 된 번역문

연도/기간 – 1983~1996년

총 편수 – 3편

> **주해** 이 3편의 출판물은 푸시킨(A. S. Pushkin)의 옛날이야기 2편과 『북방
> 민족 옛날이야기(*Skazki narodov Severa*)』 모음집이다.

6.3.3. 해당 언어에서 다른 언어로 된 번역문 – 자료 없음

7. 종교 관습과 이데올로기 작품에서 해당 언어의 사용

> **주해** 전통 종교는 정령 숭배와 샤머니즘이다.

7.1. 종교적 예배, 의식, 의례에서 해당 언어의 사용 – 제한적으로 사용된다

◇ 종교 – 샤머니즘

의식 – 제한적으로 사용된다

> **주해** 니브흐어는 장례, 매장, 제례와 같은 전통 의식에서 제한적으로 사용된다.

7.2. 종교 텍스트의 번역 – 있다

◇ 종교 – 기독교

텍스트 – 「누가복음」(발췌)

총 텍스트 편수 – 1편

> **주해** 「누가복음」의 일부(2장 1~20절)가 니브흐어로 출간되었다[예수 그리스도
> 의 탄생 / IPB(성서 번역 연구소). M., 2000].

출처 – ibtnet.org/moscow/index.htm

연도/기간 – 2002년

7.3. 이데올로기 작품 – 없다

8. 문학 범주

8.1. 서술적 장르

총 텍스트 편수 – 자료 없음

> **주해** 니브흐 문학은 1~2학년용 독본에 들어 있는 짧은 단편 소설, 산기(V. M. Sangi)가
> 작성한 서사시와 민담(설화), 푸시킨(A. S. Pushkin)의 민담(설화) 2편의 번역본이
> 있다.

8.1.1. 서정시, 희곡, 노래

8.1.1.A. 서정시

총 텍스트 편수 – 적다

8.1.1.B. 희곡

총 텍스트 편수 – 1편

주해 구비문학 출판물로는 니브흐인의 민요, 서사시와 민담(설화)이 있다.

Sangi V. M. *Devushka-lebed*. L., 1982. [백조 아가씨]

Sangi V. M. *Кыкык муӈ рàӈгэфлн. Т'ылгурӈун, Devochka-lebed*. (*Dl'ja doshkol'nogo vozrasta*). L., 1982. [백조 아이. 취학 전 아동용]

Sangi V. M. *Тьаӻмак эфлн, Syn ryby Tjagmak*. Juzhno-Sakhalinsk, 1995. [물고기의 아들 탸그마크]

Taksami Ch. M. *Аӽт Ургун, Vernyj Urgun. Skazki narodov Severa*. Juzhno-Sakhalinsk, 1996. [진실한 우르군(북방 민족 민담)]

Tyvus L. *Nivkhskije pesni*. Juzhno-Sakhalinsk, 1985. [니브흐 민요]

9. 정기 간행물

사용 정도 – 사용되지 않는다

10. 교육 기관

지역 – 하바롭스크 크라이, 사할린 주, 상트페테르부르크 시

A. 해당 언어가 교육매개어이거나 해당 언어를 교과목으로 가르치는가?
  – 아니다

B. 해당 언어가 교육매개어인가? – 아니다

C. 해당 언어를 교과목으로 가르치는가? – 그렇다

D. 교재는 있는가? – 있다

E. 교사에 대한 특혜는 있는가? – 자료 없음

연도/기간 – 2001년

출처 – 러시아 연방 교육부

10.A-B. 교육매개어로 해당 언어의 사용

　　　　지역 – 하바롭스크 크라이

　　　　사용 정도 – 사용되지 않는다

　　　　연도/기간 – 2001년

　　　　출처 – 러시아 연방 교육부

10.C. 교과목으로 해당 언어 교육 – 있다

　　　지역 – 하바롭스크 크라이

　　　연도/기간 – 2001년

　　　출처 – 러시아 연방 교육부

　　　　　10.C.0.1. 교재 – 있다

10.C.1. 취학 전 보육 – 자료 없음

　　　　　10.C.1.1. 교재 – 있다

10.C.2. 초등 교육 – 있다

주해 초등학교와 중등학교 각각에 대한 자료는 없다.

　◇ 지역 – 사할린 주

　　　　　교육 기관의 유형 – 초등학교, 중등학교/국립

　　　　　연도/기간 – 2000년

　　　　　교육 기관 수 – 3개

　　　　　학생 수 – 172명

　　　　　주당 시수 – 2~6시간

　　　　　출처 – 러시아 연방 교육부

　　　　주해 사할린에는 초등학교가 2개, 중등학교가 1개 있다. 초등학교와
　　　　　중등학교 각각에 대한 자료는 없다. 니브흐어는 1980년부터

노글리키 촌락과 네크라솝카 촌락의 기숙학교(internat)에서 3학년 미만까지 가르친다.

◇ 지역 - 하바롭스크 크라이

교육 기관의 유형 - 초등학교, 중등학교/국립

연도/기간 - 2000년

교육 기관 수 - 2개

학생 수 - 45명

주당 시수 - 2~6시간

출처 - 러시아 연방 교육부

주해 하바롭스크 크라이에는 초등학교가 1개, 중등학교가 1개 있다.

10.C.2.1. 교재 - 있다

10.C.3. 중등 일반 교육 - 있다

지역 - 하바롭스크 크라이

주해 10.C.2항을 참조하라.

10.C.3.1. 교재 - 없다

10.C.4. 중등 전문 교육 - 있다

지역 - 하바롭스크 크라이(니콜라옙스크-나-아무레 시)

교육 기관의 유형 - 중등 전문 교육 기관/국립

연도/기간 - 2000년

교육 기관 수 - 1개

학생 수 - 자료 없음

주당 시수 - 자료 없음

출처 - 러시아 연방 교육부

10.C.4.1. 교재 - 없다

10.C.5. 고등 교육 - 있다

◇ 지역 - 상트페테르부르크 시

교육 기관의 유형 - 고등 교육 기관/국립

◇ 연도/기간 - 2002/2003학년도

교육 기관 수 - 1개

교육 기관명 - 게르첸 러시아 국립사범대학교, 북방 민족 연구소

학생 수 - 12명

주당 시수 - 자료 없음

출처 – 게르첸 국립사범대학교, 북방 민족 연구소 행정실

◇ 연도/기간 2000년

교육 기관 수 – 1개

교육 기관명 – 게르첸 러시아 국립사범대학교, 극북 민족 학부 행정실

학생 수 – 자료 없음

주당 시수 – 자료 없음

출처 – 러시아 연방 교육부

주해 현재 게르첸 러시아 국립사범대학교의 북방 민족 연구소(전 극북 민족 학부)에서 니브흐어를 공부하는 사람은 12명이다. '모어와 모국 문학' 전공의 주당 시수는 학년별로 다르다. 1, 2학년은 4시간, 3학년은 3시간, 4학년은 4시간, 5학년은 8시간이다.

10.C.5.1. 교재 – 없다

11. 대중 언론 매체에서 해당 언어의 사용

사용 정도 – 사용되지 않는다

12. 중앙 정부에서 해당 언어의 사용

◇ 국가 – 러시아

▶ 정부 기관 – 러시아 연방 정부

▶ 사용 정도 – 사용되지 않는다

13. 지역 정부에서 해당 언어의 사용

◇ 지역 – 하바롭스크 크라이, 사할린 주

▶ 정부 기관 – 지역 정부

▶ 사용 정도 – 사용되지 않는다

14. 지방 관청에서 해당 언어의 사용

◇ 지역 – 하바롭스크 크라이, 사할린 주

▶ 정부 기관 – 지방 관청

▶ 사용 정도 – 사용되지 않는다

15. 법원에서 해당 언어의 사용

◇ 국가 – 러시아

▶ 사용 정도 – 사용되지 않는다

주해 대부분의 니브흐인은 러시아어를 알고 있고, 법원에서도 러시아어를 사용한다.

16. 입법 기관에서 해당 언어의 사용

16.1. 중앙 입법 기관 또는 의회

◇ 국가 – 러시아

▶ 입법 기관 – 러시아 연방 의회

▶ 사용 정도 – 사용되지 않는다

16.2. 공화국 수도·지역 중심지의 입법 기관, 공화국 대표 기관

◇ 지역 – 하바롭스크 크라이

▶ 입법 기관 – 하바롭스크 크라이 두마

▶ 사용 정도 – 사용되지 않는다

◇ 지역 – 사할린 주

▶ 입법 기관 – 사할린 주 두마

▶ 사용 정도 – 사용되지 않는다

17. 생산 분야에서 해당 언어의 사용

지역 – 하바롭스크 크라이, 사할린 주

◇ 사용 분야 – 공업

사용 정도 – 사용되지 않는다

◇ 사용 분야 – 농업

사용 정도 – 사용되지 않는다

◇ 사용 분야 – 전통적 경제 활동

사용 정도 – 제한적으로 사용된다

주해 니브흐족의 전통 생업은 어로와 바다 관련 생업이다.

18. 서비스 및 유통 분야에서 해당 언어의 사용

지역 – 하바롭스크 크라이, 사할린 주

사용 정도 – 사용되지 않는다

19. 정보의 출처

19.1. 문헌

19.1.1. 일반

19.1.1.1. 문헌 정보 – 없다

19.1.1.2. 언어 기술

Вернер Г. К. (1990). Нивхский язык. *Лингвистический энциклопедический словарь.* М.

Груздева, Е. Ю. (1997). Нивхский язык. *Языки мира. Палеоазиатские языки.* М.

Груздева, Е. Ю. (2001). Нивхский язык. *Языки Российской Федерации и соседних государств. Энциклопедия. Т. 2.* М.

Крейнович Е. А. (1932). *Гиляцкие числительные.* Л.

Крейнович, Е. А. (1937). *Фонетика нивхского (гиляцкого) языка.* М.-Л.

Крейнович, Е. А. (1979). *Нивхский язык. Языки Азии и Африки. Т. 3.* М.

Отаина, Г. А. (1978). *Качественные глаголы в нивхском языке.* М.

Панфилов, В. З. (1962). *Грамматика нивхского языка* (Ч. 1). М.-Л.

Панфилов, В. З. (1965). *Грамматика нивхского языка* (Ч. 2). М.-Л.

Штернберг, Л. Я. (1900). Образцы материалов по изучению гиляцкого языка и фольклора, собранных на острове Сахалин и в низовьях Амура. *Изв. Императорской академии наук. Сер. 5, Т. 3.* СПб.

Штернберг, Л. Я. (1908). *Материалы по изучению гиляцкого языка и фольклора. Т. 1. Образцы народной словесности. Ч. 1.* СПб.

19.1.1.3. 사전

Савельева, В. Н., & Таксами, Ч. М. (1965). *Русско-нивхский словарь.* М.

Савельева, В. Н., & Таксами, Ч. М. (1970). *Нивхско-русский словарь.* М.

19.1.1.4. 텍스트

Отаина, Г. А. (1981). Нивхские народные песни. *Этнография и фольклор народов Дальнего Востока СССР*. Владивосток.

Санги, В. М. (1982a). *Девушка-лебель*. Л.

Санги, В. М. (1982b). *Кыкык муӈ р̌аӈг̌эг̌лӈ Т'ылгуркун (Девочка-лебедь. Для дошкольного возраста)*. Л.

Санги, В. М. (1995). *Тьаг̌мал эг̌лн (Сын рыбы Тягмак)*. Южно-Сахалинск.

Таксами, Ч. М. (1996). *Ахт Ургун (Верный Ургун). Сказки народов Севера*. Южно-Сахалинск.

Тывус, Л. (1985). *Нивхские песни*. Южно-Сахалинск.

Штернберг, Л. Я. (1900). Образцы материалов по изучению гиляцкого языка и фольклора, собранных на острове Сахалин и в низовьях Амура. *Изв. Императорской академии наук. Сер. 5. Т. 3*. СПб.

Штернберг, Л. Я. (1908). *Материалы по изучению гиляцкого языка и фольклора. Т. 1. Образцы народной словесности. Ч. 1*. СПб.

Gruzdeva, E. (1998). Nivkh. *Languages of the World. Materials. 111. München; Newcastle: LINCOM Europa*.

Gruzdeva, Ye. (2001). Pilsudski's collection of Nivkh folklore texts in St. Petersburg. *Recording and Restoration of the Materials of Minority Languages - Sakhalin Ainu and Nivkh Languages. - Add. Murasaki K. (Endangered Languages of the Pacific Rim // Publications Series A2-009)*. Kyoto.

19.1.2. 사회언어학

Булатова, Н. Я., Вахтин, Н. Б., & Насилов, Д. М. (1997). Языки малочисленных народов Севера. *Малочисленные народы Севера, Сибири и Дальнего Востока. Проблемы сохранения и развития языков*. СПб.

Вахтин, Н. Б. (2001). Языки народов Севера в XX веке. *Очерки языкового сдвига*. СПб.

Груздева, Е. Ю. (1990). К изучению нивхско-русского двуязычия в социолингвистическом аспекте. *Лингвистические исследования 1990. Системные отношения в синхронии и диахронии. (Ред. Н.*

Д. Андреев). М.

Груздева, Е. Ю. (1994). Нивхский язык. *Красная книга языков народов России. Энциклопедический словарь-справочник.* М.

Нивхи. (1994). *Народы России. Энциклопедия / Гл. ред. В. А. Тишков.* М.

Образование как фактор развития языков и культур этнических меньшинств. (1998). *Материалы международного семинара.* СПб.

Основы законодательства РФ о правовом статусе коренных малочисленных народов. Проект "Абориген", приложение к газете "Федерация". (1993. 6. 22.)

Рущаков В. А. (2002). Нивхский язык. *Языки народов России. Красная книга. Энциклопедический словарь-справочник.* М.

Статус малочисленных народов России (Правовые акты и документы). (1994). М.

Таксами Ч. М. (1994). Нивхско-русские языковые связи. *Контактологический энциклопедический словарь-справочник. Вып. 1. Северный регион. Языки народов Севера, Сибири и Дальнего Востока в контактах с русским языком.* М.

Языковые права этнических меньшинств в сфере образования. (1994). *Сборник материалов / Авт., сост. и пер. Г.В. Хруслов.* М.

Gruzdeva E. (1996). The linguistic situation on Sakhalin Island. (S.A. Wurm & D.T. Tryon, Compiler) *Atlas of Languages of Intercultural Communication in the Pacific, Asia, and the Americas. Vol. II. 2. / S.A. Wurm, P. Mühlhäusler & D.T. Tryon (eds.).* Berlin; New York: Mouton de Gruyter. (Trends in Linguistics. Documentation. 13, 2.).

19.1.3. 교재

Жулев П. Н. (1933). *Juru - bitьə. E.A. Krejnovic nivь difkir tə - bitljə - dajud. (Книга для чтения. На нивх. яз. Пер. Е.А. Крейнович. ч. I.).* М.-Л.

Крейнович, Е. А. (1936). *Nivь - Bitьə. Букварь на нивхском (гиляцком) языке.* М.

Попова, Н. С. (1933). *Arifmetika. Ч. I.* М.-Л.

Попова, Н. С. (1934). *Arifmetika. Ч. II.* М.-Л.

Пухта, М. Н. (2001). *Русско-нивхский разговорник*. М.

Пухта, М. Н., & Отаина, Г. А. (1991). *Нивхгу диф. Учебник и книга для учения для 2 кл. (амурский диалект)*. Л.

Пухта, М. Н., & Отаина, Г. А. (1997). *Нивхгу диф. Учебник для 2 кл. (амурский диалект)*. СПб.

Савельева, В. Н. (1953). *Букварь*. М.-Л.

Санги, В. М., & Гашилова, Л. Б. (1991). *Урла к'эӈ. Книга для дополнительного чтения в 3-4 классах (сахалинский диалект)*. Л.

Санги, В. М., & Отаина, Г. А. (1981). *Ньиӻ вӈгун буквар. Нивхский букварь*. Л.

Санги, В. М., & Отаина, Г. А. (1988). *Ньиӻ вӈгун. Букварь для 1 класса нивхских школ (сахалинский диалект)*. Л.

Санги, В. М., & Отаина, Г. А. (1989). *Ньигвн дуф пит гын. Учебник и книга для чтения для 2 класса (сахалинский диалект)*. Л.

Санги, В. М., & Отаина, Г. А. (1993). *Ньиӻ вӈгун буквар. Букварь для 1 класса (сахалинский диалект)*. СПб.

Санги, В. М., & Отаина, Г. А. (1994a). *Ньиӻ вӈ дуф питӷыӈ. Учебник и книга для чтения в 1 классе (сахалинский диалект)*. СПб.

Санги, В. М., & Отаина, Г. А. (1994b). *Учебник для 2 класса (сахалинский диалект)*. СПб.

Санги, В. М., & Паклина, Т. И. (1987). *Т'зла пэтар. Книга для дополнительного чтения в 1-2 классах (сахалинский диалект)*. Л.

Таксами, Ч. М. (1982). Нивхгу. *Букварь для подготовительных классов (амурский диалект)*. Л.

Таксами, Ч. М. и др. (1997). *Нивхгу. Букварь для 1 класса (амурский диалект)*. СПб.

Таксами, Ч. М., & Полетьева, С. Ф. (1992). *Лый бетар. Книга для дополнительного чтения в 1-2 классах (амурский диалект)*. СПб.

Учебник арифметики для начальных школ. На нивхском (гиляцком) языке / Пер. Е.А. Крейновича. Ч. 1. Б.м. (1933).

Учебник арифметики для начальных школ. На нивхском (гиляцком) языке / Пер. Е.А. Крейновича. Ч. 2. Б.м. (1934).

19.2. 전문가, 자문

◇ 그루즈데바 옐레나 유리예브나(Груздева Елена Юрьевна)

언어학 연구소(RAN)(SPb)

직장 주소 Россия, 199053, г. Санкт-Петербург, Тучков пер., 9

◇ 오졸리야 라리사 빅토로브나(Озолиня Лариса Викторовна)

Ph.D. 선임 연구원

어문학 연구소[역사학·어문학·철학 통합 연구소(SO RAN)(노보
시비르스크 소재) 내], 만주퉁구스학 분과

직장 주소 Россия, 630090, г. Новосибирск 90, просп. акад.
Лаврентьева, 17

TEL   7-3832-350567

FAX   7-3832-301518

19.3. 기관, 연구소, 기구

19.3.1. 해당 언어의 발전을 돕는 기관, 연구소, 기구

◇ 게르첸 러시아 국립사범대학교, 북방 민족 연구소

주소 Россия, 198097, г. Санкт-Петербург, просп. Стачек, 30

FAX   7-812-3121195

E-mail   nich@herzen.spb.ru, rector@herzen.spb.ru

웹사이트 www.herzen.spb.ru

19.3.2. 해당 언어를 연구하는 기관, 연구소, 기구

◇ 언어학 연구소(RAN)(SPb)

주소 Россия, 199053, г. Санкт-Петербург, Тучков пер., 9

TEL   7-812-3281611

◇ 언어학 연구소(RAN)(M)

주소 Россия, 125009, г. Москва, Б. Кисловский пер., 1/12

TEL   7-095-2903585

FAX   7-095-2905228

◇ 게르첸 러시아 국립사범대학교, 북방 민족 연구소

주소 Россия, 198097, г. Санкт-Петербург, просп. Стачек, 30

FAX   7-812-3121195

E-mail   nich@herzen.spb.ru, rector@herzen.spb.ru

웹사이트 www.herzen.spb.ru

19.4. 전자 매체에 담긴 정보(CD, 인터넷) – 없다

20. 전반적 정보 (언어의 기능과 문자 발달의 역사 개요)

계통 분류

니브흐어의 계통 분류 문제는 아직 완전히 해결되지 못했다. 가장 널리 유포된 견해에 의하면, 계통적으로 니브흐어는 **고립어**로 간주된다. 지리적으로는 고아시아어 그룹에 포함된다.

자칭

- ▸ 언어 자칭 – 니브흐구(нивхгу)
- ▸ 민족 자칭 – 아무르 방언으로는 니이브흐구(ньивхгу), 동사할린 방언으로는 니이그브눈(ньигвнун)이다.

방언 구분

니브흐어에는 아무르 방언, 동사할린 방언, 북사할린 방언, 남사할린 방언 등 4개의 방언이 있다.

민족 인구수

니브흐인은 러시아에 총 4,631명이 거주한다(1989년 인구 조사).[55] 그들 중 3,552명이 자신의 모어로 말할 줄 모른다.

분포 지역

전통적으로(20세기 중반 전에) 니브흐족은 아무르 강 하류, 타타르 해협 연안, 사할린 섬의 북서안과 동안에 살았다. 제2차 세계대전 후에 일부 소수 니브흐인들이 일본(홋카이도 섬)으로 이주했다. 현재 니브흐인들이 가장 많이 집중적으로 거주하는 지역은 아무르 강 연안의 알레옙카 촌락과 발 촌락(118명), 사할린 섬의 노글리키와 네크라솝카, 그리고 사할린 주의 포로나이 구이다.

니브흐어의 현 상태에 가장 큰 영향을 준 것은, 1950년대에 니브흐인들이 연안의 오래 된 작은 시골에서 더 큰 마을로 강제 이주 당한 사건이다. 이러한 큰 마을에서 니브흐인들은 현지 주민들 중 아주 일부에 불과했다(1989년 현재 포로나이스크에서 0.4%, 노글리키에서 4.6%, 오하에서

---

55 2010년 인구 조사 자료에 따르면 러시아 연방에 거주하는 니브흐족은 총 4,652명이다 (http://www.perepis-2010.ru). _옮긴이

0.4% 정도이다). 이러한 인구 상황은 언어 상황에도 반영되지 않을 수 없었다. 니브흐어를 모어로 인정한 사람은 1926년에는 99.5%이던 것이, 1959년에는 77.1%, 1989년에는 22.2%가 되었다. 게다가 네기달어를 아는 사람은 나이든 세대뿐이고, 젊은 사람들은 아예 모른다. 현재 니브흐어를 할 줄 아는 모든 니브흐인들은, 러시아어를 자유자재로 구사하는 이중언어 구사자이다. 러시아 사람들과 함께 살고 있기 때문이다.

문자

과거에 니브흐인들은 상형 문자를 사용했다. 1932년에 라틴 문자를 토대로 아무르 방언을 위한 알파벳이 만들어졌다. 1932~1937년에는 니브흐 철자본과 초등학교용 교재가 출판되었고, 니콜라옙스크-나-아무레에서 신문 『니브흐의 진실(Nivkhskaja pravda)』이 나왔다. 1953년에는 아무르 방언 문자가 키릴 문자로 전환되었고, 1979년에는 동사할린 방언을 위한 문자가 만들어졌다.

표준어

니브흐어는 표준어가 충분히 발달하지 못한 언어로 볼 수 있다. 언어 규범이 형성되지 않았다. 니브흐어로 된 문학 서적으로는 독본, 크레이노비치(Je. A. Krejnovich)가 이미 1930년대에 만들었던 푸시킨(A. S. Pushkin)의 민담 2편, 그리고 산기(V. M. Sangi)의 몇몇 작품이 있다(다 해서 약 20편이다). 구전 문학 작품으로는 산기, 탁사미(Ch. Taksami), 티부스(L. Tyvus)가 수집하고 펴낸 신화, 전설, 노래가 있다.

니브흐어에는 공식적인 지위가 없다.

니브흐어는 다음과 같은 국가가 관장하는 의사소통 분야에서 기능한다.

- ▶ **교육** 분야 – 사할린 주와 하바롭스크 크라이의 3개 초등학교의 3학년 이전 학년과 2개 중등학교에서 교과목으로 교육됨.
- ▶ **문학, 구비문학** 분야 – 문학과 구비문학 작품이 원어로 소수 출판됨.
- ▶ **교과서와 교재** 분야 – 철자본, 독본, 초등학교 교재가 출판됨. 몇 권의 사전이 출판 준비 과정에 있음[저자는 오졸리냐(L. Ozolinja)].

니브흐어는 가정, 생활, 지인들 사이의 개인 간 의사소통에서, **전통 생업** 분야와 **민족 의식**에서 주로 나이 든 세대들 간에 매우 제한적으로 사용된다. 젊은 세대는 니브흐어를 전혀 모르거나, 알더라도 극히 낮은 수준이다. 현재 언어 상황은 가정 내 의사소통과 전통 생업 분야에서 니브흐어가 러시아어로 대체되는 방향으로 나아가고 있다. 니브흐어는 젊은 이들 사이에서 인기가 점점 적어지고 있다.

모어 구사 지표가 낮고 언어의 활용 범위가 좁다는 점을 감안해 볼 때, 현 단계 니브흐어의 **생명력** 수준과 니브흐어의 미래에 관한 문제는 우려할 만한 수준이라는 점을 인정할 수밖에 없다.

주요 연구 기관

니브흐어의 주요 연구 기관은 상트페테르부르크에 있다.

† 집필자

옐레나 알렉세예브나 콘드라시키나
(Jelena Aleksejevna Kondrashkina, Елена Алексеевна Кондрашкина)
Ph.D., 선임 연구원
언어학 연구소(RAN)(M) 민족 언어 관계 연구 센터(NICNJaO)
직장 주소 Россия, 125009, г. Москва, Б. Кисловский пер., 1/12
TEL   7-095-2905268
FAX   7-095-2905228
E-mail   socioling@mail.ru

연도/기간   1999~2002년

돌간어 K. 바흐냔

0. 언어 정의

0.1. 기본 명칭 – 돌간어

1. 언어 명칭

1.1. 언어 화자가 사용하는 명칭 – 돌간(долган)
1.2. 정부 문서 또는 헌법에서 사용하는 명칭 – 돌간어
1.3. 이전에 사용했던 명칭 – 야쿠트어의 방언
1.4. 외국어 명칭 – 영어 Dolg(h)an, Dulg(h)an / 독일어 Dolganisch / 프랑스어 dolgan

* 민족 명칭

기본 명칭 – 돌간인

민족 자칭 – 둘가안(дулгаан) / 트아[56] 키히테(тыа киһите) / 트아 산가타 (тыа сангата) / 트알라르(тыалар, '툰드라의 사람들')

> **주해** 전에는 돌간족을 일컫는 공통의 이름이 없었다. 왜냐하면 단일한 민족으로 여겨지지 않았었기 때문이다. 하카(хака), 둘가안(дулгаан), 돌간(долган), 트알라르(тыалар), 쿠후터(куһутэ) 등과 같은 명칭은 돌간 민족 공동체에 속하는 특정한 그룹이나 씨족의 이름이었다. 돌기흐(B. O. Dolgikh)에 따르면 돌간족은 9개의 민족 그룹을 토대로 형성되었다.

정부 문서 또는 헌법에서 사용하는 명칭 – 돌간인

이전에 사용했던 명칭 – 없다

외국어 명칭 – 영어 Dolgans / 독일어 Dolganen / 프랑스어 Dolgans

---

[56] 튀르크 어파에 속하는 돌간어, 쇼르어, 출름튀르크어, 토파어의 경우에 한하여, 원어의 발음을 존중하여 'ы'를 'ㅣ'가 아닌 'ㅡ'로 표기하였다. _옮긴이

2. 통계 자료와 지리 자료 (1989년 인구 조사 자료)

2.1. 민족 구성원의 총수 (국가별 · 지역별)

- 러시아 – 6,584[57]

  크라스노야르스크 크라이
  - ▶ 타이미르(돌간-네네츠) 자치구 – 4,939
  - ▶ 어윙키 자치구 – 48

  사하(야쿠티야) 공화국 – 408

  하카스 공화국 – 77

  튜멘 주
  - ▶ 한티-만시 자치구 – 55
  - ▶ 야말-네네츠 자치구 – 14

  다게스탄 공화국 – 9

  마리 엘 공화국 – 2

  바시코르토스탄 공화국 – 1

  부랴트 공화국 – 10

  북오세티야 공화국 – 1

  알타이 공화국 – 1

  우드무르트 공화국 – 2

  체첸 공화국과 잉구셰티야 공화국 – 1

  추바시 공화국 – 6

  카라차이-체르케스 공화국 – 3

  카렐리야 공화국 – 1

  카바르다-발카르 공화국 – 8

  칼미크 공화국 – 5

  코미 공화국 – 5

  타타르스탄 공화국 – 5

  투바 공화국 – 2

  하바롭스크 주
  - ▶ 유대인 자치주 – 4

  캄차카 주

---

57 2010년 인구 조사 자료에 따르면 러시아 연방에 거주하는 돌간족은 총 7,885명이다 (http://www.perepis-2010.ru). _옮긴이

▸ 코랴크 자치구 – 2

마가단 주

▸ 추코트 자치구 – 4

페름 주

▸ 코미페르먀크 자치구 – 1

기타 지역 – 970

- 다른 나라 – 361

CIS(러시아 제외)와 발트 국가 – 361

▸ 라트비아 – 6

▸ 몰도바 – 8

▸ 벨라루스 – 16

▸ 아르메니아 – 3

▸ 아제르바이잔 – 1

▸ 우즈베키스탄 – 37

▸ 우크라이나 – 182

▸ 조지아 – 6

▸ 카자흐스탄 – 56

▸ 키르기스스탄 – 14

▸ 타지키스탄 – 25

▸ 투르크메니스탄 – 7

2.1.1. 해당 민족의 언어를 말하지 않는 민족 구성원의 수 (지역별·모어별)

- 러시아 – 958

러시아어 – 918

다른 언어 – 40

- 크라스노야르스크 크라이 – 626

러시아어 – 598

다른 언어 – 27

- 다른 지역 – 332

러시아어 – 312

다른 언어 – 20

2.2. 러시아 내 해당 언어 화자의 총수 (지역별)

- 러시아 – 5,544

크라스노야르스크 크라이 – 4,768

▶ 타이미르(돌간-네네츠) 자치구 − 4,456

다른 지역 − 776

2.2.1. 해당 언어가 모어인 화자의 총수 (지역별·민족별)

- 러시아 − 5,532

  돌간인 − 5,532

  기타 − 자료 없음

  - 크라스노야르스크 크라이 − 4,768

    돌간인 − 4,768

    기타 − 자료 없음

    - 타이미르(돌간-네네츠) 자치구 − 4,456

    돌간인 − 4,456

    기타 − 자료 없음

  - 다른 지역 − 769

    돌간인 − 769

    기타 − 자료 없음

2.2.1.1. 단일언어 사용자의 총수

- 러시아 − 983

  돌간인 − 983

  - 크라스노야르스크 크라이

    ▶ 타이미르(돌간-네네츠) 자치구 − 757

    돌간인 − 757

  - 다른 지역 − 226

    돌간인 − 226

2.2.1.2. 이중언어 사용자의 총수

- 러시아 − 4,531

  돌간인 − 4,531

  - 크라스노야르스크 크라이 − 3,993

    돌간인 − 3,993

    ▶ 타이미르(돌간-네네츠) 자치구 − 3,699

    돌간인 − 3,699

  - 다른 지역 − 538

    돌간인 − 538

2.2.1.3. 남성 이중언어 사용자의 수

- 러시아 – 자료 없음

  돌간인 – 자료 없음

2.2.1.4. 여성 이중언어 사용자의 수

- 러시아 – 자료 없음

  돌간인 – 자료 없음

2.2.1.5. 이중언어 사용자의 제2 언어별 분포 (지역별)

- 러시아 – 4,531

  러시아어 – 4,497

  다른 언어 – 34

  - 크라스노야르스크 크라이 – 3,993

    러시아어 – 3,973

    다른 언어 – 20

    - 타이미르(돌간-네네츠) 자치구 – 3,699

      러시아어 – 3,680

      네네츠어(툰드라/삼림) – 4

      다른 언어 – 15

  - 다른 지역 – 538

    러시아어 – 524

    다른 언어 – 14

주해 이중언어 사용자의 제2 언어별 분포에 관한 자료는 돌간인에 국한된 것이다.[58]

2.2.1.6. 해당 언어가 모어인 화자 중 도시·촌 주민의 수

- 러시아 – 5,532

  도시 – 740

  촌 – 4,792

  - 크라스노야르스크 크라이 – 4,768

    도시 – 457

    촌 – 4,311

  - 타이미르(돌간-네네츠) 자치구 – 4,456

---

[58] 원문에는 아래에 '러시아', '크라스노야르스크 크라이', '타이미르(돌간-네네츠) 자치구', '다른 지역' 행에 적힌 명수와 똑같이 각 행의 바로 아래에 '돌간인'의 명수가 적혀 있으나, 주해에 돌간인에 관한 자료뿐임이 밝혀져 있으므로 생략한다. _옮긴이

도시 – 240

촌 – 4,216

- 다른 지역 – 769

도시 – 193

촌 – 576

2.2.2. 해당 언어가 제2 언어인 화자의 총수 (지역별 · 민족별)

- 러시아 – 94

돌간인 – 94

- 크라스노야르스크 크라이 – 66

돌간인 – 66

- 타이미르(돌간-네네츠) 자치구 – 47

돌간인 – 47

- 다른 지역 – 28

돌간인 – 28

주해 데이터는 돌간인 데이터뿐이다. 다른 민족에 대한 자료는 없다.

2.3. 친족 언어와 친족 언어 화자의 수 (국가별 · 지역별)

- 야쿠트어 – 391,250

러시아 – 391,250

다른 나라 – 자료 없음

2.4. 해당 언어가 모어인 화자의 수 (국가별 · 지역별)

- 러시아 – 5,532

크라스노야르스크 크라이 – 4,768

  ▶ 타이미르(돌간-네네츠) 자치구 – 4,456

다른 지역 – 769

- 다른 나라 – 자료 없음

2.5. 해당 언어가 제2 언어인 화자의 수 (국가별 · 지역별)

- 러시아 – 94

크라스노야르스크 크라이 – 66

  ▶ 타이미르(돌간-네네츠) 자치구 – 66

다른 지역 – 28

- 다른 나라 – 자료 없음

3. 언어 개요

3.1. 계통 분류상의 위치

3.1.1. 어파 – 튀르크 어파

3.1.2. 분파 – 동부 훈 분파

3.1.3. 어군 – 우고르-오구즈 어군

3.1.4. 하위어군 – 야쿠트 하위어군

* 친족 언어 – 야쿠트어
* 언어 접촉 – 러시아어, 어윙키어, 응아나산어, 툰드라-네네츠어
* 추가적 지리 자료 (언어 분포 지역)

- 러시아

  크라스노야르스크 크라이

  ▶ 타이미르(돌간-네네츠) 자치구 – 두디 구, 하탕가 구

  사하(야쿠티야) 공화국

  ▶ 아나바르 울루스(구)

  주해 돌간인은 주로 촌 거주지에 산다. 하탕가 구(타이미르 반도의 동부와 중앙, 하탕가, 포피가이, 헤타 강 유역)이 돌간인의 집중 거주 지역이다.

3.2. 주요 언어학적 특성 (간략한 기술)

- 음성학

  음성체계는 야쿠트어의 음성체계와 유사하다. 음성학적 차이는, 1) 이중모음이 준이중모음(diphthongoid)과 장모음으로 전이, 2) 모음조화의 파괴, 3) 어두 x가 h로 변화, 4) 연구개음(uvular) x의 상실 등이다.

  모음 다음과 같은 유형의 모음이 있다. 단모음은 $a, \ddot{\imath}, o, u, e, i, \ddot{o}, \ddot{u}$이 있고, 장모음은 $\bar{a}, \bar{\imath}, \bar{o}, \bar{u}, \bar{e}, \bar{\imath}, \bar{\ddot{o}}, \bar{\ddot{u}}$, 이중모음은 $ia, uo, ie, \ddot{u}\ddot{o}$이 있다. 장모음은 러시아어의 강세 모음보다 음장이 더 길고 모음이 2개 있는 것처럼 인식된다. 장모음은 1차 장모음과 2차 장모음으로 나뉜다. 1차 장모음은 어근 음절에만 있고 그 수는 5개로 $\bar{a}, \bar{\imath}, \bar{u}, \bar{\imath}, \bar{\ddot{u}}$이다. 2차 장모음은 모든 음절에 나타날 수 있다. 돌간어에는 모음조화가 있다.

  자음 자음 음소 체계는 다음과 같다. 장애음으로는 무성음 p, t, t', k, 유성음 b, d, d', g, γ, 파찰음 $\check{c}, \ʒ$, 마찰음 s, h이 있고, 공명음 $m, n, \acute{n}, \eta, l, r, j$이 있다.

  강세 강세는 대개 단어의 마지막 음절에 온다.

- 형태론

  형태론적 유형면에서 돌간어는 야쿠트어와 마찬가지로 **교착어**에 해당한다. 문법적 의미를 표현하는 주된 수단은 접사 첨가가 특징적이고 분석적 방법도 함께 사용된다. 단어의 품사는 **명사, 형용사, 수사, 대명사, 동사, 부사, 후치사,** 그 외 허사가 있다.

  명사 명사의 문법 범주에는 **수, 격, 소유, 서술성**(predicativity)이 있다. 수 범주는 단수와 복수의 대립으로 표현된다. 명사의 복수 표지는 접미사 *lar(tar/dar/nar...)*의 음성 변이형 16개로 나타난다. 격은 8개로 주격, 동반격, 대격, 여격, 탈격(ablative), 기구격, 부분격(partitive), 비교격이 있다.

  형용사 비교급의 의미는 비교 구문을 써서 통사적으로 표현된다.

  수사 야쿠트어와 동일하다.

  대명사 인칭대명사, 인칭파생대명사, 소유대명사, 재귀인칭대명사, 지시대명사, 비교지시대명사, 상대대명사, 의문대명사, 부정(不定)대명사.

  동사 동사의 형태론적 범주는 **태, 상, 법, 시제, 인칭, 수**가 있다. 동사 체계에는 인칭형과 형동사, 부동사가 있다. 동작 동사(action verb), 상태 동사, 수사적 동사 등 세 가지 유형의 동사가 있다.

- 통사론

  기술되지 않았음.

- 어휘론

  어휘는 대개 야쿠트어에서 온 어휘와 **러시아어, 어윙키어, 네네츠어, 튀르크어파의 알타이 언어들**에서 온 **차용어**가 있다. 특징은 1) (예를 들어 농업 관련 어휘와 같이) 많은 부류의 옛 야쿠트 어휘가 사라졌다는 점, 2) 현대 야쿠트어의 정치, 학술 용어가 없다는 점, 3) 의미 체계가 변화했다는 점이다.

3.3. 유형론적 특성

- 형태론적 구조 – 교착어

3.4. 방언 구분

노릴스크 지역어

퍄시나 지역어

아밤 지역어

하탕가 지역어

포피가이 지역어

3.5. 명칭이 있는 주요 지역적 이형 – 없다

4. 문자와 정서법

- NWL(New Written Language, Novopis'mennyj jazyk) 1990년대에 문자가 제정된 언어

4.1. 문자 체계와 서체(서법) – 키릴 문자

4.2. 정서법 – 통일 작업 중

    4.2.1. 통일된 체계 – 있다

    4.2.2. 통일된 체계가 있는 경우, 통일 원칙 – 음소 원칙

* 표준어 – 1990년대에 문자가 제정된 언어로 표준어 발달 정도는 미약하다.

> **주해** 문자 언어로 돌간어가 사용되기 시작한 것은 1970년대부터이다. 돌간어로 된 문헌은 돌간어 최초의 서적인 악쇼노바[Ye. Ye. (Ogdo) Aksjonova]의 시집 『돌간인의 시와 노래(*Baraksan. Stikhi, pesni dolgan*)』가 출판되었던 1973년부터 나오기 시작했다.

* 문자의 역사 개요

    돌간어의 문자는 1970년대 말에서야 만들어졌다. 1978년 키릴 문자를 기본으로 하고 돌간어의 음운 구조상의 특징을 고려한 알파벳이 창제되었다. 이 문자는 우선적으로 가장 집중적으로 살고 있는 하탕가 돌간인의 방언을 토대로 한 것이다. 1981년에는 '돌간 문자 알파벳 초안'이 공표되었으나, 확정되었는지에 대해서는 자료가 없다.

5. 지위

5.1. 해당 언어 화자가 자신의 언어를 충분히 발달된 언어이자 다른 언어들에 대응하는 언어라고 생각하는가?

    5.1.1. 해당 언어가 내적 구조 면에서 다른 언어들과 크게 구별되기 때문에? – 그렇다

    5.1.2. 해당 언어가 발달된 문명의 도구로서 높은 발달 수준을 지니고 있기 때문에? – 아니다

5.2. 언어의 표준화가 이루어졌는가? – 그렇다

    주해 언어의 규범화 정도는 미미하다, 1990년대에 문자가 제정된 언어에 속한다.

    5.2.A. 문자 규범이 있는가? – 있다

주해 문어의 표준어 규범은 발생 단계에 있고, 정자법도 만들어지고 있는 중이다.

5.2.B. 구어 규범이 있는가? – 있다

주해 구어의 표준어 규범은 발생 단계에 있다.

5.2.1. 표준화된 언어가 여러 개(pluricentric language)인가?
– 표준어가 하나인 언어

5.2.2. 2개의 표준이 혼합되어 있는가? – 아니다

5.2.3. 특정 지역적 이형으로 된 문헌이 있는가? – 없다

5.2.3.A. 문헌이 있는 지역적 이형 – 없다

5.3. 언어의 법적 지위 (국가별·지역별)

국가 – 러시아

해당 언어의 지위 – 러시아 연방 토착 소수민족 언어

◇ 지역 – 사하(야쿠티야) 공화국

해당 언어의 지위 – 공식어

출처 – 사하(야쿠티야) 공화국 헌법(기본법)

주해 3장, 46조 "사하(야쿠티야) 공화국의 국가 언어는 사하어와 러시아어이다. 사하공화국의 북방 민족의 언어들은 해당 민족 집중 거주 지역의 공식어이다."

사하(야쿠티야) 공화국 법 중 "사하(야쿠티야) 공화국 언어에 관한 법"

주해 6조 "어윙키어, 어윈어, 유카기르어, 돌간어, 축치어는 해당 민족의 거주지에서 지역 공식언어로 인정되며 국가 언어와 동등하게 사용된다."

◇ 지역 타이미르(돌간-네네츠) 자치구

해당 언어의 지위 – 북부 토착 소수민족 언어

5.4. 해당 언어 화자의 언어적·문화적 권리를 인정하는 텍스트 (헌법, 법, 조항, 명령 등)

6. 문헌의 발달 역사

6.0. 문헌이 있는가? – 있다

6.1. 문헌이 만들어진 경우

6.1.1. 해당 언어가 모어인 화자가 주로 만든 것인가? – 그렇다

6.1.2. 해당 언어가 모어가 아닌 사람들이 주로 만든 것인가? – 아니다

6.1.3. 위 두 범주의 사람들이 같은 정도로 만든 것인가? – 아니다

6.2. 문헌의 구성은

6.2.1. 주로 원어로 되어 있는가? – 그렇다

주해 돌간 문학 작품은 매우 적다. 최초의 작품은 돌간 알파벳이 확립되기 조금 전인 1973년에 돌간어로 출판된 (오그도) 악쇼노바[Je. Je. (Ogdo) Aksjonova] 의 시집이다.

6.2.2. 주로 번역문으로 되어 있는가? – 아니다

6.2.3. 원어와 번역문이 같은 정도인가? – 아니다

6.2.4. 번역은 어느 언어에서 이루어졌는가? – 주로 러시아어

6.3. 출판물에 대한 통계 자료

◇ 연도/기간 – 1971~2002년

6.3.1. 출판물

총 편수 – 10편

6.3.2. 해당 언어로 된 번역문

총 편수 – 자료 없음

6.3.3. 해당 언어에서 다른 언어로 된 번역문

총 편수 – 자료 없음

주해 러시아어로 번역된 것은 돌간어 텍스트와 함께 대역으로 출판되었다.

7. 종교 관습과 이데올로기 작품에서 해당 언어의 사용

주해 돌간족 중 종교가 있는 사람은 정교도이다. 전통 신앙(정령 신앙)도 존속되고 있다.

7.1. 종교적 예배, 의식, 의례에서 해당 언어의 사용 – 사용된다

◇ 종교 – 샤머니즘

의식 – 사용된다

7.2. 종교 텍스트의 번역 – 있다

◇ 종교 – 기독교

텍스트 – 「마가복음」, 「누가복음」

총 텍스트 편수 – 2편

주해 「신약성서」의 각 부분의 번역은 스웨덴 스톡홀름에 있는 성서 번역 연구소의 프로젝트로 수행되었다. 이 연구소는 『예수님은 아이들의 친구(*Iisus - Drug detej*)』(1997)라는 종교적인 내용의 책도 출판했다.

출처 – www.ibtnet.org/moscow/index.htm

연도/기간 – 2002년

7.3. 이데올로기 작품 – 없다

8. 문학 범주

8.1. 서술적 장르

연도/기간 – 1973~2002년

총 텍스트 편수 – 10편

8.1.1. 서정시, 희곡, 노래

8.1.1.A. 서정시

총 텍스트 편수 – 없다

8.1.1.B. 희곡

총 텍스트 편수 – 없다

8.1.1.C. 찬송가-성가곡집

총 텍스트 편수 – 없다

8.1.2. 소설류

8.1.2.A. 단편 소설

총 텍스트 편수 – 10편

8.1.2.B. 중편 소설

총 텍스트 편수 – 10편

8.1.2.C. 장편 소설

총 텍스트 편수 – 없다

8.2. 비서술적 장르 (정보, 학술, 교육, 방법론)

연도/기간 – 1973~2002년

총 텍스트 편수 – 2편

8.2.1. 대중 대상 비서술적 산문 (초등학교 수준)

총 텍스트 편수 – 2편

주해 1981년에 악쇼노바(Je. Je. Aksjonova), 바르볼리나(A. A. Barbolina), 파르피로프(V. N. Parfirov)의 『돌간어 철자본 시안(*Ehksperimental'nyj bukvar' dolganskogo jazyka*)』이 출판되었다.

8.2.1.1. 취학 전 어린이 보육 기관과 초등학교용 교재와 연습 문제집

총 텍스트 편수 – 2편

8.2.1.2. 기타 대중 대상 비서술 산문

총 텍스트 편수 – 없다

8.2.2. 고급 수준 비서술적 산문 (중등학교 수준)

총 텍스트 편수 – 없다

8.2.3. 학술 비서술적 산문 (대학 수준)

총 텍스트 편수 – 없다

8.2.4. 기타 비서술적 산문 (미분류)

총 텍스트 편수 – 2편

8.2.4.1. 방법론 서적

총 텍스트 편수 – 1편

8.2.4.2. 사전

총 텍스트 편수 – 1편

주해 1990년『돌간어–러시아어, 러시아어–돌간어 사전(*Dolgansko-russkij, russko-dolganskij slovar' / Ed. Je. Je. Aksjonova, Z. P. Dem'janenko et al.*)』이 발간되었다.

8.2.4.3. 문법서

총 텍스트 편수 – 없다

8.2.4.4. 언어학 서적

총 텍스트 편수 – 없다

8.2.4.5. 문헌 정보

총 텍스트 편수 – 없다

8.3. 구비문학 출판

총 텍스트 편수 – 2편

장르 – 민담(설화), 올론호(olonkho, 서사시)

주해 1937년에 처음으로 포포프(A. A. Popov)가 선집『돌간 구비문학(*Dolganskij fol'klor*)』을 발표했다. 1984년에는 예프레모프(P. Je. Jefremov)가 돌간족의 가장 대규모 구비문학 장르인 올론호에 대한 연구를 토대로 저서『돌간 올론호(*Dolganskoje olonkho*)』를 출판했다.

9. 정기 간행물

지역 – 타이미르(돌간-네네츠) 자치구

사용 정도 – 제한적으로 사용된다

9.1. 신문

총 종류 수 – 1개

9.2. 별지와 정보지 – 없다

9.3. 잡지 – 없다

9.A. 정기 간행물 (명칭별)

　　9.A.1. 신문

◇ 지역 – 타이미르(돌간-네네츠) 자치구

간행물 종류 – 자치구 신문

발행 연도/기간 – 1994~1998

정기 간행물 제목 – '타이미르(Tajmyr)'

주해 1994년 이전에 이 신문의 제목은 '소비에트 타이미르(Sovetskij Tajmyr)'였다.

발행 장소 – 두딘카 시

발행 주기 – 비정기적

주해 발행할 자료가 생기는 대로 1년에 몇 차례 나온다.

발행 부수 – 1,061부

제1 언어 – 러시아어

다른 언어 – 돌간어, 툰드라-네네츠어, 응아나산어, 에네츠어

분야 – 지역 뉴스, 인터뷰, 구비문학

주해 이 신문은 러시아어로 발행되고, 일부 지면은 별지 형태로 돌간어, 응아나산어, 에네츠어, 네네츠어로 발간된다. 주기는 각기 다르다.

10. 교육 기관

A. 해당 언어가 교육매개어이거나 해당 언어를 교과목으로 가르치는가? – 그렇다

B. 해당 언어가 교육매개어인가? – 아니다

C. 해당 언어를 교과목으로 가르치는가? – 그렇다

D. 교재는 있는가? – 있다(해당 언어로 된 교재가 있다)

E. 교사에 대한 특혜는 있는가? – 있다

연도/기간 – 1998년

출처 – 러시아 연방 교육부

10.A-B. 교육매개어로 해당 언어의 사용

사용 정도 – 사용되지 않는다

출처 – 러시아 연방 교육부

10.C. 교과목으로 해당 언어 교육 – 제한적이다

10.C.0.1. 교재 – 없다

10.C.1. 취학 전 보육 – 없다

10.C.1.1. 교재 – 없다

10.C.2. 초등 교육 – 제한적이다

지역 – 타이미르(돌간-네네츠) 자치구(돌간 주, 두딘카 시)

교육 기관의 유형 – 초등학교/국립

연도/기간 – 1998년

교육 기관 수 – 5개

학생 수 – 400명

주당 시수 – 자료 없음

출처 – 러시아 연방 교육부

10.C.2.1. 교재 – 있다

10.C.3. 중등 일반 교육 – 없다

10.C.3.1. 교재 – 없다

10.C.4. 중등 전문 교육 – 없다

10.C.4.1. 교재 – 없다

10.C.5. 고등 교육

◇ 지역 – 상트페테르부르크 시

교육 기관의 유형 – 고등 교육 기관/국립

연도/기간 – 2002/2003학년도

교육 기관 수 – 1개

학생 수 – 52명

주당 시수 – 자료 없음

출처 – 게르첸 러시아 국립사범대학교, 북방 민족 연구소 행정실

주해 현재 게르첸 러시아 국립사범대학교의 북방 민족 연구소(구 극북 민족 학부)에서 돌간어를 배우는 학생은 52명이다. '모어와 모국문학' 전공의 경우 주당 시수는 학년 마다 다르다. 1, 2학년은 4시간, 3학년은 3시간, 4학년은 4시간, 5학년은 8시간이다.

10.C.5.1. 교재 – 없다

11. 대중 언론 매체에서 해당 언어의 사용

11.1. 라디오 방송

지역 – 타이미르(돌간-네네츠) 자치구

사용 정도 – 사용된다

◇ 연도/기간 – 2002년

방송국 – 국영방송국 '타이미르(Tajmyr)'

방송 시간(돌간어) – 매일 25분

프로그램 유형(돌간어) – 자료 없음

출처 – 국영방송국 '타이미르(Tajmyr)'

647000, г. Дудинка, ул. Горького, 15, а/я 416

◇ 연도/기간 – 1970~1994

방송국 – 자치구 라디오 방송국(두진카 시)

방송 시간(돌간어) – 15분씩. 1주일에 5회(평일)

프로그램 유형(돌간어) – 뉴스, 인터뷰, 구비문학(단편)

주해 하루에 자치구 내 토착민족 언어들로 진행되는 모든 라디오 방송의 시간은 (평일) 60분이다. 프로그램은 타이미르(돌간-네네츠) 자치구의 4개 소수민족 언어인 응아나산어, 네네츠어, 어원어, 돌간어로 각 15분씩 4개의 프로그램으로 이루어져 있다.

11.2. 텔레비전 방송

사용 정도 – 사용되지 않는다

11.3. 영화

사용 정도 – 사용되지 않는다

11.4. 레코드판 – 없다

11.5. 음성 녹음 자료(필름과 카세트) – 있다

수량 – 자료 없음

▶ 공연 – 없다

▶ 구비문학 – 있다

▶ 음악 – 없다

기록 보유자

▶ 역사학·어문학·철학 통합 연구소(SO RAN)(노보시비르스크)

▶ 사하(야쿠티야) 공화국 학술원 인문학 연구소

▶ 국영방송국 '타이미르(Tajmyr)'

647000, г. Дудинка, ул. Горького, 15, а/я 416

주해 올론호 작품인 「용사 오토노이(*Ottoonoj-bogatyr*)」와 「용사 젤레즈니 레젠 (*Bogatyr' Zheleznyj Lezhen*)」의 음성 녹음본이 있다. 사본 한 부는 역사학·어 문학·철학 통합 연구소(SO RAN)에, 또 하나의 사본은 언어·문학·역사학 연구소(SO RAN)[1995년부터는 사하(야쿠티야) 공화국 학술원 산하 인문학 연구소]에 소장되어 있다. 방송국인 '타이미르(Tajmyr)'에 방송 녹음 자료도 있다.

11.6. 극장

사용 정도 – 사용되지 않는다

12. 중앙 정부에서 해당 언어의 사용

◇ 국가 – 러시아
- ▶ 정부 기관 – 러시아 연방 정부
- ▶ 사용 정도 – 사용되지 않는다

13. 지역 정부에서 해당 언어의 사용

◇ 지역 – 타이미르(돌간-네네츠) 자치구
- ▶ 정부 기관 – 지역 정부
- ▶ 사용 정도 – 사용되지 않는다

14. 지방 관청에서 해당 언어의 사용

◇ 지역 – 타이미르(돌간-네네츠) 자치구
- ▶ 정부 기관 – 지방 관청
- ▶ 사용 정도 – 사용되지 않는다

주해 일부 다른 소수언어와는 달리 돌간어는 촌락의 지방 관청에서 기능하지 못한다. 돌간족은 주로 여러 민족이 섞여 살고 있는 두딘카 시에 거주하고 있기 때문에, 행정 기관에서는 민족 간 의사소통 언어인 러시아어가 사용된다.

15. 법원에서 해당 언어의 사용

◇ 국가 – 러시아
- ▶ 지역 – 타이미르(돌간-네네츠) 자치구
- ▶ 사용 정도 – 사용되지 않는다

주해 자치구 내 소송은 실제로 러시아어로 진행된다. 왜냐하면 모든 돌간인이 러시아어를 하기 때문이다.

16. 입법 기관에서 해당 언어의 사용

16.1. 중앙 입법 기관 또는 의회

◇ 국가 – 러시아
    ▶ 입법 기관 – 러시아 연방 의회
    ▶ 사용 정도 – 사용되지 않는다

16.2. 공화국 수도, 지역 중심지의 입법 기관, 공화국 대표 기관
    ▶ 사용 정도 – 사용되지 않는다

17. 생산 분야에서 해당 언어의 사용

지역 – 타이미르(돌간-네네츠) 자치구
    ◇ 사용 분야 – 공업
    사용 정도 – 사용되지 않는다
    ◇ 사용 분야 – 농업
    사용 정도 – 사용되지 않는다
    ◇ 사용 분야 – 전통적 경제 활동
    사용 정도 – 제한적으로 사용된다

주해 돌간족의 전통 생업은 사슴 목축, 수렵, 어로이다.

18. 서비스 및 유통 분야에서 해당 언어의 사용

지역 – 타이미르(돌간-네네츠) 자치구
사용 정도 – 사용되지 않는다

주해 돌간족 개인 간 구어에서만 사용된다.

19. 정보의 출처

19.1. 문헌

19.1.1. 일반

19.1.1.1. 문헌 정보

Артемьев, Н. М., & Петров, А. А. (1993). *Долганы. Язык, история, фольклор, культура. Указатель рекомендуемой литературы. Справочно-библиографическое издание.* СПб.

Литература работ по долганскому языку. (1981). *Письменность народов Сибири, История и перспективы.* Новосибирск.

19.1.1.2. 언어 기술

Андросова, С. И. (1997a). Долганский язык. *Языки мира. Тюрукские языки.* М.

Андросова, С. И. (1997b). Долганский язык. *Языки Российской Федерации и соседних государств. Энциклопедия.* Т. 1. М.

Артемьев, Н. М. (1993). Категория падежа в долганском языке. *Исследования по грамматике языков народов Севера.* СПб.

Артемьев, Н. М. (1999). Партитив в долганском языке. *Языки народов Севера, Сибири и Дальнего Востока.* СПб.

Бельтюкова, Н. П. (1976a). Переднеязычный t в долганском. *Происхождение аборигенов Сибири и их языков.* Томск.

Бельтюкова, Н. П. (1976b). Ртовые малошумные согласные в долганском. *Исследования по фонетике сибирских языков.* Новосибирск.

Бельтюкова, Н. П. (1979). *Консонантизм долганского языка (Экспериментальное исследование).* Алма-Ата.

Бельтюкова, Н. П. (1980). Щелевые шумные фонемы западного варианта долганского языка. *Народы и языки Сибири.* Новосибирск.

Бельтюкова, Н. П. (1989). Состав согласных фонем в долганском языке. *Языки народов Якутии, Диалектология, экспериментальная лингвистика.* Якутск.

Бельтюкова, Н. П. (2001). Квантитативность долганских фонем [a] и [a:] в моносиллабах. *Языки коренных народов Сибири. Вып. 9.* Новосибирск.

Кошеверова, Т. М. (1976). Значение и функции творительного падежа в долганском языке. *Языки и топонимия. Вып. 2.* Томск.

Кошеверова, Т. М. (1980). Долганские твердорядные долгие гласные по данным рентгенографирования. *Звуковой строй сибирских языков.* Новосибирск.

Наделяев, В. М. (1981). Теоретическое и практическое значение фонетических исследований по языкам народов Севера. *Письменность народов Сибири. История и перспективы.* Новосибирск.

Наделяев, В. М. (1982). Графика и орфография долганского языка. *Экспериментальная фонетика сибирских языков.* Новосибирск.

Убрятова, Е. И. (1990). Долганский язык. *Лингвистический энцикло-педический словарь.* М.

■ 어휘

Васильева, Н. И., & Артемьев, Н. М. (2001). О составе анатомической лексики долганского языка. *Молодые ученые Якутии в стратегии устойчивого развития Российской Федерации.* СПб.

Демьяненко, З. П. (1971). Тюркско-монгольские параллели в лексике языка долган. *Актуальные проблемы лексикографии.* Новосибирск.

Демьяненко, З. П. (1973). Тюркско-кетские словарные общности и их отражение в долганском языке. *Происхождение аборигенов Сибири и их языков.* Томск.

Демьяненко, З. П. (1975a). Долганская анатомическая лексика эвен-кийского происхождения. *Языки и топонимия Сибири.* Вып. 1. Томск.

Демьяненко, З. П. (1975b). Заметки по долганской лексике. *Языки и топонимия Сибири.* Вып. 1. Томск.

Демьяненко, З. П. (1975c). О вторичных и переносных значениях слов в долганском языке. *Языки и топонимия.* Вып. 1. Томск.

Демьяненко, З. П. (1976). О словообразовательных приемах в группе долганских названий частей тела. *Происхождение аборигенов Сибири и их языков.* Томск.

Staehowski, M. (1993). Dolganisher Wortschatz. *Lexica dolganica.* Krakow.

■ 방언

Воронкин, М. С. (1980). *Очерк якутской диалектологии.* Якутск.

Убрятова, Е. И. (1985). *Язык норильских долган.* Новосибирск.

19.1.1.3. 사전

Аксенова, Е. Е., Бельтюкова, Н. И., & Кошеверова, Т. М. (1992). *Сло-варь долганско-русский и русско-долгански.* СПб.

Е. Е. Аксенова, & З. П. Демьяненко и др. (Сост.). (1990). *Долганско-русский и русско-долганский школьный словарь.* Л.

19.1.1.4. 텍스트

Аксенова, Е. Е. (Огдо). (1973). *Бараксан. Стихи, песни долг. (на долг. яз.).* Красноярск.

Аксенова, Е. Е. (Огдо). (1976). *Муора ардайдара (Узоры тундры). (на долг. яз.).* Красноярск.

Аксенова, Е. Е. (Огдо). (1982). *Песни Северного Оленя. Стихотворения и поэма.* М.

   주해 돌간어와 러시아어 대역 텍스트가 설명과 함께 실려 있다.

Аксенова, Е. Е. (Огдо). (1984). *Признание в любви. Долганские народные сказки, песни, стихи, поэма. Избранное.* М.

   주해 돌간어와 러시아어 대역 텍스트가 설명과 함께 실려 있다.

Аксенова, Е. Е. (Огдо). (1988). *Баргаан Ырыпаро (Песни барана). Долганские песни. (на долг. яз.).* Красноярск.

Аксенова, Е. Е. (Огдо). (1989). *Талые воды. Стихи и поэма.* М.

   주해 돌간어와 러시아어 대역 텍스트가 설명과 함께 실려 있다.

Бельтюкова, Н. П. (1979). Долганские тексты. *Сказки народов Сибирского Севера.* Вып. 3. Томск.

   주해 돌간어로 된 텍스트와 러시아어 설명이 실려 있다.

Долганские сказки. (1998). *Сказание о просторе / Сост. Ч. М. Таксами.* М.-Л.

   주해 돌간어로 된 텍스트와 러시아어 설명이 실려 있다.

Долганские тексты. (1980). *Сказки народов Сибирского Севера.* Томск.

   주해 돌간어로 된 텍스트와 러시아어 설명이 실려 있다.

Долганский фольколр / Вступ. ст., тексты и пер. А. А. Попова; ред. М. А. Сергеев. (1937). Л.

   주해 돌간어로 된 텍스트와 러시아어 설명이 실려 있다.

Дулгаан фольклора. Фольклор долган / Подгот. текста и пер. П. Е. Ефремова и Н. А. Алексеева. (2000). Новосибирск.

   주해 서명은 돌간어로도 적혀 있다.

Евангелие от Луки / ИПБ. (2002). (돌간어)

Евангелие от Марка / ИПБ. (1996). (돌간어)

Ефремов, П. Е. (1984). *Долганское олонхо.* Якутск.

   주해 부록에 돌간어로 된 올론호 텍스트가 러시아어 설명과 함께 실려 있다.

Иисус - Друг детей / ИПБ. (1997). (돌간어)

Попов, А. А. (1937). *Долганский фольклор.* М.

   주해 돌간어로 된 텍스트와 러시아어 설명이 실려 있다.

Попов, Н. А. (1989). *Из рода Каранто. Рассказы.* Красноярск.

　주해　돌간어로 된 텍스트와 러시아어 설명이 실려 있다.

Пухов, И. В. (1951). Исполнение олонхо. *Доклады II научной сессии.* Вып. 2. Якутск.

　주해　돌간어로 된 텍스트와 러시아어 설명이 실려 있다.

Пушкин, А. С. (2000). *Олонколор. Сказки / Пер. на долг. Н.А. Попова.* СПб.

Северная мудрость. Пословицы и поговорки долган, ненцев, нганасан / Сост. и пер. А.В. Левенко. (1991). Красноярск.

　주해　속담은 러시아어 대역 텍스트와 함께 실려 있다.

Таймырские сказки / Пер. с долг. В. И. Ермакова; сост. и вступ. статья П.Е. Ефимова (на рус. яз.). (1982). Красноярск.

19.1.2. 사회언어학

Артемьев, Н. М. (1994). Долганский язык. *Красная книга языков народов России. Энциклопедический словарь-справочник.* М.

Артемьев, Н. М. (1999a). Письменность на долганском языке. Проблемы и перспективы. Языки народов Севера, *Сибири и Дальнего Востока.* СПб.

Артемьев, Н. М. (1999b). Письменность на долганском языке: проблемы и перспективы. *Экология культуры и образование на Севере, Материалы Герценовских чтений.* СПб.

Артемьев, Н. М. (2002). Долганский язык. *Языки народов России, Красная книга. Энциклопедический словарь-справочник.* М.

Артемьев, Н. М., & Петров, А. А. (1994). Долгано-русские языковые связи. *Контактологический энциклопедический словарь-справочник. Вып. 1. Северный регион. Языки народов Севера, Сибири и Дальнего Востока в контактах с русским языком.* М.

Бётлингк, О. Н. (1990). *О языке якутов.* Новосибирск.

Брук, С. И. (1986). Долганы. *Население мира, Этнодемографический справочник.* М.

Васильев, В. И., & Тугоруков, В. А. (1960). Полевая работа в Таймырском национальном округе в 1959 г. *Советская этнография. № 5.* М.

Васильев, В. Н. (1910). *Изображения долгано-якутских духов как атрибуты шаманства*. СПб.

Гурвич, И. С. (1982). Северные якуты и долгане. *Этническая история народов Севера*. М.

Демьяненко, З. П. (1973). Лексический материал как источник по истории долган и якутов. *Проблемы этногенеза народов Сибири и Дальнего Востока*. Новосибирск.

Долгих, Б. О. (1929). Население полуострова Таймыр и прилегающего к нему района. *Северная Азия*. Т. 2.

Долгих, Б. О. (1963). Происхождение долган. *Сибирский этнографический сборник. Т. 5*. М.

Долгих, Б. О., & Струлевым, М. С. (1938). Долгане. *Научная библио- тека Красноярского краевого музея. Рукописный Фонд. Материалы северной экспедиции Наркомпроса РСФСР, собранные Б. О. Долгих и М.С. Струлевым. (1938/39). Ф. 572.4 (09), № 737. 4. 2, п. 4.*

Кривоногов, В. П. (2000). К современной этнической ситуации у долган. *Этнографическое обозрение. № 5*. М.

Миддендорф, А. Ф. (1878). *Путешествие на Север и Восток Сибири*. СПб.

Мордвинов, А. (1911). Инородцы, обитающие в Туруханском крае. *Вестник русского географического общества. Т. 2*. СПб.

Патканов, С. (1911). Статистические данные, показывающие племенной состав население Сибири, язык и роды инородцев. *Вестник русского географического общества. Т. 2*. СПб.

Попов, А. А. (1931). Пережитки древних дорелигиозных воззрений у долган на природу. *Советская этнография. № 3-4*. М.

Попов, А. А. (1935а). Оленеводство у долган. *Советская этнография. № 4-5*. М.

Попов, А. А. (1935b). Затундринские крестьяне. *Советская этнография. № 4-5*. М.

Попов, А. А. (1937). Охота и рыболовство у долган. *Сборник памяти В. Г. Богораза. М.-Л.*

Попов, А. А. (1946). Поездка к долганам. *Советская этнография. №
4.* М.

Попов, А. А. (1952). Кочевая жизнь и типы жизни у долган. *Труды
Ин-та этнографии АН СССР.* М.-Л.

Попов, А. А. (1957). Долганы. *Народы Сибири.* М.-Л.

Попов, А. А. (1958). Коллекции по материальной культуре долган в
Музее антропологии и этнографии. *Сборник музея антропологии
и этнографии. Т. 18.* М.-Л.

Проект алфавита долганской письменности. (1981). *Письменность
народов Сибири. История и перспективы.* Новосибирск.

Соколова, З. П. (1994). *Народы Севера и Сибири в условиях экономи-
ческих реформ и демократических преобразований.* М.

Терещенко, Н. М., Колесникова, В. Д., & Меновщиков, Г. А. (1952).
О прогрессивном влиянии русского языка на языки народностей.
Совещание по языкам народов Севера. Тезисы докладов. М.-Л.

Убрятова, Е. И. (1966). О языке долган. *Языки и фольклор народов
сибирского Севера.* М.-Л.

Убрятова, Е. И. (1978). Современное состояние и задачи изучения
младописьменных и бесписьменных языков тюрков Сибири. *Изв.
СО АН СССР. Вып. 1. № 1.* Новосибирск.

Убрятова, Е. И. (1981). Создание письменности на языках народов
Севера в СССР. *Письменность народов Сибири. История и пер-
спективы.* Новосибирск.

Хлобыстин, Л. П. (1973). Древние культуры Таймыра и крупные этни-
ческие общности Сибири. *Происхождение аборигенов Сибири и их
языков.* Томск.

Castrén, M. A. (1856). *Reiseberichte und Briefe aus der Jahren 1845-1849.*
SPb.

Middendorf, A. (1875). *Von Siberischer Reise. Bd. 4. T. 2. Dritte Lieferung.
Die eingeborenen Siberiens.* SPb.

19.1.3. 교재

Аксенова, Е. Е., & Барболина, А. А. (2001). *Букварь. Учебник для 1
класса долганских школ (3-е изд., дораб.).* СПб.

Аксенова, Е. Е., Барболина, А. А., & Порфирьев, В. Н. (1981). *Экспериментальный букварь долганского языка*. М.

Артемьев, Н. М. (2001). *Долганский язык. Учеб. пособие*. СПб.

주해 1부: 서론. 총론. 음성학과 서법. 어휘론 – 128쪽 / 2부: 형태론 – 240쪽.

Артемьев, Н. М. (2001). *Дулгааттар тыллара. Учебник для 2 класса* (3-е изд.). СПб.

Попов, Н. А. (2001). *Торообут тылым. Учебник для 3 класса долганской школы*. СПб.

19.2. 전문가, 자문

◇ 바스카코프 알렉산드르 니콜라예비치(Баскаков Александр Николаевич)

국가박사(Doktor nauk), 수석연구원

언어학 연구소(RAN)(M), 민족 언어 관계 연구 센터(NICNJaO)

직장 주소 Россия, 125009, г. Москва, Б. Кисловский пер., 1/12

TEL   7-095-2905268

FAX   7-095-2905228

E-mail   socioling@mail.ru

19.3. 기관, 연구소, 기구

19.3.1. 해당 언어의 발전을 돕는 기관, 연구소, 기구

◇ 언어학 연구소(RAN)(M)

주소 Россия, 125009, г. Москва, Б. Кисловский пер., 1/12

TEL   7-095-2903585

FAX   7-095-2905228

◇ 사하(야쿠티아) 공화국 학술원 산하 인문학 연구소

주소 Россия, 677000, Респ. Саха (Якутия), г. Якутск, ул. Петровского, 1

TEL   7-4112-21029

◇ 어문학 연구소[역사학 · 어문학 · 철학 통합 연구소(SO RAN) 내]

주소 Россия, 630090, г. Новосибирск 90, просп. акад. Лаврентьева, 17

TEL   7-3832-350567

FAX   7-3832-301518

주해 1995년 이후 현지에 언어와 문화의 기술과 복원을 위한 민간 또는 국립 기관들이 설립되고 있으며, 두딘카와 살레하르트에는 북방 토착 소수민족 연구를 위한 연구 센터들이 만들어지고 있다. 두딘카에서는 타이미르에 사는 민족들, 즉 네네츠족, 응아나산족, 돌간족을 위한 학교 교재 『조상의 교훈(*Uroki predkov*)』(프린터 출력본)이 편찬되고 있다. 타이미르에 응아나산족, 돌간족 협회가 결성되었다.

19.3.2. 해당 언어를 연구하는 기관, 연구소, 기구

◇ 사하(야쿠티야) 공화국 학술원 산하 인문학 연구소

주소 Россия, 677000, Респ. Саха (Якутия), г. Якутск, ул. Петровского, 1

TEL 7-4112-21029

◇ 어문학 연구소[역사학 · 어문학 · 철학 통합 연구소(SO RAN)(노보시비르스크 소재) 내]

주소 Россия, 630090, г. Новосибирск 90, просп. акад. Лаврентьева, 17

전화 7-3832-350567

FAX 7-3832-301518

19.4. 전자 매체에 담긴 정보(CD, 인터넷) – 없다

20. 전반적 정보 (언어의 기능과 문자 발달의 역사 개요)

계통 분류

돌간어는 알타이 어족 튀르크 어파의 동부 훈 분파 중 우고르-오구즈 어군의 야쿠트 하위어군에 속하는 언어이다.

자칭

▶ 언어 자칭 – 둘간 틀라(дулган тыла), 전에는 야쿠트어의 방언으로 간주되었다.

▶ 민족 자칭 – 돌가니(долганы), 둘가안(дулгаан), 트아 키히터(тыа киһитэ), 트아 산가타(тыа сангата), 트알라르(тыалар, '툰드라에서 온 사람')

민족 인구수

CIS 국가들에 총 6,925명의 돌간인이 있다(이하 1989년 인구 조사 데이터). 그중 러시아에는 6,584명,[59] 타이미르(돌간-네네츠) 자치구에는 4,939명이 있다. 돌간어를 모어로 인정한 사람은 러시아에서 5,532명이다. 그

중 크라스노야르스크 크라이에만 4,768명이다. 돌간인의 절대 다수는 이 중언어 사용자이다(러시아에 4,531명이 있는데, 그중 크라스노야르스크 크라이에만 3,993명이 있다).

러시아 연방 타이미르(돌간-네네츠) 자치구의 크라스노야르스크 크라이 두디 구, 하탕가 구의 돌간족, 돌간어 상황의 특징은 민족적, 언어적 다양성으로 표현될 수 있다.

돌간어 화자 수는 사하(야쿠티야) 공화국의 아나바르 구의 돌간인까지 포함하면, 1979년 인구 조사 결과로는 5,053명, 1989년 인구 조사 결과로는 6,929명이다.

돌간족의 핵심은 어웡키족, 야쿠트족, 툰드라 지역 너머에 사는 러시아 농민 등과 같은 다양한 민족 집단의 상호 작용의 결과로 형성되었다. 이 집단들 간의 주요 의사소통 언어는 야쿠트어였다.

돌간어는 현재의 야쿠티야 땅으로 건너온 이주 1세대 야쿠트족, 이후에 북서 지방으로 이주해 간 야쿠트족이 사용하는 언어의 요소들을 많이 가지고 있다.

그 결과 돌간족의 핵심이 된 퉁구스 씨족들은 이 야쿠트 이주민들과 접촉하면서 그들의 언어를 받아들였고, 함께 이주해 간 땅은 이후에 공동의 고향이 되었다. 돌간족과 돌간어의 형성 과정은 타이미르 반도에서 어웡키족, 야쿠트족, 러시아인과 상호 작용하는 가운데서, 그리고 그들의 언어와 상호 영향을 주고받으면서 진행되었다. 현대 돌간어는 문법 면에서 여전히 야쿠트어이면서, 돌간족이라는 새로운 민족을 구성한 여러 민족들의 언어의 요소도 내포하고 있다.

종교 – 샤머니즘

방언 구분 – 노릴스크, 퍄시나, 아밤, 하탕가, 포피가이 방언이 있다.

표준어

돌간어 문헌의 기본을 이루는 것은 서사적 예술 장르들이다. 예술 작품은 1970년대 초부터 출판되기 시작했다.

---

59 2010년 인구 조사 자료에 따르면 러시아 연방에 거주하는 돌간족은 총 7,885명이다 (http://www.perepis-2010.ru). _옮긴이

1933년 야쿠트어로 돌간 학교용 철자본이 나왔다. 돌간어 문자는 1970년대 말에 제정되었다. 키릴 문자를 토대로 돌간어 음운 구조의 특징과, 러시아어와 야쿠트어의 서법을 고려한 알파벳이 만들어진 것이다(1978). 돌간어는 1990년대에 문자가 만들어진 NWL이고, 그 기능이 매우 제한적이다.

기능적인 면에서 돌간어는 **충분히 발달하지 못한 언어**이다. 돌간어는 다음과 같은, **국가가 관리하는** 의사소통 분야에서 기능한다.

- ▶ **초등 교육** 분야 – 두딘카 시의 초등학교 1~4학년에서 교과목으로 교육됨.
- ▶ **대중 매체** 분야 – 정기 간행물(자치구 신문인 '타이미르'의 코너나 특별 섹션이 돌간어로 나옴), 라디오 방송(매일 25분)
- ▶ **문학, 구비문학** 분야 – 많지 않은 양의 서사문학이 돌간어로 출판되고, 시와 구비문학은 드물게 나옴. 문학 작품은 주로 원어로 된 것이지만, 번역 작품도 있음.
- ▶ **교과서와 교재** 분야 – 초등학교 교과서와 교재가 출판됨.

종교 분야에서는 샤머니즘 의식에 제한적으로 사용된다.

관리되는 의사소통 분야에서 언어 기능 수준이 높지 않음에도 불구하고 돌간어는 가정, 생활, 친지 간 의사소통과 같은 다양한 상황의 **개인 간** 의사소통에 사용된다.

돌간족만 사는 **단일** 언어 사용 공동체에서 의사소통은 주로 돌간어로 이루어진다. 다른 민족 사람들과의 의사소통에서는 항상 러시아어가 사용된다. 현 단계에서 돌간어의 **생명력** 수준은 상당히 낮다. 그러나 앞으로는 현재의 기능 수준으로 돌간어가 안정적으로 사용될 것이라는 전망이 가능하다.

주요 연구 기관

주요 돌간어 연구 기관은 어문학 연구소[역사학·어문학·철학 통합 연구소(SO RAN)(노보시비르스크 소재) 내]와 사하(야쿠티야) 공화국 학술원 산하 인문학 연구소이다.

† 집필자

콘스탄틴 바실리예비치 바흐냔
(Konstantin Vasil'jevich Bakhnjan, Константин Васильевич Бахнян)
Ph.D., 선임 연구원
언어학 연구소(RAN)(M) 로망스어 분과
직장 주소 Россия, 125009, г. Москва, Б. Кисловский пер., 1/12
TEL   7-095-2904138
FAX   7-095-2905228

연도/기간   1996~2002년

콘스탄틴 바실리예비치 바흐냔
(Konstantin Vasil'jevich Bakhnjan, Константин Васильевич Бахнян)
Ph.D., 선임 연구원
언어학 연구소(RAN)(M) 로망스어 분과
직장 주소 Россия, 125009, г. Москва, Б. Кисловский пер., 1/12

쇼르어 A. 바스카코프

0. 언어 정의

0.1. 기본 명칭 – 쇼르어

1. 언어 명칭

1.1. 언어 화자가 사용하는 명칭 – 쇼르 틸리(шор тили)

1.2. 정부 문서 또는 헌법에서 사용하는 명칭 – 쇼르어

1.3. 이전에 사용했던 명칭 – 아발라르인의 언어, 아바인의 언어, 콘도마인의 언어, 마투르인의 언어, 쿠즈네츠 타타르인의 언어, 므라스 타타르인의 언어, 톰쿠즈네츠 타타르인의 언어, 타이가 타타르인의 언어

1.4. 외국어 명칭 – 영어 Shor / 독일어 Schorische / 프랑스어 shor, chore

* 민족 명칭

　기본 명칭 – 쇼르인

　민족 자칭 – 쇼르(шор)

　정부 문서 또는 헌법에서 사용하는 명칭 – 쇼르인

　이전에 사용했던 명칭 – 아발라르인, 아바인, 콘도마인, 마투르인, 쿠즈네츠 타타르인, 므라스 타타르인, 톰쿠즈네츠 타타르인, 타이가 타타르인

　외국어 명칭 – 영어 Shors / 독일어 Schoren / 프랑스어 Shors, Chores

2. 통계 자료와 지리 자료 (1989년 인구 조사 자료)

2.1. 민족 구성원의 총수 (국가별 · 지역별)

- 러시아 – 15,745[60]

---

[60] 2010년 인구 조사 자료에 따르면 러시아 연방에 거주하는 쇼르족은 총 12,888명이다

하카스 공화국 – 1,207

크라스노야르스크 크라이 – 1,560

케메로보 주 – 12,585

다른 지역 – 393

- 다른 나라 – 897

  CIS(러시아 제외)와 발트 국가 – 897

    ▶ 라트비아 – 4

    ▶ 몰도바 – 10

    ▶ 벨라루스 – 14

    ▶ 아제르바이잔 – 2

    ▶ 우즈베키스탄 – 283

    ▶ 우크라이나 – 68

    ▶ 조지아 – 8

    ▶ 카자흐스탄 – 382

    ▶ 키르기스스탄 – 74

    ▶ 타지키스탄 – 38

    ▶ 투르크메니스탄 – 14

2.1.1. 해당 민족의 언어를 말하지 않는 민족 구성원의 수 (지역별·모어별)

- 러시아 – 6,657

  러시아어 – 6,359

  다른 언어 – 298

    - 케메로보 주 – 5,105

      러시아어 – 4,919

      다른 언어 – 186

    - 하카스 공화국 – 463

      러시아어 – 424

      하카스어 – 37

      다른 언어 – 2

    - 크라스노야르스크 크라이 – 667

      러시아어 – 628

      다른 언어 – 39

(http://www.perepis-2010.ru). _옮긴이

- 다른 지역 – 422

  러시아어 – 388

  다른 언어 – 34

2.2. 러시아 내 해당 언어 화자의 총수 (지역별)

- 러시아 – 10,028

  케메로보 주 – 8,264

  크라스노야르스크 크라이 – 977

  하카스 공화국 – 795

  다른 지역 – 787

2.2.1. 해당 언어가 모어인 화자의 총수 (지역별·민족별)

- 러시아 – 9,795

  쇼르인 – 9,795

  기타 – 자료 없음

  - 케메로보 주 – 7,480

    쇼르인 – 7,480

    기타 – 자료 없음

  - 크라스노야르스크 크라이 – 893

    쇼르인 – 893

    기타 – 자료 없음

  - 하카스 공화국 – 744

    쇼르인 – 744

    기타 – 자료 없음

  - 다른 지역 – 678

    쇼르인 – 678

    기타 – 자료 없음

주해 민족별 자료는 없다.

2.2.1.1. 단일언어 사용자의 총수

- 러시아 – 520

  쇼르인 – 520

  - 케메로보 주 – 476

    쇼르인 – 476

  - 크라스노야르스크 크라이 – 0

    쇼르인 – 0

- 하카스 공화국 – 0
  쇼르인 – 0
- 다른 지역 – 44
  쇼르인 – 44

2.2.1.2. 이중언어 사용자의 총수

- 러시아 – 8,531
  쇼르인 – 8,531
  - 케메로보 주 – 7,004
    쇼르인 – 7,004
  - 크라스노야르스크 크라이 – 893
    쇼르인 – 893
  - 하카스 공화국 – 766
    쇼르인 – 766
  - 다른 지역 – 619
    쇼르인 – 619

2.2.1.3. 남성 이중언어 사용자의 수

- 러시아 – 자료 없음
  쇼르인 – 자료 없음

2.2.1.4. 여성 이중언어 사용자의 수

- 러시아 – 자료 없음
  쇼르인 – 자료 없음

2.2.1.5. 이중언어 사용자의 제2 언어별 분포 (지역별)

주해 이중언어 사용자를 제2 언어에 따라 분류한 자료는 쇼르인에 관한 것뿐이다. 다른 민족에 대한 자료는 없다.[61]

- 러시아 – 8,531
  러시아어 – 8,433
  다른 언어 – 98
  - 케메로보 주 – 7,004
    러시아어 – 6,959
    다른 언어 – 45

---

61 원문에는 아래의 '러시아', '케메로보 주', '크라스노야르스크 크라이', '하카스 공화국', '다른 지역' 행에 적힌 명수와 똑같이 각 행의 바로 아래에 '쇼르인'의 명수가 적혀 있으나, 주해에 쇼르인에 관한 자료뿐임이 밝혀져 있어서 생략한다. _옮긴이

- 크라스노야르스크 크라이 – 908

  러시아어 – 876

  다른 언어 – 32

- 하카스 공화국 – 766

  러시아어 – 737

  하카스어 – 24

  다른 언어 – 5

- 다른 지역 – 619

  러시아어 – 598

  다른 언어 – 21

2.2.1.6. 해당 언어가 모어인 화자 중 도시·촌 주민의 수

- 러시아 – 9,795

  도시 – 6,665

  촌 – 3,130

  - 케메로보 주 – 7,480

    도시 – 4,861

    촌 – 2,619

  - 크라스노야르스크 크라이 – 893

    도시 – 746

    촌 – 147

  - 하카스 공화국 – 744

    도시 – 650

    촌 – 94

  - 다른 지역 – 678

    도시 – 408

    촌 – 270

주해 도시와 촌에 사는 쇼르인 가운데 쇼르어가 모어인 화자의 수에 관한 자료는 쇼르인에 대한 것뿐이다. 다른 민족에 대한 자료는 없다.

2.2.2. 해당 언어가 제2 언어인 화자의 총수 (지역별·민족별)

- 러시아 – 977

  쇼르인 – 977

  - 케메로보 주 – 784

쇼르인 – 784

- 크라스노야르스크 크라이 – 84

  쇼르인 – 84

- 하카스 공화국 – 51

  쇼르인 – 51

- 다른 지역 – 109

  쇼르인 – 109

주해 쇼르어가 제2 언어인 화자의 총수에 관한 자료는 쇼르인에 관한 것뿐이다. 다른 민족에 대한 자료는 없다.

2.3. 친족 언어와 친족 언어 화자의 수 (국가별·지역별)

- 하카스어 – 64,112

  러시아 – 63,164

  다른 나라 – 자료 없음

  ▶ CIS(러시아 제외)와 발트 국가 – 948

- 출름튀르크어 – 203

  러시아 – 203

  다른 나라 – 0

2.4. 해당 언어가 모어인 화자의 수 (국가별·지역별)

- 러시아 – 9,795

  케메로보 주 – 7,480

  크라스노야르스크 크라이 – 893

  하카스 공화국 – 744

  다른 지역 – 678

- 다른 나라 – 364

  CIS(러시아 제외)와 발트 국가 – 364

  주해 쇼르어가 모어인 사람 가운데 쇼르어를 할 줄 아는 사람의 수에 관한 자료는 쇼르인에 관한 것뿐이다. 다른 민족에 관한 자료는 없다.

2.5. 해당 언어가 제2 언어인 화자의 수 (국가별·지역별)

- 러시아

  케메로보 주 – 784

  크라스노야르스크 크라이 – 84

  하카스 공화국 – 51

  다른 구 – 109

- 다른 나라 – 21

CIS(러시아 제외)와 발트 국가 – 21

- ▶ 라트비아 – 1
- ▶ 벨라루스 – 1
- ▶ 우즈베키스탄 – 9
- ▶ 우크라이나 – 2
- ▶ 카자흐스탄 – 8

주해 쇼르어가 제2 언어인 사람 가운데 쇼르어를 할 줄 아는 사람에 관한 자료는 쇼르인에 관한 것뿐이다. 다른 민족에 관한 자료는 없다.

3. 언어 개요

3.1. 계통 분류상의 위치

3.1.1. 어파 – 튀르크 어파

3.1.2. 분파 – 동부 훈 분파

3.1.3. 어군 – 우고르-오구즈 어군

3.1.4. 하위어군 – 하카스 하위어군

* 친족 언어 – 하카스어, 출름튀르크어

* 언어 접촉 – 러시아어

* 추가적 지리 자료 (언어 분포 지역)

- 러시아

케메로보 주

크라스노야르스크 크라이

하카스 공화국

주해 쇼르인은 알타이 산맥(쿠즈네츠코예 알라타우)의 북부 산기슭, 톰강과 그 왼쪽 지류(콘도마강, 므라스강)의 연안 지역, 하카시야, 고르니 알타이(알타이 공화국_옮긴이)와 경계를 이루는 지역에 산다. 케메로보 주의 토착민이다.

3.2. 주요 언어학적 특성 (간략한 기술)

- 음성학

모음 8개 단모음과 그에 대립하는 8개 장모음 음소가 있다.

자음 유무성 대립이 있는 25개 음소가 있다. 연자음 *l, t, d* 등은 러시아어 어휘와 함께 차용되었다. 방언에서는 *d/t r* 로타시즘(rhotacism)과 모음 사이 위치에서 *z/s j* 교체가 있다.

강세 강세는 **호흡 강세**이고, 고유어에서는 대개 마지막 음절에 온다. 러시아어 차용어에서는 그대로 유지된다. **모음조화**와 자음의 **순행동화**가 있다.

- 형태론

   교착어이다. 후치사를 포함하여 10개의 **품사**가 있다.

   명사 명사는 8개 격이 있다.

   동사 종합적 유형의 동사이며, 상 형태는 분석적으로 만들어질 수 있다. **수 체계는 십진법**이다.

- 조어론

   주된 조어법은 **접사 첨가**이다.

- 통사론

   문장의 구조는 **주격-대격** 구조이다. 구와 문장 내 어순은 **고정 어순**이다.

- 어휘론

   몽골어 차용어가 약간 있고, 주된 차용어는 **러시아어 차용어**이다.

3.3. 유형론적 특성

- 형태론적 구조 – 교착어(분석적)
- 통사론적 구조 – 주격-대격 언어
- 어순 – SOV(고정 어순)

3.4. 방언 구분

므라스 방언

콘도마 방언

주해 두 방언 사이의 음성적·문법적 차이는 별로 크지 않다.

3.5. 명칭이 있는 주요 지역적 이형 – 없다

4. 문자와 정서법

- LWTR(Language with a Written Tradition Resumed, Jazyk s vozobnovlennoj pis'mennoj tradicijej) 문자가 존재했으나 사용이 중단되었다가 다시 문자 전통이 재개된 언어

4.1. 문자 체계와 서체(서법) – 키릴 문자(보조 기호 사용)

4.2. 정서법

4.2.1. 통일된 체계 – 있다

4.2.2. 통일된 체계가 있는 경우, 통일 원칙 – 음소원칙

* 표준어 – 표준어가 충분히 발달되지 않았다

* 문자의 역사 개요

키릴 문자에 기반을 둔 쇼르어의 문자는 100여년 전 알타이 선교회(Altai spiritual mission)의 선교사들이 만들었다. 1929년 라틴 문자에 기반한, 표준화된 새 튀르크 알파벳(janalif)이 채택되었고, 약간의 변화를 거쳐 1938년까지 존속되었다. 이후 현대화된 키릴 알파벳으로 대체되어 현재까지 유지되고 있다.

а, б, в, г, д, е, ж, з, и, й, л, м, н, нъ, о, ö, п,
р, с, т, у, ÿ, ф, х, ц, ч, ш, щ, ъ, ы, ь, э, ю, я.

5. 지위

5.1. 해당 언어 화자가 자신의 언어를 충분히 발달된 언어이자 다른 언어들에 대응하는 언어라고 생각하는가?

5.1.1. 해당 언어가 내적 구조 면에서 다른 언어들과 크게 구별되기 때문에?
– 아니다

5.1.2. 해당 언어가 발달된 문명의 도구로서 높은 발달 수준을 지니고 있기 때문에? – 아니다

5.2. 언어의 표준화가 이루어졌는가? – 그렇다

5.2.A. 문자 규범이 있는가? – 있다

5.2.B. 구어 규범이 있는가? – 없다

5.2.1. 표준화된 언어가 여러 개(pluricentric language)인가?
– 표준어가 하나인 언어

5.2.2. 2개의 표준이 혼합되어 있는가? – 아니다

5.2.3. 특정 지역적 이형으로 된 문헌이 있는가? – 없다

5.3. 언어의 법적 지위 (국가별·지역별)

국가 – 러시아

해당 언어의 지위 – 러시아 연방 토착 소수민족 언어

◇ 지역 – 케메로보 주, 크라스노야르스크 크라이, 하카스 공화국

해당 언어의 지위 – 결정되지 않았다

주해 사실상의 지위는 '권장 언어'이다.

5.4. 해당 언어 화자의 언어적·문화적 권리를 인정하는 텍스트 (헌법, 법, 조항, 명령 등)

6. 문헌의 발달 역사

6.0. 문헌이 있는가? – 있다

6.1. 문헌이 만들어진 경우

6.1.1. 해당 언어가 모어인 화자가 주로 만든 것인가? – 아니다

6.1.2. 해당 언어가 모어가 아닌 사람들이 주로 만든 것인가? – 그렇다

6.1.3. 위 두 범주의 사람들이 같은 정도로 만든 것인가? – 아니다

6.2. 문헌의 구성은

6.2.1. 주로 원어로 되어 있는가? – 아니다

6.2.2. 주로 번역문으로 되어 있는가? – 아니다

6.2.3. 원어와 번역문이 같은 정도인가? – 그렇다

6.2.4. 번역은 어느 언어에서 이루어졌는가? – 러시아어

6.3. 출판물에 대한 통계 자료

주해 정확한 수적 데이터는 없다.

6.3.1. 출판물

총 편수 – 수십 편

6.3.2. 해당 언어로 된 번역문

총 편수 – 수십 편

6.3.3. 해당 언어에서 다른 언어로 된 번역문

총 편수 – 수십 편

주해 1917년 이전에 쇼르어에서 번역된 것은 라들로프(V. V. Radlov), 카타노프(N. F. Katanov), 베르비츠키(V. I. Verbickij)가 쇼르어를 기술하는 과정에서 번역한 것이고, 주로 구비문학 텍스트에 관한 것이다(19.1항 참고 문헌 참조).

7. 종교 관습과 이데올로기 작품에서 해당 언어의 사용

주해 정교 선교사들이 쇼르인들에게 처음 나타난 것은 1858년이었다. 그러나 쇼르인들은 전통 이교 신앙을 계속해서 유지했다.

7.1. 종교적 예배, 의식, 의례에서 해당 언어의 사용 – 제한적으로 사용된다

◇ 종교 – 기독교(정교)

A. 설교 – 사용되지 않는다

B. 예배/의식 – 사용되지 않는다

C. 교육 – 사용되지 않는다

◇ 종교 – 샤머니즘

의식 – 사용된다

주해 쇼르어는 쇼르인들의 샤먼 기적극에서 사용된다.

7.2. 종교 텍스트의 번역 – 있다

◇ 종교 – 기독교

텍스트 – 「누가복음」 2:1~20(2p.)

총 텍스트 편수 – 1편

주해 19세기에는 종교적인 내용의 책이 2권 출판되었다. 『쇼르어로 된 성스러운 이야기(*Svjashchennaja istorija na shorskom jazyke*)』(Kazan, 1883), 『쇼르어 방언으로 된 하나님 나라에 이르는 길 안내(*Ukazanije puti v carstvije nebesnoje na shorskom narechije*)』(Kazan, 1884). 현재 스웨덴의 스톡홀름에 있는 성서 번역 연구소(IPB) 프로젝트의 일환으로 「누가복음」의 일부를 번역하는 작업이 진행 중이다. 「누가복음」의 일부(2:1~20)는 출판되었다(예수 그리스도의 탄생 / IPB. M., 2000. pp.130-131).

출처 – www.ibtnet.org/moscow/index.htm

연도/기간 – 2002년

7.3. 이데올로기 작품 – 있다

◇ 이데올로기 명칭 – 공산주의

총 텍스트 편수 – 수십 편

주해 소련 시기에 일련의 이데올로기 문서, 정치 문서들이 쇼르어로 번역되었다. 예를 들면 『1936년 소련 헌법 초안(*Projekt Konstitutsii SSSR 1936 g.*)』, 『1936년 RSFSR 헌법(*Konstitutsija RSFSR*)』, 『선거 법규』 등이다.

8. 문학 범주

8.1. 서술적 장르

총 텍스트 편수 – 수십 편

8.1.1. 서정시, 희곡, 노래

8.1.1.A. 서정시

총 텍스트 편수 – 약간

8.1.1.B. 희곡 – 없다

8.1.1.C. 찬송가-성가곡집 – 없다

8.1.2. 소설류

8.1.2.A. 단편 소설

총 텍스트 편수 – 약간

8.1.2.B. 중편 소설 – 없다

8.1.2.C. 장편 소설 – 없다

8.2. 비서술적 장르 (정보, 학술, 교육, 방법론)

연도/기간 – 1940~1997년

총 텍스트 편수 – 수십 편

8.2.1. 대중 대상 비서술적 산문 (초등학교 수준)

총 텍스트 편수 – 약 10편

주해 이 장르의 출판물로는 철자본, 독본, 중등학교 1~5학년용 교재가 있다(19.1항 참고 문헌 참조).

8.2.1.1. 취학 전 어린이 보육 기관과 초등학교용 교재와 연습 문제집

총 텍스트 편수 – 자료 없음

8.2.1.2. 기타 대중 대상 비서술 산문

총 텍스트 편수 – 자료 없음

8.2.2. 고급 수준 비서술적 산문(중등학교 수준) – 있다

8.2.2.1. 중등학교용 교재와 연습 문제집 – 있다

총 텍스트 편수 – 자료 없음

주해 중등학교 5학년용 모어 교재뿐이다.

8.2.2.2. 기타 고급 수준 비서술적 산문 – 없다

8.2.3. 학술 비서술적 산문(대학 수준) – 없다

8.2.4. 기타 비서술적 산문(미분류)

총 텍스트 편수 – 자료 없음

8.2.4.1. 방법론 서적 – 없다

8.2.4.2. 사전 – 1편

주해 쇼르어–러시아어, 러시아어–쇼르어 사전 1권(19.1항 참고 문헌 참조).

8.2.4.3. 문법서 – 없다

주해 러시아어로 된 것만 있다.

8.2.4.4. 언어학 서적 – 없다

주해 러시아어로 된 것만 있다.

8.2.4.5. 문헌 정보 – 없다

8.3. 구비문학 출판

총 텍스트 편수 – 약간

장르 – 민담(설화), 동요 등

9. 정기 간행물

사용 정도 – 사용되지 않는다

10. 교육 기관

지역 – 하카스 공화국, 이르쿠츠크 주, 케메로보 주

A. 해당 언어가 교육매개어이거나 해당 언어를 교과목으로 가르치는가?
   – 그렇다

B. 해당 언어가 교육매개어인가? – 아니다

C. 해당 언어를 교과목으로 가르치는가? – 그렇다

D. 교재는 있는가? – 있다

E. 교사에 대한 특혜 – 있다

10.A-B. 교육매개어로 해당 언어의 사용

　　　사용 정도 – 사용되지 않는다

10.C. 교과목으로 해당 언어 교육 – 있다

지역 – 하카스 공화국, 이르쿠츠크 주, 케메로보 주

출처 – 러시아 연방 교육부

10.C.0.1. 교재 – 있다

10.C.1. 취학 전 보육 – 아니다

　　　10.C.1.1. 교재 – 없다

10.C.2. 초등 교육 – 있다

출처 – 러시아 연방 교육부

◇ 지역 – 이르쿠츠크 주 메즈두레첸스크 시

　교육 기관의 유형 – 초등학교/국립

　연도/기간 – 1998년도

　교육 기관 수 – 1개

　학생 수 – 자료 없음

　주당 시수 – 4시간

◇ 지역 – 케메로보 주 타시타골 시

　교육 기관의 유형　초등학교/국립

　연도/기간 – 1998년도

　교육 기관 수 – 1개

　학생 수 – 자료 없음

주당 시수 – 4시간

◇ 지역 – 하카스 공화국 셰르게시 촌락

교육 기관의 유형 – 초등학교/국립

연도/기간 – 1998년

교육 기관 수 – 1개

학생 수 – 자료 없음

주당 시수 – 4시간

10.C.2.1. 교재 – 있다

10.C.3. 중등 일반 교육 – 자료 없음

10.C.3.1. 교재 – 없다

10.C.4. 중등 전문 교육 – 자료 없음

10.C.4.1. 교재 – 없다

10.C.5. 고등 교육 – 있다

◇ 지역 – 케메로보 주 노보쿠즈네츠크 시

교육 기관의 유형 – 고등 교육 기관/국립

연도/기간 – 1998년도

교육 기관 수 – 1개

교육기간 명 – 노보쿠즈네츠크 사범대학교

학생 수 – 자료 없음

주당 시수 – 자료 없음

주해 1989년 노보쿠즈네츠크 사범대학에 쇼르어문학과가 신설되었다. 전공은 '러시아어문학'과 '쇼르어문학'이 있다.

10.C.5.1. 교재 – 없다

11. 대중 언론 매체에서 해당 언어의 사용

11.1. 라디오 방송

사용 정도 – 사용되지 않는다

11.2. 텔레비전 방송

사용 정도 – 사용되지 않는다

11.3. 영화

사용 정도 – 사용되지 않는다

11.4. 레코드판 – 없다

11.5. 음성 녹음 자료(필름과 카세트) – 자료 없음

11.6. 극장

사용 정도 – 사용되지 않는다

12. 중앙 정부에서 해당 언어의 사용

◇ 국가 – 러시아

▶ 정부 기관 – 러시아 연방 정부
▶ 사용 정도 – 사용되지 않는다

13. 지역 정부에서 해당 언어의 사용

◇ 지역 – 케메로보 주, 크라스노야르스크 크라이, 하카스 공화국

▶ 정부 기관 – 지역 정부
▶ 사용 정도 – 사용되지 않는다

14. 지방 관청에서 해당 언어의 사용

◇ 지역 – 케메로보 주, 크라스노야르스크 크라이, 하카스 공화국

▶ 정부 기관 – 지방 관청
▶ 사용 정도 – 사용되지 않는다

15. 법원에서 해당 언어의 사용

◇ 국가 – 러시아

▶ 사용 정도 – 사용되지 않는다

16. 입법 기관에서 해당 언어의 사용

16.1. 중앙 입법 기관 또는 의회

◇ 국가 – 러시아

▶ 입법 기관 – 러시아 연방 의회
▶ 사용 정도 – 사용되지 않는다

16.2. 공화국 수도, 지역 중심지의 입법 기관, 공화국 대표 기관

▶ 사용 정도 – 사용되지 않는다

17. 생산 분야에서 해당 언어의 사용

지역 – 케메로보 주, 크라스노야르스크 크라이, 하카스 공화국

◇ 사용 분야 – 공업

사용 정도 – 사용되지 않는다

◇ 사용 분야 – 농업

사용 정도 – 사용되지 않는다

◇ 사용 분야 – 전통적 경제 활동

사용 정도 – 제한적으로 사용된다

주해 쇼르족의 전통 생업은 수렵, 어로, 채집이다.

18. 서비스 및 유통 분야에서 해당 언어의 사용

사용 정도 – 사용되지 않는다

19. 정보의 출처

19.1. 문헌

19.1.1. 일반

19.1.1.1. 문헌 정보 – 없다

19.1.1.2. 언어 기술

Амзоров, М. П. (1992). *Грамматика шорского языка*. Новокузнецк.

Бабушкин, Г. Ф., & Донидзе, Г. И. (1966). Шорский язык. *Языки народов СССР. Тюркские языки. Т. 2*. М.

Баскаков, Н. А. (1969). *Введение в изучение тюркских языков*. М.

Донидзе, Г. И. (1972). Шорский алфавит. *Вопросы совершенствования алфавитов тюркских языков СССР*. М.

Донидзе, Г. И. (1990). Шорский язык. *Лингвистический энциклопедический словарь*. М.

Донидзе, Г. И. (1997). Шорский язык. *Языки народов мира. Тюркские языки*. Бишкек.

Дыренкова, Н. П. (1941). *Грамматика шорского языка*. М.-Л.

Катанов, Н. Ф. (1903). *Опыт исследования урянхайского языка с указанием главнейших родственных отношений его к другим языкам тюркского корня*. Казань.

Чиспияков, Э. Ф. (1992). *Графика и орфография шорского языка.* Новосибирск.

Omeljan, Pritsak. (1959). Das Abakan und Cilymtürkische und das Schorische. *Philologiae Turcicae Fundamenta / Tomus Primus.* Wiesbaden.

■ 방언

Бабушкин, Г. Ф. (1968). О шорской диалектологии. *Вопросы диалектологии тюркских языков.* Фрунзе.

Чиспияков, Э. Ф. (1979). О диалектном членении шорского языка. *История и диалектология языков Сибири.* Новосибирск.

19.1.1.3. 사전

Вербицкий, В. И. (1884). *Словарь алтайского и аладагского наречий тюркского языка.* Казань.

Курпешко-Таннагашева, Н. Н., & Апонькин, Ф. Я. (1993). *Шорскорусский и русско-шорский словарь.* Кемерово.

19.1.1.4. 텍스트

Дыренкова, Н. П. (1940). *Шорский фольклор.* М.

Радлов, В. В. (1886). *Образцы народной литературы тюркских племен, живущих в Южной Сибири и Дзюнгарской степи.* СПб.

Священная история на шорском языке. (1883). Казань.

Указание пути в царствие небесное на шорском наречии. (1884). Казань.

19.1.2. 사회언어학

Кимеев, В. М. (1989). *Шорцы. Кто они?* Кемерово.

Насилов, Д. М., & Шенцова, И. А. (1994). Шорский язык. *Красная книга языков народов России. Энциклопедический словарь-справочник.* М.

Шенцова, И. А., & Насилов, Д. М. (2002). Шорский язык. *Языки народов России. Красная книга. Энциклопедический словарь-справочник.* М.

19.1.3. 교재

Амзоров, М. (1938). *Упражнения по правописанию для 4 класса начальной школы.* Новосибирск.

Бабушкин, Г. ф. (1938). *Учебник шорского языка для начальных школ. Грамматика и правописание. 3-й класс.* Новосибирск.

Браиловская, С. М., & Рыбникова, И. Я. (1938). *Хрестоматия по литературе.* Новосибирск.

Косточаков, Г. З. (1995). *Книга для чтения.* Кемерово.

Курпешко-Таннагашева, Н. Н. (1992). *Учебник шорского языка для 2-го класса.* Кемерово.

Кусургашев, А. Д. (1933). *Учебник шорского языка для школ малограмотных. Грамматика и правописание.* Новосибирск.

Тельгереков, Ч. К. (1932). *Учебник по родному языку для 3-го года обучения в шорских школах.* Новосибирск.

Чиспияков, Ф. С. (1935). *Букварь для шорских школ грамоты.* Новосибирск.

Чиспияков, Э. Ф. (1991). *Учебное пособие по диалектологии шорского языка.* Новокузнецк.

Чиспияков, Э. Ф. (1992). *Учебник шорского языка.* Кемерово.

Чульжанов, Г. Д. (1935). *Учебник шорского языка для начальных школ. Грамматика и правописание. 3-й класс.* Новосибирск.

Шенцова, И. В. (1993). *Учебник шорского языка для 3-го класса.* Кемерово.

Шорский букварь для инородцев восточной половины Кузнецкого округа. (1885). Казань.

19.2. 전문가, 자문 – 없다

19.3. 기관, 연구소, 기구

    19.3.1. 해당 언어의 발전을 돕는 기관, 연구소, 기구

        ◇ 케메로프 주 쇼르족 연합

          주소 Россия, 1652860, Кемеровская обл., г. Мыски, пос. Чувашка.

          Чувашинская сельская национальная администрация

          TEL/FAX 7-38475-43873

          E-mail ayas@rikt.ru

        ◇ 노보쿠즈네츠크 국립사범대학교

          주소 Россия, 654027, г. Новокузнецк, Респ. Пионерский, 13

        ◇ 역사학 · 어문학 · 철학 통합 연구소(SO RAN)

주소 Россия, 630090, г. Новосибирск 90, просп. акад. Ла-
врентьева, 17
TEL 7-3832-350567
FAX 7-3832-301518

◇ 하카스 공화국 사회단체 "북방 소수민족 지역 연합 '쇼리야(Shorija)'"
주소 Россия, 655012, Републикация Хакасия, г. Абакан,
ул. Пушкина, 25, кв. 40
TEL 7-39022-50389
FAX 7-39022-65096
E-mail khankul@hotmail.com

19.3.2. 해당 언어를 연구하는 기관, 연구소, 기구
◇ 노보쿠즈네츠크 국립사범대학교
주소 Россия, 654027, г. Новокузнецк, Респ. Пионерский,
13

19.4. 전자 매체에 담긴 정보(CD, 인터넷) – 없다

20. 전반적 정보 (언어의 기능과 문자 발달의 역사 개요)

계통 분류
쇼르어는 튀르크어파 동부 훈 분파의 우고르-오구즈 어군 중에서 하카
스 하위어군에 속한다.

자칭
▶ 언어 자칭 – 쇼르 틸리(шор тили)
▶ 민족 자칭 – 쇼르(шор)

쇼르어는 알타이 산맥의 북부 산기슭인 쿠즈네츠크 알라타우 산지, 케
메로보 주의 톰 강, 콘도마 강, 므라스 강 상류 지역에 거주하는 쇼르족의
언어이다. 쇼르인은 또한 크라스노야르스크 크라이와 하카스 공화국에도
산다. 쇼르인의 80%는 러시아 연방 케메로보 주에 살고, 대부분의 쇼르
인은 도시에 산다.

민족 인구수

1989년 인구 조사 자료에 따르면 러시아 연방에 거주하는 쇼르인은 총 15,745명이다.[62] 이 중 케메로보 주에만 12,585명, 크라스노야르스크 크라이에는 1,560명, 하카스 공화국에는 1,207명이 산다. 쇼르어를 모어로 인정하는 사람은 쇼르인의 62%이다. 53%는 이중언어 사용자이며 주로 러시아어를 제2 언어로 구사한다.

민족 · 언어 상황

쇼르인의 민족 · 언어 상황의 특징은 1939년 고르노-쇼르 민족구가 폐지된 이후, 쇼르어의 사회적 기능과 사용 영역이 현격하게 축소되었다는 점이다. 이로 인해 표준어 형성 과정이 지연되었고, 쇼르어의 사회적 기반이 줄어들었다.

종교

쇼르인의 종교는 정교이다. 그러나 일부 샤머니즘 전통이 유지되고 있다.

방언 구분

쇼르어에는 10개의 지역어가 있고, 이는 크게 므라스 방언(z-방언)과 콘도마 방언(j-방언) 등 2개의 방언으로 묶인다. 므라스 방언이 지배적인 방언이고, 이를 토대로 쇼르어 표준어가 정립되었다. 므라스 방언은 하카스어와 유사하고, 콘도마 방언은 알타이어의 북부 방언과 유사하다.

문자

최초의 쇼르어 알파벳은 19세기 중반 이후 키릴 문자를 토대로 만들어져서 부분적인 수정을 거쳐 1929년까지 사용되었다. 1929년에 쇼르어를 비롯한 여타 튀르크 언어들을 위한 새로운 단일 튀르크 알파벳이 라틴 문자를 기반으로 도입되었다. 1938년에는 다시 키릴 알파벳이 채택되었다.

쇼르어는 공식적인 지위가 없다. 다만 '**권장** 언어'로 분류된다.

---

62 2010년 인구 조사 자료에 따르면 러시아 연방에 거주하는 쇼르족은 총 12,888명이다 (http://www.perepis-2010.ru). _옮긴이

쇼르어는 **충분히 발달하지 못한 언어**이며, 다음과 같은 **의사소통** 분야에서 제한적으로 사용된다.

- ▶ **초등 교육** 분야 – 3개 초등학교의 1~4학년에서 교과목으로 교육됨.
- ▶ **문학, 구비문학** 분야 – 몇몇 러시아 작가의 작품과 쇼르족 구비문학이 쇼르어로 출판됨.
- ▶ **교과서와 교재** 분야 – 초등학교 교과서와 교재가 출판됨.
- ▶ **종교** 분야 – 샤먼 기적극에서 사용됨.
- ▶ **전통 생업** 분야와 일상생활 분야 – 쇼르인 집중 거주지에서 주로 중년과 노년층이 제한적으로 사용함.

교육 분야와 대중 정보 분야에서 쇼르어의 기능은 오랫동안 중단되었었다. 또한 쇼르족 거주 지역이 분산되어 있다는 점, 즉 73%가 도시에 살고, 러시아어 환경에서 집중적으로 거주한다는 점이 쇼르어의 질과 그 사회적 기반에 큰 영향을 미치고 있다. 전문가의 평가에 따르면 1989년 전체 쇼르인 중 6%만 모어를 구사했다.

쇼르족의 청년층과 중년층 사이에는 강한 언어적 니힐리즘, 즉 모어를 공부하고 사용하고 싶어 하지 않는 경향이 점점 커지고 있다. 쇼르어 자체 내에도 러시아어의 영향으로 인해 언어 구조의 여러 층위에서 변화가 일어나고 있다. 이 모든 요소들이, 쇼르어의 유지와 발전을 위한 노력에도 불구하고, 그 생명력에 위협이 되고 있다. 쇼르어의 사회적 기반이 현재와 같은 속도로 축소되어 간다면 수십 년 내에 그 기반이 사라져버릴 위험이 존재한다.

주요 연구 기관

쇼르어의 주요 연구 기관은 러시아 학술원 시베리아 지부에 있다.

† 집필자

알렉산드르 니콜라예비치 바스카코프
(Aleksandr Nikolajevich Baskakov, Александр Николаевич Баскаков)
국가박사(Doktor nauk), 선임 연구원
언어학 연구소(RAN)(M) 민족 언어 관계 연구 센터(NICNJaO)

직장 주소　Россия, 103009, г. Москва, Б. Кисловский пер., 1/12
TEL　7-095-2905268
FAX　7-095-2905228
E-mail　socioling@mail.ru

연도/기간　1998~2002년

연도/기간　1998~2002년

어원어 A. 부리킨, A. 바스카코프

0. 언어 정의

0.1. 기본 명칭 – 어원어

1. 언어 명칭

1.1. 언어 화자가 사용하는 명칭

어워디 토런(эвэды торэн)

오라티 토런(оратты торэн)

오로촌어(orochonskij jazyk)

> **주해** 해당 언어 화자들이 사용하는 언어명은 각 민족의 자칭에 달려있다. 대부분
> 의 어원인은 모어를 '어워디 토런(эвэды торэн, '어원어')'라고 부르며, 오호츠
> 크 연안의 어원인은 자칭이 '오라칠(орачил, '사슴의')'이고 모어를 '오라티 토
> 런(оратты торэн, '어원-오로치인의 언어')'라고 부르며, 러시아어로 말할 때는
> '오로촌(orochon)'어라는 명칭을 사용한다.

1.2. 정부 문서 또는 헌법에서 사용하는 명칭 – 어원어

1.3. 이전에 사용했던 명칭 – 퉁구스어, 라무트어

> **주해** 1930년대 초까지 어원인과 어윙키인은 각기 다른 2개의 민족으로 구별되지
> 않았었고, 퉁구스어라는 명칭은 어원어도 포함했다. 1950년대 초까지 라무트어
> 라는 명칭이 일상적으로 사용되었고, 일부 언어학 논저의 제목에도 등장했다.

1.4. 외국어 명칭 – 영어 Even / 독일어 Evenisch, Lamutisch /
프랑스어 événe, lamoute

* 민족 명칭

기본 명칭 – 어원인

민족 자칭 – 어워니(эвены) / 오로치(ороч) / 오리치(орыч) / 오라칠(орачил)

정부 문서 또는 헌법에서 사용하는 명칭 – 어원인

이전에 사용했던 명칭 – 라무트인

외국어 명칭 – 영어 Evens / 독일어 Evenen, Lamuten /
프랑스어 Événs, Lamoutes

2. 통계 자료와 지리 자료 (1989년 인구 조사 자료)

주해 인구 조사에서 어윈어에 관한 모든 자료는 어윈인에 국한된 것뿐이다.

2.1. 민족 구성원의 총수 (국가별·지역별)

- 러시아 – 17,055[63]
  사하(야쿠티야) 공화국 – 8,668
  하바롭스크 크라이 – 1,919
  캄차카 주 – 1,489
    ▶ 코랴크 자치구 – 713
  마가단 주 – 3,769
    ▶ 추코트 자치구 – 1,336
  다른 지역 – 1,210
- 다른 나라
  CIS(러시아 제외)와 발트 국가 – 144
    ▶ 라트비아 – 3
    ▶ 리트바 – 1
    ▶ 몰도바 – 3
    ▶ 벨라루스 – 25
    ▶ 아르메니아 – 5
    ▶ 아제르바이잔 – 1
    ▶ 에스토니아 – 4
    ▶ 우즈베키스탄 – 31
    ▶ 우크라이나 – 25
    ▶ 조지아 – 3
    ▶ 카자흐스탄 – 32
    ▶ 키르기스스탄 – 3
    ▶ 타지키스탄 – 5
    ▶ 투르크메니스탄 – 3

---

63 2010년 인구 조사 자료에 따르면 러시아 연방에 거주하는 어윈족은 총 21,830명이다 (http://www.perepis-2010.ru). _옮긴이

주해 공식 데이터가 불완전하거나 왜곡된 자료일 가능성도 배제할 수 없다. 예를 들어, 자신을 'orachil'로 부르는 일부 어원인(약 70명)은 여권(신분증)에 '오로치인(orochi)'으로 기재되어 있고, 이는 하바롭스크 크라이의 다른 민족 이름과 일치한다(본서의 '오로치어' 참조).

2.1.1. 해당 민족의 언어를 말하지 않는 민족 구성원의 수 (지역별 · 모어별)

- 러시아 – 9,205

  러시아어 – 4,303

  다른 언어 – 4,902

  - 사하(야쿠티야) 공화국 – 5,565

    러시아어 – 833

    야쿠트어 – 4,708

    다른 언어 – 24

  - 하바롭스크 크라이 – 870

    러시아어 – 846

    다른 언어 – 24

  - 캄차카 주 – 528

    러시아어 – 501

    다른 언어 – 27

    - 코랴크 자치구 – 267

      러시아어 – 242

      코랴크어 – 23

      다른 언어 – 2

  - 마가단 주 – 1,533

    러시아어 – 1,505

    다른 언어 – 28

    - 추코트 자치구 – 438

      러시아어 – 414

      축치어 – 18

      다른 언어 – 6

  - 다른 지역 – 709

    러시아어 – 618

    다른 언어 – 91

2.2. 러시아 내 해당 언어 화자의 총수 (지역별)

- 러시아 – 7,850

  사하(야쿠티야) 공화국 – 3,103

  하바롭스크 크라이 – 1,049

  캄차카 주 – 961

  - ▶ 코랴크 자치구 – 446

  마가단 주 – 2,236

  - ▶ 추코트 자치구 – 898

- 다른 지역 – 511

2.2.1. 해당 언어가 모어인 화자의 총수 (지역별·민족별)

- 러시아 – 7,476

  어원인 – 7,476

  기타 – 자료 없음

  - 사하(야쿠티야) 공화국 – 3,010

    어원인 – 3,010

    기타 – 자료 없음

  - 하바롭스크 크라이 – 986

    어원인 – 986

    기타 – 자료 없음

  - 캄차카 주 – 922

    어원인 – 922

    기타 – 자료 없음

    - 코랴크 자치구 – 436

      어원인 – 436

      기타 – 자료 없음

  - 마가단 주 – 2,123

    어원인 – 2,123

    기타 – 자료 없음

    - 추코트 자치구 – 875

      어원인 – 875

      기타 – 자료 없음

  - 다른 지역 – 435

    어원인 – 자료 없음

기타 – 자료 없음

2.2.1.1. 단일언어 사용자의 총수

- 러시아 – 336

  어원인 – 336

  - 사하(야쿠티야) 공화국 – 0
  - 하바롭스크 크라이 – 136

    어원인 – 136

  - 캄차카 주 – 37

    어원인 – 37

    - 코랴크 자치구 – 5

      어원인 – 5

  - 마가단 주 – 163

    어원인 – 163

    - 추코트 자치구 – 40

      어원인 – 40

  - 다른 지역 – 0

2.2.1.2. 이중언어 사용자의 총수

- 러시아 – 10,223

  어원인 – 10,223

  주해 대부분의 이중언어 사용자는 남성도 여성도 30~60세 연령 그룹에 속한다.

2.2.1.3. 남성 이중언어 사용자의 수

- 러시아 – 자료 없음

  어원인 – 자료 없음

  주해 대부분의 이중언어 사용자는 남성도 여성도 30~60세 연령 그룹에 속한다.

2.2.1.4. 여성 이중언어 사용자의 수

- 러시아 – 자료 없음

  어원인 – 자료 없음

  주해 대부분의 이중언어 사용자는 남성도 여성도 30–60세 연령 그룹에 속한다.

2.2.1.5. 이중언어 사용자의 제2 언어별 분포 (지역별)

  주해 이중언어 사용자를 제2 언어에 따라 분류한 자료는 어원인에 관한 것뿐이다.[64]

- 러시아 – 10,223

  러시아어 – 8,966

  다른 언어 – 1,257

  - 사하(야쿠티야) 공화국 – 6,010

    러시아어 – 4,923

    야쿠트어 – 1,072

    다른 언어 – 15

  - 하바롭스크 크라이 – 850

    러시아어 – 788

    다른 언어 – 62

  - 캄차카 주 – 885

    러시아어 – 868

    다른 언어 – 17

    - 코랴크 자치구 – 431

      러시아어 – 415

      코랴크어 – 0

      다른 언어 – 6

  - 마가단 주 – 1,960

    러시아어 – 1,925

    다른 언어 – 35

    - 추코트 자치구 – 835

      러시아어 – 801

      축치어 – 29

      다른 언어 – 5

  - 다른 지역 – 518

    러시아어 – 462

    다른 언어 – 56

2.2.1.6. 해당 언어가 모어인 화자 중 도시·촌 주민의 수

- 러시아 – 7,476

---

64 원문에는 아래의 '러시아', '사하(야쿠티야) 공화국', '하바롭스크 크라이', '캄차카 주', '코랴크 자치구', '마가단 주', '추코트 자치구', '다른 지역' 행에 적힌 명수와 똑같이 각 행의 바로 아래에 '어원인'의 명수가 적혀 있으나, 주해에 어원인에 관한 자료뿐임이 밝혀져 있으므로 생략한다. _옮긴이

도시 – 1,327

촌 – 6,149

- 사하(야쿠티야) 공화국 – 3,010

  도시 – 438

  촌 – 2,572

- 하바롭스크 크라이 – 986

  도시 – 111

  촌 – 875

- 캄차카 주 – 922

  도시 – 51

  촌 – 871

  - 코랴크 자치구 – 436

    도시 – 21

    촌 – 415

- 마가단 주 – 2,123

  도시 – 456

  촌 – 1,667

  - 추코트 자치구 – 875

    도시 – 54

    촌 – 821

- 다른 지역 – 435

  도시 – 271

  촌 – 164

2.2.2. 해당 언어가 제2 언어인 화자의 총수 (지역별·민족별)

- 러시아 – 374

  어원인 – 374

  기타 – 자료 없음

  - 사하(야쿠티야) 공화국 – 93

    어원인 – 93

    기타 – 자료 없음

  - 하바롭스크 크라이 – 63

    어원인 – 63

    기타 – 자료 없음

- 캄차카 주 – 39

  어원인 – 39

  기타 – 자료 없음

  - 코랴크 자치구 – 10

    어원인 – 10

    기타 – 자료 없음

- 마가단 주 – 113

  어원인 – 113

  기타 – 자료 없음

  - 추코트 자치구 – 23

    어원인 – 23

    기타 – 자료 없음

- 다른 지역 – 69

  어원인 – 69

  기타 – 자료 없음

주해 자료는 어원인에 관한 것뿐이다. 다른 민족에 대한 자료는 없다.

2.3. 친족 언어와 친족 언어 화자의 수 (국가별·지역별)

주해 어원어는 만주퉁구스 어파(알타이 어족)의 퉁구스(북부) 분파 중 북부(시베리아, 에본키) 어군에 속한다. 어원어에 가장 가까운 언어는 어웡키어, (중국과 몽골에 분포하는) 솔론어, 네기달어이다. 어원어와 어웡키어의 방언들이 분포하는 지역 사이에는 여러 방언이 혼재하는 특징을 보이는 접촉 지역이 존재한다.

- 네기달어 – 209

  러시아 – 184

  다른 나라 – 25

  ▶ CIS(러시아 제외)와 발트 국가 – 25

- 어웡키어 – 약 15,000

  러시아 – 9,891

  다른 나라 – 약 5,100

  ▶ CIS(러시아 제외)와 발트 국가 – 109

  ▶ 중국 – 약 5,000

- 솔론어 – 25,000 이상

  러시아 – 0

  다른 나라 – 25,000이상

▸ 중국 – 25,000

▸ 몽골 – 자료 없음

2.4. 해당 언어가 모어인 화자의 수 (국가별 · 지역별)

- 러시아 – 7,476

  사하(야쿠티야) 공화국 – 3,010

  하바롭스크 크라이 – 986

  캄차카 주 – 922

  ▸ 코랴크 자치구 – 436

  마가단 주 – 2,123

  ▸ 추코트 자치구 – 875

  다른 지역 – 435

- 다른 나라 – 62

  CIS(러시아 제외)와 발트 국가 – 62

  주해 모든 자료는 어원인에 관한 것뿐이다.

2.5. 해당 언어가 제2 언어인 화자의 수 (국가별 · 지역별)

- 러시아 – 374

  사하(야쿠티야) 공화국 – 93

  하바롭스크 크라이 – 63

  캄차카 주 – 39

  ▸ 코랴크 자치구 – 10

  마가단 주 – 113

  ▸ 추코트 자치구 – 23

  다른 지역 – 69

- 다른 나라 – 6

  CIS(러시아 제외)와 발트 국가 – 6

3. 언어 개요

3.1. 계통 분류상의 위치

3.1.0. 어족 – 알타이 어족

3.1.1. 어파 – 만주퉁구스 어파

3.1.2. 분파 – 북부(퉁구스) 분파

3.1.3. 어군 – 시베리아(에본키) 어군

3.1.4. 하위어군 – 없다

주해 만주퉁구스 어파의 분류는 다양하다(Sunik 1997). 그중에서 만주퉁구스족의
역사적, 민속지학적 기술에 중점을 두는 분류에 따르면, 만주퉁구스 어파에는
2개의 분파, 즉 북부(시베리아 또는 퉁구스) 분파와 남부(또는 만주) 분파가 있다.
북부 분파에는 어윙키어, 어원어, 네기달어, 솔론어가 속하고, 남부 분파에는
만주어, 나나이어, 우디허어가 속한다.

이 분류에 따른 또 다른 구분은 만주퉁구스 언어들을 2개가 아닌 3개의
어군, 즉 에본키 어군(어윙키어, 어원어, 네기달어), 나나이 어군(이 두 어군은
합쳐서 퉁구스 어군이라고 하기도 한다), (솔론어를 비롯한) 만주 어군으로 나누
는 것이다.

수니크(O. P. Sunik)(1997)의 순수 언어학적 분류에 따르면, 만주퉁구스 언
어들은 2개의 어군(분파), 즉 퉁구스 분파와 만주 분파로 나뉜다. 퉁구스 분
파(어군)는 다시 2개의 하위 그룹, 즉 시베리아(또는 에본키) 어군과 아무르
(또는 나니) 어군으로 나뉜다.

* 친족 언어 – 어윙키어, 네기달어

* 언어 접촉 – 러시아어, 야쿠트어

주해 역사적으로 어원어와 어윙키어, 코랴크어, 유카기르어, 축치어 사이에 다양한
접촉이 있었다. 이러한 접촉의 흔적이 어원어의 여러 방언에 남아 있으며,
접촉 지역의 일부 경우에서 발견되는 이중언어 사용 현상에도 남아 있다. 오늘날
이러한 접촉은 단절되었는데, 이는 현재의 행정 구역이 설정되고, 전통적인
의사소통 수단이 사라지며, 거주지의 규모가 커졌기 때문이다.

* 추가적 지리 자료 (언어 분포 지역)

• 러시아

사하(야쿠티야) 공화국

▶ 아비 울루스(구)

▶ 알라이하 울루스(구)

▶ 불룬 울루스(구)

▶ 베르흐네콜림스키 울루스(구)

▶ 베르호얀스크 울루스(구)

▶ 코뱌이 울루스(구)

▶ 모마 울루스(구)

▶ 니지네콜림스키 울루스(구)

▶ 스레드네콜림스키 울루스(구)

▶ 톰폰 울루스(구)

▶ 우스티-야나 울루스(구)

▶ 에벤-비탄타이 울루스(구)

캄차카 주

▶ 비스트라 구

코랴크 자치구

▶ 올류토라 구

▶ 펜지나 구

▶ 티길 구

마가단 주

▶ 올라 구

▶ 세베로-에벤스키 구

▶ 스레드네칸스키 구

▶ 수수만 구

▶ 텐킨 구

▶ 마가단 시

추코트 자치구

▶ 아나디리 구

▶ 빌리비노 구

▶ 아나디리 시

하바롭스크 크라이

▶ 오호츠크 구

3.2. 주요 언어학적 특성 (간략한 기술)

주해 이 기술은 어원어(동부 방언군) 올라 방언을 토대로 한 것이다.

- 음성학

모음 모음 음소는 18개이다. 장단모음의 음운대립이 있다. (규칙적인 성격의) 구개음조화와 (덜 규칙적인) 순음조화 등 두 가지 모음조화가 있다.

자음 자음 음소는 18개이다.

강세 강세는 연구된 바 없다. 그러나 관찰에 따르면 단모음이 있는 단어에서는 강세가 보통 마지막 음절에 떨어지고, 장모음이나 이중모음이 있는 단어에서는 해당 장모음 또는 이중모음에 강세가 떨어진다. 강세는 음운적 의미가 없다.

- 형태론

교착어이고 주요 형태론적 수단은 접미사 첨가이다. (후치사를 포함하여)

10개의 **품사**가 있다.

명사 명사는 의미부류(인간/비인간)로 나뉘고, **수**(단수, 복수), **격**[지역어에 따라 13개에서 15개까지. 주격, 대격, 지정격(designative), 여격, 조격, 동반격, 7개의 처소격], **소유**(인칭/무인칭, 양도 가능/양도 불가능)의 범주는 명사의 곡용 패러다임으로 나타난다.

명사의 **곡용**은 단순곡용과 소유곡용으로 나뉘고, 소유곡용은 인칭과 무인칭 곡용으로 나뉜다. 문법적 성 범주는 없다.

형용사 어원어 표준어에서 형용사는 명사와 성, 격에 따라 일치한다(다른 방언에서는 일치가 규칙적이지 않거나 아예 없을 수도 있다). 형용사 접미사는 성질의 다양한 정도를 표현할 수 있다(강조, 비교, 최상급).

수사 수사는 명사와 같은 유형으로 곡용한다. 한정어의 역할에서는 명사와의 일치가 규칙적이지 않다. 셈 체계는 **십진법**이다.

동사 동사는 **타동성, 동작류**(동작류 접미사가 20개 이상 있고, 상과 태의 의미도 표현한다), **태, 법, 시제, 인칭, 수**(단수와 복수)의 범주가 있다.

시제 체계에는 부정(不定) 시제, 현재(발화 순간 행해지는 행위 또는 가까운 과거) 시제, 과거 시제, 미래(가까운 미래, 먼 미래) 시제가 포함된다.

6가지의 법(직설법, 명령법, 가능법, 추측법, 의무양상, 접속법)이 기술되어 있다. 동사의 무인칭 형태에는 10개 이상의 **형동사**(현재, 과거, 미래)와 **부동사**(불변) 형태가 있고, 동사파생명사가 있다.

소사 소사 중에는 후치 소사(의문, 병렬, 강조, 제한 소사 등)와 삽입(infixal) 소사(구별, 구체화, 긍정, 비교 소사 등)가 있다.

전치사 전치사는 없다.

접속사 접속사는 많지 않다. 접속사는 어원어에서 비교적 새로운 부류이다.

후치사 공간 관계는 주로 후치사로 표현된다. 후치사에서는 명사 곡용이 나타난다.

- 조어론
주된 조어법은 **접미사 첨가**와 **치환**이다.

- 통사론
단문의 구조는 **주격-대격** 구조이다[그러나 자동사가 있는 경우 주어는 지정격(designative)의 형태를 띨 수 있다]. 어순은 SOV이다.

- 어휘론

  기본 어휘는 만주퉁구스 공통 어휘이며, 다른 알타이 언어들과 대응된다. **축치어, 니브흐어, 코랴크어, 유카기르어**와 일부 어휘가 대응된다(이는 역사적 언어 접촉에 의한 것이다). 가장 많은 **차용어**는 **야쿠트어** 차용어와 **러시아어** 차용어이며, 야쿠트어 차용어는 특히 서부 방언들에 있다.

3.3. 유형론적 특성

- 형태론적 구조 – 교착어
- 주요 형태론적 수단 – 접미사 첨가
- 통사론적 구조 – 주격-대격 언어
- 어순 – SOV

3.4. 방언 구분

◇ 동부 방언군

올라 방언

비스트라 방언

펜지나 방언

아나디르 방언

콜리마-오몰론 방언

◇ 서부 방언군

라문힌 방언

튜게시르 방언

유카기르 방언

◇ 중앙 방언군

톰폰 방언

모마 방언

알라이하 방언

주해 연구자들에 따르면 15~20개의 방언 및 지역어가 분류되고, 이들은 2개의 방언군, 즉 **동부와 서부 방언군**으로 묶인다. 후자, 즉 서부 방언군은 때로 서부와 중앙 방언군으로 다시 분류된다. 지역어 또는 방언 사이의 차이는 음성학, 어휘의 층위에서 발견되고, 형태론적 차이는 덜 두드러지게 나타난다. 방언들 중에서 특별한 위치를 점하는 것은 **아르만** 방언과 **울리야** 방언이다. 아르만 방언은 (현재 절멸한 방언으로) 일부 학자들이 별개의 언어로 간주했었다(울리야 방언은 어웡키어의 강한 영향 아래서 형성되었다).

　　동부 방언군은 마가단 주, 추코트 자치구, 코랴크 자치구와 사하(야쿠티야) 공화국의 스레드네콜림스키 구에 분포한다. **올라 방언**은 어웡어 표준어의 토대

가 된 방언으로서, 마가단 주, 추콧카와 야쿠티야의 일부 지역, 코랴크 자치구의
일부 영토에 분포한다.

서부 방언군은 레나 강의 오른편 지류들과 야나 강의 왼편 지류들을 따라
사하(야쿠티야) 공화국의 불룬, 코뱌이(구 사키리르), 우스티-야나 베르호얀스크
구에 분포한다.

중앙 방언군은 인디기르카 강 유역에 사하(야쿠티야) 공화국의 톰폰, 오이먀코,
모마, 아비, 알라이하 구의 경계 내에 분포하고, 또 우스티-야나, 베르호얀스크,
니즈네콜림스키 구의 일부에 분포한다. 중앙 방언군에 속하는 방언들은 동부
방언군과 서부 방언군의 중간 위치를 점하고 있으며, 그 두 방언군 각각의
특징이 혼재되어 있다.

방언 간 차이의 정도는 각 방언마다, 즉, 각 지역마다 각기 다르다. 방언
면에서 가장 동질적인 지역은 마가단 주와 추콧카이다. 거의 같거나 유사한
방언이 나타나는 지역은 코랴크 자치구와 야쿠티야 동부이다. 캄차카(캄차카
주와 코랴크 자치구)의 지역어들은 서로 매우 유사하다. 야쿠티야 땅에는 모든
방언군의 방언들이 나타난다.

부리킨(A. A. Burykin)은 또한 어원어에 **캄차카, 야쿠트** 이형, 사하(야쿠티야)
공화국 **코뱌이** 구의 이형과 같은 지역적 이형이 존재한다고 지적한 바 있다.
모든 지역적 이형은 표준어(규범화된) 형태와는 약간 다른 자체 문자 형태가
있다.

3.5. 명칭이 있는 주요 지역적 이형 – 없다

주해 부리킨(A. A. Burykin)은 어원어에 캄차카, 야쿠트 이형, 사하(야쿠티야) 공화국
코뱌이 구의 이형과 같은 지역적 이형이 존재한다고 지적한 바 있다. 모든
지역적 이형은 표준어(규범화된) 형태와는 약간 다른 자체 문자 형태가 있다.

4. 문자와 정서법

- YWL(Young Written Language, Mladopis'mennyj jazyk) 1920~1930년대에
  문자가 제정된 언어

4.1. 문자 체계와 서체(서법) – 키릴 문자

4.2. 정서법

4.2.1. 통일된 체계 – 있다

주해 키릴 문자가 어원어의 표기에 사용되기 시작한 것은 19세기 중반에
기도서를 어원어로 번역하는 과정에서이다. 1920년대 중반 이후부터
1932년까지 학교에서 어원어를 가르칠 때 키릴 문자가 사용되었고,
1930년대에는 일부 지역에서 라틴 문자와 병행하여 사용되었다.
1936~1937년에 키릴 문자가 공식적인 알파벳으로 복원되어서 지금

까지 사용되고 있다.

　　라틴 문자가 어원어의 공식적인 알파벳으로 (단일 북방 알파벳 차원에서) 도입되었던 것은 1932년이었다. 라틴 문자는 1936~1937년에 공식 알파벳으로 채택된 키릴 문자로 대체되었지만, 지방 신문을 포함한 대중 매체에서는 1939년 말까지 계속해서 사용되었다. 일부 가정과 몇몇 나이 많은 사람들은 지금까지도 라틴 알파벳으로 읽고 쓰기를 유지해 오고 있다(최소한 1980년대 중반까지는 유지했다).

　　일부 단어와 문법 형태의 표준화된 정서법은 19세기와 20세기 초 출판물에서 엄격하게 지켜졌다. 이어진 알파벳의 변화에도 불구하고 단어 정서법에 연속성이 있었다. 예를 들면, 라틴 문자가 도입된 이후 이전에 키릴 문자로 적던 것을 음차했었고, 1930년대 말부터 1950년대 초까지 키릴 문자로 이전 시기의 서법을 재현했다. 1960년대부터 알파벳이 허용하는 한도 내에서 음소 원칙에 따른 정자법의 통일이 이루어졌다. 현대의 정자법 규칙은 1988년에 와서야 사전에 처음으로 반영되었고, 소규모 사전에 4,000단어 정도가 수록되었다. 각기 다른 지역에서 어원어 문어의 정서법 규칙이 항상 일관되게 지켜진 것은 아니다. 그 결과 각기 다른 방언을 다르게 쓰는 경우가 나타났다. 이렇게 각기 다른 쓰기 형태가 나타난 주된 원인은, 정서법 규칙이 학교 교육에 공식적으로 정착된 시기가 달랐기 때문이다.

4.2.2. 통일된 체계가 있는 경우, 통일 원칙 – 음소원칙

　　주해 통일의 주요 원칙은 음소 원칙이다. 단, 장모음과 인두음화한 (pharyngealized) 모음을 표기할 문자소(grapheme)는 없다. 어원어의 음운 체계의 기술이 아직 불충분한 점을 고려하면, 이 원칙은 19세기부터 이어진 전통적인 것으로 간주될 수 있다.

* 표준어 – 표준어 발달 수준은 중간 정도이다

* 문자의 역사 개요

　　어원어로 된 최초의 텍스트는 19세기 중반, 기도서를 어원어로 번역하기 시작하던 때에 나왔다. 1858년 오호츠크의 사제장 스테판 포포프(Stefan Popov)의 지도하에 퇴역 카자크 대장인 셸루댜코프(Sheludjakov)가 「마태복음」을 어원어로 번역했다. 바로 이 포포프 사제장이 키릴 문자에 기반을 둔 어원어 문자 제정을 시도했고, 어원어로『퉁구스 철자본과 기도문(*Tungusskij bukvar' s molitvami*)』을 편찬하여 출판했다.

　　19세기 중반 이후부터 1937년까지 어원어의 서법 체계는 몇 차례 변화를 겪었다. 키릴 문자에서 라틴 문자로(1932), 또 반대로 라틴 문자에서 키릴 문자로(1937) 교체되었다. 1930년대에는 어원인이 거주하는 여러 지역의 학교 교육과 지방 정기 간행물에서 두 알파벳이 병존했다. 1937년부터 현재까지 어원어의 문자는 키릴 문자에 기초하여 발전하고 있다(4.2.1항 주해 참조).

1940~1980년대에는 (동부 방언군에 속하는) 올라 방언에 기초하여 문어가 발달했다. 이 방언이 어원어 방언 중 유일하게 표준화된 것이기 때문이다. 어원어의 표준화 작업은 주로 서법과 정자법, 형태론 층위에서 이루어졌다. 1947년에는 어원어 문법 개요가 출판되었다. 이 책은 어원어 문어의 문법 규칙 통일 작업의 가이드라인이 되었다.

1958년에는 어원어 정자법 규칙이 출판되었고, 이후 교재 출판 시 일관되게 적용되었다. 그러나 1960년대에는 각기 다른 어원인 거주 지역에서 각 지역의 서법 형태들이 자연 발생적으로 생겨나기 시작했다. 1980년에는 야쿠티야에서 노비코프(K. A. Novikov)와 레베데프(V. D. Lebedev)가 만든 새로운 어원어 정자법 규칙이 출판되었다(야쿠츠크, 1980). 이 규칙은 어원어 서법을 야쿠트어 서법에 비슷하게 만든 것이었다. 새로운 서법은 야쿠티야의 어원인들 사이에 보급되었지만, 그 외의 지역에서는 1958년에 채택된 옛날식 서법 체계를 계속 사용했다. 1987년에는 1980년에 고안된 서법이 공식적으로 폐지되었다. 그러나 1991년까지 출판 분야에서 계속 사용되기도 했다.

현재의 어원어 서법 체계는 키릴 기호와, 1953년 이후 알파벳에 공식적으로 도입된 일부 추가적 문자소인 *ӈ, ө, ӫ*를 사용하고 있다. 실제로 이러한 기호들이 사용되기 시작한 것은 1950년대 말이었고, 주로 교육용 서적에 사용되었다. 사전과 교재, 학술 서적에는 어원어 음성을 더욱 정확하게 반영하기 위해 추가적인 기호들이 도입되었다. 모음의 길이는 문자 위에 줄을 그어 표시했다.

1960년대 중반부터 야쿠티야에서는 어원어를 표기하는 데 *ӈг, дь, нь* 등과 같이 야쿠트 알파벳의 추가적인 기호를 쓴 폰트가 사용되었고, 장모음은 이중글자(digraph)로 표시했다. 1982년부터 1988년까지 이 서법 형태는 야쿠티야에서 공식적인 지위를 가지고 있었고, 1988년에 공식적으로 폐지되었다. 그러나 일부 출판물에서는 현재까지도(적어도 1991년까지는) 사용되고 있다.

이와 같이 각기 다른 지역에서 어원어 문어의 정서법 규칙이 항상 일관되게 지켜진 것은 아니다. 그 결과 각기 다른 방언을 다르게 쓰는 경우가 나타났다. 이렇게 각기 다른 쓰기 형태가 나타난 주된 원인은, 정서법 규칙이 학교 교육에 공식적으로 정착된 시기가 달랐기 때문이다.

전체적으로 어원어 문어에는 최소한 4개의 지역적 이형들이 형성되었다.

올라 방언에 기초한 공식 문자, 캄차카 어원인들이 사용하는 문자, 인디기르카 강 유역의 어원어 지역어들을 토대로 야쿠티야의 어원인들 사이에 유포된 문자, 야쿠티야의 코뱌이 구의 문자가 그것이다. 어원어의 표준적인 문자 형태는 아직까지 다양한 지역에 살고 있는 어원인들 모두를 위한 공통의 의사소통 수단이 되지 못했다.

현재 어원어로 교재와 사전(어원어-러시아어, 러시아어-어원어), 어원인 작가가 쓴 문학 서적이 출판되고 있다. 서적은 어원어의 모든 지역적 이형들로 출판된다.

아래에 어원어의 두 가지 알파벳을 소개한다.

(1) Аа Бб Вв Гг Дд Ее Ёё Жж Зз Ии Йй Кк Лл Мм Нн нг
Оо Пп Рр Сс Тт Уу Фф Хх Цц Чч Шш Щщ ъ ы ь Ээ Юю Яя

참고 출처는 Burykin(2000: 255)이다. 러시아 알파벳과 다른 단 하나의 문자소는 후설 자음 표기에 쓰이는 이중글자 *нг*이다. 그러나 최근 10년 간 어원어로 된 출판물에는 *н*, *θ*, *ǒ*도 사용되고 있으며, 이는 어원어 문어의 정자법 표준이 안정적으로 형성되지 못했기 때문이다(이하 참조).

(2) Аа Бб Вв Гг Дд Ее Ёё Жж Зз Ии Йй Кк Лл Мм Нн Ӈӈ Оо
Ѳѳ ǒ Пп Рр Сс Тт Уу Фф Хх Цц Чч Шш Щщ ъ ы ь Ээ Юю Яя

5. 지위

5.1. 해당 언어 화자가 자신의 언어를 충분히 발달된 언어이자 다른 언어들에 대응하는 언어라고 생각하는가?

　　5.1.1. 해당 언어가 내적 구조 면에서 다른 언어들과 크게 구별되기 때문에?
　　　　– 그렇다

　　　　주해 어원어 화자들 사이에는 어원어가 축치어나 코랴크어에 비해 배우기 쉽다는 의견이 있다. 이 의견은 러시아어를 하는 유입 인구들 사이에 퍼져 있는 의견이다.

　　5.1.2. 해당 언어가 발달된 문명의 도구로서 높은 발달 수준을 지니고 있기 때문에? – 아니다

5.2. 언어의 표준화가 이루어졌는가? – 표준화가 진행 중이다

　　주해 어원어 문자 형태의 특징은 서법 표준이 자주 일관성 없이 교체되었고, 지역별·지

방별로 다른 서법이 존재한다는 점이다.

어원어의 표준화는 서법과 정자법, 형태론 차원에서 가장 분명하게 진행되고 있다. 어원어 표준화 작업은 1930년대부터 시작되어 지금까지 진행되고 있다. 1947년에 출판된 문법 개요가 그 안에 서술된 사실 자료들 면에서 지금까지 어원어 문어 규범의 토대가 되고 있다. 현재 어원어 문어 표준은 계속 정립되는 중이다. 어원어 서법 규범의 체계화가 시급한 과제이다.

5.2.A. 문자 규범이 있는가? – 없다

5.2.B. 구어 규범이 있는가? – 없다

주해 문어의 기초가 된 것은 동부 방언군의 한 방언인 올라 지역어이지만, 이 방언에만 국한된 문법 형태라든지 어원어 문법 기술이 출간(1947) 된 후에 이 방언에서 발견된 문법 형태는 문어에서 사용되지 않는다.

5.2.1. 표준화된 언어가 여러 개(pluricentric language)인가? – 아니다

주해 문어 형태로 형성된 어원어의 지역적 이형은 적어도 네 가지이다. 첫째는 문어의 공식적인 기초인 올라 지역어, 둘째는 캄차카 어원인의 언어, 셋째는 인디기르카 강 유역의 어원인들이 사용하는 지역어들을 토대로 한 야쿠티야 어원인의 언어, 넷째는 야쿠티야 코뱌이 구 어원인의 언어이다. 이 중 체계화된 표준이 있는 것은 동부 방언군의 올라 지역어뿐이다.

5.2.2. 2개의 표준이 혼합되어 있는가? – 아니다

5.2.3. 특정 지역적 이형으로 된 문헌이 있는가? – 자료 없음

주해 부리킨(A. A. Burykin)의 증언에 따르면, 어원어 문어의 지역적 이형들의 특징이 현지에서 출판되는 서적에 그대로 나타난다.

5.3. 언어의 법적 지위 (국가별·지역별)

국가 – 러시아

해당 언어의 지위 – 러시아 연방 토착 소수민족 언어

◇ 지역 – 하바롭스크 크라이, 마가단 주(추코트 자치구), 캄차카 주(코랴크 자치구)

해당 언어의 지위 – 러시아 연방 토착 소수민족 언어

◇ 지역 – 사하(야쿠티야) 공화국

해당 언어의 지위 – 공식어

출처 – 사하(야쿠티야) 공화국 언어에 관한 법. 6조 중 “사하(야쿠티야) 공화국 헌법(기본법). 3절, 46조”

5.4. 해당 언어 화자의 언어적·문화적 권리를 인정하는 텍스트 (헌법, 법, 조항, 명령 등)

6. 문헌의 발달 역사

6.0. 문헌이 있는가? – 있다

6.1. 문헌이 만들어진 경우

6.1.1. 해당 언어가 모어인 화자가 주로 만든 것인가? – 아니다

6.1.2. 해당 언어가 모어가 아닌 사람들이 주로 만든 것인가? – 아니다

6.1.3. 위 두 범주의 사람들이 같은 정도로 만든 것인가? – 그렇다

6.2. 문헌의 구성은

6.2.1. 주로 원어로 되어 있는가? – 아니다

6.2.2. 주로 번역문으로 되어 있는가? – 그렇다

6.2.3. 원어와 번역문이 같은 정도인가? – 그렇다

> **주해** 어원어 시는 주로 어원인 작가의 작품이다. 산문은 대부분 어원인 작가들이 러시아어로 쓰고 이어서 어원어로 번역했다.

6.2.4. 번역은 어느 언어에서 이루어졌는가? – 러시아어

6.3. 출판물에 대한 통계 자료

6.3.1. 출판물

총 편수 – 120편 이상

◇ 연도/기간 – 1917년 이전

편수 – 4편

◇ 연도/기간 – 1917~1960년

편수 – 50편

◇ 연도/기간 – 1961~1970년

편수 – 11편

◇ 연도/기간 – 1971~1980년

편수 – 8편

◇ 연도/기간 – 1981~1990년

편수 – 40편

◇ 연도/기간 – 1991~1995년

편수 – 8편

6.3.2. 해당 언어로 된 번역문

총 편수 – 65편

◇ 연도/기간 – 1917년 이전

편수 – 1편

◇ 연도/기간 – 1917~1960년

편수 – 39편

◇ 연도/기간 – 1961~1980년

편수 – 없다

◇ 연도/기간 – 1981~1990년

편수 – 22편

◇ 연도/기간 – 1991~1995년

편수 – 3편

6.3.3. 해당 언어에서 다른 언어로 된 번역문

총 편수 – 10편

◇ 연도/기간 – 1917년 이전

편수 – 없다

◇ 연도/기간 – 1917~1960년

편수 – 2편

◇ 연도/기간 – 1961~1970년

편수 – 없다

◇ 연도/기간 – 1971~1980년

편수 – 1편

◇ 연도/기간 – 1981~1990년

편수 – 3편

◇ 연도/기간 – 1991~1994년

편수 – 4

7. 종교 관습과 이데올로기 작품에서 해당 언어의 사용

7.1. 종교적 예배, 의식, 의례에서 해당 언어의 사용 – 제한적으로 사용된다

◇ 종교 – 기독교(정교)

A. 설교 – 사용되지 않는다

B. 예배/의식 – 자료 없음

C. 교육 – 자료 없음

주해 사제장 스테판 포포프가 번역한 「마태복음」 번역본의 일부가 출판되기 전 원고의 형태로 1850~1860년대에 오호츠크 연안의 교회에서 예배에 사용되었다는 정보가 있다. 스테판 포포프가 만든 어윈어 최초의 교재인 『퉁구스 철자본과 기도문(*Tungucckij bukvar' c molitvami*)』은 읽고 쓰기 교육과 정교 신앙의 원리를 가르치는 데 사용하려고 만들어졌으나, 그 실제 사용 사례에 대한 정보는 없다.

◇ 종교 – 샤머니즘

의식 – 사용된다

주해 어원어는 정령 숭배 의식과 샤먼 의식에 사용되었다. 어원인 중에는 최근까지도 정령을 부르는 말이나 샤먼의 주술, 예를 들면 샤먼을 돕는 혼을 부르는 말이나 기타 의례 관련 텍스트들을 가진 사람들이 있었다. 정령 숭배와 샤머니즘은 세계관의 체계이기 때문에, 이 세계관 체계에 참여를 독려할 목적으로 전파나 교육을 행하지 않는다.

7.2. 종교 텍스트의 번역 – 있다

◇ 종교 – 기독교

텍스트 – 『신약성서』의 「누가복음」과 「마태복음」 발췌

총 텍스트 편수 – 3편

주해 「마태복음」은 오호츠크의 사제장 스테판 포포프의 지도하에 퇴역 카자흐 대장 셀루다코프가 번역했고, 모스크바에서 1880년에 출판되었다(부다페스트에서 1984년에 재인쇄되었다).

「누가복음」 번역본은 1992년–1993년초에 추코트 자치구 신문인 『우리 크라이(Murgin nutehnut)』에 게재되었다. 스웨덴의 스톡홀름에 있는 성서 번역 연구소의 프로그램에 따른 「누가복음」 번역 작업이 또 이루어지고 있으며, 그 일부가 1995년에 출간되었다.

출처 – www.ibtnet.org/moscow/index.htm

연도/기간 – 2002년

7.3. 이데올로기 작품 – 있다

◇ 이데올로기 명칭 – 공산주의

총 텍스트 편수 – 10편 이상

주해 1930년대 중후반에서 1940년대 초까지 현지 신문들에 당 문서, 당·정부 문서와 다양한 선동 자료의 번역문이 게재되었다. 1958년에는 소련 공산당에 관한 책이 출판되었고, 1960년에는 레닌(V. I. Lenin) 저작의 번역문이 작은 전집으로 나왔으며, 1984년에는 레닌 저작 『청년 동맹의 과제(*Zadachi sojuzov molodjozhi*)』의 번역본이 출판되었다. 이데올로기 서적에는 또한 이데올로기적(공산주의) 성향의 아동용 단편 소설과 중편 소설도 포함된다. 예를 들면, 리솝스키(K. L. Lisovskij)의 『쿠레이크의 작은 집(*Дюкакан Курейкала. Domik v Kurejke*)』(L., 1954)[스탈린(I. V. Stalin)의 유형 생활에 대한 책]이 있다.

연도/기간 – 1990년 이전

8. 문학 범주

연도/기간 – 1917~1998년

8.1. 서술적 장르

총 텍스트 편수 – 35편

8.1.1. 서정시, 희곡, 노래

8.1.1.A. 서정시

총 텍스트 편수 – 29편

주해 29권의 시집이다. 많은 시집이 취학 전 어린이 및 초등학교 저학년 어린이를 위한 시들을 담고 있다. 어원인 시인들의 시 창작에는 서사시도 포함된다. 예를 들면, 코예트메티 (Koetmetti V.)의 『미답의 조상의 흔적을 따라(*Хопкил галан-дулитнэн. Po nevedomym sledam predkov*)』(Irkutsk: Biblioteka zhurnala narodov Severa "Rozovaja chajka", 1999) 같은 서사시가 있다.

8.1.1.B. 희곡 – 자료 없음

8.1.1.C. 찬송가-성가곡집 – 없다

8.1.2. 소설류

8.1.2.A. 단편 소설

총 텍스트 편수 – 약 10편

주해 여기에는 5권의 모음집도 포함된다. 어원어로 된 산문 작품의 대부분은 취학 전 어린이와 어린 학생을 대상으로 한 것이다. 그중 일부는 어원 초등학교, 중등학교 학생의 보충 읽기 교재(독본)에 실려 있다. 예를 들면, 아래와 같다.

Krivoshapkin A. V., *Тосапчан. Rasskazy dlja detej doshkol'nogo i mladshego shkol'nogo vozrasta.* Magadan, 1986. [취학 전, 초등학교 저학년 어린이를 위한 단편 소설]

Krivoshapkin A. V., *Опо (Афоня). Rasskazy dlja detej doshkol'nogo vozrasta.* Jakutskaj: Некатӫрынэн kn. izd-vo, 1969. [취학 전 어린이를 위한 단편 소설]

Krivoshapkin A. V., *Нӫлтэнкэн. Solnyshko.* (Kniga dlja dop. chtenija v 1-2 kl. ehvenskoj shkoly). L., 1989. [해님(어원 학교 1-2학년용 보충 독본)]

Lamutskij P. A., *Онир гкчэнэкэн. Rasskazy roditelej. (Dlja mladshego i srednego shkol'nogo vozrasta).* Jakutskaj: Некатӫрынэн kn. izd-vo, 1965. [부모님의 이야기(초등학

교 저학년, 중간 연령용)]

8.1.2.B. 중편 소설

총 텍스트 편수 – 극소수

주해 중편 소설은 대부분 초등학교와 중등학교 학생을 대상으로
한 것이다. 예를 들면, 아래와 같다.

Krivoshapkin A. V., *Уямкан көөн. Roga ujamkana*, (*Kniga
dlja chtenija uchashchikhsja nachal'noj shkoly*). L.,
Prosveshchenije, 1990. [우얌칸의 뿔(초등학교 학생용 독
본)]

Amamich M. N., *Дэгэлэдирилбу дэгилбу набутникан эмэкэр
иранугрер: Тэлэнгэн. Ne provozhajte s toskoj
uletajushchikh ptic: Povest' v novellakh.* Magadan,
Magadanskoje kn. isz–vo, 1983. [떠나는 새를 그리움으로
보내지 마세요: 단편적 중편 소설]

Tarabukin N. S., *Кунгарапу. Mojo detstvo.* 중편 소설
(*Povest'*). Magadan, Magadanskoje kn. isz–vo, 1938(1판),
1982(2판). [나의 어린 시절]

8.1.2.C. 장편 소설 – 없다

8.2. 비서술적 장르 (정보, 학술, 교육, 방법론)

총 텍스트 편수 – 수십 편

8.2.1. 대중 대상 비서술적 산문 (초등학교 수준)

총 텍스트 편수 – 정확한 자료 없음

8.2.1.1. 취학 전 어린이 보육 기관과 초등학교용 교재와 연습 문제집

연도/기간 – 1917~1970년

총 텍스트 편수 – 수십 편

연도/기간 – 1971~1995년

총 텍스트 편수 – 10~20편

주해 1971~1995년에 이전에 출판되었던 초등학교용 교재들의 재
판이 다수 나왔고, 몇몇 교재들이 쓰여졌다. 예를 들면, 니키
티나(R. S. Nikitina)의 어원 유목 학교 초등학년용 교재 『조상
의 교훈(*Хопкил бинитэн, Uroki predkov*)』(M., 2000)이 있다.

8.2.1.2. 기타 대중 대상 비서술 산문 – 자료 없음

주해 여기에 취학 전, 초등학교 저학년용 보충 독본을 포함시킬 수
있다(8.1.1.A., 8.1.2.A. 참조).

8.2.2. 고급 수준 비서술적 산문 (중등학교 수준)

총 텍스트 편수 – 10편 미만

8.2.2.1. 중등학교용 교재와 연습 문제집

총 텍스트 편수 – 1편

주해 최근 10년 동안 케이메티노프(V. S. Kejmetinov)와 케이메티노바(A. A. Kejmetinova)의 7~8학년용 어원어 교재 1권과 독본 1권이 나왔다(Jakutsk, 1996).

8.2.2.2. 기타 고급 수준 비서술적 산문

연도/기간 – 1971~1995년

총 텍스트 편수 – 5편

주해 1930년대에 계몽적 성격의 소책자 5권이 출간되었다.

8.2.3. 학술 비서술적 산문(대학 수준) – 없다

8.2.4. 기타 비서술적 산문(미분류) – 없다

8.3. 구비문학 출판

총 텍스트 편수 – 10편 이상

장르 – 민담(설화), 노래, 수수께끼

주해 1930년대에 소규모(2~3개 텍스트 수록) 민담집 2권이 나왔다. 1970~1990년대에는 작사와 작곡을 한 사람이 직접 한 민요집 몇 권이 출판되었고, 민담 관련 책도 3권 나왔다. 그중 2권은 민담 구연자가 직접 기록한 것이고, 1권은 문화 방면 활동가가 기록한 것이다. 또한 수수께끼집이 1권 나왔다. 최근 몇 년 간의 출판물로는 부리킨(A. A. Burykin)의 책 『어원 구비문학의 소장르(*Malyje zhanry ehvenskogo fol'klora*)』(SPb, 2001)가 있는데, 1,100편이 넘는 어원 수수께끼, 속담, 풍습, 주문을 담고 있다. 러시아어 대역이 나와 있다.

9. 정기 간행물

사용 정도 – 제한적으로 사용된다

9.1. 신문

총 종류 수 – 4개

9.2. 별지와 정보지

총 종류 수 – 자료 없음

9.3. 잡지

총 종류 수 – 2개

주해 현재 어원어로 된 잡지는 발행되지 않는다. 다양한 시기에 (비정기적으로) 정기 간행물이 소수 나왔었다. 주된 주제는 구비문학, 극장과 아마추어 극단의 레퍼토리이다.

9.A. 정기 간행물 (명칭별)

9.A.1. 신문

◇ 지역 – 마가단 주

간행물 종류 – 신문

발행 연도/기간 – 1931년

정기 간행물 제목 –『오로첼의 진실(Айдит Орочел, Orochel'ckaya pravda)』

발행 장소 – 마가단 시

발행 주기 – 비정기

주해 총 몇 부가 발행되었을 뿐이다.

제1 언어 – 어원어

다른 언어 – 없다

분야 – 시사, 지역 뉴스

◇ 지역 – 마가단 주

간행물 종류 – 신문

발행 연도/기간 – 1939~1941년

정기 간행물 제목 –『어원의 진실(Оротты Правда, Ehvenckaya Pravda)』

발행 장소 – 마가단 시

발행 주기 – 비정기

주해 1939~1941년 동안은 주간지, 그 이후는 2주 1회 발행

발행 부수 – 2,000부

제1 언어 – 어원어

다른 언어 – 없다

분야 – 시사, 지역 뉴스

◇ 지역 – 캄차카 주, 비스트라 구

간행물 종류 – 신문

발행 연도/기간 – 1930~1995년

정기 간행물 제목 –『화합(Айдит, Soglasije)』

발행 장소 – 에소 촌락

발행 주기 – 3주 1회

발행 부수 – 150부

제1 언어 – 어원어

다른 언어 – 러시아어

분야 – 시사, 지역 뉴스

주해 인기 있는 주제는 사슴 목축자의 생활과 환경 보호이다.

◇ **지역 – 추코트 자치구**

간행물 종류 – 신문

발행 연도/기간 – 1990~1995년

정기 간행물 제목 –『우리 크라이(Мургин Нутенут, Nash kraj)』

발행 장소 – 마가단 시

발행 주기 – 주간지

발행 부수 – 1,000부

제1 언어 – 축치어

다른 언어 – 에스키모어, 어원어, 러시아어

분야 – 지역 뉴스

주해 1995년 가을부터 현재까지 러시아어로 4,000부가 나오는 자치구
신문『극북(Krajnij Sever)』에 별지 형태로 발간되고 있다. 축치어
와 어원어로 된 주요 텍스트는 한 면이다. 어원어 자료는 상트페
테르부르크의 언어학 연구소(RAN)에서 준비한다.

1980년대 중후반에 (야쿠티야의 일부 지역을 포함한) 다른 지역에서
어원어로 된 일부 지면이 정기 간행물로 나왔다. 그러나 발행 장소나
발행 주기에 대한 정확한 자료는 없다.

1994년에 마가단 주의 올라 구에서는 민족 축제에 맞춰 어원어로
된 지역 신문 특별판이 만들어졌다.

◇ **지역 – 코랴크 자치구**

간행물 종류 – 신문

발행 연도/기간 – 1991~2000년

정기 간행물 제목 –『국민 권력(Narodovlastije)』

발행 장소 – 팔라나 시

발행 주기 – 주간지

발행 부수 – 2,500부

제1 언어 – 러시아어

다른 언어 – 코랴크 어, 어원어

분야 – 시사, 정보, 교육

주해 이 신문은 주로 러시아어로 나오고, 코랴크어와 어원어로 된 기사
가 이따금 실린다. 코랴크 자치구의 여러 토착민족 언어로 된 자료

가 게재되었던, 『국민 권력(Narodovlastije)』지의 별지 『북방 사람
(Айгыткылкын, Severjanin)』의 발행이 1998년 말부터 중단되었다.

9.A.3. 잡지[65]

주해 현재 어원어로 정기적으로 나오는 잡지에 대해서는 자료가 없다. 극
장과 아마추어 소극장용 (노래, 희곡) 레퍼토리 모음집 몇 권이 알려져
있지만 잡지로 보기는 어렵다. 예를 들면, 1939년 마가단에서 최초이
자 유일한 정기 간행물이 나왔다. 신문인 『오이로트 프라우다(Ojroty
Pravda)』지와 잡지인 『콜리마(Kolyma)』(Magadan, 1939, 1호)의 별지
형식으로 나온 『어원족 아마추어 문화 활동[Бэлэдекла nacional'noj
(ehvenskoj) samodejatel'nosti]』이 그것인데, 이는 민족 아마추어 문
화 활동에 도움을 주고자 발행된 대중가요 모음집으로서 러시아어와
어원어 대역 텍스트가 실려 있다.

이후 사하(야쿠티야) 공화국에서 또 다른 레퍼토리 모음집 『북방의
노래(Инэнь тѳрикэн, Pesni Severa)』(레퍼토리 모음집)(Jakutsk, 1964)가
나왔다.

1970년에 사하(야쿠티야) 공화국에서는 아마추어 극장용 레퍼토리
모음집이 또 1권 나왔다. 잡지 『분홍 갈매기(Rozovaja chajka)』와 『저
녁(Айвэрэттэ, Vechera)』(지역 뉴스, 구비문학) 몇 호가 1990년대에 나
왔다.

◇ 지역 – 사하(야쿠티야) 공화국

간행물 종류 – 잡지

발행 연도/기간 – 1991~1992년

정기 간행물 제목 – 『분홍 갈매기(Rozovaja chajka)』

발행 장소 – 자료 없음

발행 주기 – 비정기

주해 총 2호가 발행되었다.

발행 부수 – 자료 없음

제1 언어 – 자료 없음

다른 언어 – 어원어, 어윙키어, 유카기르어

분야 – 지역 뉴스, 구비문학

주해 『분홍 갈매기』의 별지 형식으로 어원어, 어윙키어, 유카기르어로
된 자료를 담은 소책자 몇 권이 출판되었다. 어원어로는 소책자
2권, 즉 민담집 1권과 러시아어 번역이 함께 실린, 분량이 상당한

---

65 9.A.2. 별지와 정보지에 대한 정보가 없는 경우 이렇게 9.A.3. 항으로 곧바로 건너뛴다.
_옮긴이

구비문학 텍스트 1권이 나왔다.

◇ 지역 – 추코트 자치구

간행물 종류 – 잡지

발행 연도/기간 – 1991, 1993-1994

정기 간행물 제목 –『저녁(Айвэрэттэ, Vechera)』

발행 장소 – 아나디리 시

발행 주기 – 비정기

주해 3년 동안 총9호가 발행되었다.

발행 부수 – 자료 없음

제1 언어 – 어윈어

다른 언어 – 러시아어, 에스키모어, 축치어

분야 – 구비문학

주해 이 잡지는 레퍼토리-메소드 모음집이다. 여기에는 구비문학 자료가 어윈어 등 여러 언어로 러시아어 번역과 함께 실렸다.

10. 교육 기관

지역 – 사하(야쿠티야) 공화국, 하바롭스크 크라이, 캄차카 주, 마가단 주

A. 해당 언어가 교육매개어이거나 해당 언어를 교과목으로 가르치는가?
– 그렇다

B. 해당 언어가 교육매개어인가? – 그렇다

C. 해당 언어를 교과목으로 가르치는가? – 그렇다

D. 교재는 있는가? – 있다

E. 교사에 대한 특혜는 있는가? – 없다

연도/기간 – 1997~2003년

출처 – 러시아 연방 교육부

10.A-B. 교육매개어로 해당 언어의 사용

지역 - 사하(야쿠티야) 공화국

사용 정도 - 사용된다

10.A-B.0.1. 교재 – 있다

10.A-B.1. 취학 전 보육

사용 정도 – 자료 없음

10.A-B.2. 초등 교육

사용 정도 – 사용된다

출처 – 러시아 연방 교육부

나라 – 러시아

교육 기관의 유형 – 초등학교/국립

연도/기간 – 2001/2002학년도

교육 기관 수 – 2개

학생 수 – 50명(1~4학년)

주당 시수 – 자료 없음

◇ 지역 – 사하(야쿠티야) 공화국

교육 기관의 유형 – 초등학교/국립

연도/기간 – 1997/1998학년도

교육 기관 수 – 2개

학생 수 – 126명

주당 시수 – 자료 없음

10.A-B.2.1. 교재 – 있다

10.A-B.3. 중등 일반 교육

사용 정도 – 사용된다

출처 – 러시아 연방 교육부

나라 – 러시아

교육 기관의 유형 – 중등학교/국립

연도/기간 – 2001/2002학년도

교육 기관 수 – 2개

학생 수 – 79명(5~9학년 78명/10~11학년 1명)

주당 시수 – 자료 없음

10.A-B.3.1. 교재 – 있다

10.A-B.4. 중등 전문 교육

사용 정도 – 자료 없음

10.A-B.4.1. 교재 – 자료 없음

10.A-B.5. 고등 교육

사용 정도 – 사용되지 않는다

10.C. 교과목으로 해당 언어 교육 – 있다

지역 – 사하(야쿠티야) 공화국, 하바롭스키 크라이, 캄차카 주, 마가단 주

10.C.0.1. 교재 – 있다

10.C.1. 취학 전 보육 – 자료 없음

10.C.2. 초등 교육 - 있다

　　출처 - 러시아 연방 교육부

　　나라 - 러시아

　　교육 기관의 유형 - 초등학교/국립

　　연도/기간 - 2001/2002학년도

　　교육 기관 수 - 22개

　　학생 수 - 516명(1~4학년)

　　주당 시수 - 자료 없음

◇ 지역 - 하바롭스키 주(크라이)

　　교육 기관의 유형 - 초등학교/국립

　　연도/기간 - 1997/1998학년도

　　교육 기관 수 - 2개

　　학생 수 - 106명

　　주당 시수 - 2~4시간

◇ 지역 - 사하(야쿠티야) 공화국

　　교육 기관의 유형 - 초등학교/국립

　　연도/기간 - 1997/1998학년도

　　교육 기관 수 - 11개

　　학생 수 - 371명

　　주당 시수 - 자료 없음

◇ 지역 - 캄차카 주

　　교육 기관의 유형 - 초등학교/국립

　　연도/기간 - 1997/1998학년도

　　교육 기관 수 - 2개

　　학생 수 - 66명

　　주당 시수 - 자료 없음

주해 캄차카 주의 학교 수와 학생 수에는 코랴크 자치구의 자료는 포함되지 않는다. 10.C.3 항목을 참조하라.

◇ 지역 - 코랴크 자치구

　　교육 기관의 유형 - 초등학교/국립

　　연도/기간 - 1997/1998학년도

　　교육 기관 수 - 3개

　　학생 수 - 41명

주당 시수 – 자료 없음

◇ 지역 – 마가단 주

교육 기관의 유형 – 초등학교/국립

연도/기간 – 1997/1998학년도

교육 기관 수 – 1개

학생 수 – 24명

주당 시수 – 자료 없음

주해 마가단 주의 학교 수와 학생 수에는 추코트 자치구의 자료는 포함되지 않는다. 10.C.3 항목을 참조하라.

◇ 지역 – 추코트 자치구

교육 기관의 유형 – 초등학교/국립

연도/기간 – 1997/1998학년도

교육 기관 수 – 1개

학생 수 – 62명

주당 시수 – 자료 없음

10.C.2.1. 교재 – 있다

10.C.3. 중등 일반 교육 – 있다

출처 – 러시아 연방 교육부

주해 1990년대 지역 차원에서 일반 중등학교의 모어 교육에 관한 결정이 내려졌지만, 학교에 교재가 없었다.

나라 – 러시아

교육 기관의 유형 – 중등학교/국립

연도/기간 – 2001/2002 학년도

교육 기관 수 – 22개

학생 수 – 738명(5~9학년 628명/10~11학년 110명)

주당 시수 – 자료 없음

◇ 지역 – 하바롭스크 크라이

교육 기관의 유형 – 중등학교/국립

연도/기간 – 1997/1998학년도

교육 기관 수 – 2개

학생 수 – 109명(5~9학년)

주당 시수 – 자료 없음

◇ 지역 – 사하(야쿠티야) 공화국

교육 기관의 유형 – 중등학교/국립

연도/기간 – 1997/1998학년도

교육 기관 수 – 11개

학생 수 – 459명(5~9학년)

주당 시수 – 자료 없음

◇ **지역 – 캄차카 주**

교육 기관의 유형 – 중등학교/국립

연도/기간 – 1997/1998학년도

교육 기관 수 – 1개

학생 수 – 56명(5~9학년)

주당 시수 – 자료 없음

주해 캄차카 주의 학교 수와 학생 수에는 코랴크 자치구의 자료는 포함되지 않는다. 10.C.2 항목을 참조하라.

◇ **지역 – 코랴크 자치구**

교육 기관의 유형 – 중등학교/국립

연도/기간 – 1997/1998학년도

교육 기관 수 – 3개

학생 수 – 8명(5~9학년)

주당 시수 – 자료 없음

◇ **지역 – 마가단 주**

교육 기관의 유형 – 중등학교/국립

연도/기간 – 1997/1998학년도

교육 기관 수 – 1개

학생 수 – 14명(5~9학년)

주당 시수 – 자료 없음

주해 마가단 주의 학교 수와 학생 수에는 추코트 자치구의 자료는 포함되지 않는다. 10.C.2 항목을 참조하라.

◇ **지역 – 추코트 자치구**

교육 기관의 유형 – 중등학교/국립

연도/기간 – 1997/1998학년도

교육 기관 수 – 1개

학생 수 – 48명(5~9학년)

주당 시수 – 자료 없음

10.C.3.1. 교재 – 있다

> **주해** 유일한 중등학교용 어원어 교재는 7~8학년용 어원어교
> 재와 독본용 책(야쿠츠크, 1996)이다.

10.C.4. 중등 전문 교육 – 있다

출처 – *Jazyki narodov Rossii. Krasnaja kniga. Ehnciklopedicheskij
slovar'-spravochnik*, M., 2002. [러시아 민족의 언어. Red
book, 백과사전–안내서]

부리킨(A. A. Burykin)의 자료

◇ 지역 – 사하(야쿠티야) 공화국

교육 기관의 유형 – 중등 전문 교육 기관/국립

연도/기간 – 1997/1998학년도

교육 기관 수 – 3개

학생 수 – 50명

주당 시수 – 자료 없음

출처 – *Jazyki narodov Rossii. Krasnaja kniga. Ehnciklopedicheskij
slovar'-spravochnik)*』, M., 2002. [러시아 민족의 언어.
Red book, 백과사전–안내서]

부리킨(A. A. Burykin)의 자료

◇ 지역 – 추코트 자치구, 아나디리 시

교육 기관의 유형 – 중등 전문 교육 기관/국립

연도/기간 – 1997/1998학년도

교육 기관 수 – 1개

교육 기관의 명칭 – 아나디리 사범전문학교

학생 수 – 약 10명

주당 시수 – 자료 없음

◇ 지역 – 코랴크 자치구, 팔라나 시

교육 기관의 유형 – 중등 전문 교육 기관/국립

연도/기간 – 1997/1998학년도

교육 기관 수 – 1개

교육 기관의 명칭 – 팔라나 사범전문학교

학생 수 – 약 10명

주당 시수 – 자료 없음

10.C.4.1. 교재 – 있다

주해 중등 전문 교육 기관용 어윈어 교재는 없다. 사범전문학
교용 어윈어 교재가 러시아어로 출판되었다(1991).

10.C.5. 고등 교육 – 있다

◇ 지역 – 상트페테르부르크 시

교육 기관의 유형 – 고등 교육 기관/국립

연도/기간 – 2002/2003학년도

교육 기관 수 – 1개

교육 기관의 명칭 – 게르첸 러시아 국립사범대학교, 북방 민
족 연구소

학생 수 – 19명

주당 시수 – 자료 없음

출처 – 게르첸 러시아 국립사범대학교, 북방 민족 연구소 행
정실

주해 현재 게르첸 러시아 국립사범대학교의 북방 민족 연구소(전 극
북 민족 학부)에서 어윈어를 공부하는 사람은 19명이다. '모어와
모국 문학' 전공의 주당 시수는 학년별로 다르다. 1, 2학년은 4
시간, 3학년은 3시간, 4학년은 4시간, 5학년은 8시간이다.

◇ 나라 – 러시아

교육 기관의 유형 – 고등 교육 기관/국립

연도/기간 – 1997/1998학년도

교육 기관 수 – 5개

학생 수 – 자료 없음

주당 시수 – 자료 없음

주해 레닌그라드에서 어윈어를 교과목으로 가르쳤던 기관은 레닌그
라드 국립대학교(1926~1930, 1944~1953)와 북방 민족 연구소
(1931~1941)이다. 현재 상트페테르부르크의 게르첸 러시아 국
립사범대학교(1953년부터)와 그 외 러시아 도시들에서 어윈어
를 가르치고 있으며, 마가단 시의 국제사범대학교, 하바롭스크
국립사범대학교(하바롭스크 시), 아모소프 야쿠츠크 국립대학교
(북방어문학과, 야쿠츠크 시)와 북방 소수민족 연구소(SO RAN)
(어윈어문학분과, 야쿠츠크 시)에서도 가르친다.

10.C.5.1. 교재 – 없다

11. 대중 언론 매체에서 해당 언어의 사용

11.1. 라디오 방송

사용 정도 – 제한적으로 사용된다

◇ 지역 – 사하(야쿠티야) 공화국

연도/기간 – 1970~1995년

방송국 – 야쿠트 공화국 방송국

방송 시간(어원어) – 비정기적(1주일에 2회. 60분 이하)

프로그램 유형(어원어) – 자료 없음

◇ 지역 – 추코트 자치구

연도/기간 – 1995년

방송국 – 아나다리 시에 있는 추코트 자치구 라디오 방송국

방송 시간(어원어) – 비정기적(1주일에 2회, 60분 이하)

프로그램 유형(어원어) – 자료 없음

11.2. 텔레비전 방송

사용 정도 – 제한적으로 사용된다

◇ 지역 – 추코트 자치구

연도/기간 – 1995년

방송국 – 아나다리 시에 있는 추코트 자치구 텔레비전 방송국

방송 시간(어원어) – 비정기적(1주일에 2회. 60분 이하)

주해 주요 방송은 축치어로 진행된다.

프로그램 유형(어원어) – 자료 없음

주해 코랴크 국영 텔레비전–라디오 방송국에서 코랴크어와 어원어로 TV, 라디오 방송을 진행한다는 정보가 있다.

11.3. 영화

사용 정도 – 매우 제한적으로 사용된다

기간/연도 – 1995년

총 작품 수 – 1편

주해 마가단 주 지역 박물관의 주문으로 제작된 다큐멘터리 영화 「어원족의 가을 (*Ehvenskaja osen*)」에 어원어로 된 텍스트가 부분적으로 포함되어 있다.

11.4. 레코드판 – 자료 없음

11.5. 음성 녹음 자료(필름과 카세트) – 있다

◇ 연도/기간 – 1970년 이전

수량 – 자료 없음

▸ 공연 – 자료 없음

▸ 구비문학 – 자료 없음

▸ 음악 – 자료 없음

기록 보유자

▸ 러시아 문학 연구소 푸시킨 하우스(상트페테르부르크)

▸ 야쿠트 역사·언어·문학 연구소(SO RAN)

주해 1995년 이후 사하(야쿠티야) 공화국 학술원 산하 인문학 연구소에 보관.

◇ 연도/기간 – 1971~1995년

수량 – 약 70시간

▸ 공연 – 없다

▸ 구비문학 – 있다

▸ 음악 – 자료 없음

기록 보유자

▸ 마가단 주립 민속 문화 센터

▸ 언어학 연구소(RAN)(SPb) 내 어윈어 전문가 아카이브

11.6. 극장

사용 정도 – 사용되지 않는다

12. 중앙 정부에서 해당 언어의 사용

◇ 국가 – 러시아

▸ 정부 기관 – 러시아 연방 정부

▸ 사용 정도 – 사용되지 않는다

13. 지역 정부에서 해당 언어의 사용

◇ 지역 – 사하(야쿠티야) 공화국

▸ 정부 기관 – 사하(야쿠티야) 공화국 정부

▸ 사용 정도 – 제한적으로 사용된다

◇ 지역 – 캄차카 주, 추코트 자치구

▸ 정부 기관 – 지역 정부

▸ 사용 정도 – 사용되지 않는다

◇ 지역 – 마가단 주, 코랴크 자치구

▶ 정부 기관 – 지역 정부

▶ 사용 정도 – 제한적으로 사용된다

◇ 지역 – 하바롭스크 크라이

▶ 정부 기관 – 지역 정부

▶ 사용 정도 – 제한적으로 사용된다

13.1. 법조문에서 – 사용되지 않는다

13.2. 명령, 규칙, 지침 등 내부 문서에서 – 사용되지 않는다

13.3. 내부 서한, 각서, 기타 통신문에서 – 사용되지 않는다

13.4. 기관 내 대화에서 – 제한적으로 사용된다

13.4.1. 전화 통화에서 – 제한적으로 사용된다

주해 사하(야쿠티야) 공화국과 마가단 주에서 전화 통화에 어원어가 사용된 사례들이 있다.

13.4.2. 공식 모임과 기타 공식 회의에서 – 제한적으로 사용된다

주해 사하(야쿠티야) 공화국과 하바롭스크 크라이, 마가단 주에서 공식 회의 석상에서 어원어가 사용된 사례들이 있다.

13.4.3. 사무실 내 대화에서 – 제한적으로 사용된다

주해 마가단 주의 사무실 내 대화에서 어원어가 사용된 사례들이 있다.

13.5. 외부 통신문에서 – 사용되지 않는다

13.6. 외부 대화에서 – 제한적으로 사용된다

13.6.1. 다수를 대상으로 – 제한적으로 사용된다

13.6.1.1. 전화 통화에서 – 제한적으로 사용된다

주해 모든 어원인 거주 지역에서 다수를 대상으로 한 전화 통화 때 어원어가 사용되는 경우도 종종 있다.

13.6.1.2. 공식 모임에서 – 사용되지 않는다

13.6.2. 다른 정부 부서, 기관과 – 사용되지 않는다

13.6.3. 경제 기관, 기타 상업적 기관과 – 사용되지 않는다

14. 지방 관청에서 해당 언어의 사용

◇ 지역 – 사하(야쿠티야) 공화국, 캄차카 주(추코트 자치구), 마가단 주(코랴크 자치구)

▶ 정부 기관 – 지방(촌락) 행정부

▶ 사용 정도 – 제한적으로 사용된다

14.1. 법조문에서 – 사용되지 않는다

14.2. 명령, 규칙, 지침 등 내부 문서에서 – 사용되지 않는다

14.3. 내부 서한, 각서, 기타 통신문에서 – 사용되지 않는다

14.4. 내부 대화에서 – 제한적으로 사용된다

    14.4.1. 전화 통화에서 – 제한적으로 사용된다

        주해 사하(야쿠티야) 공화국, 마가단 주의 지방 관청에서는 내부 전화 통화에 어원어가 쓰이는 경우가 종종 있다.

    14.4.2. 공식 모임과 기타 공식 회의에서 – 제한적으로 사용된다

        주해 모든 어원인 거주 지역의 공식적인 모임에서 (어원어 화자들 간의 의사소통에) 어원어가 쓰이는 경우가 종종 있다.

    14.4.3. 사무실 내 대화에서 – 제한적으로 사용된다

        주해 사무실 내의 대화에서 어원어가 사용된 사례는 마가단 주에서만 있었다.

14.5. 외부 통신문에서 – 사용되지 않는다

14.6. 기관 내 대화에서 – 제한적으로 사용된다

    14.6.1. 다수를 대상으로 – 제한적으로 사용된다

        14.6.1.1. 전화 통화에서 – 제한적으로 사용된다

            주해 지방 관청 직원들의 전화 통화에서 어원어가 사용된 사례는 모든 어원인 거주 지역에서 발견되었다.

        14.6.1.2. 공식 모임에서 – 제한적으로 사용된다

    14.6.2. 다른 정부 부서, 기관과 – 사용되지 않는다

        14.6.2.1. 전화 통화에서 – 사용되지 않는다

        14.6.2.2. 모임에서 – 사용되지 않는다

    14.6.3. 경제 기관, 기타 상업적 기관과 – 사용되지 않는다

        주해 모든 지역에서 어원인 지방 관청 직원과 모어를 구사할 줄 아는 어원인 사이의 반공식적인 의사소통 상황에서 어원어가 사용된다.

    14.6.4. 학술 기관과 – 사용되지 않는다

        14.6.4.1. 전화 통화에서 – 사용되지 않는다

        14.6.4.2. 모임에서 – 사용되지 않는다

            주해 어원어는 현지 촌락 관청 사람들이 어원인들과 비형식적인 대화에서(대개 반공식적이거나 비공식적 상황에서) 사용한다.

            어원인 거주 지역에서 어원어는 어디에서나 반공식적, 비공식적 상황에서 어원인들 사이에 민족 지표(marker)로 사용된다. 비록 대개는 러시아어나 해당 지역에서 우세한 다른 언어로 의사소통이 이루어지더라도, 전통적인

인사법이나 에티켓이나 전통적인 주제의 범위 안에 드는 대화들은 역시 민족 지표로 사용된다.

러시아어와 (지역에 따라 각각 야쿠트어나 축치어 또는 코랴크어 등) 다른 민족의 언어로 된 간판과 함께 어원어로 된 간판이 있는 지역 중심지나 촌락에서도 어원어가 사용된다.

어원어는 또한 민족 축제라든지, 연회와 같은 행사명, 지자체 기업이나 민간 기업의 기업 이름에 사용되고, 도시나 촌락의 인프라 관련 새로운 시설의 이름에 작은 단위의 지명으로 포함되어 사용된다.

15. 법원에서 해당 언어의 사용

◇ 국가 – 러시아

▶ 사용 정도 – 사용되지 않는다

주해 모든 어윙키인 거주 지역의 법원에서 실제로 러시아어가 사용된다. 한편, 언어적 권리는 러시아 연방의 모든 국민에게 보장된다.

16. 입법 기관에서 해당 언어의 사용

16.1. 중앙 입법 기관 또는 의회

◇ 국가 – 러시아

▶ 입법 기관 – 러시아 연방 의회

▶ 사용 정도 – 사용되지 않는다

16.2. 공화국 수도, 지역 중심지의 입법 기관, 공화국 대표 기관

◇ 지역 – 사하(야쿠티야) 공화국

▶ 입법 기관 – 사하(야쿠티야) 공화국 국가 의회

▶ 사용 정도 – 사용되지 않는다

◇ 지역 – 캄차카 주

▶ 입법 기관 – 캄차카 주 인민대표회의

▶ 사용 정도 – 사용되지 않는다

◇ 지역 – 추코트 자치구

▶ 입법 기관 – 추코트 자치구 두마

▶ 사용 정도 – 사용되지 않는다

◇ 지역 – 마가단 주

▶ 입법 기관 – 마가단 주 두마

▶ 사용 정도 – 사용되지 않는다

◇ 지역 – 코랴크 자치구

▶ 입법 기관 – 코랴크 자치구 두마

▶ 사용 정도 – 사용되지 않는다

17. 생산 분야에서 해당 언어의 사용

지역 – 사하(야쿠티야) 공화국 , 캄차카 주(코랴크 자치구), 마가단 주(추코트
자치구)

◇ 사용 분야 – 공업

사용 정도 – 사용되지 않는다

◇ 사용 분야 – 농업

사용 정도 – 제한적으로 사용된다

◇ 사용 분야 – 전통적 경제 활동

사용 정도 – 제한적으로 사용된다

주해 어원족의 전통 생업은 수렵과 사슴 목축이다.

18. 서비스 및 유통 분야에서 해당 언어의 사용

지역 – 사하(야쿠티야) 공화국, 캄차카 주(코랴크 자치구), 마가단 주(추코트
자치구)

사용 정도 – 제한적으로 사용된다

주해 구어에서 해당 민족 구성원들 사이에서만 사용된다.

19. 정보의 출처

19.1. 문헌

19.1.1. 일반

19.1.1.1. 문헌 정보

Горелова, Л. М. (1997). *Библиография работ по советскому тунгусо-
маньчжуроведению.* М.

Горцевская, В. А. (1959). *Очерк истории изучения тунгусо-маньчжур-
ских языков (с подробной библиографией).* Л.

Петров, А. А. (Сост.). (1990). *Новые труды по языку, фольклору и этнографии эвенов. (Указ. лит. источников. 60-е - 80-е гг. XX в. ЛГПИ им. А.И. Герцена.).* Л.

Benzing, J. (1955). *Lamutische Grammatik mit Bibliographie, Sprachproben und Glossar.* Wiesbaden.

19.1.1.2. 언어 기술

Богораз, В. Г. (1931). Материалы по ламутскому языку. *Тунгусский сборник.* Т. 1. Л.

Горцевская, В. А. (1959). *Очерк истории изучения тунгусо-маньчжурских языков.* Л.

Лебедев, В. Д. (1978). *Язык эвенов Якутии.* Л.

Новикова, К. А., & Лебедев, В. Д. (1980). *Правила орфографии эвенского языка.* Якутск.

Роббек, В. А. (1982). *Виды глагола в эвенском языке.* Л.

Роббек, В. А. (1992). *Грамматические категории эвенского глагола.* СПб.

Хелимский, Е. А. (1990). Эвенский язык. *Лингвистический энциклопедический словарь.* М.

Цинциус, В. И. (1947). *Очерк грамматики эвенского (ламутского) языка. Ч. 1. Фонетика и морфология.* Л.

Шарина, С. И. (1999). *Категория количественности в эвенском языке.* СПб.

Benzing, J. (1955). *Lamutische Grammatik mit Bibliographie, Sprachproben und Glossar.* Wiesbaden.

■ 어휘

Данилова, А. А. (1991). *Бытовая лексика эвенского языка.* Якутск.

■ 방언

Дуткин, Х. И. (1995). *Аллаиховский говор эвенов Якутии.* СПб.

Лебедев, В. Д. (1970). *Момский говор эвенского языка* (Автореф. дис... канд. филол. наук). Л.

Лебедев, В. Д. (1982). *Охотский диалект эвенского языка.* Л.

Новикова, К. А. (1960). *Очерки диалектов эвенского языка. Ольский говор. Ч. 1.* М.-Л.

Новикова, К. А. (1980). *Очерки диалектов эвенского языка. Ольский говор. Глагол, служебные слова, тексты, глоссарий.* Л.

Ришес, Л. Д. (1955). Основные особенности арманского диалекта эвенского языка. *Доклады и сообщения Ин-та языкознания АН СССР,* Т. 7.

Роббек, В. А. (1989). *Язык эвенов Березовки.* Л.

19.1.1.3. 사전

Большакова, Л. Е. (1986). *Русско-эвенский разговорник.* Магадан.

Бурыкин, А. А. (1991). *Русско-эвенский разговорник.* Магадан.

Бурыкин, А. А. (1994). *Русско-эвенский разговорник. 2-е изд.* Магадан.

Дуткин, Х. И. (1992). *Краткий словарь-разговорник для изучающих эвенский язык.* Якутск.

Лазуко, С. М., & Басина, М. А. (1949). *Русско-эвенский словарь. К книгам для чтения в 3 и 4 классах школ народов Крайнего Севера.* Л.

Левин, В. И. (1936). *Краткий эвенско-русский словарь. (с прил. грам. очерка.).* М.-Л.

Роббек, В. А., Дуткин, Х. И., & Бурыкин, А. А. (1988). *Словарь эвенско-русский и русско-эвенский. Пособие для учащихся начальной школы.* Л.

Цинциус, В. И., & Ришес, Л. Д. (1952). *Русско-эвенский словарь.* М.

Цинциус, В. И., & Ришес, Л. Д. (1957). *Эвенско-русский словарь.* Л.

Doerfer, G., Hesche, W., & Schienhardt, H. (1980). *Lamutisches Wörterbuch.* Wiesbaden.

19.1.1.4. 텍스트

■ 구비문학

Большакова, Л. Е. (Сост.). (1988). *Эвэдэл торэнэтэн нимкарни. Сказки эвенской земли.* Магадан.

Бурыкин, А. А. (2001). *Малые жанры эвенского фольклора.* СПб.
주해 1,100개 이상의 수수께끼와 속담이 어원어–러시아어 대역 텍스트와 함께 실려 있다.

Бэлэдекла национальной (эвенской) самодеятельности. (1939). *При-*

ложение к газете "Ойроты Правда" и журналу "Колыма". Вып. 1. (В помощь национальной самодеятельности. Эстрадный сборник.). Магадан.

주해 어원어와 러시아어 대역 텍스트가 실려 있다.

Илэ упкаттук энгэситмэр: эвэдыл тэгэдыл нимнга кар, улгурил, тативкал, самэлких, гунмувкэл (Человек сильнее всех. Эвенские народные сказки, предания, загадки, приметы, наставления). (1987). Красноярск.

Ингэнь тѳрикэн (Песни Севера). Сборник песен для самодеятельности. (1964). Якутск.

Кронгауз, Б. (1939). *Эвэдыл немкар. (Эвенские сказки).* Л.

Лебедева, Ж. К. (1981). *Архаический эпос эвенов.* Новосибирск.

Новикова, К. А. (1958). *Эвенский фольклор.* Магадан.

Нэлкэрэп мучит (Весенние хвойные ветви). Сборник народных песен. (1963). Якутск.

Тынэтэгин. (1990). *Чаучу нимкарни. (Сказки чаучу). Для детей дошкольного и школьного возраста.* Магадан.

Черканов, К. (1991). *Иркэнмел, Оиндэ, Мэтэлэ.* Якутск.

Черканов, К. (1992). *Нэлтэк.* Якутск.

Черканов, К. С. (1988). *Эвэды немкан. Сказки Севера.* Петропавловск-Камчатский.

Эпос охотских эвенов [наследие певца-сказителя Н. Г. Мокроусова] в записях Н. П. Ткачика. (1986). Якутск.

Lewin, V. I. (1934). *Kита bidden. Əvədil nemkar / A. Jacobson onarin. (Левин В. И. Нерпа жила. Эвенские сказки.).* L.

■ 원어 텍스트

Амамич, М. Н. (1983). *Дэгэлэдирилбу дэгилбу набутникан эмэкэр ирануграр. Тэлэнгэн. (для среднего школьного возраста). (Не провожайте с тоской улетающих птиц. Повесть.).* Магадан.

Аркук, В. (1991). *Нёлтын нѳчэнгу. Дёнтур. (Подсолнечник. Стихи для детей).* Якутскай (Якутск).

Баргачан (1982). *Орын hоотын. Дёнтур. (След оленя. Стихи.).* Якутск ай (Якутск).

Бокова, Е. Н. (1990). *Би мин-дэ ңину Нөкэ (Я и моя собака Ноки)*. Магадан.

Зыбин, Н. А. (Сост.). (1991). *Маранга Радуга. Сборник стихов для детей мл. шк. возр.* Магадан.

Коетметти, В. (1999). *Хопкил галандулитнэн (По невидимым следам предков). Поэма.* Иркутск: Библиотека журнала народов Севера "Розовая чайка".

Кривошапкин, А. В. (1969). *Опо (Афоня). Рассказы для детей дошкольного возраста.* Якутскай (Якутск).

Кривошапкин, А. В. (1986). *Тосапчан. Рассказы для детей дошкольного и младшего школьного возраста.* Магадан.

Кривошапкин, А. В. (1990). *Уямкан көен (Рога Уямкана). Книга для чтения учащихся начальной школы.* Л.: Просвещение.

Кривошапкин, А. В. (1995). *Инэнь төр икэлни. Дёнтур. (Песни Севера. Стихи.).* Якутскай (Якутск).

Ламутский, П. А. (1965). *Онир укчэнэкэн. (Рассказы родителей).* Якутскай (Якутск).

Ламутский, П. А. (1980). *Эвен икэн. Дёнтур. (Песни эвена. Стихи.).* Якутскай (Якутск).

Ламутский, П. А. (1989). *Эвен куңан икэгэн. Дёнтур. (Песни для эвенских детей. Стихи.).* Магадан.

Лебедев, В. Ю. (1968). *Дялбу торэннэтэн. (В краю сородичей.).* Якутскай (Якутск).

Лебедев, В. Ю. (1971). *Мэрлэнкэ. (Кругооборот. Стихи).* Якутскай (Якутск).

Лебедев, В. Ю. (1977). *Миргилан (Узоры). Стихи.* Якутск.

Лебедев, В. Ю. (1984). *Икээ эңин. Дьонтур, поэмал. (Песни Севера. Стихи и поэмы).* Якутскай (Якутск).

Тарабукин, Н. С. (1937). *Мэнгэн асаткан дэгэдекэн (Полет золотой девушки). Стихи.* Л.

Тарабукин, Н. С. (1959). *Мин бинив (Моя жизнь). Стихи и рассказы.* Магадан.

Тарабукин, Н. С. (1982). *Кунгарапу (Мое детство). Повесть.* Магадан.

Эведыл дентур икэл-дэ. (Стихи и песни на эвенском). (1960). Якутск.

Tarabukin N.S. (1936). *Higi ikəlni. Inʒikalni. (Песни тайги. Стихи.).* L.

■ 번역 텍스트

А. С. Пушкин дьонтуралдукун тулмачипал / В. А. Кейметтинов (Кɵетмэтти, Кɵетти), А.С. Пушкин. Стихи). (1999). Якутск.

19.1.2. 사회언어학

주해 어원어에 대한 본격적인 사회언어학적 연구는 극히 적기 때문에, 여기에는 어원족의 역사, 문화, 민족지학에 대학 저서들도 사회언어학적인 성격의 정보를 담고 있다면 함께 싣기로 한다.

Антропов, М. (1931). *Среди ламутов.* М.-Л.

Бурыкин, А. А. (1994). Эвенский язык. *Красная книга языков народов России. Энциклопедический словарь-справочник.* М.

Бурыкин, А. А. (2000). История письменности и история графической системы эвенского языка. *Языки Российской Федерации и нового зарубежья. Статус и функции.* М.

Бурыкин, А. А. (2002). Эвенский язык. *Языки народов России, Красная книга. Энциклопедический словарь-справочник.* М.

Коренные малочисленные народы России на пороге XXI века. Проблемы, перспективы, приоритеты. Материалы Всероссийского Конгресса (Москва, 3-5 декабря 1999 г.). (2000). СПб.

Малочисленные народы Севера, Сибири и Дальнего Востока. Проблемы сохранения и развития языков. (1997). СПб.

Николаев, С. И. (1961). Об этнических процессах в Юго-Востоке Якутии. *Научные сообщения / АН СССР. Вып. 6.* Якутск.

Николаев, С. И. (1964). *Эвены и эвенки юго-восточной Якутии.* Якутск.

Новикова, К. А. (1962). О расселении, численности и родоплеменных названиях эвенов Якутской АССР. *Краеведческие записки. Вып. 4.* Магадан.

Попова, У. Г. (1981). *Эвены Магаданской области.* М.

Спеваковский, А. Б. (1980). Традиционное и современной культуре эвенов. *Изучение преемственности этнокультурных явлений.* М.

Спеваковский, А. Б. (1984). Этнокультурные контакты тунгусоязычных народностей на востоке Сибири (эвены и эвенки). *Этнокуль-*

турные контакты народов Сибири. Л.

Туголуков, В. А. (1970). Социальная организация эвенков и эвенов. *Общественный строй у народов Северной Сибири.* М.

19.1.3. 교재

Беспаленко, А. Р. (1940). *Букварь.* Л.

Бойцова, А. Ф., & Романова, А. В. (1971). *Эведы турэн. Нонопты школа подготовит. классин дярин учебник. (Эвенский язык. Учебник для подготовительного класса начальной школы.),* 4-е изд.. Л.

Гладкова, Н. И., & Роббек, В. Л. (1987). *Мут төрэнти (Родная речь). Учебник и книга для чтения для 2-го класса.* Л.

Гладкова, Н. И., & Роббек, В. Л. (1997). *Мут төрэнти (Родная речь). Учебник и книга для чтения для 3-го класса.* СПб.

Гладкова, Н. И., Роббек, В. Л., & Щербаков, Г. В. (1991). *Эвэды төрэн (Эвенский язык). Учебник и книга для чтения для 3 класса начальной школы.* СПб.

Гладкова, Н. И., Новикова, К. А., & Роббек, В. А. (1991). *Эвенский язык. Учебник для педагогических училищ.* Л.

Дуткин, Х. И. (1992). *Краткий словарь-разговорник для изучающих эвенский язык.* Якутск.

Кейметинов, В. С., & Кейметинова, А. А. (1996). *Таӈанмайду книга. 7-8 кл. Нонап нӧдэӈэн.* Якутск.

Кейметинова, А. А., & Кривошапкин, А. В. (1980). *Мут төрэнти (Родная ручь). Учебник и книга для чтения для 3 класса.* Л.

Кейметинова, А. А., & Кривошапкин, А. В. (1995). *Эвэды төрэн (Эвенский язык). Учебник и книга для чтения для 4 класса начальной школы.* СПб.

Лазуко, С. М., & Басина, М. А. (1949). *Русско-эвенский словарь. К книгам для чтения в III и IV классах школ народов Крайнего Севера.* Л.

Никитина, Р. С. (2000). *Хопкил бинитэн. (Уроки предков. Учебное пособие для учащихся начальных классов эвенской кочевой школы.).* СПб.

주해 러시아어로 쓰인 교재에 포함된 교사용 교재가 있다. Никитина Р.С. Уроки предков. Методическое пособие к учебнику "Хопкил бинитэн" ("Уроки предков")

Роббек, В. А., Дуткин, Х. И., & Бурыкин, А. А. (1988). *Словарь эвенско-русский и русско-эвенский. Пособие для учащихся начальной школы.* Л.

Цинциус, В. И., & Копырина, Т. К. (1995). *Букварь.* СПб.

Цинциус, В. И., Новикова, К. А., Дуткин, Х. И., & Роббек, В. А. (1992). *Эвэды торэн (Эвенский язык). Учебник и книга для чтения 2-го класса.* СПб.

Annamta toran.wedi nonap hupkucildiwun/ INS studentalin P. W. Adukanow, A. A. Cerkanow, N. K. Nerewla. Brigadac durcatan. Cincius W. I. nunettidun. L., 1932 (Новое слово. Учебник эвенского языка для начальной школы.)

Cincius, W. I. (1934). *Əwedi torən hupkucildiwun. Grammatika, ŋarkaŋin dukunkaj-da. Hanin 1. (Учебник эвенского языка. Грамматика и правописание. Часть 1.).* M.-L.

Cincius, W. I. (1935). *Əwedi torən hupkucildiwun. Grammatika, ŋarkaŋin dukunkaj-da. Hanin 2. Nonap hupkisək 3, 4 klasstun. (Учебник эвенского языка. Грамматика и правописание. Часть 2. Для 3, 4 классов.).* M-L.

Lewin, W. I. (1934). *Taŋantajdu hupkucildiwun. Hanin 2. (Букварь. Для начальной школы. Часть 2. Для 2 класса.).* M.-L.

Lewin, W. I. (1935). *Hupkuttəkun. Əwedi bukwar hacdildu. (Будем учиться. Эвенский букварь для взрослых.).* M.-L.

19.2. 전문가, 자문

◇ 부리킨 알렉세이 알렉세예비치(Бурыкин Алексей Алексеевич)

국가박사(Doktor nauk), 수석연구원

언어학 연구소(RAN)(SPb), 알타이 언어 분과

직장 주소 Россия, 199053, г. Санкт-Петербург, Тучков пер., 9

TEL 7-812-3284211

FAX 7-812-3284611

E-mail albury@ling.ras.spb.ru / albury@rambler.ru

◇ 둣킨 흐리스토포르 이노켄티예비치(Дуткин Христофор Инокентьевич)

Ph.D.

야쿠트 학술 센터, 북방 소수민족 문제 연구소(SO RAN)

직장 주소 Россия, 677008, Респ. Саха (Якутия) г. Якутск 8, ул.
Сосновная, 4

TEL/FAX 7-4112-260197

◇ 말추코프 안드레이 리보비치(Мальчуков Андрей Львович)

Ph.D.

언어학 연구소(RAN)(SPb), 알타이 언어 분과

직장 주소 Россия, 199053, г. Санкт-Петербург, Тучков пер., 9

TEL 7-812-3284211

◇ 로베크 바실리 아파나시예비치(Роббек Василий Афанасьевич)[66]

국가박사(Doktor nauk)

북방 소수민족 문제 연구소 소장

북방 소수민족 문제 연구소(SO RAN)

직장 주소 Россия, 677008, Респ. Саха (Якутия) г. Якутск 8, ул.
Сосновная, 4

TEL/FAX 7-4112-260197

◇ 엘리카 베라 세묘노브나(Элрика Вера Семеновна)

강사(어원어 강사)

게르첸 러시아 국립사범대학교

직장 주소 Россия, 198097, г. Санкт-Петербург, просп. Сачек, 30

19.3. 기관, 연구소, 기구

19.3.1. 해당 언어의 발전을 돕는 기관, 연구소, 기구

◇ 아나디리 북방 민족고등사범학교

주소 Россия, 686710, Чукотсцкий АО, г. Анадыры, ул.
Беринга, 1

◇ 러시아 연방 북방 시베리아 극동 토착 소수민족 연합

주소 Россия, 119415, г. Москва, а/я 110. Измайловский
остров, Южный корпус, комн. 32, 33.

FAX 7-095-1646939 / 7-095-1650754

E-mail udege@glasnet.ru

웹사이트 www.raipon.org

주해 러시아 연방의 각지에 '북방 시베리아 극동 토착 소수민족 연

---

66 로베크 선생은 2010년 7월에 고인이 되었다. _옮긴이

합'의 지부 30여 개가 결성되어 있다. 여기에는 모스크바 사무
실의 주소만을 싣는다.

◇ 언어학 연구소(RAN)(SPb), 알타이 언어 분과

　주소　Россия, 199053, г. Санкт-Петербург, Тучков пер.,
　　　　9

　TEL　7-812-3281611

◇ 북방 소수민족 문제 연구소(SO RAN)

　주소　Россия, 677008, Респ. Саха (Якутия), г. Якутск
　　　　8, ул. Сосновая, 4

　TEL/FAX　7-4112-260197

◇ 러시아 토착민족 정보 센터 '리이오라버틀리안(Льыоравэтльан)'

　주소　Россия, 125009, г. Москва, Никитский пер, д.
　　　　4, офис 406

　TEL/FAX　7-095-2023820

　E-mail　iicl@orc.ru

　웹사이트　www.indigenous.ru

◇ 게르첸 러시아 국립사범대학교, 북방 민족 연구소

　주소　Россия, 198097. г. Санкт-Петербург, просп. Стачек,
　　　　30

　FAX　7-812-3121195

　E-mail　nich@herzen.spb.ru, rector@herzen.spb.ru

　웹사이트　www.herzen.spb.ru

◇ 북방 토착민족 교육 센터

　주소　Россия, 119415, г. Москва, просп. Вернадского,
　　　　37, корп. 2, комн. 547.

　TEL　7-095-9389547

　FAX　7-095-9389567

　E-mail　ritc@mail.ru / mail@ritc.ru

◇ 아모소프 야쿠트 국립대학교

　주소　Россия, 677013, Респ. Саха (Якутия), г. Якутск,
　　　　ул. Белинского 58

　FAX　7-4112-260934

　E-mail　sekretar@ysu.ru

19.3.2. 해당 언어를 연구하는 기관, 연구소, 기구

◇ 아나디리 북방 민족고등사범학교

주소　Россия, 686710, Чукотсцкий АО, г. Анадыры, ул. Беринга, 1

◇ 언어학 연구소(RAN)(SPb)

주소　Россия, 199053, г. Санкт-Петербург, Тучков пер., 9

TEL　7-812-3281611

◇ 북방민족 단과대학

주소　Россия, 678831, Респ. Саха (Якутия), Нижнеколымс кий улус, пос. Черский

◇ 국제사범대학교, 북방 분과

주소　Россия, 685014, Магаданская обл., г. Магадан ул. Портовая, 13

◇ 게르첸 러시아 국립사범대학교, 북방 민족 연구소

주소　Россия, 198097, г. Санкт-Петербург, просп. Стачек, 30

FAX　7-812-3121195

E-mail　nich@herzen.spb.ru / rector@herzen.spb.ru

웹사이트　www.herzen.spb.ru

◇ 아모소프 야쿠트 국립대학교

주소　Россия, 677013, Респ. Саха (Якутия), г. Якутск, ул. Белинского 58

FAX　7-4112-260934

E-mail　sekretar@ysu.ru

19.4. 전자 매체에 담긴 정보(CD, 인터넷) – 있다

출처　www.zaimka.ru on line(21.06.02)

Burykin A.A., Spesificheskije osobennosti funkcionirovanija pis'mennoj formy jazykov malochislennykh narodov Severa, *Sibirskaja zaimka (Электронный журнал). Jazyki i fol'klor*. № 5. 2001. [북방 소수 민족 언어에서 문자 형태의 기능의 특성 (전자 잡지)]

20. 전반적 정보 (언어의 기능과 문자 발달의 역사 개요)

계통 분류

어원어는 알타이 어족 만주퉁구스 어파의 퉁구스 분파 중 시베리아(에
본키) 어군에 속한다. 가까운 친족어는 어윙키어, 네기달어, 솔론어이다.
언어연대학(glottochronology)적 자료에 따르면 어원어와 가장 가까운 친
족어인 어윙키어가 분기된 시점은 대략 1,500년 전이다.

자칭

▶ 언어 자칭 – 어워디 토런(эвэды торэн), 오랏티 토런(оратты торэн),
  오로촌(orochonskij jazyk)
▶ 민족 자칭 – 어워니(эвены), 오로치(ороч), 오리치(орыч), 오라칠(орачил)

옛날 기록에는 어윙키인, 어원인이 '퉁구스'라는 동일한 이름으로 자주
등장하지만, 어원인은 어원족만의 씨족 명칭을 사용한다는 점, '라뭇키'
라는 민족명을 사용한다는 점으로 구별되며, 때로 기록에 나타나는 영토
에 따라 구별되기도 한다.

어원어는 서기 1000년 중반부터 현재까지 어원족의 존속 기간 내내 어
원족의 민족 내 의사소통 언어로 기능해 왔다.

어원인이 살던 땅에 러시아 개척자들이 처음에는 오호츠크 연안의 레
나 강 동쪽과 울리야 강 북쪽으로, 이어 동북부로 침투하기 시작했던
1640년대부터 어원어는 민족 간 의사소통 언어가 되었다. 17세기 문헌에
따르면 처음에는 러시아 카자크인과 산업화된 사람들이 현지인과 의사소
통할 때 현지의 여자들이 '톨마치(통역가)'로 나서곤 했고, 현지인의 언어
를 일부 러시아 주민이 상당히 빨리 습득했다.

방언 구분

어원어의 특징 중 하나는 방언 다양성이 크다는 점이다. 어원어에는
15~20개의 방언이 있고, 이들은 2개(또는 3개)의 큰 방언군, 즉 **동부**와 **서
부** 대방언군으로 묶인다(서부 방언군은 다시 중부 방언군과 중앙 방언군으로
나뉘기도 한다). 어원어 방언들은 어원어와 다른 언어 간의 다양한 역사적
접촉을 반영하고 있다. 방언들은 주로 음성적, 형태적, 어휘적, 통사적으
로 구별된다. 각각의 방언(지역어)은 서로 차이가 나는 정도가 다르다. 그
러나 어원인들이 러시아 북동부의 매우 넓은 땅에 흩어져 살고 있기 때문

에 각 방언군의 대규모 분기 과정을 촉진시키고 있다. 어원어의 방언 구조는 완벽하게 연구되지 않은 상태이다.

방언 외에도 어원어의 **지역적 이형**(regional variants)도 구분되는데, 캄차카, 야쿠트 이형이 있고, 사하(야쿠티야) 공화국의 코뱌이 구의 이형도 있다.

종교

현재 어원족이 특정한 종교를 가지고 있다고 말하기는 어렵다. 18~19세기 어원인들 사이에 기독교가 전파되었지만, 널리 유포되지는 않았다. 게다가 소련 시기에 기독교 전통은 단절되었다. 어원인의 전통적인 세계관인 샤머니즘은 엄격한 의미로 종교라고 부를 수는 없다. 샤머니즘은 소련 시기에 박해를 받았고, 현재 크게 파괴된 상태이다.

민족 인구수와 거주지

어원족의 대부분은 러시아 연방의 서북부, 즉 마가단 주, 추코트 자치구, 코랴크 자치구, 하바롭스크 크라이와 사하(야쿠티야) 공화국의 일부 지역에 거주한다.

러시아에 사는 어원인은 총 17,055명이다(여기와 이하 1989년 인구 조사 자료).[67] 어원어를 말할 줄 아는 사람은 모두 7,850명이며, 그중 7,476명이 어원어를 모어로 여긴다. 어원인의 절반 정도(9,205명)가 어원어를 할 줄 모르고, 10,223명이 **이중언어 사용자**이다. 이중언어 사용자의 절반 정도는 제2 언어가 러시아어이고, 나머지 절반은 야쿠트어이다. 그러므로 사하(야쿠티야) 공화국에서는 **삼중언어 상태**라고 말할 수 있다. 대부분의 이중언어 사용자는 중년(30~60세)이다. 단일언어 사용자는 매우 적어서 336명에 불과하다.

민족 · 언어 상황

어원인의 민족 · 언어 상황의 특징은 모어로서의 어원어 상실 정도가 상당히 크고, 이중언어가 발달했으며, 큰 민족공동체의 언어, 즉 야쿠트어와 러시아어로의 이행 과정이 나타난다는 점이다. 어원인들 사이에는 가

---

[67] 2010년 인구 조사 자료에 따르면 러시아 연방에 거주하는 어원족은 총 21,830명이다(http://www.perepis-2010.ru). _옮긴이

정 내 연장자가 나이가 적은 사람들에게 언어를 전승하는 메커니즘이, 비록 제한적이기는 해도 아직까지 남아 있다고 한다. 어원인은 대부분 촌에 살고, 매우 광활한 땅에 분산되어 살고 있다.

어원어와 다른 언어, 즉 유카기르어, 코랴크어, 어윙키어, 축치어 등과 같은 언어와의 다양한 접촉이 이 민족들 간의 역사적 접촉 지역에 있어 왔다.

어원어-축치어, 어원어-코랴크어, 어원어-유카기르어 이중언어 사용 상황이 일정 기간씩 현재까지 존재했었다고 한다.

러시아인이 18~19세기에 동북부로 진출한 이후 어원인과 야쿠트인 간의 접촉의 결과로 나타난 어원어-야쿠트어 이중언어 사용은 어원인에게만 나타난다(야쿠트인이 어원어를 구사하는 사례는 현재의 그 어떤 문헌에도 기록된 적이 없다). 야쿠트어는 어원어(특히 서부 지역어들)에 음성과 어휘 분야에서 큰 영향을 미쳤다.

어원어와 어윙키어는 야쿠티야 동남부와 하바롭스크 크라이 북부의 여러 지역에서 접촉해 왔다. 이러한 접촉 지역이 있었기 때문에, 영토적으로 가까운 방언들 간에 상호 영향의 흔적이 나타나고, 이러한 방언들의 구체적, 구조적 유사성이 크게 나타난다. 이러한 접촉은 단절되었는데, 이는 현재의 행정 지역 구분 설정의 결과이자, 전통적인 의사소통 방법이 붕괴되었기 때문이며, 마을의 크기가 계속 커지면서 지역적으로 가까이 있던 일부 현지인들이 지리적으로 멀어졌기 때문이다.

어원족과 어원어에 대한 러시아의 언어적·민족문화적 영향은 18세기부터 현재까지 계속해서 나타나고 있다. 그 영향이 특히 강하게 나타나는 지역은 러시아 구교도(old-believer)들이 거주하는 지역, 즉, 오호츠크 연안의 추콧카이며, 조금 덜하지만 역시 영향이 나타나는 지역은 인디기르카 강과 콜리마 강 하류 지역이다.

연구와 문서화의 역사

어원어에 대한 최초의 문서 기록은 17세기 니콜라스 빗센(N. Witsen)의 어원어 수사에 대한 기록이다. 일부 언어 자료는 18세기 러시아 학술 조사 자료, 예를 들면 린데나우(Ja. I. Lindenau)의 자료 등에 나타나 있다. 어원어의 두 방언의 단어들이 각각 '오호츠크(okhotskij)'와 '라무트(lamutskij)'라는 표시와 함께 팔라스(P. S. Pallas)의 비교어휘사전에 나와 있다(1787~1789).

19세기에는 어원어에 대한 연구가 주로 어원인들 사이에 기독교를 전파할 목적으로 이루어졌다. 1840년대에는 오호츠크의 사제장 스테판 포포프가 기도문과 「마태복음」을 어원어로 번역하는 작업을 벌였다. 번역가는 타우이스크 촌(현재 마가단 주 올라 구)에 사는 퇴역 카자크인 셸루댜코프(Sheludjakov) 대장이었다.

20세기에는 어원어의 학문적 연구와 문서화 작업이 계속되었다. 1926년에는 캄차카 지역 학회에서 『러시아어-라무트어, 러시아어-코랴크어 사전(Slovar' russko-lamutskij i russko-korjackij)』(Petropavlovsk-Kamchatskij, 1926)을 출판했다.

어원어와 그 방언들에 대한 연구를 수행한 언어학자로는 보고라스(V. G. Bogoraz), 로베크(V. A. Robbek), 친치우스(V. I. Cincius), 노비코바(K. A. Novikova), 레베데프(V. D. Lebedev)도 있다.

문자

어원어로 된 최초의 역사적 문자 기록은 1840년대의 것(기도문과 복음서의 어원어 번역문)이다. 수기로 된 번역문은 오호츠크 연안에 있는 어원인 거주지 근처의 교회들에 보급되었다. 이 번역문에 등장하는 기독교 관련 어휘는 어원어 구어에 현재까지 분명하게 남아 있다.

어원어로 된 최초의 책 『퉁구스 철자본과 기도문(Tungusskij bukvar' s molitvami)』(1858), 『퉁구스어 소사전(Kratkij tungusskij slovar')』(1859, 2판 1900)과 「마태복음」(1880)은 러시아 정교회의 참여하에 출판되었다.

그 후 어원어 문자의 발전과 어원어의 학교 교육이 시작되고, 교육매개어로 어원어를 사용하기 시작한 것은 1920년대 중반 이후이다. 이러한 과정에 뒤따라 어원인 거주 지역에 극북학교망이 건설되었다.

1920년대 말 하바롭스크 크라이 오호츠크 지역에서는 학교 교육에서 러시아 문자를 토대로 한 어원어 알파벳이 사용되었다.

1932년부터 **라틴 문자**에 기반을 둔 어원어 알파벳(단일 북방 알파벳 안)이 공식적으로 도입되었다. 이 알파벳을 사용하여 1학년, 2학년용 교재(국어, 산수)와 성인용 문맹 퇴치 강좌 교재, 대중 문학, 아동 문학 작품들이 출판되었다.

1936년 말에는 추가적인 기호 없이 러시아 문자를 토대로 한 알파벳이 공식적으로 채택되었다. 그러나 현지 대중 매체에서는 1932년부터 1939년까지 두 알파벳이 동시에 사용되었다. 그 이유는 문맹 퇴치 교육이 두 언어, 즉 모어(어원어)와 러시아어로 동시에 진행되었기 때문이고, 또한 현지 인쇄소에 러시아어 활자가 부족했기 때문일 수도 있다.

더 늦은 시기인 1930년대의 출판물에도 라틴 활자가 사용되었는데, 이는 어웡키인 성인들이 이미 라틴 문자에 익숙해져 있었기 때문이다.

러시아 문자를 토대로 한 알파벳을 사용하는 과정의 서법 규정들이 대략 1939년까지 고안되었지만, 공식적인 규정은 없었다. 알파벳의 서법 기초에 변화가 있었음에도 불구하고 문자 기호의 기본 원칙과 함께 정서법은 변하지 않은 채로 유지되었다(복음서 번역본에서 채택한 서법의 흔적이 심지어 라틴 문자 텍스트에서도 눈에 띈다).

1953년에는 어웡키 알파벳에 새로운 기호 3개, 즉 *ӈ, ө, ӫ*가 도입되었다. 그러나 교재 출판에 이러한 기호가 쓰이기 시작한 것은 1960년 이후이며, 어웡인 거주지의 동부 쪽 현지 출판물에서는 1980년대 초부터 쓰이기 시작했다.

1960년대 이후 야쿠티야에서는 처음에는 비공식적으로, 1982년부터 1987년까지는 공화국 차원에서 공식적으로 야쿠트 알파벳과 서법 규칙을 사용한 어원어 문자 형태가 기능했다[중설 자음의 표기를 위한 이중글자(digraph) *дь, нь*이 사용되었고, 장모음은 글자를 두 번 적어서 표기했다]. 학술적인 전사의 한 방법으로 이러한 서법 체계는 야쿠티야에 지금도 존재하며, 그 사용자들 사이에 지지자들이 있다. 야쿠티야 어원인들이 즉석에서 글자를 쓸 때 이러한 서법 체계를 사용한다는 사실이 확인되었다.

1980년대 중반 이후부터 캄차카 주에서는 어원어 문자의 사용이 재개되었고, 1953년 개혁 이전에 존재했던 서법 체계를 사용하여 서적과 신문이 다시 출판되기 시작했다. 이는 이 체계가 현지 방언 규칙과 비교해 볼 때 음성-문자 대응이 가깝기 때문이고, 이 지역에 교육받은 어원어 화자가 많이 있었기 때문이다.

다시 말해서 어원어 문자의 발달 역사는 서법 표준이 자주 바뀌었다는 점, 지역에 따라 각기 다른 서법 체계가 공존했다는 점이 특징이다. 이와 관련하여 어원어 문어의 정자법 규칙과 문법 규칙을 표준화하는 것이 중요한 과제이다.

1990년부터 캄차카 주 비스트라야 구에서는 『아이디트(Айдит)』라는 신문이 발행되고 있다. 어원어로 된 서적 출판은 특히 집중적으로 출판이 이루어졌던 시기를 1932~1939년, 1946~1955년, 1982~1990년으로 구분할 수 있다. 이러한 경향은 학교용 교재와 서적을 출판하는 출판사인 '계몽(Prosveshchenije)’ 등과 같은 전 연방 차원의 출판사뿐 아니라 지역 출판사들에서도 나타났다.

어원어의 표준은 (동부 방언군에 속하는) **올라 방언**에 토대를 둔 어원어 표준어 단 하나이지만, 어원어의 모든 지역적 이형은 각기 다른 문자의 특성을 가진다.

이렇듯 현재 어원어에는 3개, 혹은 4개의 문자 형태가 있다. 1) 어원어 동부 방언군의 지역어들을 토대로 공식적으로 채택된 문자 형태(표준어), 2) 캄차카 어원인들의 언어에 쓰이는 문자 형태, 3) 야쿠티야 어원인들의 언어에 쓰이는 문자 형태(그 내부에 2개의 독립적인 방언 이형이 존재한다고 볼 수도 있다). 모든 이형은 상당히 안정적이다. 그러나 어원어 교육은 동부 방언군으로만 이루어진다. 어원어의 다른 지역적 문자 이형들은 교재에 나오지 않는다. 물론 학교 교육 과정에서 어원어 화자 교사들은 지역 방언들의 특징과 어원어 문자 형태의 지역적 이형들을 고려한다.

어원어 표준어는 엄격하게 규범화되어 있지 않다. 단일화된 구어 규범이 존재하지 않으며 매우 다양한 변이형이 있다. 어원어의 음성학적 측면에 미친 러시아어의 영향은 매우 크다. 발음이 쓰인 문자에 의존하는 경향이 커지고 있는데, 이는 러시아어 읽기의 습관이 고착화되어 가고 있기 때문으로 풀이된다.

어원어는 1920~1930년대에 문자가 만들어진 YWL이며, 기능면에서 충분히 발달하지 못한 언어이다.

어원어의 공식적인 법적 지위는 러시아 연방 **토착 소수민족의 언어**이며, 사하(야쿠티야) 공화국에서는 **지역 공식 언어**이다.

어원어는 다음과 같은 **국가가 관리하는** 의사소통 분야에서 기능한다.

▶ **지방 자치** 분야 – 어원어는 지역 촌 행정 기관에서 반공식적 또는 비공식적으로 어원어 화자와 구두로 의사소통을 해야 하는 경우, 예를 들어, 지방 관리와 현지 주민 간의 의사소통에 제한적으로 사용된다.
▶ **초등 교육, 중등 교육** 분야 – 초등학교 1~4학년의 교육매개어로 사용되고, 교과목으로 교육된다. 중등학교(5~9학년까지, 더 적은 정도로는 10~11학년까지) 교과목으로 교육된다.
▶ **중등 전문 교육과 고등 교육** 분야 – 매우 제한적으로 사용된다. 어원어

는 체르스키 촌락(야쿠티야)과 아니디리 시, 팔라나 시의 3개 사범학
교(전문대학)에서 교육된다. 또한 상트페테르부르크, 마가단, 야쿠츠
크, 하바롭스크 등 5개 대학에서도 교육된다.

▶ **대중 언론** 분야 – **정기 간행물**은 매우 제한적이다(캄차카에서 신문 하
나가 발간되고, 추콧카의 러시아어 신문에 별지 형태로 한 면이 어원어로
발행되며, 나머지 정기 간행물은 간헐적인 성격을 띤다). **라디오 방송**도
매우 제한적이다(야쿠티야의 공화국 라디오 방속국과 추콧카의 자치구
라디오 방송국에서 1주일에 2회 1시간 방송한다). **텔레비전 방송**도 매우
제한적이다(아나디리 텔레비전 방송국에서 매주 1시간 미만 방송한다).

▶ **문학, 구비문학** 분야 – 어원족 시인과 작가들의 작품이 다수 있다(예
를 들어, 시집, 단편 소설집, 서사시선집, 중편 소설집). 러시아어에서 번
역된 작품도 다수 있고, 출판된 구비문학은 약 10편이 있다.

▶ **교과서와 교재** 분야 – 초등학교용 교재가 다수 출판되었으나, 어원어
로 된 중등학교용 교재는 없다.

▶ **전통 생업** 분야 – 어원어는 **어원족 내부의 개인 간 의사소통 언어로**
사용된다. 즉, 가정 내에서, 일상생활에서, 지인들 사이에서 전통 생
업 활동 과정에서 사용된다.

현 단계에서 어원어의 **생명력**은 비교적 낮은 편이다. 최근 수십 년간
언어 상황에는 바람직하지 않은 변화들이 나타나고 있다. 즉, 구어와 문
어에서 어원어 사용량이 줄어들고 있고, 어원인의 어원어 구사 수준이 떨
어지고 있으며, 모어의 문자에 대한 관심이 상실되었다. 어원어의 전망은
회의적이다. 어원인들 사이에 모어에 대한 관심을 소생시키기 위한 적극
적인 노력, 즉 초등학교, 중등학교의 어린이들에 대한 어원어 교육을 활
성화하기 위한 적극적인 노력을 기울여야 한다.

주요 연구 기관
어원어 주요 연구 기관은 상트페테르부르크, 야쿠츠크, 마가단, 아나디
리, 하바롭스크, 팔라나에 있다.

† 집필자

알렉세이 알렉세예비치 부리킨
(Aleksej Aleksejevich Burykin, Алексей Алексеевич Бурыкин)
국가박사(Doktor nauk), 수석연구원
언어학 연구소(RAN)(SPb) 알타이 언어 분과
직장 주소 Россия, 199053, г. Санкт-Петербург, Тучков пер., 9
TEL 7-812-3284211
FAX 7-812-3284611
E-mail albury@ling.ras.spb.ru / albury@rambler.ru

율리야 발렌티노브나 트루시코바
(Julija Valentinovna Trushkova, Юлия Валентиновна Трушкова)
Ph.D.
책임연구원
언어학 연구소(RAN)(M) 민족 언어 관계 연구 센터(NICNJaO)
직장 주소 Россия, 125009, г. Москва, Б. Кисловский пер., 1/12
TEL 7-095-2905268
FAX 7-095-2905228
E-mail socioling@mail.ru

연도/기간 1997~2002년

어웡키어 A. 부리킨, O. 파르페노바

0. 언어 정의

0.1. 기본 명칭 – 어웡키어

1. 언어 명칭

1.1. 언어 화자가 사용하는 명칭 – 어워디 투런(эвэды турэн)

1.2. 정부 문서 또는 헌법에서 사용하는 명칭 – 어웡키어

1.3. 이전에 사용했던 명칭 – 퉁구스어, 오로촌어

주해 1930년대 이전에는 어웡키어도, 어원어도 퉁구스어라고 불렸다.

1.4. 외국어 명칭

영어 Evenki / Evenk, Tungus / Tunguz

독일어 Ewenkisch, Tungusisch

프랑스어 evenque / evenki, toungouze

* 민족 명칭

기본 명칭 – 어웡키인

민족 자칭 – 어웡키(эвенки)

주해 현재의 민족명인 어웡키(эвнки)는 일부 어웡키 그룹, 정확히 말해서 예니세이 강 동쪽, 바이칼 호수 북쪽 지역에 살았던 그룹의 자칭에서 온 말이다. 이 명 칭은 또한 아무르 강 상류, 오호츠크 해 연안, 올료크마 강 하류, 알단 강과 그 지류인 암가 강, 볼쇼이 파톰 강 유역에 살던 어웡키인도 사용했다. 똑같 은 명칭을 솔론인과 온코기르인(onkogiry)으로 알려진 아무르 강 상류의 다 른 퉁구스 유목 민족들도 역사적으로 사용해 왔다. 일부 어웡키 그룹이 사용 하는 다른 명칭은 '오로체니(оročeны, 사슴의)'이다. 이는 바이칼 호수의 서쪽 지역, 중국의 힌간(Khingan) 주를 포함한 산악 지역에 사는 어웡키인에 더 해 당하는 명칭이다. 더욱이 현재의 부랴티야 땅에서 유목하던 어웡키인들에게 는 '무르첸(мурчен, 말 사람)'이라는 명칭이 있었다. 이 어웡키인 그룹은 '마타

(мата, 타지인 혹은 방문자)'라는 자칭도 있었다. 반면 니즈냐야 툰구스카 강, 폿카멘나야 툰구스카 강 상류 지역의 어웡키인들은 '일러(илэ, 사람 혹은 남자)' 또는 '비예(быйе, 남자)'라는 명칭으로 알려져 있었다. 마지막으로, 볼샤야 비라 강(아무르 강의 중간 지류)의 연안에 사는 어웡키인에게는 '비라르(бирар)' 또는 '비라첸(бирачен, 강 사람)'이라는 자칭이 있다. 일부 어웡키인 거주 지역에는 '마네그르(манегр)', '가날치(ганальчи)', '우랑카이(урангкаи)'라는 자칭도 기록되어 있다.

정부 문서 또는 헌법에서 사용하는 명칭 – 어웡키인

이전에 사용했던 명칭 – 퉁구스인, 오로챈인 / 오로촌인

외국어 명칭 – 영어 Evenkis / Evenks, Tunguses / Tunguzes

독일어 Ewenken, Tungusen

프랑스어 Evenques / Evenkis, Toungouzes

2. 통계 자료와 지리 자료 (1989년 인구 조사 자료)

2.1. 민족 구성원의 총수 (국가별 · 지역별)

- 러시아 – 29,901[68]

  사하(야쿠티야) 공화국 – 14,428

  부랴트 공화국 – 1,679

  크라스노야르스크 크라이 – 4,382

  ▶ 타이미르(돌간-네네츠) 자치구 – 311

  ▶ 어웡키 자치구 – 3,480

  바이키트 구 – 자료 없음

  일림피 구 – 자료 없음

  하바롭스크 크라이 – 3,691

  아무르 주 – 1,617

  이르쿠츠크 주 – 1,369

  사할린 주 – 188

  튜멘 주 – 174

  톰스크 주 – 89

  치타 주 – 1,271

  다른 지역 – 1,013

---

68 2010년 인구 조사 자료에 따르면 러시아 연방에 거주하는 어웡키족은 총 38,396명이다 (http://www.perepis-2010.ru). _옮긴이

주해 어윙키 자치구에는 (인구의 90% 이상이 어윙키인인) 어윙키 마을이 총 4개 있다. 바이키트 구의 우차미, 술로마이, 수린다 촌락과 일림피 구의 에콘다 촌락이 그것이다. 현재 일림피 구의 치린다 촌락과 에콘다 촌락의 폐쇄 결정이 내려져서, 주민의 절반은 이미 투라 촌락을 비롯한 다른 마을로 이주했다.

어윙키 문화 센터의 자료에 따르면, 부랴트 공화국에는 현재 2,784명의 어윙키인이 살고 있다.

언어학 연구소(RAN)(M)가 1996년에 야말–네네츠 자치구(튜멘 주)에서 실시한 조사[책임자: 카자케비치(O. A. Kazakevich), 참여자: 파르페노바(O. S. Parfenova)]의 자료에 따르면, 크라스노셀쿠프 구에 50명의 어윙키인이 살고 있고, 그들 중 30명은 라타 촌락에 살고 있다.

크라스노야르스크 크라이 투르한스키 구의 소베츠카야 레치카 존에는 118명의 어윙키인이 살고 있다.[69]

- 다른 나라

CIS(러시아 제외)와 발트 국가 – 262

   ▶ 우즈베키스탄 – 37

   ▶ 우크라이나 – 111

   ▶ 카자흐스탄 – 48

   ▶ 그 외 CIS 국가와 발트 국가 – 66

중국 – 19,398

몽골 – 2,000명 이상

주해 중국에 대한 자료는 1982년 인구 조사에 따른 것이다(Ewenki 1995).

2.1.1. 해당 민족의 언어를 말하지 않는 민족 구성원의 수 (지역별 · 모어별)

- 러시아 – 20,067

러시아어 – 7,699

다른 언어 – 12,368

  - 사하(야쿠티야) 공화국 – 13101

러시아어 – 1,190

야쿠트어 – 11,905

다른 언어 – 6

  - 부랴트 공화국 – 864

---

69 크라스노야르스크 크라이 투르한스키 구에서 1998년에 실시한 조사 자료. '열린 사회(Otkrytoje obshchestvo)' 연구소 프로젝트(№ 801/1998). 연구 책임자: 카자케비치[O. A. Kazakevich, 모스크바 국립대학교 컴퓨터 연구 센터(NIVTs MSU im. M.V. Lomonosova)], 참여자: 쿠즈네초바(A. A. Kuznecova, 모스크바 국립대학교 어문학부), 파르페노바[O. S. Parfenova, 언어학 연구소(RAN)(M)].

러시아어 – 781

부랴트어 – 74

다른 언어 – 9

- 크라스노야르스크 크라이 – 1,129

러시아어 – 1,084

다른 언어 – 45

    - 타이미르(돌간-네네츠) 자치구 – 65

    러시아어 – 49

    네네츠어 – 1

    다른 언어 – 15

    - 어웡키 자치구 – 831

    러시아어 – 818

    다른 언어 – 13

- 하바롭스크 크라이 – 2,283

러시아어 – 2,100

다른 언어 – 183

- 아무르 주 – 393

러시아어 – 372

다른 언어 – 21

- 이르쿠츠크 주 – 700

러시아어 – 673

다른 언어 – 27

- 치타 주 – 743

러시아어 – 702

다른 언어 – 41

- 다른 지역 – 854

러시아어 – 797

다른 언어 – 57

주해 크리보노고프(V. P. Krivonogov)의 설문 조사에 따르면(Krivonogov, 2001), 서부 어웡키인의 35.5%가 자기 민족의 언어를 구사하지 못했다(조사가 이루어진 장소는 어웡키 자치구 바이키트 구 내 에콘다, 투톤차니, 투라, 수린다, 폴리구스 촌락과 크라스노야르스크 크라이 예니세이 구내 포타포보-나-야말레 촌락과 심 촌락이다).

야쿠트족과 어웡키족의 접촉은 수 세기에 걸쳐 이루어졌으며, 그리하여 어웡키족 내에서 언어적 진전이 있었다. 1992년 미레예바(A. N. Myrejeva)의 자료에 따르면, 야쿠티야의 어웡키인 중 84%가 자기 민족의 언어를 구사하지 못했다(Myrejeva 1993).

부랴티야에 사는 어웡키인들도 차츰 모어를 잃어가고 있다. 만가타예바(D. D. Mangatajeva)가 1996년에 부랴티야 북부에 사는 어웡키인을 대상으로 어웡키어를 아는지에 대해 설문 조사를 실시한 결과, 30%의 자료제공인이 어웡키어를 구사할 줄 모르거나 어렵사리 조금 말할 수 있는 정도였다(Mangatajeva 1997).

야말-네네츠 자치구의 크라스노셀쿠프 구에 있는 셀쿠프인의 마을인 라타 촌에 사는 어웡키인들은 언어적으로 동화되어 모두가 셀쿠프어와 러시아어를 한다. 몇몇 어웡키 노인만이 어웡키어를 아직 기억하고 있지만, 말은 전혀 하지 못한다. 어웡키인과 셀쿠프인의 혼합혼 가정 내 젊은이들은 자신의 정체성을 셀쿠프인으로 규정한다(1996년 조사 자료. 2.1항 주해 참조).

2.2. 러시아 내 해당 언어 화자의 총수 (지역별)

- 러시아 – 9,891
  부랴트 공화국 – 815
  사하(야쿠티야) 공화국 – 1,327
  크라스노야르스크 크라이 – 3,310
    ▶ 어웡키 자치구 – 2,706
    ▶ 타이미르(돌간-네네츠) 자치구 – 246
  하바롭스크 크라이 – 1,408
  아무르 주 – 1,224
  이르쿠츠크 주 – 670
  치타 주 – 528
  다른 지역 – 609

주해 크리보노고프(V. P. Krivonogov)의 설문 조사에 따르면(Krivonogov 2001), 서부 어웡키인의 45%가 자기 민족의 언어를 구사한다(조사가 이루어진 장소는 어웡키 자치구 바이키트 구 내 에콘다, 투톤차니, 투라, 수린다, 폴리구스 촌락과, 크라스노야르스크 크라이 예니세이 구 내 포타포보-나-야말레 촌락 및 심 촌락이다).

1992년 미레예바(A. N. Myrejeva)의 자료에 따르면, 야쿠티야의 알단, 올료크마, 네륜그리 구에 사는 어웡키인 중 약 600명(해당 지역 어웡키 중 16%)이 모어를 자유롭게 구사하며, 나머지는 야쿠트어나 러시아어로 말한다(Myrejeva 1993).

부랴티야 어웡키인의 모어 보존 수준은 더 높다. 부랴트 공화국 북부 지역들에서는 어웡키인의 약 70%가 어웡키어를 구사한다(Mangatajeva 1997).

2.2.1. 해당 언어가 모어인 화자의 총수 (지역별·민족별)

- 러시아 – 9,097

  어윙키인 – 9,075

  기타 – 22

- 사하(야쿠티야) 공화국 – 1,226

  어윙키인 – 1,226

  기타 – 자료 없음

- 부랴트 공화국 – 780

  어윙키인 – 780

  기타 – 자료 없음

- 크라스노야르스크 크라이 – 3,140

  어윙키인 – 3,118

  기타 – 22

  - 어윙키 자치구 – 2,588

    어윙키인 – 2,566

    야쿠트인 – 17

    케트인 – 1

    기타 – 4

  - 타이미르(돌간-네네츠) 자치구 – 217

    어윙키인 – 217

    기타 – 자료 없음

- 하바롭스크 크라이 – 1,148

  어윙키인 – 1,148

  기타 – 자료 없음

- 아무르 주 – 1,182

  어윙키인 – 1,182

  기타 – 자료 없음

- 이르쿠츠크 주 – 601

  어윙키인 – 601

  기타 – 자료 없음

- 치타 주 – 488

  어윙키인 – 488

  기타 – 자료 없음

- 다른 지역 – 532

  어윙키인 – 532

  기타 – 자료 없음

주해 어윙키어를 모어라고 한 어윙키인이 모두 다 실제로 어윙키어를 구사
하는 것은 결코 아니라는 점을 염두에 두어야 한다. 많은 어윙키인이
어윙키어를 모어라고 함으로써 자신의 민족적·문화적 정체성을 표
현하는 것이다. 그러므로 실제로 어윙키어를 할 줄 아는 어윙키인의
수는 위에 적힌 숫자보다 훨씬 적다. 서부 어윙키인 중에서 38%만이
어윙키어를 모어라고 인정하고 있다(Krivonogov 2001, 조사가 이루어
진 장소는 어윙키 자치구 바이키트 구의 에콘다, 투톤차니, 투라, 수린다,
폴리구스 촌락과 크라스노야르스크 크라이의 예니세이 구의 포타포보-나-
야말레 촌락과 심 촌락이다).

어윙키인 거주 지역 이외의 곳의 어윙키어 분포에 대해서는 알려진
것이 거의 없다. 다만 크라스노야르스크 크라이의 투루한스키 구의 소
베츠카야 레치카 촌락에 대한 자료가 있을 뿐이다. 이곳에는 어윙키어
를 모어로 인정하며 실제로 어윙키어를 구사하는 셀쿠프인이 10명 살
고 있다(1998년 투루한스키 구 조사 자료. 2.1항 주해 참조).

2.2.1.1. 단일언어 사용자의 총수

- 러시아 – 360

  어윙키인 – 360

  - 사하(야쿠티야) 공화국 – 0
  - 부랴티야 공화국 – 0
  - 크라스노야르스크 크라이 – 296

    어윙키인 – 296

    - 어윙키 자치구 – 268

      어윙키인 – 268

    - 타이미르(돌간-네네츠) 자치구 – 14

      어윙키인 – 14

  - 하바롭스크 크라이 – 0
  - 아무르 주 – 64

    어윙키인 – 64

  - 이르쿠츠크 주 – 0
  - 치타 주 – 0
  - 다른 지역 – 0

  주해 1989년에 이미 단일언어 사용자 수는 위에 적힌 수보다 훨씬

적었으며, 모두 나이 든 세대이다. 그때 이후 그들 중 많은 사람이 세상을 떠났다. 오늘날 단일언어 사용자가 남아 있더라도 100명을 넘지 않는다.

크리보노고프(V. P. Krivonogov)의 자료(Krivonogov 2001)에 따르면, 서부 어웡키인 가운데 러시아어를 못 하는 사람은 응답자 중 0.1%(약 10명), 러시아어를 알아들을 수는 있지만 말은 못 하는 사람은 0.5%(약 50명)이었다(조사가 이루어진 장소는 어웡키 자치구 바이키트 구의 에콘다, 투톤차니, 투라, 수린다, 폴리구스 촌락과 크라스노야르스크 크라이 예니세이 구의 포타포보-나-야말레 촌락과 심 촌락이다).

크라스노야르스크 크라이의 투루한스키 구의 어웡키 마을인 소베츠카야 레치카 촌에는, 어웡키어만 하는 단일언어 사용자는 한 명도 없고, 러시아어를 하지 않는 이중언어 사용자(일부 어웡키인은 네네츠어를 안다)도 한 명도 없다(1998년 조사 자료. 2.1항 주해 참조).

2.2.1.2. 이중언어 사용자의 총수

- 러시아 – 8,637

  어웡키인 – 8,637

2.2.1.3. 남성 이중언어 사용자의 수

- 러시아 – 자료 없음

  어웡키인 – 자료 없음

2.2.1.4. 여성 이중언어 사용자의 수

- 러시아 – 자료 없음

  어웡키인 – 자료 없음

주해 발표된 통계 자료에는 남성과 여성 이중언어 사용자에 대한 모든 정보에 그들의 모어에 대한 정보가 없다.

서부 어웡키인 중 96%가 러시아어를 구사하고, 0.6%(약 60명)이 야쿠트어를 구사한다. 물론 자료제공인이 어떤 언어를 모어로 인정했는지는 나와 있지 않다(Krivonogov 2001, 조사가 이루어진 장소는 어웡키 자치구 바이키트 구의 에콘다, 투톤차니, 투라, 수린다, 폴리구스 촌락과 크라스노야르스크 크라이 예니세이 구의 포타포보-나-야말레 촌락과 심 촌락이다).

2.2.1.5. 이중언어 사용자의 제2 언어별 분포 (지역별)

주해 이중언어 사용자를 제2 언어에 따라 분류한 자료는 어웡키인에 관한 것뿐이다. 다른 민족에 대한 자료는 없다.[70]

- 러시아 – 8,637

러시아어 – 8,637

다른 언어 – 자료 없음

- 크라스노야르스크 크라이
  - 타이미르(돌간-네네츠) 자치구 – 203

러시아어 – 199

네네츠어 – 2

야쿠트어 – 1

다른 언어 – 1

- 아무르 주 – 1,118

러시아어 – 1,106

다른 언어 – 12

주해 발표된 통계 자료에는 이중언어 사용자에 대한 모든 정보에 그들의 모어에 대한 정보가 없다. 이와 관련하여 어윙키어가 모어인 이중언어 사용자의 수에 대한 데이터는 타이미르 주와 아무르 주의 자료만 믿을만하다.

1960~1970년대 야쿠티야와 특히 부랴티야의 어윙키인 가운데 삼중언어(어윙키어-야쿠트어-러시아어, 어윙키어-부랴트어-러시아어) 사용이 폭넓게 확산되었었다. 인구 조사 자료에 제3, 제4 언어의 사용에 대한 정보는 없다. 이와 관련하여, 1980년대 말 삼중언어 사용자의 수가 현격하게 줄어들었을 것이라고 추측할 수 있을 뿐이다. 1990년대 초부터 (야쿠티야에서) 야쿠트어와 (부랴티야에서) 부랴트어가 학교에서 교육되고 있으며, 이로 인해 삼중언어 사용이 더욱 촉진되고 있다.

소베츠카야 레치카 촌락(크라스노야르스크 크라이, 투루한스키 구)의 어윙키인 가운데 어윙키어 이외에 셀쿠프어와 러시아어를 구사하는 사람이 몇 명(5명 이내) 있다(1998년 조사 자료. 2.1항 주해 참조).

2.2.1.6. 해당 언어가 모어인 화자 중 도시·촌 주민의 수

- 러시아 – 9,097

도시 – 1,773

촌 – 7,324

- 사하(야쿠티야) 공화국 – 1,226

---

70 원문에는 아래에 '러시아', '타이미르(돌간-네네츠) 자치구', '아무르 주' 행에 적힌 명수와 똑같이 각 행의 바로 아래에 '어윙키인'의 명수가 적혀 있으나, 주해에 어윙키인에 관한 자료뿐임이 밝혀져 있으므로 생략한다. _옮긴이

도시 – 302

촌 – 924

- 부랴트 공화국 – 780

도시 – 130

촌 – 650

- 크라스노야르스크 크라이 – 3,140

도시 – 610

촌 – 2,530

  - 어윙키 자치구 – 2,588

  도시 – 440

  촌 – 2,148

  - 타이미르(돌간-네네츠) 자치구 – 217

  도시 – 11

  촌 – 206

- 하바롭스크 크라이 – 1,148

도시 – 166

촌 – 982

- 아무르 주 – 1,182

도시 – 99

촌 – 1,083

- 이르쿠츠크 주 – 601

도시 – 126

촌 – 475

- 치타 주 – 488

도시 – 34

촌 – 454

- 다른 지역 – 532

도시 – 306

촌 – 226

2.2.2. 해당 언어가 제2 언어인 화자의 총수 (지역별·민족별)

- 러시아 – 794

어윙키인 – 759

기타 – 35

- 사하(야쿠티야) 공화국 – 101

  어웡키인 – 101

  기타 – 자료 없음

- 부랴트 공화국 – 35

  어웡키인 – 35

  기타 – 자료 없음

- 크라스노야르스크 크라이 – 170

  어웡키인 – 135

  기타 – 35

  - 어웡키 자치구 – 118

    어웡키인 – 83

    케트인 – 2

    러시아인 – 15

    야쿠트인 – 13

    기타 – 5

  - 타이미르(돌간-네네츠) 자치구 – 29

    어웡키인 – 29

    기타 – 자료 없음

- 하바롭스크 크라이 – 260

  어웡키인 – 260

  기타 – 자료 없음

- 아무르 주 – 42

  어웡키인 – 42

  기타 – 자료 없음

- 이르쿠츠크 주 – 69

  어웡키인 – 69

  기타 – 자료 없음

- 치타 주 – 40

  어웡키인 – 40

  기타 – 자료 없음

- 다른 지역 – 77

  어웡키인 – 77

  기타 – 자료 없음

주해 어웡키인 거주 지역 이외 지역의 어웡키어 분포에 관한 자료는 어웡
키 자치구 외에는 없다. 소베츠카야 레치카 촌락(크라스노야르스크 크
라이, 투루한스키 구)에는 어웡키어를 자유롭게 구사하고, 모어와 러시
아어도 할 줄 아는 셀쿠프인이 몇 명(5명 이내) 있다. 이들은 모두 나
이 든 세대이다(1998년 조사 자료. 2.1항 주해 참조).

2.3. 친족 언어와 친족 언어 화자의 수 (국가별 · 지역별)

주해 어웡키어, 네기달어, 솔론어, 어원어는 만주-퉁구스 어파의 북부(시베리아) 분파를
이룬다.

- 네기달어 – 205

  러시아 – 184

  다른 나라 – 21

  ▶ CIS(러시아 제외)와 발트 국가 – 21

- 어원어 – 7,918

  러시아 – 7,850

  다른 나라 – 68

  ▶ CIS(러시아 제외)와 발트 국가 – 68

- 솔론어 – 자료 없음

  러시아 – 0

  다른 나라 – 자료 없음

  ▶ 중국 – 자료 없음

주해 중국에서는 솔론인이 독자적인 민족 그룹 또는 언어 그룹으로 분류되지 않는다.
솔론인은 현재 스스로를 어웡키인이라고 정체성 규정을 하는 퉁구스 그룹의
역사적인 자칭이다. 솔론인의 자손은 훌룬부이르 구역(Hulun Buir League)에
살고 있다.
　　러시아 연구자들의 견해에 따르면, 솔론어는 어웡키어의 한 형태로, 지역
또는 씨족 · 종족에 따른 이형이다.

- 오로챈어 – 2,643

  러시아 – 0

  다른 나라 – 2,643

  ▶ 중국 – 2,643

주해 중국에서는 오로챈(oroqen)어가 독자적인 언어이고, 그 화자는 퉁구스 종족
인 오로챈족이다. 위에 인용한 수치는 각기 다른 민족에 속하는 오로챈어 화
자를 모두 포함하는 수치이다. 그중 2,013명은 오로챈족이고, 200명은 다고
르족, 150명은 한족, 100명은 어웡키인, 50명은 만주족, 40명은 몽골족이다
(출처 Ewenki 1995, Cincius 1997).

2.4. 해당 언어가 모어인 화자의 수 (국가별·지역별)

- 러시아 – 9,097

  사하(야쿠티야) 공화국 – 1,226

  부랴티야 공화국 – 780

  크라스노야르스크 크라이 – 3,140

  - ▶ 어윙키 자치구 – 2,588
  - ▶ 타이미르(돌간-네네츠) 자치구 – 217

  하바롭스크 크라이 – 1,148

  아무르 주 – 1,182

  이르쿠츠크 주 – 601

  치타 주 – 488

  다른 지역 – 532

- 다른 나라 – 17,000 이상

  CIS(러시아 제외)와 발트 국가 – 109

  - ▶ 우즈베키스탄 – 29
  - ▶ 우크라이나 – 21
  - ▶ 카자흐스탄 – 25
  - ▶ 다른 CIS 국가와 발트 국가 – 25

  중국 – 17,000

  주해 중국에 대해서 위에 인용된 수치는 종족 구분상 어윙키인만 포함한 것이다. 다른 종족이 어윙키어를 모어로 인정한 것에 관한 데이터는 없다(출처 Ewenki 1995).

2.5. 해당 언어가 제2 언어인 화자의 수 (국가별·지역별)

- 러시아 – 794

  사하(야쿠티야) 공화국 – 101

  부랴티야 공화국 – 35

  크라스노야르스크 크라이 – 170

  - ▶ 어윙키 자치구 – 83
  - ▶ 타이미르(돌간-네네츠) 자치구 – 29

  하바롭스크 크라이 – 260

  아무르 주 – 42

  이르쿠츠크 주 – 69

  치타 주 – 40

다른 지역 – 77

- 다른 나라 – 7,650 이상

  CIS(러시아 제외)와 발트 국가 – 16

  중국 – 7,641

  몽골 – 자료 없음

  주해 중국에서 일부 어윙키인(이른바 함니 강 어윙키인)에게는 몽골어가 모어이고,
  어윙키어가 제2 언어이다. 중국의 어윙키인들이 자신의 민족어를 제2 언어로
  구사하는 것에 관한 정확한 자료는 없다. 다른 민족에 대한 자료는 있다. 어윙
  키어를 제2 언어로 구사하는 다른 민족은 다고르인(4341명), 몽골인(3000명),
  오로챈인(200명), 중국인(50명), 만족(50명)[71]이 있다(출처 Ewenki 1995).

3. 언어 개요

3.1. 계통 분류상의 위치

3.1.1. 어파 – 만주퉁구스 어파

3.1.2. 분파 – 북부(퉁구스) 분파

3.1.3. 어군 – 시베리아(에본키) 어군

3.1.4. 하위어군 – 없다

* 친족 언어 – 어윙키어, 네기달어, 솔론어

* 언어 접촉 – 러시아어, 네네츠어, 응아나산어, 에네츠어, 한티어, 케트어, 부랴트어,
  야쿠트어, 어윈어, 유카기르어, 나나이어, 오로크어, 네기달어, 니브흐
  어

  주해 어윙키인은 (타이미르에서 자바이칼리예에 이르는) 광대한 지역에서 살고 있기
  때문에, 극동과 시베리아의 수많은 토착민족과 접촉해 왔다. 서부에서는 우그르
  족(한티족), 사모예드족(네네츠족, 응아나산족), 예니세이족(케트족)과 접촉했고,
  중앙 지역에서는 부랴트족, 야쿠트족, 동부에서는 유카기르족, 니브흐족, 그리고
  다른 퉁구스 친족 민족들(어윈족, 나나이족, 네기달족, 오로크족)과 접촉했다.
  어윙키어의 언어 접촉의 결과에 대해서는 연구가 별로 되지 않았다.

* 추가적 지리 자료 (언어 분포 지역)

  주해 어윙키 민족·언어 그룹의 지리적 경계는 서쪽으로는 오비 강과 예니세이
  강 유역을 지나고, 동쪽으로는 오호츠크 해 연안 지역까지 펼쳐지며, 사할린
  섬을 포함한다. 북서쪽 경계는 니즈냐야 툰구스카 강의 수많은 지류들을 가로지
  르며, 또한 빌류이 강, 암가 강, 알단 강과 그 지류인 마이야 강 유역을 가로지른다.
  남부에서는 안가라 강과 폿카멘나야 툰구스카 강 유역, 즉 대부분의 프리바이칼

---

71 원어로는 'маны'이다. 어떤 종족을 가리키는지 알아낼 수 없었다. _옮긴이

리예[72] 지역과 바르구진 강 상류, 비팀 강과 올료크마 강 유역, 아무르 강 하류 지역까지 아우른다.

염두에 두어야 할 점은, 어웡키인의 민속지학적 그룹과 언어학적(방언학적) 그룹이 일치하지 않는다는 점이다. 일례로 민속지학자들은 어웡키어의 북부 방언과 남부 방언을 말하는 화자를 서부 그룹에 포함시킨다(예를 들어 Krivonogov 2001을 보라).

북어웡키인

- 러시아

타이미르(돌간-네네츠) 자치구 – 한티스코예 오제로 촌락

크라스노야르스크 크라이

  ▶ 투루한스키 구 – 소베츠카야 레치카 촌락

어웡키 자치구

  ▶ 일림피 구

이르쿠츠크 주(올레뇨크 강 북부) – 키슬로칸 촌락, 에콘다 촌락, 치린다 촌락, 우차미 촌락, 투톤차니 촌락

주해 타이미르에는 대부분의 어웡키인들이 한티스코예 오제로 촌락에 산다 (223명, 전체 주민의 42%). 이 마을에는 돌간인과 러시아인도 산다. 투루 한스키 구에는 어웡키인이 과반수가 넘는(108명, 64%) 촌락이 하나(소베 츠카야 레치카) 있다.

동어웡키인

- 러시아

부랴트 공화국

  ▶ 바르구진 구

사하(야쿠티야) 공화국

  ▶ 올료크마 울루스(구)

  ▶ 알단 울루스(구)

  ▶ 우스타-마이 울루스(구)

  ▶ 올레뇨크 울루스(구)

치타 주

  ▶ 칼라르 구

  ▶ 툰기르-올료크마 구

아무르 주

---

72 바이칼 호의 서쪽 지역을 말한다. _옮긴이

▶ 틴다 구

▶ 제야 구

▶ 셀렘자 구

사할린 주

▶ 노글리키 구

하바롭스크 크라이

▶ 투그르-추미칸 구

▶ 아얀-마이 구

▶ 하바롭스크 구

▶ 폴리나 오시펜코 구

남어웡키인

- 러시아

  치타 주

  ▶ 툰구코촌스키 구

  이르쿠츠크 주

  ▶ 카탕가 구

  ▶ 카추크 구

  크라스노야르스크 크라이

  어웡키 자치구

  ▶ 바이키트 구

  ▶ 툰구스-추나 구

  부랴트 공화국

  ▶ 세베로바이칼스키 구

  ▶ 바운트 구

3.2. 주요 언어학적 특성 (간략한 기술)

- 음성학

  모음 5개 단모음과 6개 장모음 음소가 있다. 모음의 길이는 음운적 자질이다. **모음조화**는 단계적(음절적) 성격을 띤다.

  자음 자음 음소는 18개이다.

  음성 법칙 자음동화(역행/순행, 완전/불완전, 인접/간격)가 상당히 크게 발전했다. 그 때문에 어웡키어에는 **이질동형**(allomorphism)이 발달했다. 두 자음의 연쇄에는 제약이 있어서 어두와 어말에는 올 수 없다.

강세 호흡 강세이며 **자유 강세**이다. 그러나 모든 단어에서 일정한 음절에 강세가 떨어진다.

- 형태론

어윙키어는 유형론적으로 **교착어**이자 **종합적 언어**에 해당한다. 접미사 첨가가 주된 형태론적 과정이다. 명사, 형용사, 동사, 부사, 대명사, 수사, 접속사, 소사, 후치사, 감탄사 등 10개의 **품사**가 있다.

명사 명사는 성이 없다. 유정성 범주는 문법적으로 표현되지 않는다. **어형이 변화하는** 명사류의 범주로는 **수**(단수, 복수), **격**[주격, 대격, 부정(不定)대격, 여격, 향격, 처소격, 경격(연격), 처소향격, 향-경격, 탈격, 방위종격, 조격, 동반격]이 있다.

형용사 형용사는 문장 내에서 수식어 역할을 한다. 피수식어의 수와 격에 일치하며, 술어에도 일치한다. 성질 형용사는 **비교급과 최상급**을 갖는다.

대명사와 수사 어휘 의미의 특성에 다라 대명사와 수사는 각각 독립적인 품사로 분류된다. 문법적 자질 면에서 인칭대명사, 재귀대명사, 의문대명사와 개수사, 집합수사는 명사에 해당하고, 소유대명사, 지시대명사 그리고 서수사는 형용사에 해당하며, 분배수사, 배수사, 곱수사(multiplicative numeral)는 부사에 해당한다. 1인칭 복수 인칭대명사에는 포함형과 배제형이 있다. 지시대명사는 여기(hic)/저기(haec) **직시어** 구분이 있다. **수 체계**는 **십진법**이다.

동사 동사는 다음과 같은 **선택적** 범주가 있다. **상**(타동/자동), **동작류**[출발, 시작, 지속, 상태, 습관, 다회(多回), 반복, 빠름], **태**(능동태, 수동재귀태, 재귀태, 청유태, 상호태, 공동태)가 그것이다. 상과 태의 의미는 다양한 접미사로 표현된다. **어형 변화** 범주는 **법**[직설법, 청유법, 의무양상(debitive mood), 추측법, 원망법, 접속법], **시제**(현재, 과거, 가까운 과거, 대과거, 미래, 정미래, 부정미래), **수**(단수, 복수) 범주가 있다. 어윙키어에서는 **형동사**가 10가지까지 분류된다. 형동사는 수와 격에 따라 변화하며, 소유 형태를 취할 수 있다. **부동사**는 매우 많고, 절대부동사(활용하지 않는 부동사)와 활용(소유)부동사로 나뉜다.

- 조어론

주된 조어법은 **접미사 첨가**이다.

- 통사론

어윙키어는 **주격-대격** 구조의 언어이다. 가장 보편적인 **어순**은 SOV이다. 수식어는 피수식어 앞에 온다. 의문, 명령, 요구 등의 의미는 형태론적으로, 어휘적으로, 억양으로 표현된다. 어순의 변화는 없다. 비교 문장은 탈격 구문(ablative construction)을 포함한다. **복문**, 특히 접속사가 있는 복문은 전에 매우 드물게 나타났었다.

- 어휘론

어윙키어의 사전 어휘에는 어윙키인의 경제 활동, 사회 관계, 물질 문화와 세계관의 특징을 반영하는 단어들이 폭넓게 나타난다. 크게 발달한 어휘 층은 어윙키인의 수렵 생활을 반영한 것이다. 또한 생업에 활용되는 다양한 동물명도 풍부하다. 어윙키어에는 특정 동물에 대한 사냥을 의미하는 동사의 수가 많고, 동물, 새, 물고기 사냥을 위한 물건, 도구, 방법을 의미하는 단어가 많다. 특히 사슴 목축 용어가 광범위하게 발달했다. 사슴을 연령, 성, 용도, 털 색깔을 기준으로 구분하는 명칭이 다수 있다.

동물 가죽의 가공 과정, 가죽 자체와 각 부분의 명칭을 표현하는 어휘가 매우 발달해 있다. (과거) 유목식 생활 양식과 관련하여 어윙키인의 언어에는 이동 동사가 많고, 눈을 일컫는 명칭을 포함한 자연 현상 명칭도 매우 많다. 그러나 어휘의 공백도 있다. 예를 들어, 다양한 꽃 이름, 곡초류 명칭, 텃밭 식물 명칭 등이 없다.

각기 다양한 시기에 매우 다양한 언어들이 어윙키어에 영향을 끼쳤다. 어윙키어에는 **야쿠트어 차용어**가 많고, **부랴트어** 차용어도 상당수 있다. 일부 단어는 **사모예드어, 우고르어** 어원이 분명히 드러난다. 20세기에는 어윙키인의 경제·문화 생활의 근본적인 변화로 인해 **러시아어** 차용어가 큰 영향을 미쳤고, 그러한 영향은 지금도 계속되고 있다.

3.3. 유형론적 특성

- 형태론적 구조 – 교착어(종합적)
- 통사론적 구조 – 주격-대격 구조
- 어순 – SOV

3.4. 방언 구분

◇ 북부 방언군

일림피 방언

두디 방언

예르보가촌 방언

나칸노 방언

투톤차니 방언

아가타 방언

볼쇼이 포로크 방언

◇ 동부 방언군(sibilant)

심 방언

우차미 방언

토크마-베르홀렌스키 방언

바이칼 유역 방언들(북바이칼 방언, 바운트 방언)

탈로차 방언

폿카멘나야 툰구스카 지역어군

◇ 남부 방언군(sibilant-spirant)

바르구진 방언

우추르 방언

아얀-마이 방언

쿠르-우르미 방언

투구르-추미칸 방언

제야-부레야 방언

사할린 방언

올료크마 지역어군

▶ 툰기르 지역어

▶ 칼라르 지역어

▶ 톡코 지역어

알단 지역어군

▶ 팀프톤 지역어

▶ 톰모트 지역어

▶ 틴다 지역어

주해 어웡키어는 3개의 방언군으로 나뉘고, 14개의 방언과 그 아래 약 50개의 지역어가 있다. 변별적 자질이 되는 것은 어두와 어중의 $s \sim \check{s} \sim h$ 대응이다. 어웡키어 방언군 사이의 차이는 상당히 크다.

3.5. 명칭이 있는 주요 지역적 이형 – 없다

4. 문자와 정서법

- YWL(Young Written Language, Mladopis'mennyj jazyk) 1920~1930년대에 문자가 제정된 언어

4.1. 문자 체계와 서체(서법) – 키릴 문자

4.2. 정서법

4.2.1. 통일된 체계 – 있다

4.2.2. 통일된 체계가 있는 경우, 통일 원칙 – 음소 원칙

> **주해** 그러나 장모음을 표기하기 위한 부가적인 기호는 없다.

* 표준어 – 표준어가 충분히 발달되지 않았다

> **주해** 현대 어윙키어 표준어의 토대는 남부 방언군에 속하는 폴리구스 지역어(어윙키 자치구)이다. 원래 표준어는 1930년대 초에 비교적 더 많이 연구되어 있던, 다른 남부 방언인 네파 지역어(이르쿠츠크 주)를 토대로 정립되었었다. 어윙키어 표준어로 된 초기 작품들은 1930년대 말에 출판되었다.
>
> 원어로 된 문헌은 지금도 존재한다. 그러나 작품은 대개 러시아어로 나오고 저자가 직접 번역한 것이다. 모든 어윙키 작가는 이중언어 사용자이기 때문에 어윙키어로도 러시아어로도 작품을 쓴다.
>
> 가장 유명한 어윙키 작가인 알림테트 넴투시킨(Alimtet Nemtushkin)의 작품들을 분석해 보면, 대부분의 작품이 작가가 직접 번역한 러시아어로 출판되었음을 알 수 있다. 어윙키어로 나온 그의 산문은 교육용 서적(교재와 어윙키 문학 명문집)에만 실려 있다.
>
> 많은 노력이 있었음에도 불구하고, 1920~1930년대에 문자가 만들어진 어윙키어는 어윙키 전 민족의 언어가 되지 못했다. 그 원인은 문자가 있었던 기간이 상대적으로 짧았기 때문이고, 러시아어가 급속히 유포되었기 때문이다. 또한 어윙키인들이 시베리아와 극동의 광대한 영토에 분산되어 있다는 점이 민족적 · 언어적 결속을 방해하고 있다.
>
> 현재 표준어에 가까운 방언을 말하는 사람은 약 5,000명이고, 그들 중 압도적 다수는 어윙키 자치구에 거주한다. 남부 방언과 동부 방언 사이에 큰 차이가 있기 때문에 야쿠티야에서는 동부 방언을 말하는 어윙키인을 위한 제2의 표준어를 만들기로 결정했다.

* 문자의 역사 개요

어윙키 문자 언어는 1920~1930년대에 만들어졌다. 1920~1930년대에 러시아 학자 바실레비치(G. M. Vasilevich)와 친치우스(V. I. Cincius)가 초등학교용 교재를 처음으로 편찬했다. 바실레비치는 또한 어윙키어 철자를 고안했고, 최초의 방언 사전을 편찬했으며, 모어 교사를 위한 어윙키어 문법을 써서 표준어의 기초를 만들었다.

어윙키어 문법을 최초로 기술한 사람은 핀란드 민속언어학자 카스트렌 (M. A. Kastren)이다[그의 저작은 1840년에 상트페테르부르크에서 셰프너 (A. Shefner)의 노력으로 출판되었다].

문자의 토대는 라틴 문자이다. 어윙키어로 최초의 초등학교 교재(국어와 수학)가 출판되었다. 일부 러시아 고전 문학과 아동 문학이 어윙키어로 번역 되었다. 1936~1937년에 어윙키어는 키릴 문자로 전환되었다. 초등학교용 새 교재와 독본용 책이 키릴 문자로 나오고 있다. 어윙키어 원어로 된 최초 의 문학 작품들은 1930년대 말에 나왔고, 작은 규모의 서정적 작품과 자전 적 단편 소설이 주류를 이뤘다.

1940년대 말 무렵 유목민을 정착민으로 전환시키려는 소련의 정책으로 인해 네파 방언을 말하는 어윙키 화자가 현격히 줄어들고 분산되었다. 1952 년에는 표준어의 토대를 네파 지역어에서 폴리구스 지역어로 교체하는 것 에 대한 결정이 내려졌다. 두 지역어 사이에 큰 차이는 없었다. 왜냐하면 둘 다 어윙키어 남부 방언군에 속하기 때문이다. 그럼에도 불구하고 1950년대 에는 새로운 언어 규정에 따른 새로운 교재가 출판되기 시작했다.

1960년대 초부터 어윙키어 교재 개발 작업에 어윙키인들이 참여하기 시 작했다.

5. 지위

5.1. 해당 언어 화자가 자신의 언어를 충분히 발달된 언어이자 다른 언어들에 대응 하는 언어라고 생각하는가?

    5.1.1. 해당 언어가 내적 구조 면에서 다른 언어들과 크게 구별되기 때문에? – 그렇다

    5.1.2. 해당 언어가 발달된 문명의 도구로서 높은 발달 수준을 지니고 있기 때문에? – 아니다

5.2. 언어의 표준화가 이루어졌는가? – 그렇다

    5.2.A. 문자 규범이 있는가? – 있다

    5.2.B. 구어 규범이 있는가? – 없다

    5.2.1. 표준화된 언어가 여러 개(pluricentric language)인가? – 그렇다

    5.2.2. 2개의 표준이 혼합되어 있는가? – 아니다

    5.2.3. 특정 지역적 이형으로 된 문헌이 있는가? – 없다

        주해 남부 지역어와 동부 지역어 사이에 방언 차이가 상당히 크기 때문에, 현재 야쿠티야와 아무르 주에서는 어윙키어 교육이 현지(동부) 지역

어로 진행되고 있다. 따라서 교재와 교육용 서적도 이 지역어로 만들어지고 있다.

5.3. 언어의 법적 지위 (국가별·지역별)

국가 – 러시아

해당 언어의 지위 – 러시아 연방 토착 소수민족 언어

◇ 지역 – 사하(야쿠티야) 공화국

해당 언어의 지위 – 공식어

출처 – 사하(야쿠티야) 공화국 법 중 "사하(야쿠티야) 공화국 언어에 관한 법"

주해 제6조. "어웡키어, 어원어, 유카기르어, 돌간어, 축치어는 해당 민족의 거주지에서 지역 공식 언어로 인정되며, 국가 언어와 동등하게 사용된다."

사하(야쿠티야) 공화국 헌법(기본법)

주해 제3장, 제46조. "사하(야쿠티야) 공화국의 국가 언어는 사하어와 러시아어이다. 공화국 내 북방 민족의 언어는 집중 거주지에서 공식 언어이다."

◇ 지역 – 부랴트공화국, 어웡키 자치구

해당 언어의 지위 – 러시아 연방 토착 소수민족 언어

주해 실제 어웡키어의 지위는 지역에 따라 다르다. 어웡키어가 권장 언어의 지위를 갖는 곳은 어웡키 자치구, 사하(야쿠티야) 공화국, 부랴티야 공화국이다. 상기 지역에서 어웡키어는 교육, 대중 매체와 문화 분야에서 사용된다. 사하(야쿠티야) 공화국과 부랴트 공화국에서 어웡키인의 언어적 권리는 각 공화국의 언어에 관한 법으로 규정된다. 다른 지역에서 어웡키어는 용인 언어의 지위를 가지며 일상생활 이외에는 교육에서만 쓰인다.

5.4. 해당 언어 화자의 언어적·문화적 권리를 인정하는 텍스트 (헌법, 법, 조항, 명령 등)

6. 문헌의 발달 역사

6.0. 문헌이 있는가? – 있다

6.1. 문헌이 만들어진 경우

6.1.1. 해당 언어가 모어인 화자가 주로 만든 것인가? – 아니다

6.1.2. 해당 언어가 모어가 아닌 사람들이 주로 만든 것인가? – 아니다

6.1.3. 위 두 범주의 사람들이 같은 정도로 만든 것인가? – 그렇다

주해 애초부터 어웡키 서적은 어웡키인뿐 아니라 러시아인 퉁구스 학자들

에 의해서도 편찬되었다. 바실레비치(G. M. Vasilevich), 고르쳅스카야(V. A. Gorchevskaja), 고르쳅스키(A. A. Gorchevskij), 보이초바(A. F. Bojcova)와 같은 러시아 학자들이 어윙키어 교육 자료 발간의 출발점을 이루었고, 바로 이들이 문자가 생긴 지 얼마 안 되는 이 언어의 규범를 만들었다.

어윙키어 서적의 발간에 특히 주목할 만한 기여를 한 사람은 바실레비치이다. 최초의 어윙키어 철자본, 최초의 어윙키어 교재들도 그녀가 쓴 것이다.

제2차 세계대전 이전 시기에 초등학교용 교재 출판 이외에도 러시아 고전 문학과 아동 문학, 이데올로기적 성격을 띤 작품이 어윙키어로 번역되었다.

1930년대부터 북방 민족 연구소에서 수학한 어윙키인들이, 1940~1950년대에는 게르첸 레닌그라드 국립사범대학교(LGPI)와 레닌그라드 국립대학교(LGU) 학생들이 어윙키어 연구에 활발하게 참여하기 시작했다. 그들의 도움으로 언어학자들이 사전을 편찬했고, 어원어 방언과 지역어들의 특징을 밝힐 수 있었다. 많은 어윙키인이 번역 작업을 했고, 모어로 된 교재와 기타 서적을 감수했다. 어윙키어 표준어의 정립 과정에 눈에 띄는 영향을 미친 사람은 우바찬(V. N. Uvachan), 콤바기르(S. N. Kombagir), 모나호바 자매(Z. V. Monakhova, I. V. Monakhova), 작가이자 번역가인 살랏킨 형제(A. Salatkin, N. Salatkin), 시인 친코프(G. Chinkov), 페트로프(N. Petrov), 플라토노프(A. Platonov), 사하로프(N. Sakharov)이고, 그 외에도 많은 사람이 있다.

1930년대 말 어윙키어 원어로 된 문학 작품이 등장한다. 현재 어윙키 문학의 주류를 이루는 것은 서정적인 작품과 단편 소설이다.

1960년대부터는 어윙키 인텔리겐차인 피쿠노바(Z. N. Pikunova), 불라토바(N. Ja. Bulatova), 쿠드랴(A. A. Kudrja)가 어윙키 학교에서 교육용 서적 개발 과정에 참여하였다.

6.2. 문헌의 구성은

6.2.1. 주로 원어로 되어 있는가? – 아니다

6.2.2. 주로 번역문으로 되어 있는가? – 아니다

6.2.3. 원어와 번역문이 같은 정도인가? – 그렇다

6.2.4. 번역은 어느 언어에서 이루어졌는가? – 주로 러시아어

6.3. 출판물에 대한 통계 자료

6.3.1. 출판물

◇ 연도/기간 – 1929~1997

총 편수 – 약 200편

출처 – 러시아 국립도서관

6.3.2. 해당 언어로 된 번역문

◇ 연도/기간 – 1930~1997

총 편수 – 160~170편

출처 – 러시아 국립도서관

주해 번역서에 해당하는 것은 우선 교육용 서적으로, 러시아 학자들이 편찬하고 이어서 해당 민족 언어로 번역한 것이다.

1930~1960년대에는 어윙키어로 매우 다양한 성격의 서적이 번역, 출판되었다. 먼저, 러시아 고전 문학과 아동 문학 작품이 번역되어 독본 교재로 활용되었다. 이데올로기적·반종교적 성향의 텍스트(소련 지도자의 자서전과 연설문, 공산당과 정부 문서)도 어윙키어로 출판되었다. 또한 가축 사육, 동물 사육, 의학 관련 소책자도 출판되었다.

그 이후 시기에는 러시아어 읽고 쓰기 보급으로 인해서 번역 서적의 수가 급감했다(교재는 예외였다).

1930~1960년대에 40~50권의 번역서가 출판되었다면, 1960~1990년대에는 15권을 넘지 못했다.

1990년대에는 일부 종교 텍스트가 어윙키어로 발간되었다.

6.3.3. 해당 언어에서 다른 언어로 된 번역문

◇ 연도/기간 – 1936~1997

총 편수 – 약 25편

출처 – 러시아 국립도서관

주해 어윙키어에서 번역된 것은 구전 민속 작품과 알림테트 넴투시킨의 작품(5~6권)이다. 러시아어에서 체코어와 폴란드어로 몇몇 구비문학 작품이 번역되었다.

7. 종교 관습과 이데올로기 작품에서 해당 언어의 사용

주해 17세기 말부터 어윙키인들은 정교를 믿기 시작했다. 하지만 기독교를 받아들인 것은 형식적인 성격을 띠었고, 전통 신앙(정령 숭배, 샤머니즘)이 계속 유지되었다.

7.1. 종교적 예배, 의식, 의례에서 해당 언어의 사용 – 사용되지 않는다

◇ 종교 – 기독교(정교)

A. 설교 – 사용되지 않는다

B. 예배/의식 – 사용되지 않는다

C. 교육 – 사용되지 않는다

주해 과거에 정교도 어윙키인들이 어윙키어를 사용한 것에 대한 자료는 없다. 현재 모든 정교도 어윙키인들은 러시아어를 쓴다.

◇ 종교 – 샤머니즘

의식 – 사용되지 않는다

주해 어윙키어는 샤먼 의식에 사용되었다. 민족지학자들의 자료에 따르면 현재 샤머니즘 종교 의식은 완전히 사라졌다.

7.2. 종교 텍스트의 번역 – 있다

◇ 종교 – 기독교

텍스트 – 신약(복음서 발췌)

총 텍스트 편수 – 자료 없음

주해 19세기에 러시아 성서 협회의 활동의 일환으로 『신약성서』의 일부가 어윙키어로 번역되었다는 정보가 있다.

정교 텍스트의 어윙키어 번역은 오늘날에도 이루어지고 있다. 스웨덴 스톡홀름의 성서 번역 연구소가 성서를 어윙키어로 번역했다. 야쿠티야에서는 1995~1996년에 「누가복음」의 일부를 어윙키어 동부 방언으로 출판했다. 1999년에는 『예수님은 아이들의 친구(*Iisus - Drug detej*)』라는 책이 출간되었다(러시아어-어윙키어 대역).

출처 – www.ibtnet.org/moscow/index.htm

연도/기간 – 2002년

7.3. 이데올로기 작품 – 있다

◇ 이데올로기 명칭 – 공산주의

총 텍스트 편수 – 20~30편

연도/기간 – 1940년 이전

주해 어윙키어로 된 이데올로기 서적은 1930~1960년대에 출판되었다. 레닌(V. I. Lenin), 스탈린(I. V. Stalin), 칼리닌(M. V. Kalinin) 같은 소련 지도자들의 연설문 번역본이었다. 1930년대에는 공산당과 콤소몰(레닌주의 청년 동맹)의 활동, 인민재판, 샤머니즘의 해악, 남녀평등에 대한 선동성 소책자들이 출간되었다.

8. 문학 범주

연도/기간 – 1930~1997

출처 – 러시아 국립도서관 소장 도서

8.1. 서술적 장르

총 텍스트 편수 – 약 40편

8.1.1. 서정시, 희곡, 노래

8.1.1.A. 서정시

총 텍스트 편수 – 전집 약 20종

주해 어윙키어로 된 최초의 원어 서정시 작품은 1930년대 말에
나왔으며, 작가로는 플라토노프(A. Platonov), 살랏킨(A.
Salatkin), 그리고 친코프(G. Chinkov)가 있다. 신세대 어윙
키 시인으로는 라무츠키(P. Lamuckij), 오요기르(A. Ojogiir),
그리고 넴투시킨(A. Nemtushkin)이 있다. 플라토노프는 어
윙키 민요를 수집하여 발표했다. 살랏킨과 넴투시킨은 여러
편의 서사시를 썼다. 친코프는 어윙키 구비문학을 소재로 민
담(설화)을 썼다.

8.1.1.B. 희곡 – 없다

8.1.1.C. 찬송가-성가곡집 – 없다

8.1.2. 소설류

8.1.2.A. 단편 소설

총 텍스트 편수 – 약 15편

주해 어윙키어로 짧은 단편 소설을 쓴 작가로는 카이메티노프(A.
Kajmetinov), 사하로프(N. Sakharov), 사빈(P. Savin), 그리
고 알림테트 넴투시킨(Alimtet Nemtushkin)과 니콜라이 타
라부킨(Nikolaj Tarabukin)이 있다. 최초의 어윙키 작가인
니콜라이 타라부킨은 1950년대에 그의 첫 자전적 단편 소설
을 출간했다. 가장 유명한 어윙키 작가는 알림테트 넴투시킨
이다. 출판된 그의 작품은 대부분 저자가 직접 러시아어로
번역하면서 썼다.

8.1.2.B. 중편 소설

총 텍스트 편수 – 1편

주해 넴투시킨이 중편 소설 몇 편을 썼다. 그러나 어윙키어로 출간
된 것은 1편뿐이다.

8.1.2.C. 장편 소설 – 없다

8.2. 비서술적 장르 (정보, 학술, 교육, 방법론)

총 텍스트 편수 – 약 150편

8.2.1. 대중 대상 비서술적 산문 (초등학교 수준)

총 텍스트 편수 – 60편 이상

8.2.1.1. 취학 전 어린이 보육 기관 및 초등학교용 교재와 연습 문제집

총 텍스트 편수 – 60편 이상

주해 1930~1950년대에 어윙키어는 교육매개어였다. 초등학교에서
모어 수업은 물론, 산수 수업도 어윙키어로 진행되었다.

8.2.1.2. 기타 대중 대상 비서술 산문 – 없다

8.2.2. 고급 수준 비서술적 산문 (중등학교 수준)

총 텍스트 편수 – 5편

8.2.2.1. 중등학교용 교재와 연습 문제집

총 텍스트 편수 – 4편

8.2.2.2. 기타 고급 수준 비서술적 산문 – 없다

8.2.3. 학술 비서술적 산문 (대학 수준)

총 텍스트 편수 – 2편

8.2.3.1. 대학 교재

총 텍스트 편수 – 2편

8.2.3.2. 기타 학술 비서술적 산문 – 없다

8.2.4. 기타 비서술적 산문 (미분류)

총 텍스트 편수 – 약 60편

8.2.4.1. 방법론 서적 – 없다

8.2.4.2. 사전

총 텍스트 편수 – 6편

8.2.4.3. 문법서 – 17편

8.2.4.4. 언어학 서적 – 없다

주해 어윙키어로 된 언어학 서적은 없다.

8.2.4.5. 문헌 정보

총 텍스트 편수 – 1편

주해 위에 열거된 서적 이외에 1930~1960년대에 어윙키어로 출판된 것으로는 가장 흔한 질병과 그 치료 방법에 관한 소책자, 동물 사육과 가축 사육에 관한 책자들이 있다(총 17편).

8.3. 구비문학 출판

총 텍스트 편수 – 11편

장르 – 민담(설화), 동요 등

주해 어윙키어로 구비문학 텍스트는 11편이 발표되었고, 그중 8편은 어린이를 대상으로 한 것이다. 일부 어윙키 민담은 러시아어에서 폴란드어와 체코어로 번역되었고, 폴란드와 옛 체코슬로바키아에서 출판되었다.

9. 정기 간행물

사용 정도 – 제한적으로 사용된다

9.1. 신문

총 종류 수 – 1개

9.2. 별지와 정보지

총 종류 수 – 자료 없음

주해 어윙키 자치구와 이르쿠츠크 주, 아무르 주에서 자치구 신문 및 주 신문에
들어가는 별지 형식으로 어윙키어로 된 정보지가 나온다. 1930~1940년대에는
지역 신문에 공산당과 정부의 중요 문서가 어윙키어로 게재되었다.

9.3. 잡지

총 종류 수 – 자료 없음

주해 1995~1996년에 잡지 『분홍 갈매기(Rozovaja chajka)』에 들어가는 별지 형식으
로 어윙키어로 된 소책자가 2권 나왔다. 하나는 민담과 전설이고, 다른 하나는
산문 작품이다.

9.A. 정기 간행물 (명칭별)

9.A.1. 신문

◇ 지역 – 부랴트 공화국, 바운트 구

간행물 종류 – 지역 신문

발행 연도/기간 – 2001년

정기 간행물 제목 – 『비팀의 노을(Vitimskije zori)』

발행 장소 – 보그다린 촌

발행 주기 – 자료 없음

발행 부수 – 자료 없음

제1 언어 – 러시아어

다른 언어 – 어윙키어

분야 – 지역 뉴스, 어원인의 문화와 예술

10. 교육 기관

지역 – 부랴트 공화국, 하바롭스크 크라이, 크라스노야르스크 크라이, 아무르
주, 치타 주

A. 해당 언어가 교육매개어이거나 해당 언어를 교과목으로 가르치는가?
– 그렇다

B. 해당 언어가 교육매개어인가? – 아니다

C. 해당 언어를 교과목으로 가르치는가? – 그렇다

D. 교재는 있는가? – 있다

E. 교사에 대한 특혜는 있는가? – 자료 없음

연도/기간 – 1999년

출처 – 러시아 연방 교육부

10.A-B. 교육매개어로 해당 언어의 사용

사용 정도 – 사용되지 않는다

10.C. 교과목으로 해당 언어 교육 – 있다

지역 – 부랴트 공화국, 하바롭스크 크라이, 크라스노야르스크 크라이, 아무르 주, 치타 주

주해 어윙키어는 초등학교에서 필수 과목으로 가르치고, 중등학교에서 필수 또는 선택 과목으로 가르친다.

10.C.0.1. 교재 – 있다

주해 어윙키어 표준어(남부 방언)로 쓰인 1~9학년용 교재가 있다. 현재 야쿠티야에서는 동부 방언 화자를 위한 어윙키어 교재 편찬 작업이 진행 중이다.

10.C.1. 취학 전 보육 – 있다

지역 – 어윙키 자치구

교육 기관의 유형 – 취학 전 교육 기관/국립

연도/기간 – 1980년대

교육 기관 수 – 자료 없음

학생 수 – 자료 없음

주당 시수 – 자료 없음

주해 1980년대 말 자치구 교육부의 방법론 연구자들이 취학 전 기관용 어윙키어 교과 과정을 편성했다. 폴리구스 촌락에서 유치원 교육 과정에 어윙키어를 최초로 포함시켰다는 정보가 있다.

10.C.2. 초등 교육 – 있다

◇ 지역 – 어윙키 자치구

교육 기관의 유형 – 초등학교/국립

연도/기간 – 1997/1998학년도

교육 기관 수 – 17개

학생 수 – 539명

주당 시수 – 2~4시간

출처 – 러시아 연방 교육부

◇ 지역 – 크라스노야르스크 크라이, 투루한스키 구

교육 기관의 유형 – 초등학교/국립

연도/기간 – 1997/1998학년도

교육 기관 수 – 1개

학생 수 – 29명

주당 시수 – 2~6시간

출처 – 소베츠카야 레치카 촌락 초등학교

◇ 지역 – 사하(야쿠티야) 공화국

교육 기관의 유형 – 초등학교/국립

연도/기간 – 1997/1998학년도

교육 기관 수 – 8개

학생 수 – 409명

주당 시수 – 2~4시간

출처 – 러시아 연방 교육부

주해 2001년에 어웡키어는 쿠룸칸 촌에서 교과목으로 가르쳤다(시험도 봤다). 울륜한, 보그다린, 우오얀, 홀로드니 촌에서는 선택 과목으로 가르쳤다.

◇ 지역 – 하바롭스크 크라이

교육 기관의 유형 – 초등학교/국립

연도/기간 – 1997/1998학년도

교육 기관 수 – 1개

학생 수 – 53명

주당 시수 – 2~4시간

출처 – 러시아 연방 교육부

◇ 지역 – 치타 주

교육 기관의 유형 – 초등학교/국립

연도/기간 – 1997/1998학년도

교육 기관 수 – 3개

학생 수 – 16명

주당 시수 – 2~4시간

출처 – 러시아 연방 교육부

◇ 지역 – 아무르 주

교육 기관의 유형 – 초등학교/국립

연도/기간 – 1997/1998학년도

교육 기관 수 – 5개

학생 수 – 198명

주당 시수 – 2~4시간

출처 – 러시아 연방 교육부

10.C.2.1. 교재 – 있다

10.C.3. 중등 일반 교육 – 있다

출처 – 러시아 연방 교육부

◇ 지역 – 어윙키 자치구

교육 기관의 유형 – 중등학교/국립

연도/기간 – 1997/1998학년도

교육 기관 수 – 17개

학생 수 – 466명

주당 시수 – 2~4시간

◇ 지역 – 사하(야쿠티야) 공화국

교육 기관의 유형 – 중등학교/국립

연도/기간 – 1997/1998학년도

교육 기관 수 – 8개

학생 수 – 509명

주당 시수 – 2~4시간

◇ 지역 – 부랴트 공화국

교육 기관의 유형 – 중등학교/국립

연도/기간 – 1997/1998학년도

교육 기관 수 – 5개

학생 수 – 89명

주당 시수 – 2~4시간

◇ 지역 – 하바롭스크 크라이

교육 기관의 유형 – 중등학교/국립

연도/기간 – 1997/1998학년도

교육 기관 수 – 1개

학생 수 – 22명

주당 시수 – 2~4시간

◇ 지역 – 치타 주

교육 기관의 유형 – 중등학교/국립

연도/기간 – 1997/1998학년도

교육 기관 수 – 3개

학생 수 – 32명

주당 시수 – 2~4시간

◇ 지역 – 아무르 주

교육 기관의 유형 – 중등학교/국립

연도/기간 – 1997/1998학년도

교육 기관 수 – 5개

학생 수 – 124명

주당 시수 – 2~4시간

10.C.3.1. 교재 – 있다

10.C.4. 중등 전문 교육 – 있다

◇ 지역 – 러시아

교육 기관의 유형 – 중등 전문 교육 기관/국립

연도/기간 – 1997/1998학년도

교육 기관 수 – 4개

학생 수 – 자료 없음

주당 시수 – 자료 없음

출처 – 러시아 연방 교육부

주해 어윙키어를 가르치는 곳은 야쿠티야와 니콜라옙스크–나–아무
레에 있는 사범전문학교 등 두 곳이다.

10.C.4.1. 교재 – 없다

10.C.5. 고등 교육 – 있다

◇ 지역 – 상트페테르부르크 시

교육 기관의 유형 – 고등 교육 기관/국립

연도/기간 – 2002/2003학년도

교육 기관 수 – 1개

교육 기관명 – 게르첸 러시아 국립사범대학교, 북방 민족 연구소

학생 수 – 54명

주당 시수 – 자료 없음

출처 – 게르첸 국립사범대학교, 북방 민족 연구소 행정실

주해 현재 게르첸 러시아 국립사범대학교의 북방 민족 연구소(전 극
북 민족 학부)에서 어윙키어를 공부하는 사람은 54명이다. '모
어와 모국 문학' 전공의 주당 시수는 학년별로 다르다. 1, 2학년
은 4시간, 3학년은 3시간, 4학년은 4시간, 5학년은 8시간이다.

◇ 국가 – 러시아

교육 기관의 유형 – 고등 교육 기관/국립

연도/기간 – 1997/1998학년도

교육 기관 수 – 4개

학생 수 – 자료 없음

주당 시수 – 자료 없음

출처 – 러시아 연방 교육부

주해 어윙키어를 가르치는 대학은 네 곳이다. 상트페테르부르크에 있는 게르첸 러시아 국립사범대학교에서는 1953년부터, 아모소프 야쿠츠크 국립대학교에서는 1989년부터 가르쳐왔고, 부랴트 국립대학교와 하바롭스크 국립사범대학교에서는 1986년부터 가르치고 있다(이 두 곳에서는 잠시 중단되기도 했다). 부랴트 국립대학교에서는 어윙키어과가 있어서 학년당 평균 6~7명이 재학 중이다. 어윙키어가 최초로 연구 대상이 된 것은 1926년, 북방 민족 구성원으로서 동양학대학 학생들이 모어의 문법을 연구하기 시작하면서부터이다. 이 작업의 출발선에 있던 사람들은 유명한 러시아 동양학자 슈테른베르크(L. Ja. Shternberg), 보고라스–탄(V. G. Bogoraz-Tan)이다. 어윙키어는 또한 레닌그라드 국립대학교에서도 가르쳤고(1926~1930, 1944~1953), 북방 민족 연구소에서도 가르쳤다(1931~1941).

11. 대중 언론 매체에서 해당 언어의 사용

11.1. 라디오 방송

사용 정도 – 제한적으로 사용된다

◇ 지역 – 사하(야쿠티야) 공화국

연도/기간 – 1995년

방송국 – 공화국 라디오 방송국

방송 시간(어윙키어) – 1주일에 2시간 이하(어윙키어)

프로그램 유형(어윙키어) – 뉴스, 시사성 내용, 구비문학

주해 다른 방송 언어는 러시아어와 부랴트어이다.

◇ 지역 – 부랴트 공화국

연도/기간 – 2001년

방송국 – 공화국 라디오 방송국

방송 시간(어윙키어) – 매일 25분(어윙키어)

프로그램 유형(어웡키어) – 뉴스, 시사성 내용, 구비문학

주해 방송 제목은 '전설(Ulgur)'이다.

◇ 지역 – 어웡키 자치구

연도/기간 – 1995년

방송국 – 투라 시에 소재한 자치구 라디오 방송국 '투라가 말한다(Typy гунджерэн, Govorit Tura)'

방송 시간(어웡키어) – 자료 없음

프로그램 유형(어웡키어) – 뉴스, 시사성 내용, 구비문학

11.2. 텔레비전 방송 – 자료 없음

11.3. 영화

사용 정도 – 사용되지 않는다

11.4. 레코드판 – 있다

◇ 연도/기간 – 2001년

개수 – 2개

▶ 공연 – 없다

▶ 구비문학 – 있다

▶ 음악 – 없다

기록 보유자 – 레코드사 '멜로디야(Melodija)'

주해 레코드판인 「북방 민족의 아마추어 예술(*Samodejatel'noje iskusstvo narodnostej Severa*)」(M., Melodija, 1983)과 「북방 오로라의 음악 (*Muzyka Severnogo sijanija*)」(M., Melodija, 1990)에 노래 세 곡이 수록되어 있다.

11.5. 음성 녹음 자료(필름과 카세트) – 있다

◇ 연도/기간 – 1999년

수량 – 자료 없음

▶ 공연 – 없다

▶ 구비문학 – 있다

▶ 음악 – 없다

기록 보유자

▶ 러시아 문학 연구소 푸시킨 하우스(상트페테르부르크)

▶ 야쿠트 역사·언어·문학 연구소(SO RAN)

▶ 언어학 연구소(RAN)(M)

▶ 모스크바 국립음악원 민속음악실

주해 어웡키어 발화가 녹음된 자료는 야쿠티야, 부랴티야, 어웡키 자치구와 그 외 어웡키인 거주 지역의 라디오 방송국들에 있을 가능성이 있다. 모스크바에 있는 언어학 연구소(RAN)에는 크라스노야르스크 크라이의 투루한스키 구에 있는 소베츠카야 레치카 촌락에서 조사하는 과정에서 녹음한 구비문학과 일반 발화 녹음 자료가 있다. 모스크바 국립음악원에는 1938년 부랴티야에서 어웡키인 남자가 녹음한 8곡의 노래가 보관되어 있다.

11.6. 극장

사용 정도 – 자료 없음

주해 어웡키 구비문학은 다수의 어웡키족 가무단의 공연에서 사용되고 있다.

12. 중앙 정부에서 해당 언어의 사용

◇ 국가 – 러시아

▶ 정부 기관 – 러시아 연방 정부

▶ 사용 정도 – 사용되지 않는다

▶ 연도/기간 – 1991~2002

13. 지역 정부에서 해당 언어의 사용

◇ 지역 – 어웡키 자치구

▶ 정부 기관 – 지역 정부

▶ 사용 정도 – 사용되지 않는다

▶ 연도/기간 – 2002년

14. 지방 관청에서 해당 언어의 사용

◇ 지역 – 어웡키 자치구, 사하(야쿠티야) 공화국, 부랴트 공화국, 치타 주, 아무르 주, 사할린 주, 크라스노야르스크 크라이

▶ 정부 기관 – 지방(촌락) 행정부

▶ 사용 정도 – 제한적으로 사용된다

주해 어웡키어는 매우 드물게, 그것도 어웡키인들 사이에서만 사용된다.

▶ 연도/기간 – 2002년

15. 법원에서 해당 언어의 사용

◇ 국가 – 러시아

▶ 사용 정도 – 사용되지 않는다

▶ 연도/기간 – 2002년

주해 언어적 권리는 러시아 연방의 모든 국민에게 보장되나, 실제로는 모어 사용 권리
가 실현되지 않는다. 왜냐하면 모든 어웡키인이 러시아어를 구사하기 때문이다.

16. 입법 기관에서 해당 언어의 사용

16.1. 중앙 입법 기관 또는 의회

◇ 국가 – 러시아

▶ 입법 기관 – 러시아 연방 의회

▶ 사용 정도 – 사용되지 않는다

16.2. 공화국 수도 · 지역 중심지의 입법 기관, 공화국 대표 기관

◇ 지역 – 사하(야쿠티야) 공화국

▶ 입법 기관 – 사하(야쿠티야) 공화국 국가 의회

▶ 사용 정도 – 사용되지 않는다

◇ 지역 – 부랴트 공화국

▶ 입법 기관 – 부랴트공화국 국민회의(Narodnyj Khural)

▶ 사용 정도 – 사용되지 않는다

◇ 지역 – 크라스노야르스크 크라이

▶ 입법 기관 – 크라스노야르스크 의회

▶ 사용 정도 – 사용되지 않는다

◇ 지역 – 어웡키 자치구

▶ 입법 기관 – 어웡키 자치구 의회(Suglan)

▶ 사용 정도 – 사용되지 않는다

◇ 지역 – 타이미르(돌간-네네츠) 자치구

▶ 입법 기관 – 타이미르(돌간-네네츠) 자치구 두마

▶ 사용 정도 – 사용되지 않는다

◇ 지역 – 하바롭스크 크라이

▶ 입법 기관 – 하바롭스크 크라이 두마

▶ 사용 정도 – 사용되지 않는다

◇ 지역 – 아무르 주

- ▶ 입법 기관 – 아무르 주 인민대표회의
  - ▶ 사용 정도 – 사용되지 않는다
  - ◇ 지역 – 이르쿠츠크 주
    - ▶ 입법 기관 – 이르쿠츠크 주 의회
    - ▶ 사용 정도 – 사용되지 않는다
  - ◇ 지역 – 치타 주
    - ▶ 입법 기관 – 치타 주 두마
    - ▶ 사용 정도 – 사용되지 않는다

17. 생산 분야에서 해당 언어의 사용

지역 – 어윙키 자치구
  - ◇ 사용 분야 – 공업
    사용 정도 – 사용되지 않는다
  - ◇ 사용 분야 – 농업
    사용 정도 – 사용되지 않는다
  - ◇ 사용 분야 – 전통적 경제 활동
    사용 정도 – 제한적으로 사용된다

연도/기간 – 2002년

주해 어윙키어는 사슴 목축, 수렵, 어로를 주요 생업으로 하고 전통적인 생활 양식을 지키고 있는 어윙키인들만 사용한다. 러시아의 다양한 지역에 사는 어윙키인들 사이에 전통적인 생활 양식이 어느 정도 보존되어 있는가에 대한 정보는 없다.

18. 서비스 및 유통 분야에서 해당 언어의 사용

지역 – 어윙키 자치구

사용 정도 – 사용되지 않는다

연도/기간 – 2002년

주해 어윙키어는 교역 분야에서 단일 민족으로 구성된 마을에서만 쓰인다.

19. 정보의 출처

19.1. 문헌

19.1.1. 일반

19.1.1.1. 문헌 정보

Горелова, Л. М. (1997). *Библиография работ по советскому тунгусо-маньчжуроведению.* М.

Горцевская, В. А. (1959). *Очерк истории изучения тунгусо-маньчжурских языков (с подробной библиографией).* Л.

19.1.1.2. 언어 기술

Бойцова, А. Ф. (1940). *Категория лица в эвенкийском языке.* Л.

Бродская, Л. М. (1988). *Сложноподчиненное предложение в эвенкийском языке.* Новосибирск.

Варламова, Г. И. (1986). *Фразеологизмы в эвенкийском языке.* Новосибирск.

Василевич, Г. М. (1948). *Очерки грамматики эвенкийского (тунгусского) языка.* М.

Горелова, Л. М. (1979). *Категория вида в эвенкийском языке.* Новосибирск.

Колесникова, В. Д. (1966). *Синтаксис эвенкийского языка.* М.-Л.

Константинова, О. А. (1964). *Эвенкийский язык. Фонетика и морфология.* М.-Л.

Константинова, О. А. (1968). Эвенкийский язык. *Языки народов СССР. Т. 5 Монгольские, тунгусо-маньжурские и палеоазиатские языки.* Л.

Поппе, Н. Н. (1927). *Материалы для исследования тунгусского языка.* Л.

Хасанова, М. М., & Щербак, А. М. (1986). *Повелительное наклонение в эвенкийском языке.* Л.

Хелимский, Е. А. (1990). Эвенкийский язык. *Лингвистический энциклопедический словарь.* М.

Цинциус, В. И. (1997). Эвенкийский язык. *Языки мира. Монгольские языки. Тунгусо-маньжурские языки. Японский язык. Корейский язык.* М.

Bulatova, N., & Grenoble, L. (1998). *Evenki.* Munich: Lincom Europa.

Castrén, M. A. (1856). *Grundzüge einer tungusischen Sprachlehre nebst kurzem Wörterverzeichniss.* SPb.

Ikegami, J. (1955). The Tungus language. *An introduction to the languages of the world. Vol. 2 / S. Ichikawa and S. Hatori (eds.)*. Tokyo.

Menges, K. H. (1968). Das Ewenki. *Handbuch der Orientalistik. Altaistik. Dritter Abschnitt. Tungusologie.* Leiden-Köln.

Nedjalkov, I. (1996). *Evenki.* London.

■ 방언

Андреева, Т. Е. (1988). *Звуковой строй томмотского говора Эвенкийского языка. Экспериментальное фонетическое исследование.* М.

Булатова, Н. Я. (1984). Классификация говоров эвенкийского языка. *Просвещение на Крайнем Севере. № 21.* Л.

Булатова, Н. Я., & Суник, О. П. (1987). *Говоры эвенков Амурской области.* Л.

Василевич, Г. М. (1948). *Очерк диалектов эвенкийского (тунгусского) языка.* Л.: Учпедгиз.

Janhunen, J. (1991). *Material on Manchurian Khamnigan Evenki. Castrenianumin toimitteita 40.* Helsinki.

19.1.1.3. 사전

Болдырев, Б. В. (2000). *Эвенкийско-русский словарь. Ок. 21 тыс. слов. Ч. 1, 2.* Новосибирск.

Болдырев, Б. В., & Симонов, М. Д. (1994). *Русско-эвенкийский словарь. Ок. 20 тыс. слов.* Новосибирск.

Василевич, Г. М. (1950). *Русско-эвенкийский словарь. Для эвенкийской (тунгусской) начальной школы.* Л.-М.

Василевич, Г. М. (1958). *Эвенкийско-русский словарь. С приложением и грамматическим очерком эвенкийского языка.* М.

Горцевская, В. А., Колесникова, В. Д., & Константинова, О. А. (1958). *Эвенкийско-русский словарь (с кратким грамматическим очерком).* Л.

Колесникова, В. Д. (1989). *Словарь эвенкийско-русский и русско-эвенкийский. Пособие для учащихся начальной школы.* Л.

Колесникова, В. Д., & Константинова, О. А. (1960). *Русско-эвенкийский словарь.* Л.

Кочнева, З. И. (1990). *Эвенкийско-русский тематический словарь.*

Красноярск.

Лазуко, С. М., & Басиня, М. Я. (1949). *Русско-эвенкийский словарь. К книгам для чтения в 3 и 4 классах школ народов Крайнего Севера / Пер. В.Д. Сталь.* Л.

Романова, А. В., & Мыреева, А. Н. (1968). *Диалектологический слова рь эвенкийского языка. Материалы говоров эвенков Якутии.* Л.

Shirokogoroff, S. M. (1944). *A Tungus dictionary.* Tokyo.

19.1.1.4. 텍스트

Анисимов, А. Ф. (1936). *Приложение к диссертации "Родовое общество эвенков".* Институт народов Севера, Л.

Василевич, Г. М. (1936). Сборник материалов по эвенкийскому (тунгусскому) фольклору. *Труды по фольклору. Т. 1.* Л.

Василевич, Г. М. (1939). *Торганой. Эвенкийские сказки.* Л.

Василевич, Г. М. (1966). *Исторический фольклор эвенков. Сказания и предания.* М.-Л.

Мыреева, А. Н. (1990). *Эвенкийские героические сказания. Памятники фольклора Сибири и Дальнего Востока.* Новосибирск.

Поппе, Н. Н. (1927). *Материалы для исследования тунгусского языка. Наречие баргузинских эвенков.* Л.

Романова, А. В., & Мыреева, А. Н. (1971). *Фольклор эвенков Якутии.* Л.

Цинциус, В. И. (1930). *50 эвенкийских текстов. Стеклографическое издание на правах рукописи. Ленинградский педагогический институт им. А.И. Герцена.* Л.

Эпос охотских эвенков в записях Н.Т. Ткачика. (1986). Якутск.

Ikegami, J. (1977). Siberian Tungus texts. 2 Evenki folktales. *Hoppo-bunka-kenkyu (Бюллетень Института по изучению Северно-Евразийских культур).* Университет Хоккайдо. 11.

19.1.2. 사회언어학

Булатова, Н. Я. (1994). Эвенкийский язык. *Красная книга языков народов России. Энциклопедический словарь-справочник.* М.

Булатова, Н. Я. (1997). Эвенкийский язык и его региональные варианты в социолингвистическом аспекте. *Малочисленные народы Крайнего*

Севера, Сибири и Дальнего Востока. СПб.

Булатова, Н. Я. (2002). Эвенкийский язык. *Языки народов России. Красная книга. Энциклопедический словарь-справочник.* М.

Булатова, Н. Я., & Сверчкова, Ю. Д. (1994). Эвенкийско-русские языковые связи. *Контактологический энциклопедический словарь-справочник. Вып. 1. Северный регион. Языки народов Севера, Сибири и Дальнего Востока в контактах с русским языком.* М.

Василевич, Г. М. (1969). Эвенки. *Историко-этнографические очерки (XVIII - начало XX века).* Л.

Казакевич, О. А., & Парфенова, О. С. (2000). Этнические и языковые общности поселка Советская речка Туруханского р-на. *Языки Российской Федерации и нового зарубежья. Статус и функции.* М.

Кривоногов, В. П. (2001). *Западные эвенки на рубеже тысячелетий.* Красноярск.

Кудря, А. А. (1980). Роль эвенкийской школы в развитии национально-русского двуязычия. *Просвещение на Крайнем Севере. № 19.* Л.

Мангатаева, Д. Д. (1997). *Коренные народы севера Бурятии (пути возрождения).* Улан-Удэ.

Мыреева, А. Н. (1972). Влияние русского языка на говоры эвенков Якутии. *Вопросы языка и фольклора народностей Севера.* Якутск.

Мыреева, А. Н. (1993). Языковая ситуация и перспективы развития языка эвенков Якутии. *Малочисленные народы севера Якутии. Состояние, пробремы.* Якутск.

Парфенова, О. С. (2000). Социолингвистическое исследование развития билингвизма среди эвенков пос. Советская речка Туруханского р-на. *Вопросы филологии. № 1.*

Парфенова, О. С. (2001). Межпоколенные различия в оценке социальной значимости языков (на материале малочисленных народов Туруханского р-на Красноярского края). *Язык и общество на пороге нового тысячелетия. Итоги и перспективы. Тезисы докладов международной конференции (Москва, 23-25 октября, 2001 г.).* М.

Парфенова, О. С. (2002а). Русско-эвенкийские языковые контакты в циркумбайкальском ареале в начале XX века. *XXIII Дульзоновские чтения. Сравнительно-историческое и типологическое изучение языков и культур. Материалы международной конференции 25-27 июня 2002 года.* Часть 1. Томск.

Парфенова, О. С. (2002b). *Функции и статус русизмов в эвенкийской речи билингвов.*

Романова, А. В. (1972). Русские слова со стечением согласных в произношении эвенков. *Вопросы языка и фольклора народностей Севера.* Якутск.

Романова, А. В. и др. (1975). *Взаимовлияние эвенкийского и якутского языков.* Л.

Широкогоров, С. М. (1995). Тунгусский литературный язык. *Краеведческий бюллтень. № 1.* Южно-Сахалинск.

Шубин, А. С. (1962). Лексические заимствования из бурятского языка в говорах баргузинских эвенков. *В помощь учителю школ Севера, Вып. 10.*

Atkin, V. (1997). The Evenki Language from the Yenissei to the Sakhalin. *Northern minority languages. Problems of survival / Ed. by H. Shoji.* Osaka.

Ewenki. (1995). *The written languages of the world. A survey of the degree and modes of use. Vol. 4. China. Book 2. Unwritten languages.* Québec.

Janhunen, J. (1997). The languages of Manchuria in today's China. *Northern minority languages. Problems of survival / Ed. by H. Shoji.* Osaka..

Kazakevitch, O. A. (1998). Minor aboriginal peoples of Russia: Language and ethnic self-identification. *Proceedings of the international congress "Ethnicity and language community: an interdisciplinary and methodological comparison".* Udine.

Tsumagari, T. (1997). Linguistic Diversity and National Borders of Tungusic. *Northern minority languages. Problems of survival / Ed. by H. Shoji.* Osaka.

19.1.3. 교재

Бойцова, А. Ф., & Лебедева, Е. П. (1933). *Lenin hoktolin (По ленинском у пути. Эвенкийский букварь для взрослых.).* Л.-М.

Бойцова, А. Ф., & Романова, А. В. (1953). *Эвенкийский язык. Учебник для подготовительного класса начальной школы.* М.-Л.

Бойцова, А. Ф., Крутихина, М. В., & Романова, А. В. (1954). *Букварь. Для подготовительного класса эвенкийской начальной школы.* Л.

Бойцова, А. Ф., Кудря, А. А., & Романова, А. В. (1976). *Эвенкийский букварь. Для подготовительного класса эвенкийской школы.* Л.

Большакова, Л. Е. (1986). *Русско-эвенкийский разговорник.* Магадан.

Булатова, Н. Я. (1992). *Эвенкийский язык. Учебник для 2 класса.* СПб.

Булатова, Н. Я., Лапуко, А. Т., & Осипова, Л. Г. (1980). *Эвенкийский язык. Учебник грамматики и книга для чтения в 4 классе.* Л.

Булатова, Н. Я. и др. (1996a). *Эвэды турэн. Эвенкийский язык. Учебник для 5 класса.* СПб.

Булатова, Н. Я. и др. (1996b). *Эвенкийский язык. Учебник для 5 класса.* СПб.

Василевич, Г. М. (1932). *Научимся считать. Учебник математики для 1-го и первой половины 2-го года на тунгусском языке.* М.

Василевич, Г. М. (1934). *Книга для чтения. Учебник для начальной школы. Ч. 2. Второй год обучения.* М.-Л.

Василевич, Г. М. (1935). *Учебник эвенкийского (тунгусского) языка. Грамматика и правописание. Ч. 2. Для 3-го и 4-го классов.* М.-Л.

Василевич, Г. М. (1936). *Эвенкийский (тунгусский) букварь.* М.-Л.

Василевич, Г. М. (1937a). *Букварь.* Л.-М.

Василевич, Г. М. (1937b). *Учебник родного языка. Грамматика и правописание. Ч. 1. Для 1-го и 2-го классов.* Л.-М.

Василевич, Г. М. (1938). *Книга для чтения. Ч. 1- 2. Для 1-2 классов.* Л.

Василевич, Г. М. (1940a). *Учебник эвенкийского (тунгусского) языка. Грамматика и правописание.* (Vol. Ч. 2. Для 3-го и класса). М.-Л.

Василевич, Г. М. (1940b). *Книга для чтения. Ч. 3. Для 3-го класса.* Л.

Василевич, Г. М. (1941). *Учебник эвенкийского (тунгусского) языка. Грамматика и правописание. Ч. 3. Для 4-го класса.* М.-Л.

Василевич, Г. М. (1950a). *Букварь. На эвенкийском (тунгусском) язык е для подготовительного класса начальной школы.* Л.-М.

Василевич, Г. М. (1950b). *Эвенкийский (тунгусский) язык. Учебник для 1 класса эвенкийской начальной школы. Грамматика и правописание.* Л.-М.

Василевич, Г. М. (1950c). *Учебник эвенкийского (тунгусского) языка. Для подготовительного класса эвенкийской начальной школы.* Л.

Василевич, Г. М. (1951). *Учебник для 2-го класса.* Л.-М.

Василевич, Г. М., & Подгорская, А. К. (1963). *Книга для чтения. Для 3-го класса эвенкийской начальой школы.* М.-Л.

Воскобойников, М. Г. (1960). *Эвенкийский фольлор. Учебное пособие.* Л.

Воскобойников, М. П. (1948). *Книга для чтения. Для 4-го класса эвенкийской (тунгусской) начальной школы.* Л.

Гладкова, Н. И. (1994). *Эвенкийский язык. Учебник для 4-го класса.* СПб.

Гладкова, Н. И., & Пикунова, З. Н. (1974). *Эвенкийский язык. Учебник для 3-го класса.* Л.

Гладкова, Н. И., & Пикунова, З. Н. (1989). *Эвэды турэн. Эвенкийский язык. Учебник и книга для чтения для 4-го класса.* Л.

Горцевская, В. А. (1952). *Эвенкийский язык. Учебник для 4-го класса эвенкийской начальной школы.* Л.-М.

Горцевская, В. А., & Монахова, И. В. (1954). *Эвенкийский язык. Учебник для 3-го класса нач. школы.* Л.

Жулев, П. Н. (1933). *Tanin ŋarin dukuwun. Книга для чтения на эвенкийском (тунгуссом) языке / Пер. Г.М. Василевич, В.И. Цинциус. Ч. 1. Первый год обучения.* М.-Л.

Ковалева, З. И. (1973). *Эвенкийский язык. Учебник для 2-го класса.* Л.

Ковалева, З. И. (1993). *Учебник для 3-го класса.* СПб.

Ковалева, З. И., & Кудря, А. А. (1988). *Эвэды турэн. Эвенкийский язык. Учебник и книга для чтения для 3-го класса.* Л.

Ковалева, З. И., & Кудря, А. А. (1993). *Книга для чтения в 3-ем классе эвенкийских школ.* СПб.

Ковалева, З. И., & Ялогир, Е. М. (1956). *Книга для чтения. Для 2-го класса эвенкийской начальной школы.* Л.

Ковалева, З. И., & Ялогир, Е. М. (1961). *Книга для чтения. Для 2-го класса эвенкийской начальой школы.* Л.

Колесникова, В. Д., Пикунова, З. Н., & Сверчкова, Ю. Д. (1997). *Эвэды турэн. Эвенкийский язык. Учебник для 6-7 класса.* Л.

Колесникова, В. Д. и др. (1986). *Эвенкийский язык. Учебник для 5-6 класса.* Л.

Константинова, О. А. (1977). *Эвенкийский язык. Учебник для 1-го класса начальной школы.* Л.

Константинова, О. А., & Лебедева, Е. П. (1972). *Эвенкийский язык. Учебник для 1-го класса начальной школы.* Л.

Константинова, О. А., & Монахова, З. В. (1953). *Эвенкийский язык. Учебник для 1-го класса начальной школы.* М.-Л.

Кронгауз, Б. Л., & Монахова, И. В. (1955). *Эвенкийский язык. Учебник для 2-го класса начальной школы.* Л.

Кудря, А. А. (1978). *Книга для дополнительного чтения в подготовительном-первом классах эвенкийской школы.* Л.

Кудря, А. А. (1979). *Звездочка. Книга для дополнительного чтения в подготовительном-первом классах эвенкийской школы.* Л.

Кудря, А. А., & Осипова, Л. Г. (1980). *Искорка. Книга для дополнительного чтения во 2-3 классах эвенкийской школы.* Л.

Лазуко, С. М. (1954). *Книга для чтения во 2-ом классе начальной школы народов Севера. С русско-эвенкийским постатейным словарем.* Л.

Лазуко, С. М. (1955). *Книга для чтения в 3-м классе начальной школы народов Севера. Для эвенкийской школы.* Л.

Лебедева, Е. П. и др. (1979). *Эвэды турэн. Эвенкийский язык. Учебное пособие для педучилищ.* Л.

Лебедева, Е. П. (1982). *Эвэды турэн. Эвенкийский язык. Учебник для 1-го класса.* Л.

Лебедева, Е. П. (1992). *Книга для чтения во 2-м классе эвенкийской школы.* СПб.

Лебедева, Е. П., & Булатова, Н. Я. (1988). *Эвэды турэн. Эвенкийский* язык. Учебник и книга для чтения во 2-м классе. Л.

Лебедева, Е. П., & Монахова, И. В. (1954). *Книга для чтения в 1-м классе эвенкийской нач. школы.* Л.

Недялков, И. В. (1990). *Глагольные категории в эвенкийском языке (залог и вид). Учебное пособие для педвузов.* Л.

Никитин, Н. Н., Поляк, Г. Б., & Володина, Л. Н. (1948a). *Сборник арифметических задач и упражнений для 1-го класса начальной школы / Пер. А.В. Романова (на эвенк. яз.).* Л.

Никитин, Н. Н., Поляк, Г. Б., & Володина, Л. Н. (1948b). *Сборник арифметических задач и упражнений для 1-го класса начальной школы / Пер. И. В. Монахова (на эвенк. яз.).* Л.

Никитин, Н. Н., Поляк, Г. Б., & Володина, Л. Н. (1949). *Сборник арифметических задач и упражнений. Для 2-го класса начальной школы. / Пер. И.В. Монахова, Х. И. Салаткина. (на эвенк. яз.).* Л.

Никитин, Н. Н., Поляк, Г. Б., & Володина, Л. Н. (1953). *Сборник арифметических задач и упражнений. Для 2-го класса начальной школы / Пер. И.В. Монахова.* Л.

Осипова, Л. Г. и др. (1992). *Книга для чтения (6-7 класс).* СПб.

Пикунова, З. Н. (1994). *Эвенкийский язык. Учебник для 4-го класса. Ч. 2.* СПб.

Пикунова, З. Н. (2000). *Таӈин дярин книга. Книга для чтения для 8-9 классов.* СПб.

Попова, Н. С. (1934). *Arifmetika. Tatigawun əkəkəsipti tatkit ŋarin (Учебник арифметики. Для начальной школы) / Пер. Г. М. Василевич.* М.-Л.

Попова, Н. С. (1937). *Арифметика. Татыгавун нонопты таткит дярин. Учебник арифметики. Для начальной школы.* Л.-М.

Попова, Н. С. (1938). *Сборник арифметических задач и упражнений. Для начальной школы.* Л.

Пчелко, А. С., & Поляк, Г. Б. (1955). *Арифметика. Учебник для 2 класса начальной школы.* Л.

Пчелко, А. С., & Поляк, Г. Б. (1957). *Арифметика. Учебник для 1 класса эвенкийской начальной школы / Пер. Е. М. Ялогир.* Л.

Vasilevich, G. M. (1929). *Evenkil dukuvuntyn (Первая книга для чтения на тунгусском языке.).* Л.

Vasilevich, G. M. (1931). *Начальная тунгусская книга.* М.

Vasilevich, G. M. (1933). *Omakta hokto. Əwədiwa turəntə tatcaki ələkəsipti dukuwun (Новый путь. Эвенкийский язык. Обучающая первая книг а.).* Л.

Vasilevich, G. M. (1934). *Əwədi turən titigawun. Grammatika təŋət dukuwka.* Ч. 1. Для первого и второго классов. (Учебник эвенкий- ского (тунгусского) языка. Грамматика и правописание.). М.-Л.

19.2. 전문가, 자문

◇ 안드레예바 타마라 예고르브나(Андреева Тамара Егоровна)

Ph.D.

북방 소수민족 문제 연구소(SO RAN)

직장 주소 Россия, 677008, Респ. Саха (Якутия), г. Якутск 8, ул. Сосновая, 4

TEL/FAX 7-4112-260197

◇ 볼디레프 보리스 바실리예비치(Болдырев Борис Васильевич)

Ph.D., 분과장

어문학 연구소[역사학 · 어문학 · 철학 통합 연구소(SO RAN)(노보시 비르스크 소재) 내], 만주퉁구스학 분과

직장 주소 Россия, 630090, г. Новосибирск 90, просп. акад. Ла- врентьева, 17

TEL 7-3832-301518

E-mail boris@philology.nsc.ru

◇ 불라토바 나데즈다 야코블레브나(Булатова Надежда Яковлевна)

Ph.D., 선임 연구원

언어학 연구소(RAN)(SPb), 알타이 언어 분과

직장 주소 Россия, 199053, г. Санкт-Петербург, Тучков пер., 9

◇ 부리킨 알렉세이 알렉세예비치(Бурыкин Алексей Алексеевич)

국가박사(Doktor nauk), 책임연구원

언어학 연구소(RAN)(SPb), 알타이 언어 분과

직장 주소 Россия, 199053, г. Санкт-Петербург, Тучков пер., 9

TEL 7-812-3284211

FAX　7-812-3284611

E-mail　albury@ling.ras.spb.ru / albury@rambler.ru

◇ 미레예바 안나 니콜라예브나(Мыреева Анна Николаевна)[73]

국가박사(Doktor nauk), 선임 연구원

북방 소수민족 문제 연구소(SO RAN)

직장 주소　Россия, 677008, Респ. Саха (Якутия), г. Якутск 8, ул. Сосновая, 4

TEL/FAX　7-4112-260197

◇ 네달코프 이고리 블라디미로비치(Недялков Игорь Владимирович)

국가박사(Doktor nauk)

언어학 연구소(RAN)(SPb), 이론문법 분과

직장 주소　Россия, 199053, г. Санкт-Петербург, Тучков пер., 9

◇ 로베크 바실리 아파나시예비치(Роббек Василий Афанасьевич)[74]

국가박사(Doktor nauk), 북방 소수민족 문제 연구소 소장

북방 소수민족 문제 연구소(SO RAN)

직장 주소　Россия, 677008, Респ. Саха (Якутия), г. Якутск 8, ул. Сосновая, 4

TEL/FAX　7-4112-260197

19.3. 기관, 연구소, 기구

19.3.1. 해당 언어의 발전을 돕는 기관, 연구소, 기구

◇ 북방 소수민족 문제 연구소(SO RAN)

주소　Россия, 677008, Респ. Саха (Якутия), г. Якутск 8, ул. Сосновая, 4

TEL/FAX 7-4112-260197

◇ 게르첸 러시아 국립사범대학교, 북방 민족 연구소, 고아시아 민족 학과

주소　Россия, 198097, г. Санкт-Петербург, просп. Стачек 30

FAX　7-812-3121195

E-mail　nich@herzen.spb.ru, rector@herzen.spb.ru

---

73 미레예바 선생은 2012년 9월에 고인이 되었다. _옮긴이

74 로베크 선생은 2010년 7월에 고인이 되었다. _옮긴이

웹사이트 www.herzen.spb.ru

◇ 아모소프 야쿠트 국립대학교

주소 Россия, 677013, Респ. Саха (Якутия), г. Якутск, ул.
Белинского 58

FAX 7-4112-260934

E-mail sekretar@ysu.ru

19.3.2. 해당 언어를 연구하는 기관, 연구소, 기구

◇ 언어학 연구소(RAN)(SPb)

주소 Россия, 199053, г. Санкт-Петербург, Тучков пер., 9

TEL 7-812-3281611

◇ 북방 소수민족 문제 연구소(SO RAN)

주소 Россия, 677008, Респ. Саха (Якутия), г. Якутск 8, ул.
Сосновая, 4

TEL/FAX 7-4112-260197

◇ 부랴트 학술 센터 산하 몽골학 · 불교학 · 티베트학 연구소(SO RAN)

주소 Россия, 670047, г. Улан-Удэ, ул. Сахьяновой,6

TEL 7-3012-333042

◇ 역사학 · 어문학 · 철학 통합 연구소(SO RAN)

주소 Россия, 630090, г. Новосибирск 90, просп. акад.
Лаврентьева, 17

TEL 7-3832-350567

FAX 7-3832-301518

◇ 게르첸 러시아 국립사범대학교

주소 Россия, 198097, г. Санкт-Петербург, просп. Стачек 30

FAX 7-812-3121195

E-mail nich@herzen.spb.ru, rector@herzen.spb.ru

웹사이트 www.herzen.spb.ru

◇ 아모소프 야쿠트 국립대학교

주소 Россия, 677013, Респ. Саха (Якутия), г. Якутск, ул.
Белинского 58

FAX 7-4112-260934

E-mail sekretar@ysu.ru

19.4. 전자 매체에 담긴 정보(CD, 인터넷) – 없다

20. 전반적 정보 (언어의 기능과 문자 발달의 역사 개요)

계통 분류

어윙키어는 만주퉁구스 어파 북부(퉁구스) 분파의 시베리아(또는 에본키) 어군에 속한다.

자칭

▶ 언어 자칭 – 어워디 투런(эвэды турэн)
▶ 민족 자칭 – 어윙키(эвенки)

어윙키어는 어윙키 자치구, 사하(야쿠티야) 공화국, 부랴티야, 하바롭스크 크라이와 아무르 주, 이르쿠츠크 주, 치타 주에 거주하는 어윙키인의 언어이다. 러시아 어윙키인의 대부분은 사하(야쿠티야) 공화국과 크라스노야르스크 크라이의 어윙키 자치구에 거주한다.

민족 인구수

러시아에 총 29,901명[75]이 거주한다(이 내용과 이하 내용은 1989년 인구 조사 자료이다). 그중 야쿠티야에만 14,428명, 어윙키 자치구에는 3,480명, 하바롭스크 크라이에는 3,691명이 산다. 어윙키어를 모어로 인정한 사람은 러시아 어윙키인 중 30%이다. 어윙키어를 모어로 인정한 사람의 수면에서 가장 높은 수치를 보인 곳은 어윙키 자치구(74%), 타이미르 자치구(70%), 아무르 주(73%)이다. 가장 낮은 수치를 보인 곳은 야쿠티야(8%)이다. 어윙키어를 모어로 인정한 어윙키인은 모두 **이중언어 사용자**이며 러시아어를 자유롭게 구사한다. 야쿠티야와 부랴티야의 어윙키인 중에는 **삼중언어 사용자**(어윙키어, 야쿠트어, 러시아어를 동시에 사용하는 사람, 어윙키어, 부랴트어, 러시아어를 동시에 사용하는 사람)도 있다.

종교

혁명 이전 시기에는 어윙키인 사이에 샤머니즘이 폭넓게 확산되어 있었다('샤먼'이라는 단어가 어윙키어에서 온 말이다). 소련 시기에 이러한 기제가 사라졌다. 어윙키인 사이의 기독교 유포에 대해서는 자료가 없다.

---

75 2010년 인구 조사 자료에 따르면 러시아 연방에 거주하는 어윙키족은 총 38,396명이다 (http://www.perepis-2010.ru). _옮긴이

방언 구분

어윙키어에는 3개의 방언군, 즉 **북부, 동부, 남부** 방언군이 있다. 이들은 14개의 방언으로 분류되고, 그 안에는 약 50개의 지역어가 포함된다. 방언 간 차이는 상당히 크다.

표준어

표준어는 남부(폴리구스) 방언을 토대로 형성되었다. 현재 남부 방언들과 동부 방언들 사이의 큰 차이 때문에 야쿠티야에서는 현지, 즉 동부 방언으로 된 교재 편찬 작업이 진행 중이다. 이렇듯 제2의 문자 언어가 등장하고 있다.

문자

어윙키 문자는 1930년대 초에 라틴 문자를 기반으로 생겨났다. 토대가 된 방언으로는 당시 가장 연구가 많이 되었던 남부 방언인 네파 방언이 선택되었다. 1920~1930년대에 문자가 만들어진 다른 모든 언어와 마찬가지로 1936~1937년에 키릴 문자로 전환되었다. 네파 방언 화자가 현격히 축소되고 분산됨에 따라, 표준어의 토대 방언을 네파 방언에서 폴리구스 방언으로 교체하기로 하는 결정이 채택되었다. 두 방언 모두 남부 방언에 속하기 때문에 방언 간 차이는 미미하다.

러시아 연방에서 어윙키어는 **토착 소수민족 언어의 지위**를 가진다. 각 지역에서 어윙키어의 상황이 실제로 어떠한가에 대해서는 연구가 별로 되지 않았다. 어윙키 자치구, 사하(야쿠티야) 공화국, 부랴티야와 같이 어윙키인의 언어적 권리가 현지 법률로 정해져 있고, **교육** 분야와 **대중 매체** 분야, **문화** 분야에서 어윙키어가 **사용되는** 곳에서 어윙키어는 '**권장**' 언어로 인정된다. 다른 집중 거주지에서는 더 낮은 지위를 가진다.

어윙키어 **표준어**는 기능면에서 충분히 발달하지 못했다. 어윙키어는 다음과 같은 **국가가 관리하는** 분야에서 사용된다.

▶ **교육** 분야 – 초등학교와 중등학교에서 교과목으로 교육된다. 중등 전문 학교와 고등 교육 기관(대학)에서는 교사 및 연구자 양성 차원에서 교육된다.

▶ **대중 매체** 분야 – 정기 간행물로는 부랴티야의 지역 신문이 어윙키어

로 나오고, 어웡키 자치구와 아무르 주에서 한 장짜리 신문들이 어웡
키어로 나온다. 야쿠티야, 부랴티야, 어웡키 자치구에서 라디오 방송
이 진행되고 있다.
- ▶ **문학, 구비문학** 분야 – 많지는 않지만 어웡키어로 시가 출판되고, 산
  문 작품, 어린이 문학, 구비문학 작품도 드물게 출판된다. 주로 원어
  작품이다.
- ▶ **교과서와 교재** 분야 – 초등학교 및 중등학교(1~7학년)용 교과서와 교
  재가 출판된다.

어웡키어의 사용이 제한적이고, 어웡키인들이 광대한 지역에 분산되어
있기 때문에, 그리고 언어 구사 수준이 높지 않기 때문에, 어웡키어는 **절
멸 위기**에 처한 언어로 인정할 수밖에 없다.

어웡키어가 일상적인 의상소통 언어로 아직 살아 있는 곳은 경제 문화
중심지에서 멀리 떨어진 소규모 주거지뿐이다. 가정 내의 자연스러운 언
어 전승이 아직 이루어지는 곳은, 크라스노야르스크 크라이의 투르한스
키 구의 소베츠카야 레치카 촌락, 아무르 주 틴다 구의 우스티 뉴그자 촌
락과 페르보마이스코예 촌, 제야 구의 봄나크 촌락, 사하(야쿠티야) 공화
국 네륜그리 구의 이옌그라 촌락 등 일부 거주지뿐이다. 현재 가장 중요
한 것은 이러한 소수언어 사용지를 보호하는 것인데, 이는 더욱 적극적인
교육 정책을 펴고, 전통 생활 양식의 보존을 지원함으로써 가능하다.

주요 연구 기관

어웡키어의 주요 연구 기관은 야쿠츠크 시와 상트페테르부르크 시에
있다.

† **집필자**

알렉세이 알렉세예비치 부리킨
(Aleksej Aleksejevich Burykin, Алексей Алексеевич Бурыкин)
국가박사(Doktor nauk), 책임연구원
언어학 연구소(RAN)(SPb) 알타이 언어 분과
직장 주소 Россия, 199053, г. Санкт-Петербург, Тучков пер., 9
TEL 7-812-3284211

FAX 7-812-3284611
E-mail albury@ling.ras.spb.ru / albury@rambler.ru

올가 세르게예브나 파르페노바
(Ol'ga Sergejevna Parfenova, Ольга Сергеевна Парфенова)
Ph.D., 연구원
언어학 연구소(RAN)(M) 민족 언어 관계 연구 센터(NICNJaO)
직장 주소 Россия, 125009, г. Москва, Б. Кисловский пер., 1/12
TEL 7-095-2905268
FAX 7-095-2905228
E-mail parfe@rambler.ru

연도/기간 1999~2002년

8
오로치어 O. 파르페노바

0. 언어 정의

0.1. 기본 명칭 – 오로치어

1. 언어 명칭

1.1. 언어 화자가 사용하는 명칭 – 오로치어[76]
1.2. 정부 문서 또는 헌법에서 사용하는 명칭 – 오로치어
1.3. 이전에 사용했던 명칭 – 오로촌어, 오로챈어
1.4. 외국어 명칭 – 영어 Oroch / 독일어 Orotschisch / 프랑스어 orotch

* 민족 명칭

기본 명칭 – 오로치인

민족 자칭 – 오로치(орочи)(단수), 오로치사(орочиса)(복수)

> **주해** 일부 학자들의 견해에 따르면, 나나이인, 울치인과 마찬가지로 오로치인들도 전에는 스스로를 '이곳 사람들'이라고 불렀다. 그러나 오로치인들 자신은 이 명칭을 모르며, 자칭으로 '오로치(oroch'i, 단수)' – '오로치사(orochis'a, 복수)'를 사용한다. 이는 '사슴의'라는 뜻이다. 엄격하게 말해서 이것은 자칭이 아니다. 사슴 목축을 하는 어윙키인들이 스스로를 '오로촌(orochony, 사슴의)'이라고 불렀고, 이 명칭이 사슴을 기르던 다른 모든 퉁구스 소수민족에게 이전된 것이다.
>
> 오로치인에 대해 최초로 언급한 사람은 프랑스 항해사인 라페루즈(Zh. Laperuz)이며, 그는 1787년 타타르 해협에 와서 스스로를 '오로차(orocha)'라고 불렀던 현지 주민을 만났다.

정부 문서 또는 헌법에서 사용하는 명칭 – 오로치인

---

[76] 원문에 'орочский язык'이라는 러시아어 명칭이 적혀 있다. 오류로 보이나, 실제 오로치인들이 자신의 언어를 부르는 명칭을 확인할 수 없었다. _옮긴이

이전에 사용했던 명칭 – 나니, 오로챈인

외국어 명칭 – 영어 Orochs / 독일어 Orotschen / 프랑스어 Orotchs

2. 통계 자료와 지리 자료 (1989년 인구 조사 자료)

주해 1989년 전 러시아 인구 조사 과정에서 사할린 섬에 거주하는 오로크인들이 실수로 오로치인으로 기재되었다. 오로치인들은 이곳에 산 적이 없다. 아래 인용한 수치 자료는 이러한 실수를 고려하여 계산한 것이다.

2.1. 민족 구성원의 총수 (국가별 · 지역별)

- 러시아 – 671 이상[77]

  하바롭스크 크라이 – 499

  주해 1988~1992년에 오로치인들 사이에서 작업했던 민속지학자 베레즈니츠키(S. V. Bereznickij)의 자료에 따르면, 하바롭스크 크라이에 총 467명의 오로치인이 살고 있다[Bereznickij 1999].

  프리모르스키 크라이(연해주) – 자료 없음

  다른 지역 – 172

- 다른 나라 – 32

  CIS(러시아 제외)와 발트 국가 – 32

  - ▶ 우크라이나 – 18
  - ▶ 카자흐스탄 – 8
  - ▶ CIS와 발트의 다른 국가 – 6

  #### 2.1.1. 해당 민족의 언어를 말하지 않는 민족 구성원의 수 (지역별 · 모어별)

  - 러시아 – 556

    러시아어 – 549

    다른 언어 – 9

    - 하바롭스크 크라이 – 441

      러시아어 – 437

      다른 언어 – 4

    - 다른 지역 – 115

      러시아어 – 110

      다른 언어 – 5

---

[77] 2010년 인구 조사 자료에 따르면 러시아 연방에 거주하는 오로치족은 총 596명이다 (http://www.perepis-2010.ru). _옮긴이

2.2. 러시아 내 해당 언어 화자의 총수 (지역별)

- 러시아 – 133

하바롭스크 크라이 – 75

다른 지역 – 58

주해 베레즈니츠키의 자료(Bereznickij 1999)에 따르면, 오로치인들은 사실상 자신의 언어를 잃었다. 그러므로 오로치인 중에 모어인 오로치어를 함께 사용하는 이중언어 사용자가 존재한다는 자료에 대해서는 의구심이 든다.

2.2.1. 해당 언어가 모어인 화자의 총수 (지역별·민족별)

- 러시아 – 113

오로치인 – 113

기타 – 자료 없음

- 하바롭스크 크라이 – 58

오로치인 – 58

기타 – 자료 없음

- 다른 지역 – 55

오로치인 – 55

기타 – 자료 없음

주해 오로치어를 모어로 인정하는 오로치인이 모두 오로치어를 할 줄 알고 알아들을 수 있는 건 결코 아니라는 점을 염두에 두어야 한다. 오로치어를 모어로 인정하는 것은 민족적·문화적 정체성을 의미하는 것이다. 실제로 오로치족은 자신의 언어를 잃어버렸으며, 단지 몇몇 노년층 오로치인들만이 오로치어로 짧은 구절이나 표현, 단어를 기억해낼 수 있을 뿐이다(Bereznickij 1999).

2.2.1.1. 단일언어 사용자의 총수

- 러시아 – 35

오로치인 – 35

- 하바롭스크 크라이 – 9

오로치인 – 9

- 다른 지역 – 26

오로치인 – 26

주해 1950년대 말에 오로치인 거주 마을에서 아브로린(V. A. Avrorin)의 지도하에 퉁구스 학자들이 석 달에 걸쳐 조사를 실시했다. 그들의 자료에 따르면 오로치인들이 모두 러시아어를 자유롭게 구사했다(Avrorin, Lebedeva 1966). 이렇듯 우리는 1980년에 오로치인 가운데 오로치어만을 구사하는 단일언어 사용자는 한 명도 없었다고 자신 있게 말할 수 있다.

2.2.1.2. 이중언어 사용자의 총수

- 러시아 – 78

  오로치인 – 78

2.2.1.3. 남성 이중언어 사용자의 수

- 러시아 – 자료 없음

  오로치인 – 자료 없음

2.2.1.4. 여성 이중언어 사용자의 수

- 러시아 – 자료 없음

  오로치인 – 자료 없음

2.2.1.5. 이중언어 사용자의 제2 언어별 분포 (지역별)

주해 이중언어 사용자를 제2 언어에 따라 분류한 자료는 오로치인에 관한 것뿐이다. 다른 민족에 대한 자료는 없다.[78]

- 러시아 – 78

  러시아어 – 78

  다른 언어 – 자료 없음

  - 하바롭스크 크라이 – 49

    러시아어 – 49

    다른 언어 – 자료 없음

  - 다른 지역 – 29

    러시아어 – 29

    다른 언어 – 자료 없음

주해 실제로는 모어인 오로치어를 할 줄 아는 이중언어 사용자는 한 명도 없다. 왜냐하면 오로치어는 이미 사실상 사용되지 않기 때문이다. 몇몇 오로치인들은 나나이어, 우디허어, 울치어를 할 수도 있다. 다민족 마을에 살기 때문이다.

2.2.1.6. 해당 언어가 모어인 화자 중 도시·촌 주민의 수

- 러시아 – 133

  도시 – 74

  촌 – 59

---

[78] 원문에는 아래에 '러시아', '하바롭스크 크라이', '다른 지역' 행에 적힌 명수와 똑같이 각 행의 바로 아래에 '오로치인'의 명수가 적혀 있으나, 주해에 오로치인에 관한 자료뿐임이 밝혀져 있으므로 생략한다. _옮긴이

- 하바롭스크 크라이 – 58
  - 도시 – 26
  - 촌 – 32
- 다른 지역 – 75
  - 도시 – 48
  - 촌 – 27

2.2.2. 해당 언어가 제2 언어인 화자의 총수 (지역별 · 민족별)

- 러시아 – 20
  - 오로치인 – 20
  - 기타 – 자료 없음
  - 하바롭스크 크라이 – 17
    - 오로치인 – 17
    - 기타 – 자료 없음
  - 다른 지역 – 3
    - 오로치인 – 3
    - 기타 – 자료 없음

주해 베레즈니츠키의 자료(Bereznickij 1999)에 따르면, 오로치인들은 사실상 자신의 언어를 잃었다. 그러므로 오로치인 중에 모어인 오로치어를 함께 사용하는 이중언어 사용자가 존재한다는 자료에 대해서는 의구심이 든다.

2.3. 친족 언어와 친족 언어 화자의 수 (국가별 · 지역별)

주해 오로치어는 만주퉁구스 어파의 퉁구스 분파 중에서 아무르(나니) 어군에 속한다. 서부 어군에는 오로치어, 나나이어, 울치어, 우디허어, 오로크어가 속한다.

- 나나이어 – 5,928
  - 러시아 – 5,864
  - 다른 나라 – 64
    - ▶ CIS(러시아 제외)와 발트 국가 – 64
- 오로크어 – 89
  - 러시아 – 84
  - 다른 나라 – 5
    - ▶ CIS(러시아 제외)와 발트 국가 – 5
- 울치어 – 1,135
  - 러시아 – 1,111
  - 다른 나라 – 24

      ▸ CIS(러시아 제외)와 발트 국가 – 24
- 우디허어 – 665

러시아 – 594

다른 나라 – 71

      ▸ CIS(러시아 제외)와 발트 국가 – 71

2.4. 해당 언어가 모어인 화자의 수 (국가별·지역별)

- 러시아 – 113

하바롭스크 크라이 – 58

다른 지역 – 55

- 다른 나라 – 18

CIS(러시아 제외)와 발트 국가 – 18

주해 베레즈니츠키의 자료(Bereznickij 1999)에 따르면, 오로치인들은 사실상 자신의 언어를 잃었다. 그러므로 오로치인 중에 모어인 오로치어를 함께 사용하는 이중언어 사용자가 존재한다는 자료에 대해서는 의구심이 든다.

2.5. 해당 언어가 제2 언어인 화자의 수 (국가별·지역별)

- 러시아 – 20

하바롭스크 크라이 – 17

다른 지역 – 3

- 다른 나라 – 3

CIS(러시아 제외)와 발트 국가 – 3

주해 베레즈니츠키의 자료(Bereznickij 1999)에 따르면, 오로치인들은 사실상 자신의 언어를 잃었다. 그러므로 오로치인 중에 모어인 오로치어를 함께 사용하는 이중언어 사용자가 존재한다는 자료에 대해서는 의구심이 든다.

3. 언어 개요

3.1. 계통 분류상의 위치

3.1.0. 어족 – 알타이 어족

3.1.1. 어파 – 만주퉁구스 어파

3.1.2. 분파 – 북부(퉁구스) 분파

3.1.3. 어군 – 아무르(나니) 어군

3.1.4. 하위어군 – 없다

* 친족 언어 – 나나이어, 울치어, 오로크어, 우디허어

* 언어 접촉 – 러시아어, 우디허어, 울치어, 나나이어, 어윙키어

주해 예전의 오로치인들은 생업(사슴 목축) 때문에 소그룹을 이루고 흩어져서 살았으며, 여기저기서 유목하는 생활을 했다. 오로치인들은 울치인, 우디허인, 어웡키인, 나나이인들과 직접적으로 접촉했다. 현재 오로치인들은 여러 민족이 한데 사는 거주지에 사는데, 주로 러시아인이 지배적이고 거의 모든 사람이 러시아어로만 말하는 곳이다.

* 추가적 지리 자료 (언어 분포 지역)

- 러시아

  하바롭스크 크라이

    ▶ 소베츠카야 가반 시 – 로소시나, 자베티 일리이차, 마이스키, 인노켄티예프 촌락

    ▶ 바비노 시

    ▶ 바비노 구 – 다타, 우시카 오로치스카야, 아쿠르, 툴루치, 케나다 촌락

    ▶ 아무르스크 시

    ▶ 콤소몰스크-나-아무레 시 – 스네즈니 촌락

    ▶ 아무르 구 – 노보예 옴미 촌락

    ▶ 울치 구 – 두디, 칼리놉카, 솔론치, 침메르마놉카 촌락

  프리모르스키 크라이(연해주) – 크라스니 야르, 아그주 촌락

주해 오로치인들은 하바롭스크 크라이에서 2개의 고립된 그룹을 이루어 산다. 첫 번째 그룹은 가장 수가 많은 그룹으로, 타타르 해협 연안의 소베츠카야 가반 시와 인근 마을, 바니노 시와 바니노 구의 여러 마을에 산다. 두 번째 그룹은 아무르 강과 그 지류의 연안 지역에 위치한 거주지, 즉 주로 아무르스크 시와 콤소몰스크-나-아무레 시, 아무르 구와 울치 구에 산다. 일부 오로치 가정은 프리모르스키 크라이(연해주)에 살기도 한다. 그 어느 곳도 오로치인이 과반수를 이루는 곳은 없다.

　　　1960년대만 해도 오로치어는 살아 있는 언어였다. 즉, 타타르 해협 연안과 아무르 강변의 거주지에 사는 나이 든 오로치인들이 일상 의사소통에 사용하는 언어였다. (그러나) 현재 오로치어는 거의 사용되지 않는다.

3.2. 주요 언어학적 특성 (간략한 기술)

- 음성학

  모음 모음 음소는 29개이며, 그중 16개가 이중모음이다. 모음 음소는 혀의 **전후 위치**와 **높낮이**에 따라 대립하며, 대립은 완전히 대칭적인 성격을 띠지는 않는다.

  자음 자음 음소는 27개이다. 자음 음소는 **조음 위치, 조음 방법, 길이**에 따라 대립한다. 장자음이 많다는 점이 오로치어 음성체계의 특징이다.

음성 법칙 오로치어에는 다른 만주퉁구스 언어와 마찬가지로 **모음조화**가 있다. 자음 **변이**(accomodation)의 결과로 음소 교체가 일어나지는 않으며, 단지 변이음 교체가 있을 뿐이다. 동화는 역행동화뿐이다.

강세 강세는 **호흡 강세**이며, 항상 마지막 음절에 온다.

- 형태론

형태론적 유형상 오로치어는 **교착어, 접미사 첨가 언어**이다. **명사류와 동사류, 부사어**가 있다. 오로치어의 허사는 후치사, 접속사와 소사가 있다.

명사 명사는 (사람을 가리키는) **사람명사**와 **사물명사**로 나뉜다. 이러한 구분은 수 범주로 표현되며, 수 범주는 사람명사에만 있다. 이는 대명사의 쓰임에 반영된다. 오로치어 명사의 어형 변화 범주는 **수**(유정명사에만), **곡용**(단순 – 9개 격 형태, 소유 – 10개 격 형태)과 **소유** 범주가 있다.

형용사 형용사는 통사적으로 수식어와 서술어(성질형용사만) 기능을 한다. 성질형용사는 보통 피수식어의 앞에 위치하며 형태가 변화하지 않는다.

대명사 대명사는 격에 따라 변화한다. 일부 계열은 단축 변화형을 갖는다.

수사 수사는 문법적 속성상 형용사와 유사하다. 오로치어에서는 **십진법**을 사용한다.

동사 오로치어의 동사는 **선택적** 범주로 **동작류, 상, 태**(피동태, 재귀태, 사동태) 범주가 있으며, **어형 변화** 범주로는 **법**(직설법, 명령법과 접속법), 시제(현재, 과거, 미래1, 미래2), **인칭** 범주가 있다. **형동사**는 가장 많이 사용되는 동사 형태이고, 시제에 따라 변화하고, 명사화되면 **곡용**을 하고 **소유** 형태를 가질 수도 있다. **부동사**는 약 15가지 종류가 있다. 그 의미의 미세한 차이와 통사적 용법의 특징은 거의 연구되지 않았다.

- 조어론

오로치어 조어론은 특별히 연구된 적 없다. 주된 조어법은 **접미사 첨가**일 가능성이 높다.

- 통사론

오로치어의 통사론도 연구되지 않았다. 주로 친족어인 나나이어, 우디허어, 울치어의 통사와 같은 특징을 갖는다. 오로치어는 **주격-대격 구조**의 언어에 속한다. 주어–보어–서술어 순서의 고정 **어순**이 특징이다. 수식어는 피수식어 앞에 온다. 시간상황어는 주로 주어 앞 문장의 맨 처음에 온다.

- 어휘론

  오로치어의 어휘는 특별히 연구된 적이 없다. 어근의 대부분은 다른 만주 퉁구스 언어들의 해당 어근과 관계가 있다. **러시아어 차용어**가 많고, 오래된 차용어뿐 아니라 소련 시대에 들어온 새로운 차용어도 많다.

3.3. 유형론적 특성

- 형태론적 구조 – 교착어
- 주요 형태론적 수단 – 접미사 첨가
- 통사론적 구조 – 주격-대격 언어
- 어순 – SOV

3.4. 방언 구분

툼닌 방언(툼닌강 유역)

하디 방언(하디, 우이, 코피, 사마르가 강 유역)

훈가리 방언(훈가리 강 유역)

> **주해** 하디 방언은 우디허어의 영향을 크게 받았다. 툼닌 방언은 나나이어의 아무르 하류 방언 중 고린 지역어의 영향을 많이 받았다. 독자적으로 발달한 방언은 훈가리 방언뿐이다. 현재 오로치어는 사어(死語)로 간주할 수 있기 때문에 그 방언 분류에 대해 이야기하는 것은 잠정적일 뿐이다. 각기 다른 방언 화자들의 의사소통에 심각한 어려움이 있는지에 대해서는 자료가 없다.

3.5. 명칭이 있는 주요 지역적 이형 – 없다

4. 문자와 정서법

- UWL(Unwritten Language, bespis'mennyj jazyk) 문자 없는 언어

* 표준어 – 없다

> **주해** 이렇다 할 오로치 문헌은 존재하지 않는다. 아브로린(V. A. Avrorin)의 증언에 따르면 20세기 중반까지만 해도 다수의 구전 민속 작품이 세대에 세대를 거쳐 전해져 왔다[Avrorin, Lebedeva 1966]. 현재 오로치 구비문학과 오로치어의 자연스러운 전승은 단절되었다.

* 문자의 역사 개요 – 없다

5. 지위

5.1. 해당 언어 화자가 자신의 언어를 충분히 발달된 언어이자 다른 언어들에 대응

하는 언어라고 생각하는가?

    5.1.1. 해당 언어가 내적 구조 면에서 다른 언어들과 크게 구별되기 때문에?
– 그렇다

    5.1.2. 해당 언어가 발달된 문명의 도구로서 높은 발달 수준을 지니고 있기
때문에? – 아니다

5.2. 언어의 표준화가 이루어졌는가? – 아니다

    5.2.A. 문자 규범이 있는가? – 없다

    5.2.B. 구어 규범이 있는가? – 없다

    5.2.1. 표준화된 언어가 여러 개(pluricentric language)인가? – 아니다

    5.2.2. 2개의 표준이 혼합되어 있는가? – 아니다

    5.2.3. 특정 지역적 이형으로 된 문헌이 있는가? – 없다

    5.2.3.A. 문헌이 있는 지역적 이형 – 없다

5.3. 언어의 법적 지위 (국가별·지역별)

국가 – 러시아

해당 언어의 지위 – 러시아 연방 토착 소수민족 언어

◇ 지역 – 하바롭스크 크라이

해당 언어의 지위 – 러시아 연방 토착 소수민족 언어

5.4. 해당 언어 화자의 언어적·문화적 권리를 인정하는 텍스트 (헌법, 법, 조항, 명령
등)

6. 문헌의 발달 역사

6.0. 문헌이 있는가? – 없다

주해 문자가 없는 언어이다.

7. 종교 관습과 이데올로기 작품에서 해당 언어의 사용

주해 전통 종교는 자연 정령 숭배와 샤머니즘이다. 19세기에 러시아 선교사 알렉산드르
프로토디야코노프가 하바롭스크 크라이 주민들 사이에 정교 신앙을 전파했다. 그
러나 그의 활동이 성공적이었다고 말할 수는 없다. 대부분의 오로치인들이 여전히
이교도로 남았기 때문이다.

7.1. 종교적 예배, 의식, 의례에서 해당 언어의 사용 – 사용되지 않는다

7.2. 종교 텍스트의 번역 – 없다

주해 오로치인들에게 기독교 신앙을 전파하고, 『러시아어-오로치어 소사전(*Kratkij
russko-orochskij slovar'*)』(Kazan', 1888)을 편찬한, 러시아 선교사 알렉산드

르 프로토디야코노프가 기도서 몇 권을 오로치어로 번역했다. 1924년에는 로 파틴(I. A. Lopatin)이 5편의 기독교 기도문을 오로치어로 기록했다.

　　연도/기간 – 2002년

7.3. 이데올로기 작품 – 없다

8. 문학 범주

주해 오로치어로 된 문헌은 없다. 예외로 구비문학 텍스트들과 교재 1권이 있을 뿐이다.
출처 – 러시아 국립도서관 소장 도서

8.1. 서술적 장르 – 없다

8.2. 비서술적 장르 (정보, 학술, 교육, 방법론)

　　총 텍스트 편수 – 1편

　　8.2.1. 대중 대상 비서술적 산문 (초등학교 수준)

　　　　총 텍스트 편수 – 1편

　　　　주해 모스크바에 있는 민족 교육 문제 연구소에서 오로치어로 된 최초의 교재가 나왔다. Abramova G. S. *Kartinnyj slovar' orochskogo jazyka*, Moskva, 2001. [오로치어 그림 사전]

　　8.2.2. 고급 수준 비서술적 산문(중등학교 수준) – 없다

　　8.2.3. 학술 비서술적 산문(대학 수준) – 없다

　　8.2.4. 기타 비서술적 산문(미분류) – 10편 이상

　　　　주해 러시아어로 되어 있다.

　　　　8.2.4.1. 방법론 서적 – 없다

　　　　8.2.4.2. 사전

　　　　　　총 텍스트 편수 – 4편

　　　　8.2.4.3. 문법서

　　　　　　총 텍스트 편수 – 5편

　　　　　　주해 러시아어로 되어 있다.

　　　　8.2.4.4. 언어학 서적

　　　　　　총 텍스트 편수 – 약간

　　　　　　주해 러시아어로 되어 있다.

　　　　8.2.4.5. 문헌 정보 – 없다

8.3. 구비문학 출판

　　총 텍스트 편수 – 4편

　　장르 – 민담(설화), 동요 등

주해 학술적인 오로치 구비문학 서적이 2권 있다. 하나는 아브로린(V. A. Avrorin)이 (1920년대 말에) 수집한 것이고, 다른 하나는 아브로린의 지도하에 소련 학술원 (AN SSSR) 산하 언어학 연구소(Institut jazykoznanija)가 실시한 조사(1959)에서 수집한 것이다. 1920년대 초 러시아 학자 로파틴(I. A. Lopatin)이 오로치어로 된 텍스트를 몇 개 기록했고, 뒤이어(1957) 6편의 민담, 5편의 기도서, 1편의 샤먼 주문을 스위스에서 출간했다(Lopatin 1957). 오로치 구비문학 텍스트 몇 편은 슈테른베르크의 책(Shternberg 1933)에 들어 있다.

9. 정기 간행물

사용 정도 – 사용되지 않는다

10. 교육 기관

지역 – 하바롭스크 크라이, 프리모르스키 크라이(연해주), 상트페테르부르크 시

A. 해당 언어가 교육매개어이거나 해당 언어를 교과목으로 가르치는가? – 아니다

B. 해당 언어가 교육매개어인가? – 아니다

C. 해당 언어를 교과목으로 가르치는가? – 아니다

D. 교재는 있는가? – 있다

E. 교사에 대한 특혜는 있는가? – 자료 없음

연도/기간 – 2003년

출처 – 러시아 연방 교육부

주해 오로치어는 교육매개어인 적도 없고, 교과목이었던 적도 없다. 다수 북방 소수민족 언어를 위한 문자가 만들어졌던 1930년대에 오로치어는 우디허어의 방언으로 잘못 인정되었었다. 1932~1936년 오로치 어린이들이 우디허어 문어의 기준 방언인 호르 방언을 학교에서 공부했다. 오로치인들이 살던 마을에서 우디허어 교육이 중단된 것은, 오로치인들이 사실상 다른 언어를 배우도록 강요된 결과였고, 따라서 오로치족과 우디허족을 위한 하나의 문어를 만들려는 시도가 중단되었기 때문이다.

현재 러시아의 소수민족 언어들 중 다수가 초등학교와 중등학교에서 교육됨에 따라, 민족 교육 문제 연구소(INPO)에서 『오로치어 그림 사전 (*Kartinnyj slovar' orochskogo jazyka*)』[아브라모프(G. S. Abramov) 편, 모스크바, 2001]을 펴냈다. 오로치어 교육은 지역 교육부서의 의지와 오로치인 자신의 의지에 전적으로 달려 있다. 하바롭스크 크라이에서 그 어떤

형태로든 오로치어를 복원하려는 시도가 있었다는 자료는 없다.

10.A-B. 교육매개어로 해당 언어의 사용

　사용 정도 – 사용되지 않는다

10.C. 교과목으로 해당 언어 교육 – 제한적이다

　10.C.0.1. 교재 – 없다

　10.C.1. 취학 전 보육 – 없다

　10.C.2. 초등 교육 – 없다

　10.C.3. 중등 일반 교육 – 없다

　　10.C.3.1. 교재 – 없다

　10.C.4. 중등 전문 교육 – 없다

　10.C.5. 고등 교육 – 있다

　　◇ 지역 – 상트페테르부르크 시

　　교육 기관의 유형 – 고등 교육 기관/국립

　　연도/기간 – 2002/2003학년도

　　교육 기관 수 – 1개

　　교육 기관명 – 게르첸 러시아 국립사범대학교, 북방 민족 연
　　　구소

　　학생 수 – 1명

　　주당 시수 – 자료 없음

　　출처 – 게르첸 러시아 국립사범대학교, 북방 민족 연구소 행
　　　정실

　　주해 현재 게르첸 러시아 국립사범대학교의 북방 민족 연구소(전 극
　　북 민족 학부)에서 오로치어를 공부하는 사람은 한 명이다. '모
　　어와 모국 문학' 전공의 주당 시수는 학년별로 다르다. 1, 2학년
　　은 4시간, 3학년은 3시간, 4학년은 4시간, 5학년은 8시간이다.

11. 대중 언론 매체에서 해당 언어의 사용

11.1. 라디오 방송

　사용 정도 – 사용되지 않는다

11.2. 텔레비전 방송

　사용 정도 – 사용되지 않는다

11.3. 영화

　사용 정도 – 사용되지 않는다

11.4. 레코드판 – 있다

개수 – 1개

▶ 공연 – 없다

▶ 구비문학 – 있다

▶ 음악 – 있다

기록 보유자 – 레코드사 '멜로디야(Melodija)'

주해 레코드판 「오로라의 노래(*Muzyka Severnogo sijanija*)」(M., "Melodija", 1990)에 오로치 노래 한 곡이 녹음되어 있다.

11.5. 음성 녹음 자료(필름과 카세트) – 자료 없음

주해 언어학 연구소(RAN)(과거에는 레닌그라드 지부였음)가 1959년 아브로린(V. A. Avrorin)의 지도하에 조사를 진행한 결과, 오로치어 녹음 자료가 만들어졌다. 그 자료의 운명은 알 길이 없다.

11.6. 극장

사용 정도 – 사용되지 않는다

12. 중앙 정부에서 해당 언어의 사용

◇ 국가 – 러시아

▶ 정부 기관 – 러시아 연방 정부

▶ 사용 정도 – 사용되지 않는다

13. 지역 정부에서 해당 언어의 사용

◇ 지역 – 하바롭스크 크라이

▶ 정부 기관 – 지역 정부

▶ 사용 정도 – 사용되지 않는다

14. 지방 관청에서 해당 언어의 사용

◇ 지역 – 하바롭스크 크라이

▶ 정부 기관 – 지방 관청

▶ 사용 정도 – 사용되지 않는다

15. 법원에서 해당 언어의 사용

◇ 국가 – 러시아

▸ 사용 정도 – 사용되지 않는다

주해 실제로는 모어 사용 권리가 실현되지 않는다. 왜냐하면 모든 오로치인이 러시아
어를 구사하기 때문이다.

16. 입법 기관에서 해당 언어의 사용

16.1. 중앙 입법 기관 또는 의회

◇ 국가 – 러시아

▸ 입법 기관 – 러시아 연방 의회

▸ 사용 정도 – 사용되지 않는다

16.2. 공화국 수도, 지역 중심지의 입법 기관, 공화국 대표 기관

◇ 지역 – 하바롭스크 크라이

▸ 입법 기관 – 하바롭스크 크라이 두마

▸ 사용 정도 – 사용되지 않는다

17. 생산 분야에서 해당 언어의 사용

사용 정도 – 사용되지 않는다

주해 오로치족의 전통 생업은 (바다 수렵을 비롯한) 수렵과 어로이다.

18. 서비스 및 유통 분야에서 해당 언어의 사용

사용 정도 – 사용되지 않는다

19. 정보의 출처

19.1. 문헌

19.1.1. 일반

19.1.1.1. 문헌 정보

Горелова, Л. М. (1997). *Библиография работ по советскому тунгусо-
маньчжуроведению.* М.

Горцевская, В. А. (1959). *Очерк истории изучения тунгусо-маньчжур-
ских языков (с подробной библиографией).* Л.

19.1.1.2. 언어 기술

Аврорин, В. А. (1978). Фонетика орочского языка. *Изучение языков Сибири.* Новосибирск.

Аврорин, В. А. (1979). Родственные связи орочского языка с другими тунгусо-маньчжурскими. *История и диалектология языков Сибири.* Новосибирск.

Аврорин, В. А., & Болдырев, Б. В. (2001). *Грамматика орочского языка.* Новосибирск.

Аврорин, В. А., & Лебедева, Е. П. (1968). Орочский язык. *Языки народов СССР. Т. 5. Монгольские, тунгусо-маньчжурские и палеоазиатские языки.* Л.

Гирфанова, А. Х. (2001). Орочский язык. *Языки Российской Федерации и соседних государств. Энциклопедия. Т. 2.* М.

Горцевская, В. А. (1959). *Очерк истории изучения тунгусо-маньчжурских языков.* Л.

Кормушин, И. В. (1990). Орочский язык. *Лингвистический энциклопедический словарь.* М.

Лебедева, Е. П. (1997). Орочский язык. *Языки мира. Монгольские языки. Тунгусо-маньчжурские языки. Японский язык. Корейский язык.* М.

Цинциус, В. И. (1949). Очерк морфологии орочского языка. *Учен. зап. ЛГУ. Сер. востоковедческих наук. Вып. 1. № 98.* Л.

Schmidt, P. (1927). The language of the Orochee. *Acta Uniteritatis Latviensis. Vol. 17.* Riga.

19.1.1.3. 사전

Аврорин, В. А., & Лебедева, Е. П. (Сост.). (1978). *Орочские тексты и словарь.* Л.

Леонтович, С. (1896). *Русско-ороченский словарь с грамматической заметкой.* Владивосток.

Леонтович, С. (1927). Русско-ороченский словарь. *Записки Общества изучения Амурского края. Т. 5. Вып. 2.* Владивосток.

Протодиаконов, А. (1988). *Краткий русско-ороченский словарь.* Казань.

Шмидт, П. (1928). *Русско-орочский словарь.* Рига.

19.1.1.4. 텍스트

Аврорин, В. А., & Лебедева, Е. П. (Сост.). (1966). *Орочские сказки и мифы.* Новосибирск.

Аврорин, В. А., & Лебедева, Е. П. (Сост.). (1978). *Орочские тексты и словарь.* Л.

Штернберг, Л. Я. (1933). *Гиляки, орочи, гольды, негидальцы, айны. Статьи и материалы.* Хабаровск.

Lopatin, I. (1957). *Material on the Orochee language. Micro-biblioteca Anthropos. Volume 26 Posieux (Friborg).*

19.1.2. 사회언어학

Березницкий, С. В. (1999). *Мифология и верования орочей.* СПб.

Гирфанова, А. Х. (1994a). Орочский язык. *Красная книга языков народов России. Энциклопедический словарь-справочник.* М.

Гирфанова, А. Х. (1994b). Орочско-русские языковые связи. *Контактологический энциклопедический словарь-справочник. Вып. 1. Северный регион. Языки народов Севера, Сибири и Дальнего Востока в контактах с русским языком.* М.

Гирфанова, А. Х. (2002). Орочский язык. *Языки народов России. Красная книга. Энциклопедический словарь-справочник.* М.

Штернберг, Л. Я. (1933). *Гиляки, орочи, гольды, негидальцы, айны. Статьи и материалы.* Хабаровск.

19.1.3. 교재

Абрамова, Г. С. (2001). *Картинный словарь орочского языка. Учебное пособие.* Москва.

19.2. 전문가, 자문

◇ 볼디레프 보리스 바실리예비치(Болдырев Борис Васильевич)

Ph.D., 분과장

어문학 연구소[역사학·어문학·철학 통합 연구소(SO RAN)(노보시비르스크 소재) 내], 만주퉁구스학 분과

직장 주소 Россия, 630090, г. Новосибирск 90, просп. акад. Лаврентьева, 17

TEL　7-3832-301518

E-mail　boris@philology.nsc.ru

◇ 부리킨 알렉세이 알렉세예비치(Бурыкин Алексей Алексеевич)

국가박사(Doktor nauk), 책임연구원

언어학 연구소(RAN)(SPb), 알타이 언어 분과

직장 주소 Россия, 199053, г. Санкт-Петербург, Тучков пер., 9

TEL   7-812-3284211

FAX   7-812-3284611

E-mail   albury@ling.ras.spb.ru / albury@rambler.ru

◇ 기르파노바 알비나 하키모브나(Гирфанова Альбина Хакимовна)

Ph.D., 연구원

언어학 연구소(RAN)(SPb), 알타이 언어 분과

직장 주소 Россия, 199053, г. Санкт-Петербург, Тучков пер., 9

TEL   7-812-3284211

19.3. 기관, 연구소, 기구

19.3.1. 해당 언어의 발전을 돕는 기관, 연구소, 기구

◇ 언어학 연구소(RAN)(SPb)

주소 Россия, 199053, г. Санкт-Петербург, Тучков пер., 9

TEL   7-812-3281611

19.3.2. 해당 언어를 연구하는 기관, 연구소, 기구

◇ 언어학 연구소(RAN)(SPb)

주소 Россия, 199053, г. Санкт-Петербург, Тучков пер., 9

TEL   7-812-3281611

19.4. 전자 매체에 담긴 정보(CD, 인터넷) – 없다

20. 전반적 정보 (언어의 기능과 문자 발달의 역사 개요)

계통 분류

오로치어는 알타이 어족 만주퉁구스 어파의 서부 분파에 속한다.

자칭

▶ 언어 자칭 – 오로치(орочский)

▶ 민족 자칭 – 오로치(орочи)

오로치어는 하바롭스크 크라이에 거주하는 오로치족의 민족어이다.

분포

오로치인은 하바롭스크 크라이에 2개의 고립된 그룹을 이루어 살고 있다. 첫째 그룹은 가장 큰 그룹으로 타타르 해협 연안, 즉 소베츠카야 가반 시와 인근 마을, 바니노 시와 바니노 구의 마을에 거주한다.

둘째 그룹은 아무르 강과 그 지류들의 연안에 거주한다.

오로치인이 다수를 차지하는 거주지는 하나도 없다. 절반 이상의 오로치인이 도시에 거주한다.

민족 인구수

오로치인은 총 671명[79]이다(1989년 인구 조사 자료). 1988~1992년에 오로치인들 사이에서 작업했던 민족지학자 베레즈니츠키(S. V. Bereznickij)의 자료에 따르면, 하바롭스크 크라이에 사는 오로치인은 총 467명이다.

1989년 인구 조사 데이터에 따르면, 오로치어를 모어로 인정한 사람은 20%이다. 그러나 그들이 모두 오로치어를 말할 줄 안다거나 알아듣기라도 하는 수준이라는 것을 의미하는 것은 아니다.

베레즈니츠키는 오로치어가 사실상 절멸했음을 확인했다. 오로치어는 나이 든 사람들 사이에서조차도 일상 의사소통에서 전혀 사용되지 않기 때문이다. 그들 중 몇몇만이 짧은 문장 몇 개와 표현 몇 개를 가까스로 기억해 내는 정도이다.

종교

다른 북방 민족과 마찬가지로 오로치인 사이에는 샤머니즘이 상당히 발달해 있다.

19세기 정교 사제들인 프로토디야코노프 형제(A. & P. Protod'jakonov)가 현지 주민들을 정교로 개종시키려고 시도했으나, 성공을 거두지 못했다. 오로치인들은 여전히 이교도이다.

소련 시기에 샤머니즘은 말살되었었다.

방언 구분

오로치어에는 **툼닌** 방언(툼닌 강 유역), **하디** 방언(하디, 우이, 코피, 사마

---

79 2010년 인구 조사 자료에 따르면 러시아 연방에 거주하는 오로치족은 총 596명이다 (http://www.perepis-2010.ru). _옮긴이

르가 강 유역), **훈가리** 방언(훈가리 강 유역) 등 3개의 방언이 구분된다.

하디 방언은 우디허어의 영향을 크게 받았다. 툼닌 방언은 나나이어 중 고린 방언의 영향을 많이 받았다. 훈가리 방언은 독자적인 길을 걸었다.

오로치어로 된 텍스트 기록은 1920년대와 1950년대에 있었다. 러시아뿐 아니라 외국에서도 출판되었다.

문자

오로치어는 문자가 없다. 이는 오로치어를 우디허어의 하나의 방언이라고 잘못 생각했기 때문이다. 혁명 전 하바롭스크 크라이의 언어와 문화를 연구한 슈테른베르크(L. Ja. Sternberg), 슈미트(P. P. Shmidt), 슈렝크(L. Shrenk)는 주로 우디허어를 연구했고, 두 언어의 가까운 친족 관계로 인해 오로치어를 우디허어의 지역적 변이형으로 간주했다.

교육

1932~1936년에 오로치 어린이들은 우디허어 표준어의 토대인 호르 방언을 공부했다. 그러나 모르는 언어를 공부하는 것이 어려웠고, 우디허인과 오로치인 사이에 러시아어가 급속도로 전파되었기 때문에, 오로치인 집중 거주지에서 우디허어를 가르치는 것이 중단되었다.

오로치어의 운명에 부정적인 영향을 미친 것은 유목민의 정착 캠페인과 소규모 거주지의 확대 움직임이었다. 오로치인은 사슴 목축이라는 전통 생업을 상실했다.

오로치인은 시골에 거주하며, 울치인, 우디허인, 나나이인, 그리고 물론 러시아인들과 함께 산다. 이러한 정황은 언어의 보존 정도에 반영되지 않을 수 없었다.

1950년대 말의 학자들은, 나이 든 세대는 모어를 잘 알고 오로치 설화를 기억하고 있지만, 어린이와 젊은 사람들은 모어를 모른다고 이미 언급했었다. 그러나 이미 그 당시에도 노인들은 아이들, 손자들과 러시아어로 이야기하려고 했다.

현재 오로치어는 사실상 **사어**이고, 복원 가능성이 전혀 없다는 점을 인정할 수밖에 없다.

주요 연구 기관

오로치어의 주요 연구 기관은 상트페테르부르크에 있는 언어학 연구소

(RAN)이다.

† 집필자

올가 세르게예브나 파르페노바
(Ol'ga Sergejevna Parfenova, Ольга Сергеевна Парфенова)
Ph.D., 연구원
언어학 연구소(RAN)(M) 민족 언어 관계 연구 센터(NICNJaO)
직장 주소 Россия, 125009, г. Москва, Б. Кисловский пер., 1/12
TEL   7-095-2905268
FAX   7-095-2905228
E-mail   parfe@rambler.ru

연도/기간   1999~2002년

오로크어 Je. 콘드라시키나

0. 언어 정의

0.1. 기본 명칭 – 오로크어

1. 언어 명칭

1.1. 언어 화자가 사용하는 명칭 – 울타(ульта)

1.2. 정부 문서 또는 헌법에서 사용하는 명칭 – 오로크어

1.3. 이전에 사용했던 명칭 – 윌타어

1.4. 외국어 명칭 – 영어 Orok, Ulta / 독일어 Orokko, Orokisch /
프랑스어 orok

* 민족 명칭

  기본 명칭 – 오로크인

  민족 자칭 – 오로코(ороко), 오록(орокко), 오록호(орокхо)

  올차(ольча), 울차(울찬)[ульчан(н)]

  오룬군(орунгун) / 골룬춘(голунчун) / 얼룬춘(элунчун) / 오
  론초(ороньчо) / 오론타(оронта) / 오르니르(орныр) / 타중
  (тазунг)

  정부 문서 또는 헌법에서 사용하는 명칭 – 오로크인

  이전에 사용했던 명칭 – 나니

  외국어 명칭 – 영어 Oroks, Ultas / 독일어 Orokken / 프랑스어 Oroks

2. 통계 자료와 지리 자료 (1989년 인구 조사 자료)

주해 사할린 섬의 오로크인에 관한 자료의 출처는 다음과 같다. 러시아 연방 토착 소수민족
의 법적 지위에 관한 법률의 기초. 법안, 원주민(Aborigen). 1993.6.22. 『연방
(*Federacija*)』지의 별지.

2.1. 민족 구성원의 총수 (국가별·지역별)

- 러시아 – 391[80]

  사할린 주 – 341

  다른 지역 – 50

- 다른 나라

  CIS(러시아 제외) – 11

  - ▶ 몰도바 – 1
  - ▶ 우크라이나 – 2
  - ▶ 조지아 – 1
  - ▶ 카자흐스탄 – 6
  - ▶ 타지키스탄 – 1

  일본 – 자료 없음

  2.1.1. 해당 민족의 언어를 말하지 않는 민족 구성원의 수 (지역별·모어별)

  - 러시아 – 267

    러시아어 – 267

    다른 언어 – 0

  - 사할린 주 – 239

    러시아어 – 239

    다른 언어 – 0

  - 다른 지역 – 28

    러시아어 – 28

    다른 언어 – 0

2.2. 러시아 내 해당 언어 화자의 총수 (지역별)

- 러시아 – 130

  사할린 주 – 106

  다른 지역 – 24

  2.2.1. 해당 언어가 모어인 화자의 총수 (지역별·민족별)

  - 러시아 – 124

    오로크인 – 124

    기타 – 자료 없음

---

80 2010년 인구 조사 자료에 따르면 러시아 연방에 거주하는 오로크족은 총 295명이다 (http://www.perepis-2010.ru). _옮긴이

- 사할린 주 – 102

  오로크인 – 102

  기타 – 자료 없음
- 다른 지역 – 22

  오로크인 – 22

  기타 – 자료 없음

2.2.1.1. 단일언어 사용자의 총수

- 러시아 – 8

  오로크인 – 8

  - 사할린 주 – 6

    오로크인 – 6
  - 다른 지역 – 2

    오로크인 – 2

2.2.1.2. 이중언어 사용자의 총수

- 러시아 – 114

  오로크인 – 114

  - 사할린 주 – 95

    오로크인 – 95
  - 다른 지역 – 19

    오로크인 – 19

2.2.1.3. 남성 이중언어 사용자의 수

- 러시아 – 자료 없음

  오로크인 – 자료 없음

2.2.1.4. 여성 이중언어 사용자의 수

- 러시아 – 자료 없음

  오로크인 – 자료 없음

2.2.1.5. 이중언어 사용자의 제2 언어별 분포 (지역별)

주해 이중언어 사용자를 제2 언어에 따라 분류한 자료는 오로크인에 관한 것뿐이다. 다른 민족에 대한 자료는 없다.[81]

- 러시아 – 118

---

[81] 원문에는 아래에 '러시아', '사할린 주', '다른 지역' 행에 적힌 명수와 똑같이 각 행의 바로 아래에 '오로크인'의 명수가 적혀 있으나, 주해에 오로크인에 관한 자료뿐임이 밝혀져 있으므로 생략한다. _옮긴이

러시아어 – 115

다른 언어 – 3

- 사할린 주 – 97

러시아어 – 95

다른 언어 – 2

- 다른 지역 – 21

러시아어 – 20

다른 언어 – 1

2.2.1.6. 해당 언어가 모어인 화자 중 도시·촌 주민의 수

- 러시아 – 124

도시 – 86

촌 – 38

- 사할린 주 – 102

도시 – 26

촌 – 76

- 다른 지역 – 22

도시 – 21

촌 – 1

2.2.2. 해당 언어가 제2 언어인 화자의 총수 (지역별·민족별)

- 러시아 – 6

오로크인 – 6

기타 – 자료 없음

- 사할린 주 – 5

오로크인 – 5

기타 – 자료 없음

- 다른 지역 – 1

오로크인 – 1

기타 – 자료 없음

2.3. 친족 언어와 친족 언어 화자의 수 (국가별·지역별)

- 울치어 – 1,138

러시아 – 1,111

▶ 하바롭스크 크라이 – 898

▶ 다른 지역 – 213

다른 나라 – 27

  ▶ CIS(러시아 제외)와 발트 국가 – 27

- 나나이어 – 5,928

러시아 – 5,864

  ▶ 하바롭스크 크라이 – 5,388

  ▶ 다른 지역 – 476

다른 지역 – 64

  ▶ CIS(러시아 제외)와 발트 국가 – 64

- 오로치어 – 133

러시아 – 133

  ▶ 하바롭스크 크라이 – 75

  ▶ 다른 지역 – 58

다른 지역 – 자료 없음

- 우디허어 – 594

러시아 – 594

  ▶ 프리모르스키 크라이(연해주) – 115

  ▶ 하바롭스크 크라이 – 224

  ▶ 다른 지역 – 255

다른 지역 – 자료 없음

2.4. 해당 언어가 모어인 화자의 수 (국가별·지역별)

- 러시아 – 124

사할린 주 – 102

다른 지역 – 22

- 다른 나라 – 자료 없음

CIS(러시아 제외)와 발트 국가 – 5

일본 – 자료 없음

2.5. 해당 언어가 제2 언어인 화자의 수 (국가별·지역별)

- 러시아 – 6

사할린 주 – 5

다른 지역 – 1

- 다른 나라 – 자료 없음

CIS(러시아 제외)와 발트 국가 – 0

일본 – 자료 없음

3. 언어 개요

3.1. 계통 분류상의 위치

3.1.0. 어족 – 알타이 어족

3.1.1. 어파 – 만주퉁구스 어파

3.1.2. 분파 – 북부(퉁구스) 분파

3.1.3. 어군 – 아무르(나니) 어군

3.1.4. 하위어군 – 없다

* 친족 언어 – 울치어, 나나이어, 오로치어, 우디허어
* 언어 접촉 – 어윙키어, 니브흐어, 아이누어, 일본어, 러시아어
* 추가적 지리 자료 (언어 분포 지역)
  - 러시아

    사할린 주
      ▶ 포로나이스키 지역
      ▶ 노글리키 지역
  - 일본

    홋카이도 섬

3.2. 주요 언어학적 특성 (간략한 기술)

- 음성학

  모음 15개 모음 음소가 있고, **장단모음** 대립도 있다. 고모음과 중모음은 **높이의 정도**에 따라 대립한다.

  자음 18개 자음이 있다. 파열음 *p, b, t, d, č, ǯ, k, g*, 마찰음 *v, s, j, h*, 비음 *m, n, n', ŋ*, 설측음 *l*, 전동음 *r*.

  프로소디 단어 강세의 특징은 불분명하다.

  음절 음절 모델은 V, CV, VC, CVC이다. CV, CVC 구조의 음절은 단어의 모든 위치에 가능하고 V, VC 구조의 음절은 주로 단어의 앞부분에 온다.

  음성 법칙 두 가지의 **모음조화**가 있다. 혀의 높이에 따른 모음의 대립에 기반을 둔 **구개음 조화**와, 어간의 비순협착(nonlabial narrow) 모음이 입술 모음으로 변화하는 **순음 조화**가 있다. 형태소 경계에서는 자음동화(완전 동화의 결과로 많은 이중자음이 만들어진다)와 **음탈락**, **이중모음의 장모음화**가 일어난다.

- 형태론

  접미사 첨가 교착어이며 **융합**(fusion), **단어합성**, **중첩**, 분석적 조어 요소

도 있다.

품사 실사에는 명사, 형용사, 대명사, 수사, 동사와 부사가 있고, **허사**에는
후치사, 접속사, 수사어, 소사가 있다.

명사 명사는 **성** 범주가 없다. **인간**(인간/비인간) 범주, **수**(단수/복수) 범주,
소유(양도 불가능/양도 가능) 범주와 **격** 범주가 있다. 격은 주격, 대
격, 지정격(designative), 조격, 동반격, 처소격1, 처소격2, 향여격, 경
격(연격), 방위종격 등 9개가 있다. **곡용** 유형은 두 가지로 단순 곡
용과 소유 곡용이 있다. 소유 곡용은 인칭과 무인칭(재귀)으로 다시
나뉜다.

형용사 형용사는 **수** 범주만 있다. 한정적 용법보다는 서술적 용법이 더
많이 쓰인다.

대명사 대명사는 인칭대명사, 재귀대명사, 지시대명사, 의문대명사, 정대
명사로 나뉜다.

수사 개수사, 서수사, 분배수사, 집합수사, 제한수사, 반복수사로 나뉜다.

동사 동사는 **타동성/자동성** 범주, **인칭** 범주, **법**(직설법, 명령법, 접속법)
범주, **시제**(현재, 과거, 미래) 범주가 있다. 또한 다수의 접미사가 있
어서 동사 어간에 태, 상, 양상 의미와 유사한 의미를 더한다. **형동
사**는 능동형동사(인칭/무인칭), 피동형동사, 행위의 일반성을 의미하
는 형동사로 나뉘며, 현재와 과거시제 형태가 있다.

부사 부사는 시간 부사와 장소 부사, 한계 부사와 성질 부사로 나뉜다.

소사 오로크어의 소사는 **전접어**이고 **모음조화**의 법칙에 따라 변화한다.

• 조어론

가장 일반적인 조어 방법은 **접미사 첨가**이다.

• 통사론

단문의 구조는 **주격-대격** 구조이다. 통사적 연결은 병렬과 종속으로 이루
어진다. 단문 내 어순은 **고정 어순**이고, 전형적인 어순은 SOV이다. 수식
어는 피수식어 앞에 오고, 모든 수식어와 부가어는 주어와 서술어 사이에
위치한다. 시간상황어는 주어 앞에 온다. **복문**은 드물고, 접속사 없는 연
결이 특징이다.

• 어휘론

오로크어 어휘의 기본은 **만주퉁구스 공통** 어휘이다. 2차적인 것은 **몽골어**
와 **야쿠트어** 차용어이다. **일본어**와 **아이누어** 차용어는 주로 **포로나이 지
역어**에서 특징적으로 나타난다. 일부 바다 동물의 명칭은 **니브흐어**에서

차용되었다. 사회, 정치, 경제, 문화 분야의 **러시아어** 차용어가 다수 있다.

3.3. 유형론적 특성

- 형태론적 구조 – 교착어
- 통사론적 구조 – 주격-대격 언어
- 어순 – SOV(고정 어순)

3.4. 방언 구분

북부(동사할린) 지역어

남부(포로나이) 지역어

주해 오로크어는 2개의 지역어, 즉 북부 지역어와 남부 지역어로 구분된다. 북부 지역어는 사할린 섬의 북단에서 포로나이 강까지 유목하면서 사냥과 사슴 목축을 하던 오로크인의 지역어[도론네니(дороннёни) 구의 지역어]이고, 남부 지역어는 포로나이 강에서 아니바 만에 이르는 지역에서 어로와 사냥을 하던 오로크인의 지역어[슌네니(сюннёни) 구의 지역어]이다. 그 차이에 대해서는 자료가 없다.

3.5. 명칭이 있는 주요 지역적 이형 – 없다

4. 문자와 정서법

- UWL(Unwritten Language, bespis'mennyj jazyk) 문자 없는 언어

주해 셈(L. I. Sem)은 오로크 알파벳의 여러 시안이 논의되었으나 사용되지는 않았다고 적고 있다[1994]. 비공식적인 자료에 따르면 2001년에 알파벳이 승인되었다.

- * 표준어 – 없다
- * 문자의 역사 개요 – 없다

5. 지위

5.1. 해당 언어 화자가 자신의 언어를 충분히 발달된 언어이자 다른 언어들에 대응하는 언어라고 생각하는가? – 그렇다

5.1.1. 해당 언어가 내적 구조 면에서 다른 언어들과 크게 구별되기 때문에? – 그렇다

5.1.2. 해당 언어가 발달된 문명의 도구로서 높은 발달 수준을 지니고 있기 때문에? – 아니다

5.2. 언어의 표준화가 이루어졌는가? – 아니다

5.2.A. 문자 규범이 있는가? – 없다

5.2.B. 구어 규범이 있는가? – 없다

5.2.1. 표준화된 언어가 여러 개(pluricentric language)인가? – 아니다

5.2.2. 2개의 표준이 혼합되어 있는가? – 아니다

5.2.3. 특정 지역적 이형으로 된 문헌이 있는가? – 없다

  5.2.3.A. 문헌이 있는 지역적 이형 – 없다

5.3. 언어의 법적 지위 (국가별 · 지역별)

국가 – 러시아

해당 언어의 지위 – 러시아 연방 토착 소수민족 언어

◇ 지역 – 사할린 주

  해당 언어의 지위 – 미정

5.4. 해당 언어 화자의 언어적 · 문화적 권리를 인정하는 텍스트 (헌법, 법, 조항, 명령 등)

지역 – 사할린 주

입법 기관 – 사할린 주 두마

◇ 법령 – 사할린 주 법규

  채택일자 – 1995. 12. 26

  해당항목 – 2장 12조(1항)

6. 문헌의 발달 역사

6.0. 문헌이 있는가? – 없다

주해 문자가 없는 언어이다.

7. 종교 관습과 이데올로기 작품에서 해당 언어의 사용

주해 전통 종교는 자연 정령 숭배와 샤머니즘이다.

7.1. 종교적 예배, 의식, 의례에서 해당 언어의 사용 – 제한적으로 사용된다

◇ 종교 – 샤머니즘

  의식 – 제한적으로 사용된다

7.2. 종교 텍스트의 번역 – 없다

출처 – www.ibtnet.org/moscow/index.htm

연도/기간 – 2002년

7.3. 이데올로기 작품 – 없다

8. 문학 범주

주해 문자 없는 언어이고, 문헌도 없다.

8.1. 서술적 장르 – 없다

8.2. 비서술적 장르(정보, 학술, 교육, 방법론) – 없다

8.3. 구비문학 출판

총 텍스트 편수 – 10편

장르 – 민담(설화), 신화, 전설

주해 페트로바(T. I. Petrova)의 책 『오로크인(윌타인)의 언어[*Jazyk orokov (ul'ta)*]』에 신화, 전설, 민담 등 구비문학 텍스트 10편이 들어 있다. 이는 저자가 1937년부터 1949년까지 여러 오로크인을 만나 음성 전사로 기록한 것이다.

9. 정기 간행물

사용 정도 – 사용되지 않는다

10. 교육 기관

지역 – 사할린 주, 상트페테르부르크 시

A. 해당 언어가 교육매개어이거나 해당 언어를 교과목으로 가르치는가? – 아니다

B. 해당 언어가 교육매개어인가? – 아니다

C. 해당 언어를 교과목으로 가르치는가? – 제한적으로 그렇다

D. 교재는 있는가? – 없다

E. 교사에 대한 특혜는 있는가? – 없다

연도/기간 – 2001년

출처 – 러시아 연방 교육부

주해 1990년에 사할린에서 필드워크를 수행한 미소노바(L. I. Missonova)(1995)는 1989~1990년에 발(Val) 촌락의 유치원과 포로나이스크 시의 학교에서 오로크어 수업을 진행하려는 시도가 있었다고 적었다. 그러나 지금도 그런 상황이 계속되는지에 대한 정보는 없다.

10.C. 교과목으로 해당 언어 교육 – 제한적이다

10.C.0.1. 교재 – 없다

10.C.1. 취학 전 보육

사용 정도 – 사용되지 않는다

10.C.2. 초등 교육

사용 정도 – 사용되지 않는다

10.C.3. 중등 일반 교육

사용 정도 – 사용되지 않는다

10.C.4. 중등 전문 교육

사용 정도 – 사용되지 않는다

10.C.5. 고등 교육

사용 정도 – 사용된다

◇ 지역 – 상트페테르부르크 시

교육 기관의 유형 – 고등 교육 기관/국립

연도/기간 – 2002/2003학년도

교육 기관 수 – 1개

학생 수 – 2명

주당 시수 – 자료 없음

출처 – 게르첸 러시아 국립사범대학교, 북방 민족 연구소 행
정실

주해 현재 게르첸 러시아 국립사범대학교의 북방 민족 연구소(전 극
북 민족 학부)에서 오로크어를 공부하는 사람은 2명이다. '모어
와 모국 문학' 전공의 주당 시수는 학년별로 다르다. 1, 2학년은
4시간, 3학년은 3시간, 4학년은 4시간, 5학년은 8시간이다.

11. 대중 언론 매체에서 해당 언어의 사용

사용 정도 – 사용되지 않는다

12. 중앙 정부에서 해당 언어의 사용

◇ 국가 – 러시아

▶ 정부 기관 – 러시아 연방 정부

▶ 사용 정도 – 사용되지 않는다

13. 지역 정부에서 해당 언어의 사용

◇ 지역 – 사할린 주

▶ 정부 기관 – 지역 정부

▸ 사용 정도 – 사용되지 않는다

14. 지방 관청에서 해당 언어의 사용

◇ 지역 – 사할린 주
  ▸ 정부 기관 – 지방 관청
  ▸ 사용 정도 – 사용되지 않는다

15. 법원에서 해당 언어의 사용

◇ 국가 – 러시아
  ▸ 사용 정도 – 사용되지 않는다
  주해 모든 오로크인이 러시아어를 구사하기 때문에, 법원에서 러시아어를 사용한다.

16. 입법 기관에서 해당 언어의 사용

16.1. 중앙 입법 기관 또는 의회
  ◇ 국가 – 러시아
    ▸ 입법 기관 – 러시아 연방 의회
    ▸ 사용 정도 – 사용되지 않는다
16.2. 공화국 수도, 지역 중심지의 입법 기관, 공화국 대표 기관
  ◇ 지역 – 사할린 주
    ▸ 입법 기관 – 사할린 주 두마
    ▸ 사용 정도 – 사용되지 않는다

17. 생산 분야에서 해당 언어의 사용

지역 – 사할린 주
  ◇ 사용 분야 – 공업
    사용 정도 – 사용되지 않는다
  ◇ 사용 분야 – 농업
    사용 정도 – 사용되지 않는다
  ◇ 사용 분야 – 전통적 경제 활동
    사용 정도 – 제한적으로 사용된다
    주해 오로크족의 전통 생업은 사슴 목축, 어로, 수렵이다.

18. 서비스 및 유통 분야에서 해당 언어의 사용

사용 정도 – 사용되지 않는다

19. 정보의 출처

19.1. 문헌

19.1.1. 일반

19.1.1.1. 문헌 정보

Горелова, Л.М. (1997). *Библиография работ по советскому тунгусо-маньчжуроведению.* М.

Горцевская, В. А. (1959). *Очерк истории изучения тунгусо-маньчжурских языков (с подробной библиографией).* Л.

19.1.1.2. 언어 기술

Кормушин, И. В. (1990). Орокский язык. *Лингвистический энциклопедический словарь.* М.

Новикова, А. И., & Сем, Л. И. (1997). Орокский язык. *Языки мира. Палеоазиатские языки.* М.

Петрова, Т. И. (1960). Имя существительное в орокском языке. *Учен. зап. ЛГПИ им. А.И. Герцена. Т. 167.* Л.

Петрова, Т. И. (1967). *Язык ороков (ульта).* М.-Л.

Петрова, Т. И. (1968). Орокский язык. *Языки народов СССР. Т. 5. Монгольские, тунгусо-маньчжурские и палеоазиатские языки.* Л.

Сем, Л.И. (2001). Орокский язык. *Языки Российской Федерации и соседних государств. Энциклопедия. Т. 2.* М.

Сем, Л. И. (1965). Общая характеристика особенностей орокского языка. *Общие закономерности и особенности исторического развития народов советского Дальнего Востока (с древнейших времен до наших дней). Дальневосточный филиал СО АН СССР им. В.Л. Комарова. Тезисы докладов и сообщений на секции гуманитарных наук Совета Дальневосточного филиала СО АН СССР по итогам исследовательской и научно-организационной работы за 1964 г.* Владивосток.

Ikegami, J. (1956). The substantive inflection of Orok. *Gengo kenkyu.*

Journal of the Linguistic Society of Japan, № 30.

Ikegami, J. (1959). The verb inflection of Orok. *Kokugo kenky (Исследования по японскому языку), № 9.*

Ikegami, J. (1968). The Orok third person pronoun nooni. *Ural-Altaische Jahrbücher, 40. Hf. 1/2.*

Ikegami, J. (1970a). Orok kinship terminology. *Hoppobunka-kenkyu (Bulletin of the Institute for the Study of North Eurasian Cultures), № 4.* Hokkaido University.

Ikegami, J. (1970b). Materials for the study of the Orok language. *Bungakubu-kiyo (The Annual Report on Cultural Sciences),* 25. Hokkaido University.

Ikegami, J. (1973). Orok verb-stem-formative suffixes. *Hoppo-bunka-kenkyu (Bulletin of the Institute for the Study of North Eurasian Cultures). №* 7. Hokkaido University.

Nakanome, A. (1917). *Orokko bunten (Грамматика орокского языка), (на япон. яз.).* Tokyo.

Nakanome, A. (1926). Grammatik der Orokko-Sprache. *Research Review of the Osaka Asiatic Society, № 8.*

Whakey, I. J., & Fenxiang, Li. (2000). Oroquen dialects. *Central Asiatic Journal. Vol. 44. № 1.* Wiesbaden.

19.1.1.3. 사전

Озолиня, Л. В. (2001). *Орокско-русский словарь / Отв. ред. Б. В. Болдырев.* Новосибирск.

Сравнительный словарь тунгусо-маньчжурских языков. Материалы к этимологическому словарю / Под ред. В. И. Цинциус. Т. 1. (1975). Л.

Сравнительный словарь тунгусо-маньчжурских языков. Материалы к этимологическому словарю / Под ред. В. И. Цинциус. Т. 2. (1977). Л.

Ikegami, J. (1980). An Uilta Basic Vocabulary. *Research Reports of the Language and Culture of Uiltas (Oroks),* Sapporo.

Ikegami, Jiro (1997). *A Dictionary of Ulta Language Spoken on Sakhalin.* (Hokkaido University Press), Sapporo.

Magata, Hisaharu. (1981). *A Dictionary of Ulta Language*. Abashiri. Hokkaido.

19.1.1.4. 텍스트

Ikegami, J. (1965). The Oral Literature of the Oroks. *Hoppo-bunka-kenkyu (Bulletin of the Institute for the Study of North Eurasian Cultures). № 1* / Hokkaido University.

Piłsudski, B. (1987). *Materials for the Study of the Orok (Uilta) Language and Folklore (Vol. 2)*. Poznań.

주해 간략한 문법 개요와 사전이 포함되어 있다.

Ulta oral literature. A collection of Texts translated and annotated by Ikegami, Jiro / *Publications on Tungus Languages and Cultures 16. A2-013. ELPR. (2002).*

19.1.2. 사회언어학

Булатова, Н. Я., Вахтин, Н. Б., & Насилов, Д. М. (1997). Языки малочисленных народов Севера. *Малочисленные народы Севера, Сибири и Дальнего Востока. Проблемы сохранения и развития языков*, СПб.

Васильев, В. А. (1929). Основные четры этнографии ороков. *Советская этнография, № 1*.

Вахтин, Н. Б. (2001). *Языки народов Севера в XX веке. Очерки языкового сдвига*. СПб.

Миссонова, Л. И. (1995). Межэтнические отношения на Сахалине. Влияние этнической среды на трансформацию малочисленного этноса. *Среда и культура в условиях общественных трансформаций*. М.

Образование как фактор развития языков и культур народов этнических меньшинств. Материалы международного семинара. (1998). СПб.

Озолиня, Л. В. (1994). Орокский язык. *Красная книга языков народов России. Энциклопедический словарь-справочник*. М.

Озолиня, Л. В. (2002). Орокский язык. Языки народов России. *Красная книга. Энциклопедический словарь-справочник*. М.

Ороки. (1994). *Народы России. Энциклопедия / Гл. ред. В.А. Тишков.*

M.

*Основы законодательства РФ о правовом статусе коренных мало-
численных народов. Проект "Абориген", приложение к газете
"Федерация"* (1993. 6. 22).

Сем, Л. И. (1994). Орокско-русские языковые связи. *Контактологи-
ческий энциклопедический словарь-справочник. Вып. 1. Северный
регион. Языки народов Севера, Сибири и Дальнего Востока в кон-
тактах с русским языком.* М.

Статус малочисленных народов России. Правовые акты и документы.
(1994). М.

Шренк, Л. И. (1883). *Об инородцах Амурского края. (1883-1903),* Vol.
Т. 1-3). СПб.

*Языковые права этнических меньшинств в сфере образования / Авт.,
сост. и пер. Г.В. Хруслов.* (1994). М.

19.1.3. 교재 – 없다

19.2. 전문가, 자문

◇ 노비코바(Новикова А. И.)

언어학 연구소(RAN)(SPb)

직장 주소 Россия, 199053, г. Санкт-Петербург, Тучков пер., 9

◇ 오졸리냐 라리사 빅토로브나(Озолиня Лариса Викторовна)

Ph.D., 선임 연구원

어문학 연구소[역사학·어문학·철학 통합 연구소(SO RAN)(노보시
비르스크 소재) 내], 만주퉁구스학 분과

직장 주소 Россия, 630090, г. Новосибирск 90, просп. акад. Ла-
врентьева, 17

TEL 7-3832-350567

FAX 7-3832-301518

◇ 셈 류보피 이바노브나(Сем Любовь Ивановна)

Ph.D., 조교수

게르첸 러시아 국립사범대학교, 북방 민족 연구소

직장 주소 Россия, 198097, г. Санкт-Петербург, просп. Стачек, 30

19.3. 기관, 연구소, 기구

19.3.1. 해당 언어의 발전을 돕는 기관, 연구소, 기구

◇ 언어학 연구소(RAN)(SPb)

주소 Россия, 199053, г. Санкт-Петербург, Тучков пер., 9

TEL 7-812-3281611

19.3.2. 해당 언어를 연구하는 기관, 연구소, 기구

◇ 언어학 연구소(RAN)(M)

주소 Россия, 125009, г. Москва, Б. Кисловский пер., 1/12

TEL 7-095-2903585

FAX 7-095-2905228

19.4. 전자 매체에 담긴 정보(CD, 인터넷) – 없다

20. 전반적 정보 (언어의 기능과 문자 발달의 역사 개요)

계통 분류

오로크어는 알타이 어족 만주퉁구스 어파의 퉁구스 분파 중 아무르(나
니) 어군에 속한다. 친족 언어는 울치어와 나나이어이다.

자칭

▶ 언어 자칭 – 울타(ульта)

민족명 오로크는 페트로바(T. I. Petrova)의 견해에 따르면, '오론(oron,
집에서 기르는 사슴)'이라는 단어와 관련이 있다. 왜냐하면 만주인들이 사
슴을 치는 모든 퉁구스인을 일컬었던 오로챈(orochen)이라는 단어와 유사
하다는 점이 분명하기 때문이다. 오로크인들 자신은 울타(ul'ta)라는 자칭
을 선호하며, 심지어 1990년 8월에는 러시아 연방 의회에 이 자칭을 공식
적인 명칭으로 인정해 달라는 청원을 내기까지 했다.

민족 인구수와 분포 장소

오로크인은 179명[82](1989년 인구 조사) 또는 400명(현지 조사 자료)이다.
이러한 차이가 생긴 것은, 사할린 섬 인구 조사 시(1989년) 오로크인 129
명, 오로치인 212명이 있었으나, 1990~1991년에 있었던 사할린 섬 조사
당시 인구 조사 결과를 확인한 결과, 사할린 섬에 오로치인은 거주하지

---

[82] 2010년 인구 조사 자료에 따르면 러시아 연방에 거주하는 오로크족은 총 295명이다
(http://www.perepis-2010.ru). _옮긴이

않으며, 오로크인은 341명이라는 점이 확인되었기 때문이다.

대부분의 오로크인은 사할린의 포로나이 구와 노글리키 구, 그리고 일본의 홋카이도 섬에 거주한다.

방언 구분

오로크어는 방언이 없다. 그러나 2개의 방언을 구분할 수 있다. **북부** 방언은 사할린 섬 북단에서 포로나이 강에 이르는 지역에서 유목 생활을 하며 사슴을 치거나 어로에 종사하는 오로크인의 방언이고, **남부(포로나이)** 방언은 포로나이 강에서 아니바 해협에 이르는 지역에 살면서 수렵과 어로에 종사하는 오로크인의 방언이다.

문자

오로크어는 문자가 없다. 오로크어에 대한 최초의 기록은 19세기 중반 이후 슈미트(F. Shmidt), 글렌(P. Glen), 슈렝크(L. I. Shrenk), 팟카노프(S. Patkanov)의 저술에 나타난다. 1920년대 초 오로크인과 오로크어에 관한 일부 자료가 나카노메 아키르(Nakanome Akir), 바실리예프(B. A. Vasil'jev), 슈테른베르크(L. Ja. Shternberg)의 저술에 나타났다.

1930년대 초 나나이어 문자를 제정할 당시 나나이어를 오로크인과 울치인의 교육용 언어로 하자는 제안이 있었다. 그러나 이 두 언어의 음성 체계가 나나이어보다 훨씬 복잡하다는 점이 간과되었었고, 그래서 이 제안은 실효를 거두지 못했다. 오로크인을 위한 알파벳을 고안하려는 시도가 최근에 몇 차례 있었다. 비공식적인 자료에 의하면 알파벳이 이미 승인되었다.

언어 상황

연구자들의 평가 자료에 따르면, 현재 오로크어를 적극적으로 구사할 수 있고, 오로크 구비문학을 알고 있으며, 러시아어를 잘하지 못하는 오로크인은 약 20명이다. 모어를 어느 정도 말할 줄 알지만 구비문학은 모르고 러시아어를 자유롭게 구사하는 오로크인은 8명(40세 이상), 오로크어를 알아들을 수 있지만 말할 줄은 모르는 사람은 9명이다. 그 외 모든 오로크인은 러시아어 사용자이다.

비공식적인 자료에 따르면, 1989~1990년에 발 촌락의 유치원과 포로나이스크 시의 학교에서 오로크어 수업을 하려는 시도가 있었으나, 결과에 대해서는 알려진 것이 없다.

오로크인들의 성은 과거에는 씨족명(Valetta, Getta, Nalissa) 또는 러시아 성이었다. 사할린 섬 남부에 사는 오로크인의 성은 일본 또는 아이누인 성이고, 혼합혼의 경우 러시아성을 쓴다. 나이 든 세대의 사람들은 부칭이 없고, 젊은 세대의 경우 이름은 러시아 이름, 부칭은 자기 민족의 것이다.

지명은 오로크 명칭도 있고, 예전에 이 지역에서 살던 아이누인, 니브흐인, 일본인, 러시아인 등의 언어에서 차용한 것도 있다. 큰 강의 이름은 오로크어이고, 마을 이름은 오로크어이거나 러시아어, 도시명은 러시아어이다.

오로크어는 **국가가 관리하는** 의사소통 분야에서 사용되지 않는다. **관리되지 않는** 분야인 **가정과 일상생활**에서 극히 제한적으로 사용된다.

오로크어 사용이 제한적이고 화자 수가 매우 적기 때문에, 오로크어는 위기에 처해 있고, 그 **생명력** 수준도 매우 낮다고 평가할 수 있다. 오로크어를 존속시키기 위해서는 알파벳 제정, 문법 정립, 학교 교재와 사전 편찬 등과 같은 조치가 필요하고 현지 학교 시간표에 오로크어 수업을 포함시켜야 한다.

주요 연구 기관
오로크어 주요 연구 기관은 모스크바와 상트페테르부르크에 있다.

† 집필자

옐레나 알렉세예브나 콘드라시키나
(Jelena Aleksejevna Kondrashkina, Елена Алексеевна Кондрашкина)
Ph.D., 선임 연구원
언어학 연구소(RAN(M) 민족 언어 관계 연구 센터(NICNJaO)
직장 주소 Россия, 125009, г. Москва, Б. Кисловский пер., 1/12
TEL   7-095-2905268
FAX   7-095-2905228
E-mail   socioling@mail.ru

연도/기간   1999~2002년

우디허어 M. 시모노프

0. 언어 정의

0.1. 기본 명칭 – 우디허어

1. 언어 명칭

1.1. 언어 화자가 사용하는 명칭 – 우디허어, 우디어(удиэ)
주해 '우디허(udehgejskij)'라는 명칭은 우디허인이 러시아어로 말할 때 사용하는 것이고, '우디어(udieh)'는 우디허인이 우디허어로 말할 때 쓰는 말이다.

1.2. 정부 문서 또는 헌법에서 사용하는 명칭 – 우디허어

1.3. 이전에 사용했던 명칭 – 우디허어, 우데어, 오로치어
주해 이전에는 우디허인과 오로치인의 언어가 한 언어의 방언으로 간주되었었다.

1.4. 외국어 명칭 – 영어 Udihe, Udeghe / 독일어 Udiheisch / 프랑스어 oudihé, udihé, udéhé, ude, oudégué

* 민족 명칭

기본 명칭 – 우디허인

민족 자칭 – 우디헹(удинеŋ) / 우더헤(удэхе) / 우더(удэ)

정부 문서 또는 헌법에서 사용하는 명칭 – 우디허인

이전에 사용했던 명칭 – 우디허인, 우데인, 오로치인

외국어 명칭 – 영어 Udihes, Udeghes / 독일어 Udiheen / 프랑스어 Oudihés, Udihés, Udéhés, Udes, Oudégués

2. 통계 자료와 지리 자료 (1989년 인구 조사 자료)

주해 우디허어에 관한 모든 자료는 우디허인에 관한 것뿐이다.

2.1. 민족 구성원의 총수 (국가별·지역별)
- 러시아 – 1,902[83]

프리모르스키 크라이(연해주) – 766

> ▶ 테르네이 구 – 자료 없음

> ▶ 포자르스키 구 – 자료 없음

> ▶ 크라스노아르메이스키 구 – 자료 없음

하바롭스크 크라이 – 697

> ▶ 라조 구 – 자료 없음

> ▶ 나나이스키 구 – 자료 없음

다른 지역 – 439

- 다른 나라

CIS(러시아 제외)와 발트 국가 – 111

> ▶ 라트비아 – 1

> ▶ 몰도바 – 17

> ▶ 벨라루스 – 29

> ▶ 우즈베키스탄 – 14

> ▶ 우크라이나 – 24

> ▶ 조지아 – 4

> ▶ 카자흐스탄 – 19

> ▶ 타지키스탄 – 1

주해 실제 우디허인은 800명을 넘지 않는다는 자료가 있다. 예를 들어, 하바롭스크 크라이의 지역 정치 위원회 내 계획위원회의 자료(1985. 1. 1.)와 프리모르스키 크라이(연해주)의 자료(1988. 1. 1.)에 따르면 하바롭스크 크라이의 라조 구와 나나이 구에 사는 우디허인 수는 총 249명이었고, 프리모르스키 크라이(연해주)의 테르네이 구, 포자르스키 구, 크라스노아르메이스키 구는 520명이었다(마지막 수치는 대략적인 수치이다. 왜냐하면 한 구의 위원회 자료에서 우디허인들이 '북방민족' 총수에 포함되었기 때문이다). 위에 언급한 지역 이외의 지역에 사는 우디허인은 몇몇뿐이다.

2.1.1. 해당 민족의 언어를 말하지 않는 민족 구성원의 수 (지역별·모어별)

- 러시아 – 1,308

러시아어 – 1,164

다른 언어 – 144

- 프리모르스키 크라이(연해주) – 651

---

83 2010년 인구 조사 자료에 따르면 러시아 연방에 거주하는 우디허족은 총 1,496명이다 (http://www.perepis-2010.ru). _옮긴이

러시아어 – 647

다른 언어 – 4

* 하바롭스크 크라이 – 473

러시아어 – 451

다른 언어 – 22

* 다른 지역 – 184

러시아어 – 66

다른 언어 – 118

주해 대부분의 우디허인은 자기 민족의 언어를 구사하지 못한다. 심지어 우디허 노인들조차 자기들끼리 주로 러시아어로 이야기하며, 가끔씩 몇몇 단어와 구절을 우디허어로 끼워 넣을 뿐이다.

2.2. 러시아 내 해당 언어 화자의 총수 (지역별)

* 러시아 – 594

프리모르스키 크라이(연해주) – 115

하바롭스크 크라이 – 224

다른 지역 – 255

주해 다른 민족 사람들이 우디허어를 사용하는 것에 관한 자료는 없다. '화자'라는 개념을 우디허어를 의사소통의 수단으로 지속적으로 사용하는 사람으로 이해한다면, 그런 사람은 아예 남아 있지 않거나, 남아 있더라도 한두 명뿐이다. 우디허어는 나이 든 세대의 기억 속에만 어느 정도까지 남아 있을 뿐이고, 발화에서는 거의 사용되지 않는다. 기능의 관점에서 우디허어는 사실상 사어이다. 모든 연령층의 우디허인에게 일반적인 의사소통 수단은 러시아어이다.

2.2.1. 해당 언어가 모어인 화자의 총수 (지역별·민족별)

* 러시아 – 462

우디허인 – 462

기타 – 자료 없음

* 프리모르스키 크라이(연해주) – 90

우디허인 – 90

기타 – 자료 없음

* 하바롭스크 크라이 – 160

우디허인 – 160

기타 – 자료 없음

* 다른 지역 – 212

우디허인 - 212

기타 - 자료 없음

주해 다른 민족 사람들의 우디허어 사용에 관한 자료는 없다.

2.2.1.1. 단일언어 사용자의 총수

- 러시아 - 111

  우디허인 - 111

  - 프리모르스키 크라이(연해주) - 21

    우디허인 - 21

  - 하바롭스크 크라이 - 0

    우디허인 - 0

  - 다른 지역 - 90

    우디허인 - 90

  주해 현재 우디허인 가운데 단일언어 사용자는 없으며, 1989년 인구 조사 당시에도 없었다. 이 공식적인 자료는 우디허족의 언어 상황을 잘못 보여주고 있다.

2.2.1.2. 이중언어 사용자의 총수

- 러시아 - 351

  우디허인 - 351

2.2.1.3. 남성 이중언어 사용자의 수

- 러시아 - 자료 없음

  우디허인 - 자료 없음

2.2.1.4. 여성 이중언어 사용자의 수

- 러시아 - 자료 없음

  우디허인 - 자료 없음

2.2.1.5. 이중언어 사용자의 제2 언어별 분포 (지역별)

  주해 이중언어 사용자에 대한 자료는 우디허인에 관한 것뿐이다.[84]

- 러시아 - 351

  러시아어 - 334

  다른 언어 - 17

  - 프리모르스키 크라이(연해주) - 69

---

[84] 원문에는 아래에 '러시아', '프리모르스키 크라이(연해주)', '하바롭스크 크라이', '다른 지역' 행에 적힌 명수와 똑같이 각 행의 바로 아래에 '우디허인'의 명수가 적혀 있으나, 주해에 우디허인에 관한 자료뿐임이 밝혀져 있으므로 생략한다. _옮긴이

러시아어 – 66

다른 언어 – 3

- 하바롭스크 크라이 – 160

러시아어 – 149

다른 언어 – 11

- 다른 지역 – 122

러시아어 – 119

다른 언어 – 3

2.2.1.6. 해당 언어가 모어인 화자 중 도시·촌 주민의 수

- 러시아 – 462

도시 – 242

촌 – 220

- 프리모르스키 크라이(연해주) – 90

도시 – 10

촌 – 80

- 하바롭스크 크라이 – 160

도시 – 36

촌 – 124

- 다른 지역 – 212

도시 – 196

촌 – 16

2.2.2. 해당 언어가 제2 언어인 화자의 총수 (지역별·민족별)

- 러시아 – 132

우디허인 – 132

기타 – 자료 없음

- 프리모르스키 크라이(연해주) – 25

우디허인 – 25

기타 – 자료 없음

- 하바롭스크 크라이 – 64

우디허인 – 64

기타 – 자료 없음

- 다른 지역 – 43

우디허인 – 43

기타 – 자료 없음

주해 자료는 우디허인에 관한 것뿐이다. 다른 민족에 대한 자료
는 없다.

2.3. 친족 언어와 친족 언어 화자의 수 (국가별 · 지역별)

- 나나이어 – 약 7,300

러시아 – 5,864

다른 나라

  ▶ CIS(러시아 제외)와 발트 국가 – 58
  ▶ 중국 – 약 1,400

    주해 중국 내 나나이어 화자의 수에 관한 데이터는 대략적인 것이다(Sem
    1997: 173–188).

- 오로크어 – 84 이상

러시아 – 84

다른 나라 – 자료 없음

주해 오로크인들은 일본 홋카이도 섬에도 살고 있는 것으로 알려져 있으나, 그 수
는 알 수 없다.

- 오로치어 – 179 이상

러시아 – 179

다른 나라 – 자료 없음

주해 오로치어는 우디허어에 가장 가까운 언어이다. 과거에 오로치어는 우디허어
의 방언으로 간주되기까지 했다.

- 울치어 – 1,111 이상

러시아 – 1,111

다른 나라 – 자료 없음

2.4. 해당 언어가 모어인 화자의 수 (국가별 · 지역별)

- 러시아 – 462

프리모르스키 크라이(연해주) – 90

하바롭스크 크라이 – 160

다른 지역 – 212

- 다른 나라 – 66

CIS(러시아 제외)와 발트 국가 – 66

  ▶ 라트비아 – 1
  ▶ 몰도바 – 17
  ▶ 벨라루스 – 14

　　▶ 우즈베키스탄 – 7

　　▶ 우크라이나 – 9

　　▶ 조지아 – 1

　　▶ 카자흐스탄 – 16

　　▶ 타지키스탄 – 1

2.5. 해당 언어가 제2 언어인 화자의 수 (국가별·지역별)

- 러시아 – 132

　프리모르스키 크라이(연해주) – 25

　하바롭스크 크라이 – 64

　다른 지역 – 43

　다른 나라 – 5

- CIS(러시아 제외)와 발트 국가 – 5

3. 언어 개요

3.1. 계통 분류상의 위치

3.1.1. 어파 – 만주퉁구스 어파

3.1.2. 분파 – 퉁구스(북부) 분파

3.1.3. 어군 – 아무르(나니) 어군

3.1.4. 하위어군 – 없다

주해 수니크(O. P. Sunik)(1997)의 순수 언어학적 분류에 따르면, 만주퉁구스 언어들은 2개의 어군(분파), 즉 퉁구스 분파와 만주 분파로 나뉜다. 퉁구스 분파(어군)는 다시 2개의 하위 그룹, 즉 시베리아(또는 에볼키) 어군과 아무르(또는 나니) 어군으로 나뉜다. 전자에는 어윙키어, 어원어, 네기달어, 솔론어가 속하고, 후자에는 나나이어, 울치어, 오로크어, 오로치어, 우디허어가 속한다.

* 친족 언어 – 나나이어, 울치어, 오로크어, 오로치어

* 언어 접촉 – 어윙키어, 오로치어, 울치어, 네기달어, 니브흐어, 러시아어

주해 예전에 우디허어는 만주어 및 중국어와 접촉했다. 최근 50년 동안 러시아어와 집중적으로 접촉한 결과 어휘 면에서나 음성 면에서 차용이 이루어졌다. 우디허어와 특히 긴밀한 접촉 관계에 있었던 언어는 오로치어이다. 과거에 오로치어와 우디허어는 한 언어의 방언으로 간주되었다.

* 추가적 지리 자료 (언어 분포 지역)

- 러시아

　하바롭스크 크라이

- ▸ 세르게이 라조 구 – 그바슈기 촌락(잔가 촌청)
- ▸ 나나이 구 – 아르세니예보 촌락(아르세니예보 촌청)

프리모르스키 크라이(연해주)

- ▸ 테르네이 구 – 아즈구 촌락
- ▸ 포자르스키 구 – 크라스니 야르 촌락, 올론 촌락
- ▸ 크라스노아르메이스키 구

주해 우디허인들은 우수리 강의 지류(호르 강, 비킨 강, 이만 강), 아무르 강의 지류(아뉴이 강, 훈가리 강, 쿠르 강)와 타타르 해협으로 흘러드는 강들(사마르가 강, 넬마 강, 에딘 강)의 강변에서 살고 있다. 각 촌에는 우디허인과 그 밖의 민족들이 같이 살고 있다.

하바롭스크 크라이 구 정치 위원회(rajpolkom)의 계획 위원회 자료에 따르면 1985년 1월 1일 현재 라조 구(그바슈기 촌락)의 잔가 촌청 관할하에 180명의 우디허인이 살고 있고, 나나이 구(아르세니예보 촌락)의 아르세니예보 촌청 관할하에 69명의 우디허인이 살고 있다.

프리모르스키 크라이(연해주) 구 정치 위원회의 계획 위원회 자료에 따르면 1988년 1월 1일 현재 테르네이 구(아그주 촌락)에 135명의 우디허인이 살고 있고, 포자르스키 구(크라스니 야르 촌락과 올론 촌락)에 345명이 살고 있다. 또한 우리 자료에 따르면 크라스노아르메이스키 구에 30~40명가량의 우디허인이 살았었다(이 지역의 계획 위원회 자료에는 우디허인이 '북방 민족'의 전체 그룹에 속해 있다).

3.2. 주요 언어학적 특성 (간략한 기술)

- 음성학

   모음 음운 체계는 연구되지 않은 상태이다. 수니크(O. P. Sunik)는 음소가 아닌 14개 **소리부류**(soundclass)를 설정한다. 모음의 **길이**는 음운론적 의미를 지니며 이중모음과 준이중모음은 위치에 따라 규정된다. 구개음 조화와 순음 조화 등 두 종류의 **모음조화**가 발견된다. 접미사의 모음은 어근의 모음에 따라 결정된다.

   자음 자음 음소는 19개이다. 어두와 어말의 위치에 (모음 중첩은 나타나지만) 자음군은 올 수 없다. 자음 r은 의성어와 차용어에서만 발견된다.

   음절 음절 구조는 주로 CV 유형의 개음절이다.

   강세 우디허어에는 **호흡 강세**뿐 아니라 **음악 강세**도 있다. 2음절 이상 다음절 단어에서는 약강세가 첫 음절에 떨어지고, 마지막 음절은 음악 강세하에 놓인다(모음의 장모음화가 일어나며 때로 톤의 상승이 수반되기도 한다).

- 형태론

  우디허어는 형태 구조상 **교착어**이며 **융합**의 요소가 있다.

  종합적 구조와 분석적 구조가 있다.

  명사, 동사, 형용사, 부사, 수사, 대명사, 수사어, 후치사, 접속사, 소사, 감탄사 등 11개의 **품사**가 있다.

  명사 명사는 **인간/비인간** 범주, **수**(단수, 복수) 범주, **격**[주격, 대격, 조격, 여격, 향격, 처소격, 경격(연격), 탈격], **소유**(양도 가능/양도 불가능, 인칭/무인칭, 재귀) 범주, 특정성(특정/불특정) 범주가 있다. 성 범주와 유정성 범주는 없다. 특정/불특정 범주는 명사 앞에 오는 대명사로 표현된다.

  형용사 본연의 형용사는 변하지 않는 품사이다. 명사화 될 경우에만 곡용한다. 형용사에는 비교급이 없다. 그러나 강조를 표현하는 형태가 있고, 성질의 정도를 표현하는 형태가 있다.

  수사 십진법을 사용한다.

  동사 동사의 범주에는 **상**(완료, 불완료), **동작류**(다회, 반복, 지속, 시작, 강조 등), **태**(타동태/자동태, 사동태/비사동태, 재귀태/비재귀태, 능동태/수동태, 상호태), **법**(직설법, 명령법, 접속법), **시제**(현재, 과거, 미래), **인칭**(1, 2, 3), **수**(단수, 복수) 범주가 있다. 동사의 형태 중 인칭 변화를 하지 않는 형태로는 동사상명사(supine), 동사파생명사(조건, 동시 행위, 선행 행위), 능동**형동사**, 피동**형동사**, 상호**형동사**, 다양한 형태의 시제와 수를 표현하는 **부동사**가 있다.

  모든 **부정** 형태는 분석적으로 만들어진다.

  허사 허사에는 **조동사**(быть-be), **후치사**, **접속사**가 해당하며, 실사 사이의 관계와 양상 의미를 표현하기 위한 특별한 그룹의 단어로는 **소사**와 **소사접미사**가 있다.

- 조어론

  주된 조어법은 **접미사 첨가**이며, **치환**도 널리 사용된다. 어형에서 어근은 항상 맨 왼쪽에 놓이고, 모든 조어 접사, 어형 변화 접사는 뒤에 붙는다(postfix).

- 통사론

  단문의 구조는 **주격-대격** 구조이다. **어순**은 비교적 자유롭고 대개 SOV이다. 수식어는 항상 피수식어 앞에 온다. **복문**은 드물다. 대개 복문은 접속사 없이 만들어진다. 술어가 여러 개인 구문은 형동사와 부동사 구문이

전형적이다.

- 어휘론

  고유어가 우세한데, 고유어는 퉁구스 언어들(특히 나나이 하위 그룹의 언어 및 방언들)과 공통적인 어휘이다.

  만주어에서 온 옛날 **차용어**가 있고, 만주어를 통해 **중국어**와 **몽골 차용어**가 들어 왔다. 최근에는 **러시아어**에서 온 차용어도 많이 생겼다.

3.3. 유형론적 특성

- 형태론적 구조 – 교착어(융합 요소)
- 통사론적 구조 – 주격-대격 언어
- 어순 – SOV(비교적 자유 어순)

3.4. 방언 구분

◇ 북부 방언

  호르 지역어

  아뉴이 지역어

  사마르가 지역어

◇ 남부(비킨-이만) 방언

주해 북부 방언의 지역어들은 서로 매우 가깝기 때문에 우디허인들은 이 지역어들을 똑같은 언어라고 생각해 왔다.

북부 지역어들의 화자는 비킨-이만 우디허인의 말을 완전히 알아듣지는 못한다. 물론 이 경우에도 의사소통에 큰 문제는 없었다.

또 다른 견해도 있는데, 3개의 방언군을 설정하여 호르-아뉴이, 사마르가, 비킨-이만 그룹으로 나누고, 그 아래 호르 방언, 아뉴이 방언을 두는 견해이다(Sunik, 1997).

우디허어의 문어는 북부 방언의 호르 지역어를 토대로 형성되었다.

3.5. 명칭이 있는 주요 지역적 이형 – 없다

4. 문자와 정서법

- LWTR(Language with a Written Tradition Resumed, Jazyk s vozobnovlennoj pis'mennoj tradicijej) 문자가 존재했으나 사용이 중단되었다가 다시 문자 전통이 재개된 언어

4.1. 문자 체계와 서체(서법) – 키릴 문자

4.2. 정서법

4.2.1. 통일된 체계 – 있지만 체계가 잘 갖춰져 있지 않다

4.2.2. 통일된 체계가 있는 경우, 통일 원칙 – 음소 원칙

* 표준어 – 표준어가 거의 발달되지 않았다

* 문자의 역사 개요

최초의 우디허어 문자 체계는 1930년대에 슈네이데르(Je. R. Shnejder)가 라틴 문자를 토대로 하여 호르 방언 위주로 만들었다. 그는 당시 우디허 학교용으로 다수의 교재를 펴내기도 했다. 1930년대 말, 북방 민족의 언어들이 라틴 문자에서 키릴 문자 체계로 전환했을 때 우디허어는 새 문자를 채택하지 못했다(아마도 슈네이데르가 1937년에 박해를 받았기 때문일 수 있다). 이렇게 우디허어는 1936년부터 문자 없는 언어가 되었다. 그러나 1960년대에 그바슈기 촌락에 살고 있던 캴룬주가(V. T. Kjalundzjuga)가 우디허어로 아마추어 극단을 위한 희곡을 썼다(출판되지 못했고, 이후 유실되었다). 그 당시 우디허어로 글을 쓰려는 또 다른 시도들이 있었을 가능성도 배제할 수 없다.

키릴 문자에 기반을 둔 새로운 우디허어 문자와 새로운 정서법 규칙이 시모노프(M. D. Simonov)와 캴룬주가에 의해 고안되었고, 1989년에 하바롭스크 크라이 정부가 공식적으로 승인했다. 새로운 우디허 알파벳은 22개 러시아 자모와 4개의 추가 자모, 3개의 모음 발음 구별 부호로 되어 있다. 정서법은 음소 원칙에 기반하고 있다. 토대가 된 것은 역시 호르 방언이다.

5. 지위

5.1. 해당 언어 화자가 자신의 언어를 충분히 발달된 언어이자 다른 언어들에 대응하는 언어라고 생각하는가?

5.1.1. 해당 언어가 내적 구조 면에서 다른 언어들과 크게 구별되기 때문에? – 그렇다

5.1.2. 해당 언어가 발달된 문명의 도구로서 높은 발달 수준을 지니고 있기 때문에? – 아니다

5.2. 언어의 표준화가 이루어졌는가? – 아니다

주해 구어는 규범이 없다. 우디허어 화자는 자신의 마을의 방언 또는 개인어(idiolect)를 사용한다(개인어는 대화 상대자가 이해할 수 있다). 우디허 구어에는 (어휘적, 문법적) 방언 동의어가 다수 있다. 이러한 상황은 1930년대에 우디허족이 정착 민족이 되면서, 다른 하위 방언을 사용하는 사람들이 이전에는 다른 곳에 살다가 한 거주지에 모여 살게 되어 나타난 결과이다. (심지어 한 촌락 내에서도) 언어의 표준화는 이루어지지 않았다. 왜냐하면 러시아어가

권위 있는 소통 수단이 되었기 때문이다.

5.2.A. 문자 규범이 있는가? – 없다

5.2.B. 구어 규범이 있는가? – 없다

5.2.1. 표준화된 언어가 여러 개(pluricentric language)인가? – 아니다

5.2.2. 2개의 표준이 혼합되어 있는가? – 아니다

5.2.3. 특정 지역적 이형으로 된 문헌이 있는가? – 없다

    5.2.3.A. 문헌이 있는 지역적 이형이 있는가? – 없다

5.3. 언어의 법적 지위 (국가별 · 지역별)

국가 – 러시아

해당 언어의 지위 – 러시아 연방 토착 소수민족 언어

◇ 지역 – 프리모르스키 크라이(연해주), 하바롭스크 크라이

   해당 언어의 지위 – 미정

5.4. 해당 언어 화자의 언어적 · 문화적 권리를 인정하는 텍스트 (헌법, 법, 조항, 명령 등)

6. 문헌의 발달 역사

6.0. 문헌이 있는가? – 있다

주해 우디허어로 된 모든 출판물은 몇몇 교육용 문헌과 구비문학 텍스트로 대표된다.

1930년대 우디허인인 잔시 키몬코(Dzhansi Kimonko)가 우디허어로 중편 소설 『숙파이 강이 달려가는 곳(*Tam, gde bezhit Sukpaj*)』을 썼다. 소련 시대에는 독자들이 이 소설의 러시아어 번역본을 접했었다. 번역은 [아마도 행 아래에 적어 놓은 슈네이데르(Je. R. Shnejder)의 번역을 토대로] 극동 출신의 (여)작가인 율리야 셰스타코바(Julija Shestakova)가 했다. 이 소설은 우디허어로 출판된 적이 없으며, 우디허어로 된 텍스트는 유실되었다. 잔시 키몬코는 모어로 시도 썼다. 시도 역시 출판되지 못했고, 대부분은 유실되었다.

1960년대에 그바슈기 촌락 출신인 **캴룬주가**(V. T. Kjalundzjuga)가 현지 아마추어 극장을 위해 희곡을 썼다. **캴룬주가**의 말에 따르면 그녀 자신의 희곡들은 남아 있지 않다. 아마도 우디허어로 된 문학 작품을 쓴 또 다른 시도가 있었던 것으로 보이나, 알려진 바가 없다.

1998년에 시모노프(M. D. Simonov)와 **캴룬주가** 등이 만든 우디허 구비문학 책 1권이 출판되었다.

라틴 문자에 기초한 교재가 몇 권 있는데, 이 교재들은 슈네이데르가 편찬했거나 우디허어로 번역한 것이다(초등학교용 모어 교재, 산수 교재, 교육용 사전 2권이 그것이다). **캴룬주가**가 편찬한 그바슈기 촌락 초등학교용 교재 1권이 1989년에 키릴 문자로 출판되었다.

6.1. 문헌이 만들어진 경우

6.1.1. 해당 언어가 모어인 화자가 주로 만든 것인가? – 아니다

6.1.2. 해당 언어가 모어가 아닌 사람들이 주로 만든 것인가? – 그렇다

6.1.3. 위 두 범주의 사람들이 같은 정도로 만든 것인가? – 아니다

6.2. 문헌의 구성은

6.2.1. 주로 원어로 되어 있는가? – 아니다

6.2.2. 주로 번역문으로 되어 있는가? – 그렇다

6.2.3. 원어와 번역문이 같은 정도인가? – 아니다

6.2.4. 번역은 어느 언어에서 이루어졌는가? – 러시아어

6.3. 출판물에 대한 통계 자료

6.3.1. 출판물

연도/기간 – 1931~1995년

총 편수 – 10편 이상

◇ 연도/기간 – 1931~1936년

편수 – 9편

주해 교육용 서적이 8편, 구비문학이 1편이다.

◇ 연도/기간 – 1989~1995년

편수 – 3편

주해 2편은 우디허 구비문학 작품이고, 1편은 철자본이다.

6.3.2. 해당 언어로 된 번역문

연도/기간 – 1931~1995년

총 편수 – 3편

주해 교육용 서적의 번역 외에도 여기에는 차루신(Je. Charushin)의 동물
관련 어린이 단편 소설들을 슈네이데르가 번역한 것이 포함된다.

6.3.3. 해당 언어에서 다른 언어로 된 번역문

연도/기간 – 1931~1989년

총 편수 – 없다

7. 종교 관습과 이데올로기 작품에서 해당 언어의 사용

7.1. 종교적 예배, 의식, 의례에서 해당 언어의 사용 – 사용되지 않는다

◇ 종교 – 샤머니즘

의식 – 자료 없음

주해 소련 시기에 우디허어는 샤먼 의식을 할 줄 아는 노인들이 의식을 진행할

때 사용했다. 전통 신앙은 당국의 공식 승인을 받지 못했으므로 드러낼
수 없었다. 현재 샤먼 의식을 아는 사람의 대부분은 세상을 떠났고, 따라
서 모든 전통적 숭배 행위는 완전히 단절된 것으로 보인다.

7.2. 종교 텍스트의 번역 – 없다

출처 – www.ibtnet.org/moscow/index.htm

연도/기간 – 2002년

7.3. 이데올로기 작품 – 없다

8. 문학 범주

8.1. 서술적 장르 – 없다

주해 1930년대에는 우디허어로 시와 잔시 키몬코(Dzhansi Kimonko)의 중편 소설
등이 쓰였고, 1960년대에는 **칼룬주**가가 아마추어 극장을 위한 희곡 몇 편을
썼다. 그러나 중편 소설도, 시도, 희곡도 우디허어로 출판되지 못했고, 원고는
유실되었다. 우디허어로 된 현대 문학 서적은 없다.

8.2. 비서술적 장르 (정보, 학술, 교육, 방법론)

연도/기간 – 1930~1999년

총 텍스트 편수 – 6편 이상

주해 1930년대에 우디허어로 초등학교용 교재 몇 권과, (슈네이데르가 러시아어에
서 번역한) 대중용 소책자, 그리고 우디허어–러시아어 사전 1권이 출판되었
다. 1989년에는 **칼룬주**가가 수기로 우디허어 철자본인 『ABC 여행
(*Puteshestvije v azbuku*)』을 만들어서, 그바슈기 촌락의 초등학교에서 선택
과목으로 우디허어를 가르칠 때 사용했다. 1999년에는 **칼룬주**가의 초등학교
교재 『우디허 모어(*Udehgejskaja rodnaja rech'*)』가 출판되었다.

8.2.1. 대중 대상 비서술적 산문 (초등학교 수준)

총 텍스트 편수 – 6편 이상

8.2.1.1. 취학 전 어린이 보육 기관과 초등학교용 교재와 연습 문제집

총 텍스트 편수 – 6편

주해 이것은 1930년대에 출판된 교재 몇 권과 1980년대에 **칼룬주**
가가 편찬하고 1999년에 출판된 철자책이다.

8.2.1.2. 기타 대중 대상 비서술 산문 – 없다

8.2.2. 고급 수준 비서술적 산문(중등학교 수준) – 없다

8.2.3. 학술 비서술적 산문(대학 수준) – 없다

8.2.4. 기타 비서술적 산문(미분류) – 총 텍스트 편수 4편

8.2.4.1. 방법론 서적 – 없다

8.2.4.2. 사전

총 텍스트 편수 – 4편

주해 여기에는 슈네이데르와 시모노프가 편찬한 우디허어–러시아
어 사전 2권이 포함된다. 그중 1권만이 출판되었다(1936).

8.2.4.3. 문법서 – 없다

8.2.4.4. 언어학 서적 – 없다

8.2.4.5. 문헌 정보 – 없다

8.3. 구비문학 출판

총 텍스트 편수 – 3편

장르 – 민담(설화), 신화, 전설

주해 우디허 구비문학이 최초로 출판된 사례는 1935년에 슈네이데르가 기록한 민담
이다. 1995년에 북방 민족의 신화, 민담, 전설 모음집[Arsen'jev V. K., 『극동
민족의 신화, 전설, 민담(*Mify, legendy, predanija i skazki narodov Dal'nego
Vostoka*)』. Khabarovsk–Steszew]이 나왔는데, 여기에 우디허 구비문학 작품
이 러시아어로 번역되어 포함되었다. 1998년에는 노보시비르스크에서 시모노
프와 **칼룬주가**가 편찬한 우디허 구비문학 모음집이 나왔다. 여기에는 현대의
기록뿐 아니라 아르세니예프(V. K. Arsen'jev), 바스카코프(Je. N. Baskakov)
및 여러 연구자의 고문서 자료도 포함되었다. 이는 우디허 구비문학에 대한
최초의 학술 서적이다.

9. 정기 간행물

사용 정도 – 사용되지 않는다

10. 교육 기관

지역 – 하바롭스크 크라이

A. 해당 언어가 교육매개어이거나 해당 언어를 교과목으로 가르치는가?
– 아니다

B. 해당 언어가 교육매개어인가? – 아니다

C. 해당 언어를 교과목으로 가르치는가? – 그렇다

D. 교재는 있는가? – 있다

주해 20세기 초중반에 슈네이데르가 (라틴 문자로) 쓴 우디허어 교재가 몇 권 있다.
(키릴 알파벳으로 쓰인) 유일한 초등학교용 새 교재는 1999년에 출판되었다.

E. 교사에 대한 특혜는 있는가? – 없다

연도/기간 – 1998~2002년

10.A-B. 교육매개어로 해당 언어의 사용

　　　사용 정도 – 사용되지 않는다

10.C. 교과목으로 해당 언어 교육 – 있다

　　　지역 – 하바롭스크 크라이

　　　연도/기간 – 2001/2002학년도

　　　출처 – 러시아 연방 교육부

　　　10.C.0.1. 교재 – 있다

　　　10.C.1. 취학 전 보육 – 없다

　　　　　10.C.1.1. 교재 – 없다

　　　10.C.2. 초등 교육 – 있다

　　　　　국가 – 러시아

　　　　　교육 기관의 유형 – 초등학교/국립

　　　　　연도/기간 – 2001/2002학년도

　　　　　교육 기관 수 – 1개

　　　　　▶ 도시/촌 – 0/1

　　　　　학생 수 – 12명(1~4학년)

　　　　　▶ 도시/촌 – 0/12

　　　　　주당 시수 – 자료 없음

　　　　　출처 – 러시아 연방 교육부

　　　　　◇ 지역 – 하바롭스크 크라이

　　　　　　교육 기관의 유형 – 초등학교/국립

　　　　　　연도/기간 – 1999/2000학년도

　　　　　　교육 기관 수 – 1개

　　　　　　▶ 도시/촌 – 0/1

　　　　　　학생 수 – 16명

　　　　　　▶ 도시/촌 – 0/16

　　　　　　주당 시수 – 자료 없음

　　　　　　출처 – 러시아 연방 교육부

　　　10.C.2.1. 교재 – 있다

　　　　　　주해 최근 10년 사이에 만들어진 유일한 교재는 **칼룬주가**의
　　　　　　초등학교용 교재이다.

　　　10.C.3. 중등 일반 교육 – 없다

10.C.3.1. 교재 – 없다

10.C.4. 중등 전문 교육 – 없다

10.C.4.1. 교재 – 없다

10.C.5. 고등 교육 – 있다

지역 – 상트페테르부르크 시

교육 기관의 유형 – 고등 교육 기관/국립

연도/기간 – 2002/2003학년도

교육 기관 수 – 1개

교육 기관명 – 게르첸 러시아 국립사범대학교, 북방 민족 연구소

학생 수 – 3명

주당 시수 – 3~8시간

출처 – 게르첸 러시아 국립사범대학교, 북방 민족 연구소 행정실

주해 현재 게르첸 러시아 국립사범대학교의 북방 민족 연구소(전 극북 민족 학부)에서 우디허어를 공부하는 사람은 3명이다. '모어와 모국 문학' 전공의 주당 시수는 학년별로 다르다. 1, 2학년은 4시간, 3학년은 3시간, 4학년은 4시간, 5학년은 8시간이다.

10.C.5.1. 교재 – 없다

11. 대중 언론 매체에서 해당 언어의 사용

11.1. 라디오 방송

사용 정도 – 사용되지 않는다

11.2. 텔레비전 방송

사용 정도 – 사용되지 않는다

11.3. 영화

사용 정도 – 사용되지 않는다

11.4. 레코드판 – 자료 없음

11.5. 음성 녹음 자료(필름과 카세트) – 있다

수량 – 자료 없음

▶ 공연 – 자료 없음

▶ 구비문학 – 있다

▶ 음악 – 있다

기록 보유자

▶ 시모노프(M. D. Simonov) 기록 보관소(노보시비르스크 소재)

　　　▶ 노보시비르스크 국립음악원 시베리아 극동 민족 음악 문화 연구실
　　　　기록 보관소

　주해　우디허 구비문학 녹음 자료는 노보시비르스크에 있는 시모노프의 아카이
　　　　브에 보관되어 있다. 녹음은 1985~1988년에 한 것이고, 그때『우디허인
　　　　의 구비문학(*Fol'klor udehgejcev*)』이라는 책의 텍스트가 작성되었다.
　　　　구비문학의 녹음 자료도 노보시비르스크 국립음악원(시베리아극동 민족
　　　　음악 문화 실험실 아카이브)에 보관되어 있다. 이 자료는 1970~1980년대
　　　　에 셰이킨(Ju. I. Shejkin)과 셰이키나(O. A. Shejkina)가 녹음한 것이다.

11.6. 극장 – 있다

지역 – 하바롭스크 크라이, 라조 구

연도/기간 – 1960년대~1970년대 초

극장 수 – 1개

소재지 – 그바슈기 촌락

극장 유형 – 촌락 단위 아마추어 극장

　주해　1960년대와 1970년대 초 하바롭스크 크라이의 라조 구 그바슈기 촌락에서
　　　　현지 우디허 여성인 **칼룬주**가가 쓴 희곡을 바탕으로 아마추어 공연이 공연
　　　　되곤 했다. 그녀의 말에 따르면 희곡 텍스트는 보존되어 있지 않다. 공연
　　　　참가에 가장 큰 관심을 보였던 사람들은 노년층이었고, 젊은이들의 관심은
　　　　끌지 못했다. 그래서 노년층이 세상을 떠남에 따라 공연은 중단되었다.

11.7. 전자 매체에 담긴 정보 (CD, 인터넷)

연도/기간 – 1998년

개수 – 1개

　주해　구비문학 텍스트와 음악이 담긴 CD가『우디허인의 구비문학(*Fol'klor*
　　　　udehgejcev)』(1998)이라는 책의 부록으로 출판되었다.

12. 중앙 정부에서 해당 언어의 사용

◇ 국가 – 러시아

　▶ 정부 기관 – 러시아 연방 정부

　▶ 사용 정도 – 사용되지 않는다

13. 지역 정부에서 해당 언어의 사용

◇ 지역 – 하바롭스크 크라이, 프리모르스키 크라이(연해주)

　▶ 정부 기관 – 지역 정부

▸ 사용 정도 – 사용되지 않는다

14. 지방 관청에서 해당 언어의 사용

◇ 지역 – 하바롭스크 크라이, 프리모르스키 크라이(연해주)

▸ 정부 기관 – 지방 관청, 촌청

▸ 사용 정도 – 사용되지 않는다

주해 우디허 거주 지역의 촌청에서는 러시아어만 사용되었고, 현재도 그러하다.

15. 법원에서 해당 언어의 사용

◇ 국가 – 러시아

▸ 사용 정도 – 사용되지 않는다

16. 입법 기관에서 해당 언어의 사용

16.1. 중앙 입법 기관 또는 의회

◇ 국가 – 러시아

▸ 입법 기관 – 러시아 연방 의회

▸ 사용 정도 – 사용되지 않는다

16.2. 공화국 수도, 지역 중심지의 입법 기관, 공화국 대표 기관

◇ 지역 – 프리모르스키 크라이(연해주)

▸ 입법 기관 – 프리모르스키 크라이(연해주) 의회

▸ 사용 정도 – 사용되지 않는다

◇ 지역 – 하바롭스크 크라이

▸ 입법 기관 – 하바롭스크 크라이 두마

▸ 사용 정도 – 사용되지 않는다

17. 생산 분야에서 해당 언어의 사용

지역 – 하바롭스크 크라이, 프리모르스키 크라이(연해주)

◇ 사용 분야 – 공업

사용 정도 – 사용되지 않는다

◇ 사용 분야 – 농업

사용 정도 – 사용되지 않는다

◇ 사용 분야 – 전통적 경제 활동

사용 정도 – 제한적으로 사용된다

주해 나이 든 세대만이 매우 제한적으로 사용한다.

주해 우디허족 거주 촌락에서 주된 생업은 수렵이다. 그 외에 우디허인들은 지방 관청에서 일하거나 서비스 분야에 종사한다.

18. 서비스 및 유통 분야에서 해당 언어의 사용

지역 – 하바롭스크 크라이, 프리모르스키 크라이(연해주)

사용 정도 – 사용되지 않는다

주해 일부 우디허인은 서비스 분야에 종사하지만, 이 분야에서는 러시아어만 쓰인다.

19. 정보의 출처

19.1. 문헌

19.1.1. 일반

19.1.1.1. 문헌 정보

Горелова, Л. М. (1997). *Библиография работ по советскому тунгусо-маньчжуроведению.* М.

Горцевская, В. А. (1959). *Очерк истории изучения тунгусо-маньчжурских языков (с подробной библиографией).* Л.

19.1.1.2. 언어 기술

Кормушин, И. В. (1990). Удэгейский язык. *Лингвистический энциклопедический словарь.* М.

Кормушин, И. В. (1998). Удыхейский язык. М.

Суник, О. П. (1968). Удэгейский язык. *Языки народов СССР. Т. 5. Монгольские, тунгусо-маньчжурские и палеоазиатские языки.* Л.

Суник, О. П. (1997). Удэгейский язык. *Языки мира. Монгольские языки. Тунгусо-маньчжурские языки. Японский язык. Корейский язык.* М.

Nikolaeva, I., & Tolstaya, M. (2001). *A grammar of Udihe. Berlin*; The Hague.

19.1.1.3. 사전

Гирфанова, А. Х. (2001). *Словарь удэгейского языка.* СПб.

Симонов, М. Д. *Частотный словарь удэгейского языка. На матери-*

але фольклорных текстов на хорском говоре. (Рукопись).

Симонов, М. Д., & Кялундзюга, В. Т. *Краткий удэгейско-русский словарь. Хорский говор. (Рукопись).*

Сравнительно-исторический словарь тунгусо-маньчжурских языков / Под ред. В.И. Цинциус. Т. 1. (1975).

Сравнительно-исторический словарь тунгусо-маньчжурских языков / Под ред. В.И. Цинциус. Т. 2. (1977).

Шнейдер, Е. Р. (1936). *Краткий удэйско-русский словарь с приложением грамматического очерка.* М.-Л.

Kyalundzyuga, V. T., & Simonov, M. D. (1998). *An Udeghe Language Dictionary. Khor River Region Dialect.* (Vol. Т. 1-3). Stenszew.

19.1.1.4. 텍스트

Арсеньев, В. К. (1995). *Мифы, легенды, предания и сказки народов Дальнего Востока. (Сост.. Н.А. Соболевская).* Хабаровск-Steszew.

Кялундзюга, В. Т., Симонов, М. Д., & Хасанова, М. М. и др. (Сост.). (1998). *Фольклор удэгейцев (ниманку, тэлунгу, ехэ).* Новосибирск.

Sələməga. Udihe nim'aŋkuni. (Сэлэмага. Сказки народа удэ. Л., 1935.). (1935). L.

19.1.2. 사회언어학

Гирфанова, А. Х. (1994a). Удэгейский язык. *Красная книга языков народов России. Энциклопедический словарь-справочник.* М.

Гирфанова, А. Х. (1994b). Удэгейско-русские языковые связи. *Контактологический энциклопедический словарь-справочник. Вып. 1. Северный регион. Языки народов Севера, Сибири и Дальнего Востока в контактах с русским языком.* М.

Гирфанова, А. Х. (1997). Удэгейский язык. Проблемы описания современного статуса. *Малочисленные народы Севера, Сибири и Дальнего Востока. Проблемы сохранения и развития языков.* СПб.

Гирфанова, А. Х. (2002). Удэгейский язык. *Языки народов России. Красная книга. Энциклопедический словарь-справочник.* М.

Перехвальская, Е. В. (1994). *Удэгейцы.* СПб.

Симонов, М. Д. (2000). Языковая ситуация у хорских удэгейцев. *Языки Российской Федерации и нового зарубежья. Статус и функции.*

M.

19.1.3. 교재

Жулев, П. Н. (1933). *Taŋiuji kniga. E.R. Snejder udiheʒi tuŋcələhəni. Obo. 1. (Книга для чтения / Пер. на удэгейский Е.Р. Шнейдер. Ч. 1.).*

Кялундзюга, В. Т. (1999). *Удиэ кэйэвэни оњонти (Удэгейская родная речь). Наулазига татусин книга.* Хабаровск.

Фортунатова, Е. Я. (Сост.). (1934). *Taŋiuji kniga. Dəlūji skola tatusiŋkuni / E. Fortunatava lusaʒ oŋohomoni. E. R. Snejder kaasimi udiheʒi oŋohoni ʒuaŋsi Kimoŋko bələsihəni. Obo 2. M.-L. (Книга для чтения. Учебник для начальной школы / Сост. на основе стабильного учебника Е. Я. Фортунатовой. Пер. на удэгейский язык Р. Е. Шнейдера при участии Кимонко. Ч. 2.).*

Шнейдер, Е. Р. (1936). *Краткий удэйско-русский словарь. С прилож. грамматического очерка.* М.-Л.

Sneider, E. R. (1932). *Minti Oŋofi. Boŋgo kniga udiheʒi oŋowə tatusūji. (Шнейдер Е. Р. Наша грамота. Книга по обучению грамоте на языке удэ. Л., 1932.).* L.

Sneider, E. R. (1935). *Udihe kəhiəwəni tatusiŋku. Tənə dəluji skola tatusiŋkuni. Grammatika oŋouji koli. Tatusiŋkuwə oŋouwə ʒ. Kimonko bələsihəni. Obo. 1. (Шнейдер Е. Р. Учебник удэгейского языка. Ч. 1. Для 1 и 2 класса начальной школы. Грамматика и правописание. М.-Л., 1935).* M.-L.

19.2. 전문가, 자문

◇ 기르파노바 알비나 하키모브나(Гирфановна Альбина Хакимовна)

Ph.D., 연구원

언어학 연구소(RAN)(SPb), 알타이 언어 분과

직장 주소 Россия, 199053, г. Санкт-Петербург Тучков пер., 9

TEL 7-812-3284211

◇ 코르무신 이고리 발렌티노비치(Кормушин Игорь Валентинович)

국가박사(Doktor nauk), 수석연구원

언어학 연구소(RAN)(M), 우랄알타이어 분과

직장 주소 Россия, 125009, г. Москва, Б.Кисловский пер., 1/12

TEL 7-095-2916306

FAX   7-095-2905228

◇ 니콜라예바 이리나 알렉세예브나(Николаева Ирина Алексеевна)

Ph.D., 수석연구원

콘스탄츠 대학교(Konstanz University)

직장 주소   Kostanz, Germany, 78462

집 주소   24 Lanridge Rd., London SE2 9SJ, U.K.

TEL   7-490-7531883579

E-mail   i.nikolaeva@btinternet.com / irina.nikolaeva@unikonstanz.de

웹사이트   homepage.ntlworld.com/pre62sy/irina.nikolaeva.html

◇ 페레흐발스카야 옐레나 프세볼로도브나(Перехвальская Елена Всеволодовна)

상트페테르부르크 국립대학교, 일반언어학과

직장 주소   Россия, 199034, г. Санкт-Петербург, Университетская
наб., 11

TEL   7-812-3289510

E-mail   sandy@ep3665.spb.edu / elenap96@hotmail.com

19.3. 기관, 연구소, 기구

19.3.1. 해당 언어의 발전을 돕는 기관, 연구소, 기구

◇ 러시아 연방 북방 시베리아 극동 토착 소수민족 연합

주소   Россия, 119415, г. Москва, а/я 110. Измайловский
остров, Южный корпус, комн. 32, 33.

FAX   7-095-1646939 / 7-095-1650754

E-mail   udege@glasnet.ru

웹사이트   www.raipon.org

◇ 러시아 토착민족 정보 센터 '리이오라버틀리안(Льыоравэтльан)'

주소   Россия, 125009, г. Москва, Никитский пер, д. 4,
офис 406

TEL/FAX   7-095-2023820

E-mail   iicl@orc.ru

웹사이트   www.indigenous.ru

◇ 역사학 · 어문학 · 철학 통합 연구소(SO RAN)

주소   Россия, 630090, г. Новосибирск 90, просп. акад.
Лаврентьева, 17

TEL   7-3832-350567

FAX   7-3832-301518

◇ 게르첸 러시아 국립사범대학교, 북방 민족 연구소

주소 Россия, 198097. г. Санкт-Петербург, просп. Стачек, 30

FAX   7-812-3121195

E-mail   nich@herzen.spb.ru / rector@herzen.spb.ru

웹사이트   www.herzen.spb.ru

◇ 북방 토착민족 교육 센터

주소 Россия, 119415, г. Москва, просп. Вернадского, 37,
корп. 2, комн. 547.

TEL   7-095-9389547

FAX   7-095-9389567

E-mail   ritc@mail.ru / mail@ritc.ru

19.3.2. 해당 언어를 연구하는 기관, 연구소, 기구

◇ 역사학 · 어문학 · 철학 통합 연구소(SO RAN)

주소 Россия, 630090, г. Новосибирск 90, просп. акад.
Лаврентьева, 17

TEL   7-3832-350567

FAX   7-3832-301518

◇ 게르첸 러시아 국립사범대학교, 북방 민족 연구소

주소 Россия, 198097. г. Санкт-Петербург, просп. Стачек, 30

FAX   7-812-3121195

E-mail   nich@herzen.spb.ru / rector@herzen.spb.ru

웹사이트   www.herzen.spb.ru

19.4. 전자 매체에 담긴 정보 (CD, 인터넷)

연도/기간 – 1998년

개수 – 1개

주해 구비문학 텍스트와 음악이 담긴 CD가 『우디허인의 구비문학(*Fol'klor udehgejcev*)』(1998)이라는 책의 부록으로 제작되었다.

20. 전반적 정보 (언어의 기능과 문자 발달의 역사 개요)

계통 분류

우디허어는 만주퉁구스 어파의 퉁구스 분파 중 아무르 어군에 속한다. 가장 가까운 친족어는 오로치어(과거에는 오로치어와 우디허어가 한 언어의 방언으로 여겨졌다), 오로크어, 울치어, 나나이어이다.

자칭

- ▶ 언어 자칭 – 우디어(удиэ)
- ▶ 민족 자칭 – 우더(удэ), 우더허(удэхэ), 우디허(удихэ)

방언

우디허어에는 **북부** 방언과 **남부(이만-비킨)** 방언 등 2개의 큰 방언이 있다. 북부 방언은 다시 호르, 아뉴이, 사마르가 지역어로 나뉜다. 북부 방언의 지역어들은 서로 매우 유사하다. 비킨-이만 우디허인의 말은 북부 방언 화자들이 완전히 이해하지는 못한다. 물론 이 경우에도 의사소통에 큰 문제는 없었다.

문자

우디허어 문자를 제정하려는 시도는 주로 호르 방언을 주축으로 한 것이었다.

종교

우디허족의 전통 종교는 샤머니즘이다. 20~30년 전만해도 샤먼 의식을 할 줄 아는 나이 든 우디허인들은 의식 중에 우디허어를 사용했다. 이런 행위는 물론 드러내 놓고 하지는 못했다. 왜냐하면 정부가 공식적으로 허용하지 않았기 때문이다. 현재 샤먼 의식을 아는 사람들 중 대부분은 이미 세상을 떠났고, 그들의 죽음과 함께 전통 의례는 거의 완전히 중단되었다.

거주지와 민족 인구수

우디허어는 러시아 연방의 프리모르스키 크라이(연해주)와 하바롭스크 크라이에 분포한다. 우디허인은 주로 시골에 (다른 민족 사람들과 함께) 거주하며, 전통 생업(수렵)에 종사하거나 서비스 분야에서 일한다.

1989년 인구 조사에 따르면, 러시아에 그 당시 1,902명의 우디허인이 살았다.[85] 사실은 이미 그때에도 우디허인은 훨씬 적었다(약 800명).

---

85 2010년 인구 조사 자료에 따르면 러시아 연방에 거주하는 우디허족은 총 1,496명이다

민족 · 언어 상황

1989년에 우디허어를 모어로 인정한 사람은 500명이 채 안 된다. 그러나 사실 이미 그때 압도적 다수의 우디허인이 자기 민족의 언어를 구사하지 못했고, 모든 의사소통 분야에서 러시아어를 사용했다. 오늘날 우디허인 가운데 단일언어 사용자는 없다. 모든 우디허어 화자는 60세 이상이며, 심지어 그들도 우디허어를 항상 자유롭게 구사하는 것은 아니고, 자기들끼리 가끔씩 우디허어를 사용할 뿐, 러시아어로 말하는 것을 더 좋아한다. 현재 우디허어를 어느 정도 아는(몇몇 단어와 구절을 사용할 줄 아는) 사람은 40~50명을 넘지 않고, 우디허어 화자의 실제 수는(즉, 우디허어를 자유롭게 구사할 수 있는 사람의 수는) 10~15명을 넘지 않는다. 우디허어를 구사하는 모든 사람은 이중언어 사용자이다(러시아어를 제2 언어로 구사한다). 젊은 사람들은 자신의 민족 언어를 알지 못한다. 가정 내에서도 나이든 세대에서 젊은 세대로의 언어 전승은 상실되었다. 이렇듯 우디허족의 민족 언어 상황은 거의 완전한 언어 절멸, 다른 언어(러시아어)로의 이행으로 규정할 수 있다.

접촉

우디허어와 접촉한 언어로는 만주퉁구스 어파의 언어들(오로치어, 울치어, 네기달어, 어윙키어), 니브흐어를 꼽을 수 있으며, 최근 수십 년간 우디허어에 특히 강한 영향을 준 언어는 러시아어이다.

문자

우디허어의 문자는 1930년대에 라틴 문자에 기반을 두고 고안되었다. 1930년대 말에 소련을 이루는 모든 민족의 언어의 문자가 전체적으로 키릴 문자로 전환되면서, 우디허 문자 전통은 단절되었고, 반세기가 흐른 후에야 다시 살아나기 시작했다.

1980년대에 시모노프(M. D. Simonov)가 칼룬주가(V. T. Kjalundzjuga)와 공동으로 키릴 문자에 기반을 둔 새로운 우디허 알파벳과 정서법 규칙을 고안했다. 이 알파벳과 정서법 규칙은 1989년에 하바롭스크 크라이 정부에 의해 공식 승인되었다.

우디허어 문자가 기능했던 전 기간 중 1930년대에는 몇 권의 초등학교

<hr>

(http://www.perepis-2010.ru). _옮긴이

교재가 출간되었고[이 당시 모든 저작의 저자이자 우디허어 번역자는 최초의 우디허 알파벳을 고안했던 슈네이데르(Je. R. Shnejder)였다], 현대에 와서 만들어지고 1999년에 출판된 또 하나의 교재가 있다(저자는 칼룬주가).

우디허어로 된 문학 서적은 1930년대에 발달하기 시작했다. 이는 잔시 키몬코(Dzhansi Kimonko)라는 이름과 관련이 있다. 그는 최초이자 유일한 우디허 중편 소설『숙파이 강이 달려가는 곳(*Tam, gde bezhit Sukpaj*)』을 썼다. 이 중편 소설은 러시아어로 번역되었는데, 번역본은 출판된 반면, 원어본은 출판된 적이 없으며 현재 유실되었다. 잔시 키몬코는 시도 썼는데, 그 대부분이 출판되지도 보존되지도 못했다.

1960년대에는 그바슈기 촌에 살던 칼룬주가가 현지 아마추어 공연을 위해 희곡을 쓴 적이 있지만, 그녀의 말에 따르면, 희곡은 보존되지 못했다.

현재 우디허 문자는 사용되더라도 학교에서만 사용된다.

관리가 되는 의사소통 분야 중에서 우디허어가 사용되는 분야는 **교육 분야**와 **서적 출판** 분야뿐이며, 그것도 매우 제한적이다.

우디허어가 교과목으로 교수되는 곳은 단 한 군데의 초등학교(하바롭스크 크라이 그바슈기 촌)와 단 한 군데 대학의 교사 양성 과정(상트페테르부르크에 있는 게르첸 러시아 국립사범대학교)뿐이다.

교재 출판은 매우 미미하나, 사전과 구비문학이 출판된다. 1988년에는 '시베리아 민족의 구비문학(*Fol'klor narodov Sibiri*)'이라는 시리즈물에서 우디허 구비문학편 1권이 나왔다(주로 우디허어로 된 텍스트와 주해이고, 러시아어 번역이 실려 있다).

가정 같은 일상생활 분야와 전통 생업 분야에서 우디허어는 현재 사실상 사용되지 않는다. 어느 정도 기억하는 사람은 나이 든 사람들(60세 이상)이며, 그들은 우디허어를 자기들끼리의 의사소통에 가끔씩 사용한다. 물론 보통은 러시아어를 더 선호한다. 젊은 사람들은 자기 민족의 언어를 모르며, 대부분의 경우 관심도 없다. 우디허어의 **생명력** 수준은 매우 낮고 전망도 결코 밝지 않다.

주요 연구 기관

우디허어의 주요 연구 기관은 노보시비르스크에 있는 역사학 · 어문학 · 철학 통합 연구소(SO RAN), 그리고 모스크바에 있는 언어학 연구소(RAN)이다.

† 집필자

(고) 미하일 드미트리예비치 시모노프
(Mikhail Dmitrijevich Simonov, Михаил Дмитриевич Симонов)

연도/기간   1996년

울치어 Je. 콘드라시키나

0. 언어 정의

0.1. 기본 명칭 – 울치어

1. 언어 명칭

1.1. 언어 화자가 사용하는 명칭 – 나니(нани)
1.2. 정부 문서 또는 헌법에서 사용하는 명칭 – 울치어
1.3. 이전에 사용했던 명칭 – 올차어
1.4. 외국어 명칭 – 영어 Ulchi / 독일어 Ultschi(sch) / 프랑스어 oultcha
* 민족 명칭
  기본 명칭 – 울치인
  민족 자칭 – 나니(нани) / 만구니(мангуны) / 길랴키(гиляки) / 허저
  　　　니(хэзэни)
  정부 문서 또는 헌법에서 사용하는 명칭 – 울치인
  이전에 사용했던 명칭 – 올차인
  외국어 명칭 – 영어 Ulchis / 독일어 Ultschen / 프랑스어 Oultchas

2. 통계 자료와 지리 자료 (1989년 인구 조사 자료)

2.1. 민족 구성원의 총수 (국가별 · 지역별)
- 러시아 – 3,173[86]
  하바롭스크 크라이 – 2,733
  다른 지역 – 440

---

[86] 2010년 인구 조사 자료에 따르면 러시아 연방에 거주하는 울치족은 총 2,765명이다 (http://www.perepis-2010.ru). _옮긴이

- 다른 나라

  CIS(러시아 제외) – 60

  - ▶ 몰도바 – 5
  - ▶ 벨라루스 – 4
  - ▶ 아르메니아 – 1
  - ▶ 아제르바이잔 – 1
  - ▶ 우즈베키스탄 – 13
  - ▶ 우크라이나 – 13
  - ▶ 조지아 – 2
  - ▶ 카자흐스탄 – 11
  - ▶ 키르기스스탄 – 4
  - ▶ 타지키스탄 – 4
  - ▶ 투르크메니스탄 – 1

  2.1.1. 해당 민족의 언어를 말하지 않는 민족 구성원의 수 (지역별 · 모어별)

  - 러시아 – 2,199

    러시아어 – 2,111

    다른 언어 – 88

    - 하바롭스크 크라이 – 1,950

      러시아어 – 1,929

      다른 언어 – 21

    - 다른 지역 – 249

      러시아어 – 182

      다른 언어 – 67

2.2. 러시아 내 해당 언어 화자의 총수 (지역별)

- 러시아 – 1,111

  하바롭스크 크라이 – 898

  다른 지역 – 213

  2.2.1. 해당 언어가 모어인 화자의 총수 (지역별 · 민족별)

  - 러시아 – 974

    울치인 – 974

    기타 – 자료 없음

    - 하바롭스크 크라이 – 783

      울치인 – 783

기타 – 자료 없음

- 다른 지역 – 191

  울치인 – 191

  기타 – 자료 없음

2.2.1.1. 단일언어 사용자의 총수

- 러시아 – 94

  울치인 – 94

  - 하바롭스크 크라이 – 23

    울치인 – 23

  - 다른 지역 – 71

    울치인 – 71

주해 1989년 인구 조사에 따르면, 모어만 할 줄 아는 울치인은 94명이
나, 이 숫자는 과장된 것으로 보인다. 왜냐하면 대부분의 울치인
은 러시아어만 하는 사람이거나, 아니면 러시아어와 모어를
함께 쓰는 이중언어 사용자이기 때문이다.

2.2.1.2. 이중언어 사용자의 총수

- 러시아 – 880

  울치인 – 880

  - 하바롭스크 크라이 – 760

    울치인 – 760

  - 다른 지역 – 120

    울치인 – 120

2.2.1.3. 남성 이중언어 사용자의 수

- 러시아 – 자료 없음

  울치인 – 자료 없음

2.2.1.4. 여성 이중언어 사용자의 수

- 러시아 – 자료 없음

  울치인 – 자료 없음

2.2.1.5. 이중언어 사용자의 제2 언어별 분포 (지역별)

- 러시아 – 880

  러시아어 – 767

  다른 언어 – 113

  - 하바롭스크 크라이 – 760

러시아어 – 667

다른 언어 – 93

• 다른 지역 – 120

러시아어 – 100

다른 언어 – 20

주해 이중언어 사용자를 제2 언어에 따라 분류한 자료는 울치인에 관한 것뿐이다. 다른 민족에 대한 자료는 없다.[87]

2.2.1.6. 해당 언어가 모어인 화자 중 도시·촌 주민의 수

• 러시아 – 974

도시 – 252

마을 – 722

• 하바롭스크 크라이 – 783

도시 – 130

촌 – 653

• 다른 지역 – 191

도시 – 122

촌 – 69

2.2.2. 해당 언어가 제2 언어인 화자의 총수 (지역별·민족별)

• 러시아 – 137

울치인 – 137

기타 – 자료 없음

• 하바롭스크 크라이 – 115

울치인 – 115

기타 – 자료 없음

• 다른 지역 – 22

울치인 – 22

기타 – 자료 없음

2.3. 친족 언어와 친족 언어 화자의 수 (국가별·지역별)

• 오로크어 – 89

러시아 – 84

---

[87] 원문에는 아래에 '러시아', '하바롭스크 크라이', '다른 지역' 행에 적힌 명수와 똑같이 각 행의 바로 아래에 '울치인'의 명수가 적혀 있으나, 주해에 울치인에 관한 자료뿐임이 밝혀져 있으므로 생략한다. _옮긴이

다른 나라 – 5

   ▶ CIS(러시아 제외)와 발트 국가 – 5

- 나나이어 – 약 7,000

러시아 – 5,864

다른 나라 – 1,000 이상

   ▶ CIS(러시아 제외)와 발트 국가 – 64

   ▶ 중국 – 약 1,000

2.4. 해당 언어가 모어인 화자의 수 (국가별·지역별)

- 러시아 – 974

하바롭스크 크라이 – 783

다른 지역 – 191

- 다른 나라 – 24

CIS(러시아 제외)와 발트 국가 – 24

   ▶ 몰도바 – 1

   ▶ 벨라루스 – 4

   ▶ 아르메니아 – 1

   ▶ 아제르바이잔 – 1

   ▶ 우즈베키스탄 – 4

   ▶ 우크라이나 – 1

   ▶ 조지아 – 1

   ▶ 카자흐스탄 – 4

   ▶ 키르기스스탄 – 4

   ▶ 타지키스탄 – 2

   ▶ 투르크메니스탄 – 1

주해 모든 정보는 울치인에 대한 것뿐이다.

2.5. 해당 언어가 제2 언어인 화자의 수 (국가별·지역별)

- 러시아 – 137

하바롭스크 크라이 – 115

다른 지역 – 22

- 다른 나라

CIS(러시아 제외) 국가 – 3

   ▶ 몰도바 – 1

   ▶ 벨라루스 – 1

▶ 우즈베키스탄 – 1

주해 모든 정보는 울치인에 대한 것뿐이다.

3. 언어 개요

3.1. 계통 분류상의 위치

3.1.1. 어파 – 만주퉁구스 어파

3.1.2. 분파 – 퉁구스 분파

3.1.3. 어군 – 아무르(나니) 어군

3.1.4. 하위어군 – 없다

* 친족 언어 – 오로크어, 나나이어

* 언어 접촉 – 러시아어, 나나이어, 오로크어, 만주어, 니브흐어, 아이누어, 중국어

* 추가적 지리 자료 (언어 분포 지역)

● 러시아

하바롭스크 크라이

▶ 울치 구 – 보고로츠코예(구 중심지), 불라바, 두디, 칼리눕카, 마리인스코예, 니즈냐야 가반, 사비노, 몬골, 솔론치, 콜촘, 소피야, 티르, 우흐타 촌

주해 대부분의 울치인은 아무르 강변과 그 지류의 연안, 타타르 해협 연안에 있는 마을에 거주한다.

3.2. 주요 언어학적 특성 (간략한 기술)

● 음성학

모음 모음 음소는 12개이고, 장단 대립이 있다. 성절성을 가진 것은 모음뿐이다.

자음 자음 음소는 18개이다.

음절 자음과 모음으로 이루어진 **개음절**이 우세하다. 음절 경계는 단어 및 형태소 경계와 일치하지 않는다.

음성 법칙 2가지 유형의 **모음조화**(순음 조화와 구개음 조화)가 있다. 단어의 음성 구조의 특징은 어두와 어말 위치에 자음군이 올 수 없다는 점이다.

강세 **혼합** 강세이다. 1음절에는 약한 **호흡 강세**가 오고, 마지막 음절에는 (톤이 올라가고, 모음의 길이가 길어지는) **음악 강세**가 온다.

● 형태론

접미사가 첨가되는 교착어 구조이다.

품사는 9개이다. **성**과 **유정성** 범주는 없다.

명사 명사는 **인간/비인간**, **소유**(양도 가능/양도 불가능), **격**(9개 형태), **수**(단수, 복수) 범주를 갖는다.

형용사 형용사는 **성질형용사**와 **관계형용사**로 나뉜다. 형용사는 격, 성, 소유 범주도 없고 비교급도 없다. 형용사의 곡용(단순 또는 소유)은 형용사의 명사화를 의미한다.

수사 수사는 몇 가지 종류가 있고, 각각은 그 문법적 의미에 따라 명사, 형용사 또는 부사의 어휘 의미 그룹(lexico-semantic group)에 속한다.

개수사에서 서수, 분배 수사, 총합(또는 집합) 수사, 배(반복) 수사 등 다른 종류의 수사가 만들어진다. 계산법은 **십진법**이다.

대명사 대명사는 인칭대명사, 의문대명사, 결정(determining)대명사, 정대명사(determinative)대명사로 나뉜다. 포함형은 없다.

부사 부사는 많은 단어를 포함하는 그룹으로, 부사형 대명사, 수사, 소사, 의음(ideophone)이 속한다. 부사는 성질, 수, 양, 시간과 장소의 의미를 표현한다.

동사 동사는 **동작류** 범주와, **타동/자동성**, **시제**(현재, 과거, 미래), **법**(직설법, 접속법, 명령법), **인칭**, **수**(단수와 복수) 범주가 있다.

허사 허사, 소사, 소사-접미사 그룹을 이루는 것으로는 후치사, 접속사, (병렬, 역접, 의문, 비유)소사, 감탄사가 있다.

- 조어론

가장 생산적인 파생 방법은 **접미사 첨가**이다. 추가적인 조어 방법, 어형 변화 방법으로는 **접두사 첨가**, 내적 굴절, **통사적 단어**, **중첩**(reduplication)이 있다.

- 통사론

단문의 구조는 **주격-대격** 구조이다.

주어는 항상 주격이고, 술어는 동사의 인칭 형태로 표현될 수 있으며, 드물게는 명사 또는 형용사의 인칭술어 형태로 표현될 수 있다.

단문은 SOV **고정 어순**이다. 수식어는 항상 피수식어 앞에 오고, 어순의 변화는 수식 관계를 술어 관계로 변화시키는 것을 의미한다. 부사는 동사 앞에 온다. 시간 부사는 문장의 앞부분, 즉 주어 앞에 온다. 2개의 구성 성분으로 된 문장이 전형적이다. 그러나 때때로 서술어만으로 이루어진 문장도 있을 수 있다.

복문은 드물다. 복문의 특징은 접속사가 없다는 점이다.

- 어휘론

  상당 부분의 어휘층은 만주퉁구스 공통 어휘이고 **중국어, 만주어, 나나이어, 어웡키어, 러시아어 차용어**가 많다. 울치어의 지명과 민족명 중 일부는 **니브흐어, 아이누어, 네기달어** 차용어이다.

3.3. 유형론적 특성

- 형태론적 구조 – 교착어
- 통사론적 구조 – 주격-대격 구조
- 어순 – SOV(고정 어순)

3.4. 방언 구분 – 없다

3.5. 명칭이 있는 주요 지역적 이형 – 없다

4. 문자와 정서법

- NWL(New Written Language, Novopis'mennyj jazyk) 1990년대에 문자가 제정된 언어

4.1. 문자 체계와 서체(서법) – 키릴 문자

4.2. 정서법

  #### 4.2.1. 통일된 체계 – 형성 중

  #### 4.2.2. 통일된 체계가 있는 경우, 통일 원칙 – 음소 원칙

* 표준어 – 없다

* 문자의 역사 개요

  1930년대에 일련의 극동 시베리아 민족들을 위한 문자가 처음에는 **라틴 문자**, 이후에는 **키릴 문자**를 토대로 제정된 뒤, 울치족의 교육에는 나나이어가 사용되었다(이는 울치어와 나나이어가 한 언어의 방언이라는 관점에 따른 것이었다). 그러나 긍정적인 성과가 없어서, 나나이어를 사용한 울치인 교육은 중단되었다.

  1990년이 되기까지 문자가 없었다. 1990년에 러시아 서법에 기초해서 처음으로 문자가 만들어졌고, 1992년에 어린이를 위한 최초의 철자본(저자: Sem L. I., Dechuli K. F.)이 출판되었다. 문자 제정 이후 초등학교의 언어 교육 프로그램이 만들어지고 교육이 시작되었다.

5. 지위

5.1. 해당 언어 화자가 자신의 언어를 충분히 발달된 언어이자 다른 언어들에 대응하는 언어라고 생각하는가?

    5.1.1. 해당 언어가 내적 구조 면에서 다른 언어들과 크게 구별되기 때문에? – 그렇다

    5.1.2. 해당 언어가 발달된 문명의 도구로서 높은 발달 수준을 지니고 있기 때문에? – 아니다

5.2. 언어의 표준화가 이루어졌는가? – 아니다

    5.2.A. 문자 규범이 있는가? – 없다

    5.2.B. 구어 규범이 있는가? – 없다

    5.2.1. 표준화된 언어가 여러 개(pluricentric language)인가? – 중심 언어가 하나인 언어

    5.2.2. 2개의 표준이 혼합되어 있는가? – 아니다

    5.2.3. 특정 지역적 이형으로 된 문헌이 있는가? – 없다

        5.2.3.A. 문헌이 있는 지역적 이형 – 없다

5.3. 언어의 법적 지위 (국가별·지역별)

국가 – 러시아

해당 언어의 지위 – 러시아 연방 토착 소수민족 언어

◇ 지역 – 하바롭스크 크라이

해당 언어의 지위 – 미정

5.4. 해당 언어 화자의 언어적·문화적 권리를 인정하는 텍스트 (헌법, 법, 조항, 명령 등)

6. 문헌의 발달 역사

6.0. 문헌이 있는가? – 없다

    주해 러시아 국립도서관의 카탈로그에 울치어로 된 제목은 발듀(A. L. Val'dju)의 『삶과 이야기. 단편 소설과 이야기(*Zhizn' i skazka. Racckazy i skazki*)』(Khabarovsk, 1959) 단 하나뿐이다. 키릴 문자로 적힌 이 작품은 1990년에 문자가 만들어지기 이전에 나온 것이다.

7. 종교 관습과 이데올로기 작품에서 해당 언어의 사용

    주해 울치인들은 19세기 말에 정교를 받아들였지만, 전통 신앙을 계속 지켜 왔다.

7.1. 종교적 예배, 의식, 의례에서 해당 언어의 사용 – 제한적으로 사용된다

◇ 종교 – 기독교(정교)

A. 설교 – 사용되지 않는다

B. 예배/의식 – 사용되지 않는다

C. 교육 – 사용되지 않는다

◇ 종교 – 샤머니즘

의식 – 제한적으로 사용된다

주해 울치어는 민족의 의식과 의례에 제한적으로 사용되고 있다.

7.2. 종교 텍스트의 번역 – 없다

출처 – www.ibtnet.org/moscow/index.htm

연도/기간 – 2002년

7.3. 이데올로기 작품 – 없다

8. 문학 범주

8.1. 서술적 장르 – 없다

8.2. 비서술적 장르 (정보, 학술, 교육, 방법론)

연도/기간 – 1992~1997년

총 텍스트 편수 – 2편

8.2.1. 대중 대상 비서술적 산문(초등학교 수준)

총 텍스트 편수 – 2편

8.2.1.1. 취학 전 어린이 보육 기관과 초등학교용 교재와 연습 문제집

총 텍스트 편수 – 2편

주해 초등학교용 교재로는 철자본 2권이 있다(1판-1992년, 2판-1997년).

8.2.1.2. 기타 대중 대상 비서술 산문 – 없다

8.2.2. 고급 수준 비서술적 산문(중등학교 수준) – 없다

8.2.3. 학술 비서술적 산문(대학 수준) – 없다

8.2.4. 기타 비서술적 산문(미분류) – 없다

8.3. 구비문학 출판

총 텍스트 편수 – 1편

장르 – 민담(설화)

주해 울치어는 주로 구전 민속 작품에 사용된다.

9. 정기 간행물

사용 정도 – 사용되지 않는다

10. 교육 기관

지역 – 하바롭스크 크라이, 상트페테르부르크 시

A. 해당 언어가 교육매개어이거나 해당 언어를 교과목으로 가르치는가?
   – 그렇다

B. 해당 언어가 교육매개어인가? – 아니다

C. 해당 언어를 교과목으로 가르치는가? – 그렇다

D. 교재는 있는가? – 있다

E. 교사에 대한 특혜는 있는가? – 없다

연도/기간 – 1999~2002년

출처 – 러시아 연방 교육부

10.A-B. 교육매개어로 해당 언어의 사용

사용 정도 – 사용되지 않는다

연도/기간 – 1999년

출처 – 러시아 연방 교육부

10.C. 교과목으로 해당 언어 교육 – 있다

지역 – 하바롭스크 크라이, 상트페테르부르크 시

10.C.0.1. 교재 – 있다

10.C.1. 취학 전 보육 – 자료 없음

> **주해** 비공식적인 자료에 따르면, 불라바 촌락의 유치원에서 울치어 교육을 시작했다. 그러나 통계 자료는 없다.

10.C.1.1. 교재 – 없다

10.C.2. 초등 교육 – 있다

지역 – 하바롭스크 크라이

교육 기관의 유형 – 초등학교/국립

연도/기간 – 1999/2000학년도

교육 기관 수 – 1개

▶ 도시/촌 – 0/1

학생 수 – 14명

주당 시수 – 2~6시간

출처 – 러시아 연방 교육부

10.C.2.1. 교재 – 있다

　　연도/기간 – 1999년

　　출처 – 러시아 연방 교육부

10.C.3. 중등 일반 교육 – 없다

　10.C.3.1. 교재 – 없다

10.C.4. 중등 전문 교육 – 없다

　10.C.4.1. 교재 – 없다

10.C.5. 고등 교육 – 있다

　지역 – 상트페테르부르크 시

　교육 기관의 유형 – 고등 교육 기관/국립

　◇ 연도/기간 – 2002/2003학년도

　　교육 기관 수 – 1개

　　교육 기관명 – 게르첸 러시아 국립사범대학교, 북방 민족 연구소

　　학생 수 – 4명

　　주당 시수 – 자료 없음

　　출처 – 게르첸 러시아 국립사범대학교, 북방 민족 연구소 행
　　　　정실

　◇ 연도/기간 – 1999년

　　교육 기관 수 – 1개

　　교육 기관명 – 게르첸 러시아 국립사범대학교, 극북 민족 학부

　　학생 수 – 자료 없음

　　주당 시수 – 자료 없음

　　출처 – 러시아 연방 교육부

　　주해 현재 게르첸 러시아 국립사범대학교의 북방 민족 연구소(전 극
　　북 민족 학부)에서 울치어를 공부하는 사람은 4명이다. '모어와
　　모국 문학' 전공의 주당 시수는 학년별로 다르다. 1, 2학년은 4
　　시간, 3학년은 3시간, 4학년은 4시간, 5학년은 8시간이다.

　10.C.5.1. 교재 – 자료 없음

　　연도/기간 – 1999년

　　출처 – 러시아 연방 교육부

11. 대중 언론 매체에서 해당 언어의 사용

사용 정도 – 사용되지 않는다

주해 비공식적인 자료에 따르면, 울치어가 얼마 전부터 라디오에서 사용되기 시작했다.

12. 중앙 정부에서 해당 언어의 사용

◇ 국가 – 러시아
- ▶ 정부 기관 – 러시아 연방 정부
- ▶ 사용 정도 – 사용되지 않는다

13. 지역 정부에서 해당 언어의 사용

◇ 지역 – 하바롭스크 크라이
- ▶ 정부 기관 – 지역 정부
- ▶ 사용 정도 – 사용되지 않는다

14. 지방 관청에서 해당 언어의 사용

◇ 지역 – 하바롭스크 크라이
- ▶ 정부 기관 – 지방 관청, 촌청
- ▶ 사용 정도 – 사용되지 않는다

15. 법원에서 해당 언어의 사용

◇ 국가 – 러시아
- ▶ 사용 정도 – 사용되지 않는다

16. 입법 기관에서 해당 언어의 사용

16.1. 중앙 입법 기관 또는 의회
◇ 국가 – 러시아
- ▶ 입법 기관 – 러시아 연방 의회
- ▶ 사용 정도 – 사용되지 않는다

16.2. 공화국 수도, 지역 중심지의 입법 기관, 공화국 대표 기관
◇ 지역 – 하바롭스크 크라이

　　　▸ 입법 기관 – 하바롭스크 크라이 두마

　　　▸ 사용 정도 – 사용되지 않는다

17. 생산 분야에서 해당 언어의 사용

지역 – 하바롭스크
　　◇ 사용 분야 – 공업
　　사용 정도 – 사용되지 않는다
　　◇ 사용 분야 – 농업
　　사용 정도 – 사용되지 않는다
　　◇ 사용 분야 – 전통적 경제 활동
　　사용 정도 – 제한적으로 사용된다
　　주해 울치족의 전통 생업은 어로와 수렵이다.

18. 서비스 및 유통 분야에서 해당 언어의 사용

지역 – 하바롭스크 크라이
사용 정도 – 사용되지 않는다

19. 정보의 출처

19.1. 문헌

19.1.1. 일반

19.1.1.1. 문헌 정보

Горелова, Л. М. (1997). *Библиография работ по советскому тунгусо-маньчжуроведению.* М.

Горцевская, В. А. (1959). *Очерк истории изучения тунгусо-маньчжур-ских языков (с подробной библиографией).* Л.

19.1.1.2. 언어 기술

Кормушин, И. В. (1990). Ульчский язык. *Лингвистический энцикло-педический словарь.* М.

Петрова, Т. И. (1936). *Ульчский диалект нанайского языка.* М.-Л.

Суник, О. П. (1968). Ульчский язык. *Языки народов СССР. Т. 5. Монг ольские языки, тунгусо-маньчжурские и палеоазиатские языки.* М.

Суник, О. П. (1997). Ульчский язык. *Языки мира. Монгольские языки. Тунгусо-маньчжурские языки. Японский язык. Корейский язык.* М.

Суник, О. П. (1985). *Ульчский язык. Исселедования и материалы.* Л.

19.1.1.3. 사전

Суник, О. П. (1987). *Ульчско-русский и русско-ульчский словарь. Пособие для учащихся начальных школ.* Л.

19.1.1.4. 텍스트

Аврорин, В. А. (1981). Ульчские фольклорные тексты. *Морфология имени в сибирских языках.* Новосибирск.

Вальдю, А. Л. (1959). *Жизнь и сказка. Рассказы и сказки.* Хабаровск.

Соломонова Н. А. (1981). Традиционные песни ульчей. *Этнография и фольклор народов Дальнего Востока СССР.* Владивосток.

19.1.2. 사회언어학

Булатова, Н. Я., Вахтин, Н. Б., & Насилов, Д. М. (1997). Языки малочисленных народов Севера. *Малочисленные народы Севера, Сибири и Дальнего Востока. Проблемы сохранения и развития языков.* СПб.

Вахтин, Н. Б. (2001). *Языки народов Севера в XX веке. Очерки языков ого сдвига.* СПб.

Герасимова А.Н. (2002). Нанайский и ульчский языки в России. Сравнительная характеристика социолингвистической ситуации. *Языки коренных народов Сибири. Сборник научных трудов. Вып. 12.* Новосибирск.

Икэгами, Д. (1998). Проект письменности уйльтинского языка. *Изв. Ин-та наследия Б. Пилсудского. № 1.* Ю.-Сахалинск.

История и культура ульчей в XVII-XX вв. (1994). СПб.

Кормушин И. В. (1994). Ульчский язык. *Красная книга языков народов России. Эциклопедический словарь-справочник.* М.

Кормушин И. В. (2002). Ульчский язык. *Языки народов России. Красная книга. Эциклопедический словарь-справочник.* М.

Образование как фактор развития языков и культур этнических меньшинств. (1998). *Материалы международного семинара.* СПб.

Основы законодательства РФ о правовом статусе коренных мало-

численных народов. Проект "Абориген", приложение к газете "Федерация" (1993. 6. 22).

Сем, Л. И. (1994). Ульчско-русские языковые связи. *Контактологический энциклопедический словарь-справочник. Вып. 1. Северный регион. Языки народов Севера, Сибири и Дальнего Востока в контактах с русским языком.* М.

Статус малочисленных народов России (Правовые акты и документы). (1994). М.

Ульчи. (1994). *Народы России. Энциклопедия / Гл. ред. В.А. Тишков.* М.

Языковые права этнических меньшинств в сфере образования. (1994). *Сборник материалов / Авт., сост. и пер. Г.В. Хруслов.* М.

19.1.3. 교재

Дечули, К. Ф., & Сем, Л. И. (1992). *Букварь для 1 класса ульчской школы.* СПб.

Дечули, К. Ф., & Сем, Л. И. (1997). *Букварь для 1 класса ульчской школы. 2-е изд.* СПб.

Суник, О. П. (1987). *Ульчско-русский и русско-ульчский словарь. Пособие для учащихся начальных школ.* Л.

19.2. 전문가, 자문

◇ 코르무신 이고리 발렌티노비치(Кормушин Игорь Валентинович)
국가박사(Doktor nauk), 수석연구원
언어학 연구소(RAN)(M), 우랄알타이어 분과
직장 주소 Россия, 125009, г. Москва, Б. Кисловский пер., 1/12
TEL 7-095-2916306
FAX 7-095-2905228

◇ 셈 류보피 이바노브나(Сем Любовь Ивановна)
Ph.D., 조교수
게르첸 러시아 국립사범대학교, 북방 민족 연구소
직장 주소 Россия, 198097, г. Санкт-Петербург, просп. Стачек, 30

19.3. 기관, 연구소, 기구

19.3.1. 해당 언어의 발전을 돕는 기관, 연구소, 기구

◇ 언어학 연구소(RAN)(SPb)

주소 Россия, 199053, г. Санкт-Петербург, Тучков пер., 9

TEL   7-812-3281611

19.3.2. 해당 언어를 연구하는 기관, 연구소, 기구

◇ 언어학 연구소(RAN)(M)

주소 Россия, 125009, г. Москва, Б. Кисловский пер., 1/12

TEL   7-095-2903585

FAX   7-095-2905228

◇ 게르첸 러시아 국립사범대학교, 북방 민족 연구소

주소 Россия, 198097, г. Санкт-Петербург, просп. Стачек, 30

FAX   7-812-3121195

E-mail   nich@herzen.spb.ru, rector@herzen.spb.ru

웹사이트 www.herzen.spb.ru

19.4. 전자 매체에 담긴 정보(CD, 인터넷) – 없다

20. 전반적 정보 (언어의 기능과 문자 발달의 역사 개요)

계통 분류

울치어는 알타이 어족 만주퉁구스 어파의 퉁구스 분파 중 아무르(나니)
어군에 속한다. 방언이 없는 것으로 간주되지만 일련의 지역어들이 있다.

자칭

▸ 언어 자칭 – 나니(нани)

▸ 민족 자칭 – 올치(ольчи), 만구니(мангуны), 나니(нани)

울치족의 역사에 대한 정보는 문서로 된 사료에도, 구전 전설에도 없
다. 울치족 씨족의 성을 분석해 보면, 울치족에는 만주퉁구스 친족 씨족
뿐만 아니라, 친족이 아닌 고아시아 씨족, 특히 니브흐의 씨족들도 포함
되었다는 가정을 할 수 있다.

울치인, 오로크인, 나나이인 들은 민족 발생 측면에서 유사하기 때문에
언어들도 유사해서, 전에는 한 언어의 방언들로 간주되었었다.

민족 인구수

1989년 인구 조사 자료에 따르면, 러시아에 총 3,173명의 울치인이 살

고 있다.[88] 그중 대부분은 1933년에 만들어진 하바롭스크 크라이의 울치구에 거주한다.

민족·언어 상황

울치인의 의사소통 언어는 러시아어이다. 러시아어는 민족 간 의사소통뿐만 아니라, 민족 내 의사소통에도 사용된다. 최근 20년간 러시아어 구사자가 증가해서 거의 100%를 이룬다.

울치인의 30%만이 울치어를 **모어**로 생각한다. 울치어는 전통 문화(장례, 제례)와 구전 민속 창작물에서, 그리고 가정 내에서만 제한적으로 사용된다. 울치어와 울치족의 전통 이름을 쓰는 사람들은 나이 든 세대뿐이고, 젊은이들은 러시아어를 선호한다.

문자

1930년대에 시베리아와 극동의 일부 민족을 위해서 처음에는 라틴 문자로, 그 다음에는 키릴 문자로 문자 체계가 개발되었다. 나나이어도 그런 언어 중 하나였고, 나나이어가 울치족의 교육매개어로 사용되었다. 그러나 이러한 시도는 긍정적인 결과를 가져다주지 못했고, 나나이어로 교육하는 것은 이후 중단되었다.

울치족의 문자 체계는 1990년에야 러시아 문자를 토대로 고안되었다.

지명은 러시아식 명칭과 울치식 명칭이 혼용되어 쓰인다. 큰 강 이름은 울치어로, 도시와 촌락 이름은 러시아어로, 시골 이름은 러시아어 또는 울치어로 되어 있다.

울치어로 라디오 방송이 이루어지며, 러시아의 구비문학이 울치어로 번역되고 있다는 정보가 있기는 하지만, 이러한 사실들에 대한 통계 자료는 없다.

국가가 관리하는 의사소통 분야 중에서 울치어가 사용되는 분야는 다음뿐이다.

▶ **초등 교육** 분야 – 1개의 초등학교에서 교과목으로 교육된다.

---

[88] 2010년 인구 조사 자료에 따르면 러시아 연방에 거주하는 울치족은 총 2,765명이다 (http://www.perepis-2010.ru). _옮긴이

▶ **고등 교육** 분야 – 상트페테르부르크의 게르첸 러시아 국립사범대학교
에서 교육된다.

사회적 기반이 협소하고, 기능적으로 충분히 발달하지 못했기 때문에,
또한 울치인들 스스로 울치어를 배우고 발전시키는 것에 대해 전반적으
로 관심이 없기 때문에, 울치어의 **생명력** 수준은 지극히 낮다고 평가할
수 있다.

주요 연구 기관

울치어의 주요 연구 기관은 상트페테르부르크에 있는 언어학 연구소
(RAN)와 모스크바에 있는 언어학 연구소(RAN)이다.

† 집필자

옐레나 알렉세예브나 콘드라시키나
(Jelena Aleksejevna Kondrashkina, Елена Алексеевна Кондрашкина)
Ph.D., 선임 연구원
언어학 연구소(RAN)(M) 민족 언어 관계 연구 센터(NICNJaO)
직장 주소　Россия, 125009, г. Москва, Б. Кисловский пер., 1/12
TEL　7-095-2905268
FAX　7-095-2905228
E-mail　socioling@mail.ru

연도/기간　1999~2002년

출름튀르크어 A. 바스카코프

0. 언어 정의

0.1. 기본 명칭 – 출름튀르크어

1. 언어 명칭

1.1. 언어 화자가 사용하는 명칭 – 출름[89](чулым)

1.2. 정부 문서 또는 헌법에서 사용하는 명칭 – 출름튀르크어

1.3. 이전에 사용했던 명칭 – 출름 방언, 출름인의 언어, 출름어, 멜레트(멜레츠) 타타르어

1.4. 외국어 명칭 – 영어 Chulym(Turkic) / 독일어 Tschulymstürkisch / 프랑스어 tchoulym-turque

* 민족 명칭

기본 명칭 – 출름인

민족 자칭 – 출름(чулым)

정부 문서 또는 헌법에서 사용하는 명칭 – 출름튀르크인

이전에 사용했던 명칭 – 케지크(kezik), 케치크(kecik) / 큐에리크(kyuerik), 큐에리츠 / 멜레트(멜레츠) / 타타르인 / 출름 타타르인 / 출름인

외국어 명칭 – 영어 Chulym Turks / 독일어 Tschulym Türken / 프랑스어 Tchoulym-turques

---

89 튀르크 어파에 속하는 돌간어, 쇼르어, 출름튀르크어, 토파어의 경우에 한하여, 원어의 발음을 존중하여 'ы'를 'ㅣ'가 아닌 'ㅡ'로 표기하였다. _옮긴이

2. 통계 자료와 지리 자료 (1989년 인구 조사 자료)

주해 출름인과 출름어에 관한 데이터는 1989년 인구 조사 자료에 없다.

2.1. 민족 구성원의 총수 (국가별·지역별)

- 러시아 – 702[90]

  크라스노야르스크 – 135

  톰스크 주 – 567

- 다른 나라 – 0

  주해 출름족의 인구수는 크리보노고프(V. P. Krivonogov)의 단행본 『중앙 시베리아 소수민족의 민족지학적 프로세스(*Ehtnicheskije processy malochislennykh narodov Srednej Sibiri*)』(Krivonogov, 1998)에 나와 있다.

  #### 2.1.1. 해당 민족의 언어를 말하지 않는 민족 구성원의 수 (지역별·모어별)

  - 러시아 – 358

    러시아어 – 자료 없음

    - 크라스노야르스크 크라이 – 자료 없음

      러시아어 – 자료 없음

    - 톰스크 주 – 자료 없음

      러시아어 – 자료 없음

2.2. 러시아 내 해당 언어 화자의 총수 (지역별)

- 러시아어 – 203

  크라스노야르스크 크라이 – 자료 없음

  톰스크 주 – 자료 없음

  #### 2.2.1. 해당 언어가 모어인 화자의 총수 (지역별·민족별)

  - 러시아 – 203

    출름인 – 자료 없음

    - 크라스노야르스크 크라이 – 자료 없음

      출름인 – 자료 없음

    - 톰스크 주 – 자료 없음

      출름인 – 자료 없음

    ##### 2.2.1.1. 단일언어 사용자의 총수

    - 러시아 – 자료 없음

---

90 2010년 인구 조사 자료에 따르면 러시아 연방에 거주하는 출름족은 총 355명이다 (http://www.perepis-2010.ru). _옮긴이

출름인 – 자료 없음

2.2.1.2. 이중언어 사용자의 총수

- 러시아 – 자료 없음

출름인 – 자료 없음

2.2.1.3. 남성 이중언어 사용자의 수

- 러시아 – 자료 없음

출름인 – 자료 없음

2.2.1.4. 여성 이중언어 사용자의 수

- 러시아 – 자료 없음

출름인 – 자료 없음

2.2.1.5. 이중언어 사용자의 제2 언어별 분포 (지역별)

- 러시아 – 자료 없음

출름인 – 자료 없음

2.2.1.6. 해당 언어가 모어인 화자 중 도시·촌 주민의 수

- 러시아 – 자료 없음

도시 – 자료 없음

촌 – 자료 없음

2.2.2. 해당 언어가 제2 언어인 화자의 총수 (지역별·민족별)

- 러시아 – 자료 없음

출름인 – 자료 없음

기타 – 자료 없음

2.3. 친족 언어와 친족 언어 화자의 수 (국가별·지역별)

- 하카스어 – 64,112

러시아 – 63,164

다른 나라 – 자료 없음

  ▶ CIS(러시아 제외)와 발트 국가 – 948

주해 하카스어의 우고르 방언이 가장 가깝다.

- 쇼르어 – 10,444

러시아 – 10,028

  ▶ 케메로보 주 – 8,264

  ▶ 크라스노야르스크 크라이 – 977

  ▶ 하카스 공화국 – 795

  ▶ 다른 지역 – 787

다른 나라 – 자료 없음

   ▶ CIS(러시아 제외)와 발트 국가 – 416

2.4. 해당 언어가 모어인 화자의 수 (국가별 · 지역별)

- 러시아 – 203

- 다른 나라 – 0

2.5. 해당 언어가 제2 언어인 화자의 수 (국가별 · 지역별)

- 러시아 – 자료 없음

- 다른 나라 – 0

3. 언어 개요

3.1. 계통 분류상의 위치

   3.1.1. 어파 – 튀르크 어파

   3.1.2. 분파 – 동부 훈 분파

   3.1.3. 어군 – 우고르-오구즈 어군

   3.1.4. 하위어군 – 하카스 하위어군

* 친족 언어 – 하카스어, 쇼르어

   주해 하카스어, 쇼르어, 출름튀르크어는 가까운 친족어이다.

* 언어 접촉 – 하카스어 방언, 쇼르어 방언, 러시아어

   주해 러시아어와의 접촉이 더 집중적이다.

* 추가적 지리 자료 (언어 분포 지역)

- 러시아

  톰스크 주

   ▶ 아시노보 구 – 테굴데트 촌락

   ▶ 지랸스키 구 – 페레보스 마을

  크라스노야르스크 크라이

   ▶ 튜흐테트 구 – 파세치노예 촌

   주해 출름튀르크족은 출름 강과 오비 강 지류의 중하류 연안에 분포한다.

3.2. 주요 언어학적 특성 (간략한 기술)

- 음성학

  모음 모음 음소는 $i,\ \bar{\imath},\ \ddot{u},\ \bar{\ddot{u}},\ \ddot{\imath},\ \bar{\ddot{\imath}},\ u,\ e,\ \bar{e},\ \ddot{o},\ \bar{\ddot{o}},\ o,\ \bar{o},\ a,\ \bar{a}$ 등 15개이다(장단 대립이 있다).

  자음 p [$b,\ b'$][91] [92], t [$d,\ d'$], k [$q,\ g,\ g'$], $v,\ s$ [$z,\ z'$], $š$ [$ž,\ ž'$], $j,\ y,\ ts$ [dz], *č* [*dž*], *m, n, ŋ, l, r*이다.

음절　주요 음절 유형은 V, CV, VC, CVC이다.

- 형태론

출름튀르크어는 다른 튀르크 언어와 마찬가지로 **교착어**이며, 구조 또한 **분석적** 요소가 있는 **종합적** 구조이다. 명사, 형용사, 부사, 동사, 수사, 대명사, 후치사, 소사 등의 **품사**가 있다.

명사　명사는 **수, 격, 소유** 범주를 가진다. 문법적 성 범주는 없다. 주격, 속격, 대격, 여격, 처격, 방위종격, 조격 등 7개 격이 있다. 주격은 형태상 지표가 없고, 다른 격은 특별한 접사가 붙으며, 접사는 단어 어근의 마지막 모음과 자음의 성질에 따라 음성적 변이 형태를 갖는다. 복수 접사 *-lar*(와 그 음성적 변이 형태)는 격 표지 앞에 온다. 모든 명사, 형용사, 대명사, 수사는 똑같이 곡용한다.

동사　동사는 4개의 **법**이 있다. 직설법(시제 형태로 표현된다), 원망법(접사 *-gaj/-kaj*와 *-galdyr/-kaldyr*), 조건법(접사 *-sa/-za*), 접속법(접사 *-ar di*와 *-lyk di*)이 그것이다. **시제**는 현재, 과거, 미래 3시제이다. **수**는 단수와 복수 2가지 형태가 있고, **인칭**은 1, 2, 3인칭 3개의 형태, **태**는 기본태, 상호태, 재귀태, 수동태, 사동태 등 5가지가 있다. 태의 형태는 다른 튀르크 언어들과 유사하다. 수동태는 드물게 사용된다. 시제 형태는 접사 첨가로 만들어진다. (하나를 제외한) 현재 시제의 모든 접사는 강조, 지연, 지속 등 다양한 동작류(Aktionzart)를 표현한다. **형용사와 부사**의 **비교급**과 **최상급** 형태는 형태적 표지가 없고, **분석적**으로 표현된다.

- 통사론

출름튀르크어는 **주격-대격** 유형의 언어이다. 서술어는 인칭과 수가 주어와 일치한다. 수식어(attribute)는 피수식어와 일치하지 않는다. 대부분의 다른 튀르크어와는 달리 문장 내 **어순**은 **고정되어 있지 않다.** 존재하는 **복문**에는 문법적 지표(접속사)가 없다.

- 어휘론

연구된 바 없다.

---

91 괄호 [ ] 안에는 위치에 따른 변이음이 나타나 있다. 자음 위의 점은 전설 모음 사이의 위치에 나타나는 연음을 의미한다.

92 점 대신 어포스트로피를 찍었다. _옮긴이

3.3. 유형론적 특성

- 형태론적 구조 – 교착어, (분석적 요소가 있는) 종합어
- 통사론적 구조 – 주격-대격 언어
- 어순 – 자유 어순

3.4. 방언 구분

하류 출름 방언

중류 출름 방언

▶ 투탈 지역어

▶ 멜레트 지역어

주해 하류 출름 방언은 톰스크 주의 출름 강을 따라 아래쪽으로 아시노보 구의 탄코보 마을에서부터 지랸스키 구의 페레보스 마을에 이르는 지역에 분포한다. 중류 출름 방언은 페레보스 마을에서 출름 강을 따라 위쪽으로 톰스크 주 너머의 일부 마을에 분포한다. 투탈 지역어 화자는 아시노보 구(톰스크 주의 투탈리 마을)에 살고, 멜레트 지역어 화자는 크라스노야르스크 크라이의 튜흐테트 구에 있는 파세치노예 촌에 산다.

두 방언 간에는 주로 음성적 차이가 있다. 하류 출름 방언의 어두 [j]는 중류 출름 방언의 [č]에 대응하고(*jaj* ~ *čaj* '여름'), 하류 출름 방언의 어말 [ts]는 중류 출름 방언의 [č]에 대응한다(*its-* ~ *ič-* '마시다'). 하류 출름 방언의 어중 [j]는 중류 출름 방언의 [z]에 대응한다(*ajak* ~ *azak* '다리(신체)'). 어휘의 차이를 보이는 예는 다음과 같다. 하류 출름 *it* : 중류 출름 *adaj* '개', 하류 출름 *aju* : 중류 출름 *mogalak* '곰', 하류 출름 *tsotsva* : 중류 출름 *oaj* '창꼬치 고기'.

3.5. 명칭이 있는 주요 지역적 이형 – 없다

4. 문자와 정서법

- UWL(Unwritten Language, bespis'mennyj jazyk) 문자 없는 언어

* 표준어 – 없다

* 문자의 역사 개요

출름튀르크어는 문자 없는 언어이고, 전에도 문자가 없었다. 이 언어에 대한 자료는 17세기 러시아의 역사 문서에 처음으로 등장했다.

시베리아 연구자인 메세르슈미트(D. T. Messershmidt)가 1720년대에 시베리아의 자연과 민족에 대한 자료 중에서 출름인의 언어에 관한 어휘 자료를 수집했다.

19세기 중후반 튀르크 언어들의 역사 비교 연구의 선구자인 학술원 원사

라들로프(V. V. Radlov)가 출름어를 비롯한 많은 튀르크 언어에 대한 방대한 어휘 자료와 구비문학 자료를 수집했다.

20세기 초, 튀르크 언어들 가운데 출름어의 지위 문제 등과 같은 출름어의 문제들을 카타노프(N. F. Katanov), 말로프(S. Je. Malov), 사모일로비치(A. N. Samojlovich), 보고로디츠키(V. A. Bogorodickij)와 같은 유명한 러시아 튀르크 학자들이 연구했다. 그러나 출름튀르크어의 방언, 어휘, 음성학, 문법의 전면적인 기초 연구의 토대가 된 것은, 둘존(A. P. Dul'zon)과 그의 뒤를 이른 비류코비치(R. M. Birjukovich), 우라예프(R. A. Urajev), 도모자코프(N. G. Domozhakov)의 저술들이다. 출름튀르크어에 관한 현대의 저술 중에서 꼽을 만한 것은 [Birjukovich 1979, 1981, 1984, 1997]이다.

5. 지위

5.1. 해당 언어 화자가 자신의 언어를 충분히 발달된 언어이자 다른 언어들에 대응하는 언어라고 생각하는가?

  5.1.1. 해당 언어가 내적 구조 면에서 다른 언어들과 크게 구별되기 때문에?
    – 아니다

  5.1.2. 해당 언어가 발달된 문명의 도구로서 높은 발달 수준을 지니고 있기 때문에? – 아니다

5.2. 언어의 표준화가 이루어졌는가? – 아니다

  5.2.A. 문자 규범이 있는가? – 없다

  5.2.B. 구어 규범이 있는가? – 없다

  5.2.1. 표준화된 언어가 여러 개(pluricentric language)인가? – 아니다

  5.2.2. 2개의 표준이 혼합되어 있는가? – 아니다

  5.2.3. 특정 지역적 이형으로 된 문헌이 있는가? – 없다

5.3. 언어의 법적 지위 (국가별·지역별)

  국가 – 러시아

  해당 언어의 지위 – 러시아 연방 토착 소수민족 언어

5.4. 해당 언어 화자의 언어적·문화적 권리를 인정하는 텍스트 (헌법, 법, 조항, 명령 등)

6. 문헌의 발달 역사

6.0. 문헌이 있는가? – 없다

주해 출름튀르크어로 된 서적은 없다. 예외로 음성 전사로 적은 구비문학 텍스트가 발표된 것은 있다. 1868~1984년 사이에 일부 출름 구비문학 텍스트가 독일어와 러시아어로 발간되었다.

7. 종교 관습과 이데올로기 작품에서 해당 언어의 사용

주해 출름인들이 정교를 받아들인 것은 17~18세기이다. 20세기 들어 1930년대 정도까지 전통 신앙, 샤머니즘이 유지되었다.

7.1. 종교적 예배, 의식, 의례에서 해당 언어의 사용 – 사용되지 않는다

7.2. 종교 텍스트의 번역 – 없다

  출처 – www.ibtnet.org/moscow/index.htm

  연도/기간 – 2002년

7.3. 이데올로기 작품 – 없다

8. 문학 범주

주해 문자 없는 언어이므로 서적도 없다.

8.1. 서술적 장르 – 없다

8.2. 비서술적 장르(정보, 학술, 교육, 방법론) – 없다

8.3. 구비문학 출판 – 없다

  주해 일부 구비문학 작품이 출름어에 관한 학술 연구서에 들어 있다.

9. 정기 간행물

사용 정도 – 사용되지 않는다

10. 교육 기관

사용 정도 – 사용되지 않는다

11. 대중 언론 매체에서 해당 언어의 사용

사용 정도 – 사용되지 않는다

12. 중앙 정부에서 해당 언어의 사용

◇ 국가 – 러시아
   ▶ 정부 기관 – 러시아 연방 정부
   ▶ 사용 정도 – 사용되지 않는다

13. 지역 정부에서 해당 언어의 사용

◇ 지역 – 톰스크 주, 크라스노야르스크 크라이
   ▶ 정부 기관 – 지역 정부
   ▶ 사용 정도 – 사용되지 않는다

14. 지방 관청에서 해당 언어의 사용

◇ 지역 – 톰스크 주, 크라스노야르스크 크라이
   ▶ 정부 기관 – 지방 관청
   ▶ 사용 정도 – 사용되지 않는다

15. 법원에서 해당 언어의 사용

◇ 국가 – 러시아
   ▶ 사용 정도 – 사용되지 않는다

16. 입법 기관에서 해당 언어의 사용

16.1. 중앙 입법 기관 또는 의회
   ◇ 국가 – 러시아
      ▶ 입법 기관 – 러시아 연방 의회
      ▶ 사용 정도 – 사용되지 않는다
16.2. 공화국 수도, 지역 중심지의 입법 기관, 공화국 대표 기관
      ▶ 사용 정도 – 사용되지 않는다

17. 생산 분야에서 해당 언어의 사용

지역 – 톰스크 주, 크라스노야르스크 크라이
◇ 사용 분야 – 공업

사용 정도 – 사용되지 않는다

◇ 사용 분야 – 농업

사용 정도 – 사용되지 않는다

◇ 사용 분야 – 전통적 경제 활동

사용 정도 – 제한적으로 사용된다

주해 출름족의 전통 생업은 어로이다.

18. 서비스 및 유통 분야에서 해당 언어의 사용

사용 정도 – 사용되지 않는다

19. 정보의 출처

19.1. 문헌

19.1.1. 일반

19.1.1.1. 문헌 정보 – 없다

19.1.1.2. 언어 기술

Бирюкович, Р. М. (1975). *О первичных долгих гласных в чулымско-тюркском языке. Советская тюркология. № 6.* Баку.

Бирюкович, Р. М. (1979a). *Звуковой строй чулымско-тюркского языка.* М.

Бирюкович, Р. М. (1979b). *Морфология чулымско-тюркского языка. Ч. 1.* М.

Бирюкович, Р. М. (1981). *Морфология чулымско-тюркского языка. Ч. 2.* Саратов.

Бирюкович, Р. М. (1990). Чулымско-тюркский язык. *Лингвистический энциклопедический словарь.* М.

Бирюкович, Р. М. (1997). Чулымско-тюркский язык. *Языки мира. Тюркские языки.* М.

Дульзон, А. П. (1956). О происхождении чулымско-тюркского языка. *Доклады и сообщения Ин-та языкознания АН СССР. № 9.*

Дульзон, А. П. (1957). Тюркские языки и диалекты Западной Сибири. *Учен. зап. Томского педагогического ин-та. Т. 16.* Томск.

Дульзон, А. П. (1966). Чулымско-тюркский язык. *Языки народов*

СССР. Т. 2. Тюркские языки. М.

■ 어휘

Бирюкович, Р. М. (1984). *Лексика чулымско-тюркского языка.* Саратов.

■ 방언

Дульзон, А. П. (1973). Диалекты и говоры тюрков Чулыма. *Советская тюркология. № 2.* Баку.

Ураев, Р. А. (1955). Говор деревни Ежи. *Учен. зап. Томского педагогического ин-та. Т. 13.* Томск.

19.1.1.3. 사전 – 없다

19.1.1.4. 텍스트

Доможаков, Н. Г. (1960). Нижнеиюсцы. Материалцы по языку. *Учен. зап. Хакасского НИИ языка, литературы и истории. Вып. 8.* Абакан.

Радлов, В. В. (1868). *Образцы народной литературы тюркских племен, живущих в южной Сибири и Дзунгарской степи. Ч. 2.* СПб.

19.1.2. 사회언어학

Дульзон, А. П. (1971). Этнолингвистическая дифференциация тюрков Сибири. *Структура и история тюркских языков.* М.

Насилов, Д. М. (1994). Чулымский язык. *Красная книга языков народов России. Энциклопедический словарь-справочник.* М.

Насилов, Д. М. (2002). Чулымский язык. *Языки народов России. Красная книга. Энциклопедический словарь-справочник.* М.

19.1.3. 교재 – 없다

19.2. 전문가, 자문

◇ 비류코비치 림마 마흐무토브나(Бирюкович Римма Махмутовна)

체르니솁스키 사라토프 국립대학교

직장 주소 Россия, 410601, г. Сартов, ул. Университетская, 42

19.3. 기관, 연구소, 기구

19.3.1. 해당 언어의 발전을 돕는 기관, 연구소, 기구 – 없다

19.3.2. 해당 언어를 연구하는 기관, 연구소, 기구

◇ 언어학 연구소(RAN)(M)

직장 주소 Россия, 125009, г. Москва, Б. Кисловский пер.,

TEL   7-095-2903585

FAX   7-095-2905228

◇ 체르니솁스키 사라토프 국립대학교

직장 주소 Россия, 410026, г. Сартов, ул. Астраханская, 83

FAX   7-8452-240446

E-mail   kazinatp@info.sgu.ru / rector@sgu.ru /

science@info.sgu.ru

웹사이트   www.sgu.ru

19.4. 전자 매체에 담긴 정보(CD, 인터넷) – 없다

20. 전반적 정보 (언어의 기능과 문자 발달의 역사 개요)

계통 분류

출름튀르크어는 튀르크 어파의 동부 훈 분파 중 우고르-오구즈 어군의 하카스 하위어군에 속한다. 가장 가까운 친족어로는 하카스어, 쇼르어, 바라바어가 있다.

출름튀르크족은 몇 백 명밖에 안 되는 소수 종족으로서, 러시아 연방 톰스크 주와 크라스노야르스크 크라이에, 오비 강의 지류인 출름 강 중하류 유역의 몇몇 시골과 촌락에 거주한다.

인구 조사 과정에서는 독립적인 민족으로 고려되지 않았다.[93]

다른 일부 시베리아 튀르크 종족(토파족, 쇼르족)과 마찬가지로 튀르크화한 오비-우고르(Ob-Ugric, 사모예드) 종족들이 출름인의 종족 기원에서 기층을 이룬다.

방언 구분

출름어에는 **하류 출름 방언**과 **중류 출름 방언** 등 2개의 방언이 있다. 하류 출름 방언은 출름 강 하류 유역, 톰스크 주의 아시노보 구에서 지랸스키 구의 페레보스 마을에 이르는 지역에 분포하고, 중류 출름 방언은 출름 강 중류, 페레보스 마을에서부터 강 상류 쪽 크라스노야르스크 크라이의 튜흐테트 구 일대에 분포한다.

---

93 2010년 인구 조사 자료에 따르면 러시아 연방에 거주하는 출름족은 총 355명이다 (http://www.perepis-2010.ru). _옮긴이

중류 출름 방언은 다시 투탈 지역어와 멜레트 지역어로 나뉜다. 투탈 지역어는 톰스크 주의 테굴데트 촌락에 분포하고, 멜레트 지역어는 크라스노야르스크 크라이의 파세치노예 촌에 분포한다.

하류 출름 방언은 음성적·형태적으로 시베리아 타타르인의 언어의 톰스크 방언과 유사하고, 하카스어의 크즐 방언과도 유사하다.

중류 출름 방언은 쇼르어와 유사하고 하카스어의 방언들과도 유사하다.

중류 출름 방언과 하류 출름 방언은 음성적으로는 차이가 있고, 어휘론과 형태론 면에서는 차이가 적다.

출름튀르크어는 **문자**가 없고, **교육** 분야 및 **대중 언론**과 **통치** 분야에서 사용되지 않는다.

일상적인 의사소통 분야와 **구전 민속 창작** 분야에서 제한적으로 **기능**한다.

출름인은 압도적 다수가 러시아어를 구사하고, 모든 사회 활동 분야에서 러시아어를 사용한다.

출름인의 수가 적고, 출름어 어휘와 문체 구조의 발달 수준이 낮기 때문에 의사소통 영역이 극히 제한적일 수밖에 없으며, 이로 인해 출름어는 절멸되어 가고 있고, 러시아어로 완전히 이행하고 있다.

† 집필자

알렉산드르 니콜라예비치 바스카코프
(Aleksandr Nikolajevich Baskakov, Александр Николаевич Баскаков)
국가박사(Doktor nauk)
언어학 연구소(RAN)(M) 민족 언어 관계 연구 센터(NICNJaO)
직장 주소 Россия, 125009, г. Москва, Б. Кисловский пер., 1/12
TEL   7-095-2905268
FAX   7-095-2905228
E-mail   socioling@mail.ru

연도/기간   2000~2002년

토파어 A. 바스카코프

0. 언어 정의

0.1. 기본 명칭 – 토파어

1. 언어 명칭

1.1. 언어 화자가 사용하는 명칭 – 토파 들르[94](тофа дылы)

1.2. 정부 문서 또는 헌법에서 사용하는 명칭 – 토파어

1.3. 이전에 사용했던 명칭 – 카라가스어

1.4. 외국어 명칭 – 영어 Tofalar / 독일어 Tofisch / 프랑스어 tofalar

* 민족 명칭

기본 명칭 – 토파인

민족 자칭 – 토파(тофа)

정부 문서 또는 헌법에서 사용하는 명칭 – 토파인

이전에 사용했던 명칭 – 카라가스인

외국어 명칭 – 영어 Tofalars / 독일어 Tofen / 프랑스어 Tofalars

2. 통계 자료와 지리 자료 (1989년 인구 조사 자료)

2.1. 민족 구성원의 총수 (국가별 · 지역별)

- 러시아 – 722[95]

  이르쿠츠크 주 니즈네우딘스키 구 – 653

---

94 튀르크 어파에 속하는 돌간어, 쇼르어, 출름튀르크어, 토파어의 경우에 한해, 원어의 발음을 존중하여 'ы'를 'ㅣ'가 아닌 'ㅡ'로 표기하였다. _옮긴이

95 2010년 인구 조사 자료에 따르면 러시아 연방에 거주하는 토파족은 총 762명이다 (http://www.perepis-2010.ru). _옮긴이

  - ▶ 알리그제르 촌락 – 263
  - ▶ 베르흐냐야 구타라 촌 – 240
  - ▶ 네르하 촌락 – 150
  - 다른 지역 – 69
- 다른 나라
  - CIS(러시아 제외)와 발트 국가 – 9
    - ▶ 몰도바 – 2
    - ▶ 우즈베키스탄 – 2
    - ▶ 우크라이나 – 3
    - ▶ 타지키스탄 – 2

2.1.1. 해당 민족의 언어를 말하지 않는 민족 구성원의 수 (지역별·모어별)

- 러시아 – 413
  - 러시아어 – 401
  - 다른 언어 – 12
    - 이르쿠츠크 주 – 350
      - 러시아어 – 350
      - 다른 언어 – 자료 없음
    - 다른 지역 – 63
      - 러시아어 – 51
      - 다른 언어 – 12

2.2. 러시아 내 해당 언어 화자의 총수 (지역별)

- 러시아 – 323
  - 이르쿠츠크 주 – 290
  - 다른 지역 – 33

2.2.1. 해당 언어가 모어인 화자의 총수 (지역별·민족별)

- 러시아 – 309
  - 토파인 – 309
  - 기타 – 자료 없음
    - 이르쿠츠크 주 – 280
      - 토파인 – 280
      - 기타 – 자료 없음
    - 다른 지역 – 29
      - 토파인 – 29

기타 – 자료 없음

주해 민족별 자료는 없다.

2.2.1.1. 단일언어 사용자의 총수

- 러시아 – 14

  토파인 – 14

  - 이르쿠츠크 주 – 14

  토파인 – 14

  - 다른 지역 – 0

2.2.1.2. 이중언어 사용자의 총수

- 러시아 – 295

  토파인 – 295

  - 이르쿠츠크 주 – 266

  토파인 – 266

  - 다른 지역 – 29

  토파인 – 29

2.2.1.3. 남성 이중언어 사용자의 수

- 러시아 – 자료 없음

  토파인 – 자료 없음

2.2.1.4. 여성 이중언어 사용자의 수

- 러시아 – 자료 없음

  토파인 – 자료 없음

2.2.1.5. 이중언어 사용자의 제2 언어별 분포 (지역별)

주해 이중언어 사용자를 제2 언어에 따라 분류한 자료는 토파인에 관한 것뿐이다. 다른 민족에 대한 자료는 없다.[96]

- 러시아 – 295

  러시아어 – 283

  다른 언어 – 12

  - 이르쿠츠크 주 – 266

  러시아어 – 257

  다른 언어 – 9

---

96 원문에는 아래에 '러시아', '이르쿠츠크 주', '다른 지역' 행에 적힌 명수와 똑같이 각 행의 바로 아래에 '토파인'의 명수가 적혀 있으나, 주해에 토파인에 관한 자료뿐임이 밝혀져 있으므로 생략한다. _옮긴이

- 다른 지역 – 29

러시아어 – 26

다른 언어 – 3

2.2.1.6. 해당 언어가 모어인 화자 중 도시 · 촌 주민의 수

- 러시아 – 309

도시 – 36

촌 – 273

- 이르쿠츠크 주 – 280

도시 – 11

촌 – 269

- 다른 지역 – 29

도시 – 25

촌 – 4

주해 도시와 촌에 사는 사람들 중에서 토파어가 모어인 화자의 수에 관한 자료는 토파인에 관한 것뿐이다. 다른 민족에 대한 자료는 없다.

2.2.2. 해당 언어가 제2 언어인 화자의 총수 (지역별 · 민족별)

- 러시아 – 14

토파인 – 14

- 이르쿠츠크 주 – 10

토파인 – 10

- 다른 지역 – 4

토파인 – 4

주해 토파어가 제2 언어인 화자의 총수에 관한 자료는 토파인에 관한 것뿐이다. 다른 민족에 대한 자료는 없다.

2.3. 친족 언어와 친족 언어 화자의 수 (국가별 · 지역별)

- 투바어 – 203,601

러시아 – 203,601

다른 나라 – 자료 없음

2.4. 해당 언어가 모어인 화자의 수 (국가별 · 지역별)

- 러시아 – 309

이르쿠츠크 주 – 280

다른 지역 – 29

- 다른 나라

  CIS(러시아 제외)와 발트 국가 – 5

    ▶ 몰도바 – 2

    ▶ 우즈베키스탄 – 1

    ▶ 타지키스탄 – 2

  주해 토파어가 모어인 사람 중 토파어 화자의 수에 관한 자료는 토파인에 관한 것뿐이다. 다른 민족에 대한 자료는 없다.

2.5. 해당 언어가 제2 언어인 화자의 수 (국가별·지역별)

- 러시아 – 14

  이르쿠츠크 주 – 10

  다른 지역 – 4

- 다른 나라 – 자료 없음

3. 언어 개요

3.1. 계통 분류상의 위치

3.1.1. 어파 – 튀르크 어파

3.1.2. 분파 – 동부훈 분파

3.1.3. 어군 – 우고르-오구즈 어군

3.1.4. 하위어군 – 우고르-투큐이 하위어군

* 친족 언어 – 투바어

* 언어 접촉 – 러시아어, 투바어

  주해 토파인은 1930년대까지 유목 생활을 했다. 니즈냐야 우다 강와 오카 강 연안에 살던 카마신인, 투바–토자인, 부랴트인과 접촉했고, 러시아인, 우크라이나인, 타타르인과도 접촉했는데, 이들과의 접촉은 토파인이 정착 생활로 이행한 후에 더 긴밀해졌다.

* 추가적 지리 자료 (언어 분포 지역)

- 러시아

  이르쿠츠크 주

    ▶ 니즈네우딘스키 구 – 알리그제르, 네르하, 베르흐냐야 구타라 촌

  주해 토파인은 우다 강, 카라–부렌 강, 비류사 강, 구타라 강, 칸 강, 이야 강 상류와 오카 강의 왼쪽 지류 연안에, 그리고 동사얀 산맥의 동북부 경사면에 거주한다.

3.2. 주요 언어학적 특성 (간략한 기술)

- 음성학

  모음 순수 단모음 9개, 인두음화한(pharyngealized) 단모음 9개, 장모음 음소 9개가 있다. 모든 모음 음소는 (**모음조화**의) 구개견인(palatal retraction) 원칙에 따라 전설과 후설로 나뉜다.

  자음 자음 음소는 38개이며, 자음 음소 체계는 강자음, 약자음, 초약자음(공명음) 대립으로 이루어진다. 자음 음소는 조음 위치에 따라 순음, 전설, 중설, 후설, 연구개음(uvular), 인두음(pharyngeal)으로 나뉜다.

  강세 **호흡** 강세이며, 고유어는 마지막 음절에 강세가 떨어진다.

- 형태론

  교착어이며, **분석적** 요소가 있다. 후치사를 포함하여 10개의 **품사**가 있다. 문법적 격, 공간 관련 **격**이 8개 있다.

  동사 종합적 유형과 분석적 유형의 동사가 있다. 문법 범주로는 튀르크 언어에 고유한 **소유** 범주가 형태적 방법(접사 첨가), 형태통사적 방법, 통사적 방법으로 표현된다.

  수체계는 **십진법**을 사용한다.

- 조어론

  주된 조어법은 **접사 첨가**이다.

- 통사론

  연구된 바 없다.

- 어휘론

  가장 많은 **차용어**는 **몽골어, 부랴트어, 러시아어**에서 온 것이다.

3.3. 유형론적 특성

  - 교착어(분석적)

3.4. 방언 구분

  알리그제르 지역어

  구타라 지역어

  주해 지역어 간에는 일부 음성적, 어휘적 차이가 있을 뿐이다.

3.5. 명칭이 있는 주요 지역적 이형 – 없다

4. 문자와 정서법

- NWL(New Written Language, Novopis'mennyj jazyk) 1990년대에 문자가 제정된 언어

4.1. 문자 체계와 서체(서법) – 키릴 문자(보조 기호 사용)

4.2. 정서법

    4.2.1. 통일된 체계 – 있다

    4.2.2. 통일된 체계가 있는 경우, 통일 원칙 – 음소 원칙

* 표준어 – 표준어가 충분히 발달되지 않았다

* 문자의 역사 개요

토파어의 문자 기록을 학술 전사의 형태로 처음 행한 사람은 1849년 카스트렌(M. A. Kastren)과 1890년 카타노프(N. F. Katanov)였다. 러시아 서법에 기초한 문자는 라사딘(V. I. Rassadin)에 의해 1989년 제정되었으며, 그 문자는 아래와 같다.

а б в г д е ё ж з и і й к қ л м н о ө п р

с т у ү ф х һ ц ҷ ч ш щ ъ ы ь э ə ғ ю я

5. 지위

5.1. 해당 언어 화자가 자신의 언어를 충분히 발달된 언어이자 다른 언어들에 대응하는 언어라고 생각하는가?

    5.1.1. 해당 언어가 내적 구조 면에서 다른 언어들과 크게 구별되기 때문에?
    – 아니다

    5.1.2. 해당 언어가 발달된 문명의 도구로서 높은 발달 수준을 지니고 있기 때문에? – 아니다

5.2. 언어의 표준화가 이루어졌는가? – 아니다

    5.2.A. 문자 규범이 있는가? – 있다

    5.2.B. 구어 규범이 있는가? – 없다

    5.2.1. 표준화된 언어가 여러 개(pluricentric language)인가?
    – 표준어가 하나인 언어

    5.2.2. 2개의 표준이 혼합되어 있는가? – 아니다

    5.2.3. 특정 지역적 이형으로 된 문헌이 있는가? – 없다

    5.2.3.A. 문헌이 있는 지역적 이형 – 없다

5.3. 언어의 법적 지위 (국가별·지역별)

    국가 – 러시아

    해당 언어의 지위 – 러시아 연방 토착 소수민족 언어

    주해 이르쿠츠크 주에서는 사실상 권장 언어의 지위를 가진다.

5.4. 해당 언어 화자의 언어적·문화적 권리를 인정하는 텍스트 (헌법, 법, 조항, 명령

등)

6. 문헌의 발달 역사

6.0. 문헌이 있는가? – 있다

주해 1989년에 토파어 알파벳이 만들어지기 이전에는 토파어로 된 다수의 출판물이 음성 전사로 만들어졌다. 이는 주로 1917년 이전에 카스트렌(M. A. Kastren), 라들로프(V. V. Radlov), 카타노프(N. F. Katanov)가 출판했던 토파족 구비문학 작품과 그 번역본이었다. 1960~1980년대에는 토파족의 어문학 및 민속지학의 여러 분야에 대한 학술 서적들이 러시아어로 출판되었다. 러시아 튀르크 학자인 라사딘(V. I. Rassadin)이 토파어 알파벳을 제정했던 1989년 이후에야 교재와 사전, 구비문학 텍스트들이 토파어로 출판되기 시작했다.

6.1. 문헌이 만들어진 경우

6.1.1. 해당 언어가 모어인 화자가 주로 만든 것인가? – 아니다

6.1.2. 해당 언어가 모어가 아닌 사람들이 주로 만든 것인가? – 아니다

6.1.3. 위 두 범주의 사람들이 같은 정도로 만든 것인가? – 그렇다

6.2. 문헌의 구성은

6.2.1. 주로 원어로 되어 있는가? – 아니다

6.2.2. 주로 번역문으로 되어 있는가? – 아니다

6.2.3. 원어와 번역문이 같은 정도인가? – 그렇다

6.2.4. 번역은 어느 언어에서 이루어졌는가? – 러시아어

6.3. 출판물에 대한 통계 자료

주해 정확한 수적 자료는 없다.

6.3.1. 출판물 – 자료 없음

6.3.2. 해당 언어로 된 번역문

총 편수 – 10편 미만

6.3.3. 해당 언어에서 다른 언어로 된 번역문

총 편수 – 10편 미만

7. 종교 관습과 이데올로기 작품에서 해당 언어의 사용

주해 종교가 있는 토파인은 정교 신자이다. 샤머니즘이 존속하고 있다.

7.1. 종교적 예배, 의식, 의례에서 해당 언어의 사용 – 제한적으로 사용된다

◇ 종교 – 기독교(정교)

A. 설교 – 사용되지 않는다

B. 예배/의식 – 사용되지 않는다

C. 교육 – 사용되지 않는다

◇ 종교 – 샤머니즘

의식 – 사용된다

7.2. 종교 텍스트의 번역 – 없다

출처 – ibtnet.org/moscow/index.htm

연도/기간 – 2002년

7.3. 이데올로기 작품 – 없다

8. 문학 범주

8.1. 서술적 장르 – 없다

8.2. 비서술적 장르 (정보, 학술, 교육, 방법론)

총 텍스트 편수 – 약간

8.2.1. 대중 대상 비서술적 산문(초등학교 수준)

총 텍스트 편수 – 2편

8.2.1.1. 취학 전 어린이 보육 기관과 초등학교용 교재와 연습 문제집

총 텍스트 편수 – 2편

주해 초등학교 1학년과 2학년용 교재 2권이 있다.

8.2.1.2. 기타 대중 대상 비서술 산문 – 없다

8.2.2. 고급 수준 비서술적 산문(중등학교 수준) – 없다

8.2.3. 학술 비서술적 산문(대학 수준) – 없다

8.2.4. 기타 비서술적 산문(미분류)

총 텍스트 편수 – 2편

8.2.4.1. 방법론 서적 – 총 텍스트 편수 1편

8.2.4.2. 사전 – 총 텍스트 편수 1편

8.2.4.3. 문법서 – 없다

8.2.4.4. 언어학 서적 – 없다

8.2.4.5. 문헌 정보 – 없다

8.3. 구비문학 출판

총 텍스트 편수 – 약간

장르 – 민담(설화), 동요

9. 정기 간행물

사용 정도 – 사용되지 않는다

10. 교육 기관

지역 – 이르쿠츠크 주
A. 해당 언어가 교육매개어이거나 해당 언어를 교과목으로 가르치는가?
   – 그렇다
B. 해당 언어가 교육매개어인가? – 아니다
C. 해당 언어를 교과목으로 가르치는가? – 그렇다
D. 교재는 있는가? – 있다
E. 교사에 대한 특혜는 있는가? – 자료 없음
연도/기간 – 1993년
출처 – 러시아 연방 교육부
10.A-B. 교육매개어로 해당 언어의 사용
      사용 정도 – 사용되지 않는다
10.C. 교과목으로 해당 언어 교육 – 있다
      지역 – 이르쿠츠크 주
      연도/기간 – 1993년
      출처 – 러시아 연방 교육부
      10.C.0.1. 교재 – 있다
      10.C.1. 취학 전 보육 – 없다
            10.C.1.1. 교재 – 없다
      10.C.2. 초등 교육 – 있다
            지역 – 이르쿠츠크 주 니즈네우딘스키 구
             ▶ 알리그제르, 베르흐냐야 구타라, 네르하 촌
            교육 기관의 유형 – 초등학교/국립
            연도/기간 – 1993년
            교육 기관 수 – 3개
            학생 수 – 300명
            주당 시수 – 4시간
            출처 – 러시아 연방 교육부
            10.C.2.1. 교재 – 있다

10.C.3. 중등 일반 교육 – 없다

10.C.3.1. 교재 – 없다

10.C.4. 중등 전문 교육 – 없다

10.C.4.1. 교재 – 없다

10.C.5. 고등 교육 – 없다

10.C.5.1. 교재 – 없다

11. 대중 언론 매체에서 해당 언어의 사용

11.1. 라디오 방송

사용 정도 – 사용되지 않는다

11.2. 텔레비전 방송

사용 정도 – 사용되지 않는다

11.3. 영화

사용 정도 – 사용되지 않는다

11.4. 레코드판 – 자료 없음

11.5. 음성 녹음 자료(필름과 카세트) – 자료 없음

11.6. 극장

사용 정도 – 사용되지 않는다

12. 중앙 정부에서 해당 언어의 사용

◇ 국가 – 러시아

▶ 정부 기관 – 러시아 연방 정부

▶ 사용 정도 – 사용되지 않는다

13. 지역 정부에서 해당 언어의 사용

◇ 지역 – 이르쿠츠크 주

▶ 정부 기관 – 지역 정부

▶ 사용 정도 – 사용되지 않는다

14. 지방 관청에서 해당 언어의 사용

◇ 지역 – 이르쿠츠크 주
▶ 정부 기관 – 지방 관청
▶ 정부 기관 – 사용되지 않는다

15. 법원에서 해당 언어의 사용

◇ 국가 – 러시아
▶ 사용 정도 – 사용되지 않는다

16. 입법 기관에서 해당 언어의 사용

16.1. 중앙 입법 기관 또는 의회
◇ 국가 – 러시아
▶ 입법 기관 – 러시아 연방 의회
▶ 사용 정도 – 사용되지 않는다
16.2. 공화국 수도, 지역 중심지의 입법 기관, 공화국 대표 기관
▶ 사용 정도 – 사용되지 않는다

17. 생산 분야에서 해당 언어의 사용

사용 정도 – 사용되지 않는다
주해 토파족의 전통 생업은 수렵과 사슴 목축이다.

18. 서비스 및 유통 분야에서 해당 언어의 사용

사용 정도 – 사용되지 않는다

19. 정보의 출처

19.1. 문헌
19.1.1. 일반
19.1.1.1. 문헌 정보 – 없음
19.1.1.2. 언어 기술

Дыренкова, Н. П. (1963). Тофаларский язык. *Тюркологические иссле-*

дования. М.-Л.

Катанов, Н. Ф. (1903). *Опыт исследования урянхайского языка с указанием главнейших родственных отношений его к другим языкам тюркского корня.* Казань.

Рассадин, В. И. (1971). *Фонетика и лексика тофаларского языка.* Улан-Удэ.

Рассадин, В. И. (1978). *Морфология тофаларского языка в сравнительном освещении.* М.

Рассадин, В. И. (1982). *Тофаларский язык и его место в системе тюркских языков. Докт. дисс.* М.

Рассадин, В. И. (1990). Тофаларский язык. *Лингвистический энциклопедический словарь.* М.

Рассадин, В. И. (1994). Тофаларский язык. *Красная книга языков народов России. Энциклопедический словарь-справочник.* М.

Рассадин, В. И. (2002). Тофаларский язык. *Языки народов России. Красная книга. Энциклопедический словарь-справочник.* М.

Castrén, M. A. (1857). *Versuch einer koibalischen und karagassischen Sprachlehre nebst Wörterverzeichnissen aus den tatarischen Mundarten des Minussinischen Kreise.* SPb.

Menges, K. H. (1959). Das Sojonische und Karagassische. *Philologicae Turcicae Fundamenta. T. 1.* Wiesbaden.

19.1.1.3. 사전

Рассадин, В. И. (1995). *Тофаларско-русский и русско-тофаларский словарь.* Иркутск.

19.1.1.4. 텍스트

Радлов, В. В. (1907). *Образцы литературы тюркских племен. Ч. 9. Наречия урянхайцев (сойотов), абаканских татар и карагасов / Тексты собранные и переведенные Н.Ф. Катановым.* СПб.

Рассадин, В. И. (1995). *Легенды, сказки и песни седого Саяна. Сборник тофаларского фольклора.* Иркутск.

Шерхунаев, Р. А. (1975). *Сказки и сказочники Тофаларии.* Кызыл.

19.1.2. 사회언어학

Кривоногов, В. П. (1987). К современной этнической ситуации в Тофаларии. *Советская этнография. № 5.* М.

Мельникова, Л. В. (1994). *Тофы. Историко-этнографический очерк.* Иркутск.

Рассадин, В. И. (1994a). Тофаларско-русские языковые связи. *Контактологический энциклопедический словарь-справочник. Вып. 1. Северный регион. Языки народов Севера, Сибири и Дальнего Востока в контактах с русским языком.* М.

Рассадин, В. И. (1994b). Тофаларский язык. *Красная книга языков народов России. Энциклопедический словарь-справочник.* М.

Рассадин, В. И. (1997). Тофалары и их язык. Этнолингвистическая ситуация. *Малочисленные народы Севера Сибири и Дальнего Востока. Проблемы сохранения и развития языков.* СПб.

Рассадин, В. И. (2002). Тофаларский язык. *Языки народов России. Красная книга. Энциклопедический словарь-справочник.* М.

19.1.3. 교재

Рассадин, В. И. (1994). *Төрээн соот (Родное слово). Книга для чтения во 2-м классе тофаларских школ.* Иркутск.

Рассадин, В. И., & Шибкеев, В. Н. (1989). *Тоъфа букварь. Тофаларский букварь для первого класса тофаларских школ.* Иркутск.

Рассадин, В. И., & Шибкеев, В. Н. (1990). *Сылтысчык (Звездочка). Книга для чтения в 1-м классе тофаларских школ.* Иркутск.

19.2. 전문가, 자문

◇ 라사딘 발렌틴 이바노비치(Рассадин Валентин Иванович)

국가박사(Doktor nauk)

부랴트 사회과학 연구소(SO RAN)

직장 주소 Россия, 670047, Респ. Бурятия, г. Улан-Удэ, ул. Сахаяновой, 6

TEL 7-30123-36625

19.3. 기관, 연구소, 기구

19.3.1. 해당 언어의 발전을 돕는 기관, 연구소, 기구

◇ 부랴트 사회과학 연구소(SO RAN)

주소 Россия, 670047, Респ. Бурятия, г. Улан-Удэ, ул. Сахаьяновой, 6

TEL   7-30123-36625

◇ 역사학 · 어문학 · 철학 통합 연구소(SO RAN)

주소   Россия, 630090, г. Новосибирск 90, просп. акад.
Лаврентьева, 17

TEL   7-3832-350567

FAX   7-3832-301518

19.3.2. 해당 언어를 연구하는 기관, 연구소, 기구

◇ 부랴트 사회과학 연구소(SO RAN)

주소   Россия, 670047, Респ. Бурятия, г. Улан-Удэ, ул.
Сахаьяновой, 6

TEL   7-30123-36625

◇ 역사학 · 어문학 · 철학 통합 연구소(SO RAN)

주소   Россия, 630090, г. Новосибирск 90, просп. акад.
Лаврентьева, 17

TEL   7-3832-350567

FAX   7-3832-301518

19.4. 전자 매체에 담긴 정보(CD, 인터넷) – 없다

20. 전반적 정보 (언어의 기능과 문자 발달의 역사 개요)

계통 분류

토파어는 튀르크 어파의 동부 훈 분파 중 우고르-오구즈 어군에서 우
고르-투큐이 하위어군에 속하는 언어이다.

자칭

▶ 언어 자칭 – 토파 들르(тофа дылы)
▶ 민족 자칭 – 토파(тофа)

분포

토파어는 러시아 연방의 이르쿠츠크 주의 촌에 주로 거주하는 토파인
의 민족어이다.

민족 인구수

러시아에 총 722명[97](여기와 이하 1989년 인구 조사 자료)의 토파인이 있으며, 그중 653명은 이르쿠츠크 주에, 69명은 다른 지역에 산다. 러시아에 거주하는 토파인 중에서 토파어를 모어로 인정한 사람은 42.8%이다. 그들 중 40.8%는 **이중언어 사용자**이고, 러시아에 사는 토파인 중에 러시아어를 제2 언어로 구사하는 사람은 39.2%이다.

토파인의 **민족·언어 상황**의 특징은 그 수가 극히 적다는 점과, 토파어를 모어로 인정한 사람이 토파족의 절반에도 못 미친다는 사실이 보여주는 것처럼 모어의 사회적 기반이 협소하다는 점을 들 수 있다. 더욱이 토파어는 1990년대에 문자가 만들어진 NWL로서, 충분히 발달하지 못한 언어이며, 일상생활과 전통 생업 분야에서 제한적으로 사용되는 언어이다.

종교

토파인은 정교 신앙을 가지고 있다. 그러나 토파인 사이에는 샤머니즘의 요소가 여전히 남아 있다.

방언 구분

토파어는 투바어와 가깝고, 심지어 투바어의 방언으로 보기도 한다. 동시에 토파어는 상당히 단일하다. 알리그제르 방언과 구타라 방언 등 2개의 방언으로 분류되며, 어휘적·음성적 차이는 미미하다.

문자

토파어는 문자의 전통이 길지 않다. 문자는 1989년에야 제정되었다.
토파어는 충분히 발달하지 못한 언어이며, 협소한 기능을 가진 언어로서 다음과 같은 분야에서 **사용**된다.

- ▶ **초등 교육** 분야 – 초등학교 1~4학년까지 교과목으로 교육됨.
- ▶ **교과서와 교재** 분야 – 초등학교 1학년용, 2학년용 교재 2권이 출판됨.

---

97 2010년 인구 조사 자료에 따르면 러시아 연방에 거주하는 토파족은 총 762명이다 (http://www.perepis-2010.ru). _옮긴이

▶ **가정 일상 의사소통** 분야 – 주로 나이가 많은 사람들 사이에서 사용됨.

토파인의 모어 구사 수준에 대한 전문가의 평가에 따르면, 자유롭게 구
사하는 사람은 겨우 14명, 즉 전체 토파인의 2%에 불과하다.

문자 제정과 교재 출판, 초등학교 토파어 교육과 관련한 국가 지원이
있었음에도 불구하고, 가까운 미래에 토파어가 완전히 절멸할 위험이 여
전히 남아 있다.

† 집필자

알렉산드르 니콜라예비치 바스카코프
(Aleksandr Nikolajevich Baskakov, Александр Николаевич Баскаков)
국가박사(Doktor nauk)
언어학 연구소(RAN)(M) 민족 언어 관계 연구 센터(NICNJaO)
직장 주소 Россия, 125009, г. Москва, Б. Кисловский пер., 1/12
TEL   7-095-2905268
FAX   7-095-2905228
E-mail   socioling@mail.ru

연도/기간   1999~2002년

별첨 부록

[별첨 부록 1] 방언명 목록

한국어 번역본에 한글로 표기된 러시아 고유명사의 실제 명칭을 찾아볼 수 있도록 하기 위하여 본문에 나오는 모든 방언명을 따로 정리하였다. 언어별로 나누어, 방언 단위별 방언 명칭을 가나다순으로 배열하였다.

방언군(наречие), 방언(диалект), 지역어(говор), 하위방언(субдиалект)으로 방언 단위를 번역하였고, 방언군(диалектная группа = группа диалектов)과 지역어군(группа говоров)이라는 용어도 사용했다. 방언 단위의 배열은 방언군 > 방언 > 지역어군 > 지역어 순이며, (한)은 한국어, (러)는 러시아어를 의미한다.

	방언명(러)	방언 단위 (한)	방언명(러)	방언 단위 (러)
나나이어	상류아무르	방언	верхнеамурский	диалект
	하류아무르		нижнеамурский	
	중류아무르		среднеамурский	
	고린	지역어	горинский	говор
	나이힌		найхинский	
	볼론		болонский	
	비킨		бикинский (уссурийский)	
	숭가리		сунгарийский	
	시카치–알랸		сикачи-алянский	
	아무르우안(右岸)		правобережный амурский	
	에콘		эконский	
	주엔		джуенский	
	쿠르–우르미		кур-урмийский	
네기달어	상류(상류 암군)	방언	верховской	диалект
	하류(하류 암군)		низовской	
	본(本)하류	지역어	собственно низовской	говор
	우스트–암군		усть-амгунский	
니브흐어	남사할린	방언	южносахалинский	диалект
	동사할린		восточносахалинский	

	방언명(러)	방언 단위 (한)	방언명(러)	방언 단위 (러)
	북사할린		северносахалинский	
	아무르		амурский	
돌간어	노릴스크	지역어	норильский	говор
	아밤		авамский	
	퍄시나		пясинский	
	포피가이		попигайский	
	하탕가		хатангский	
쇼르어	므라스	방언	мрасский	диалект
	콘도마		кондомский	
어원어	동부	방언군	восточное	наречие
	서부		западное	
	중앙		центральное	
	라문힌	방언	ламунхинский	диалект
	모마		момский	
	비스트라		быстринский	
	아나디르		анадырский	
	아르만		арманский	
	알라이하		аллайховский	
	올라		ольский	
	울리야		ульинский	
	유카기르		юкагирский	
	콜리마-오몰론		колымско-омолонский	
	톰폰		томпонский	
	튜게시르		тюгесирский	
	펜지나		пенжинский	
어웡키어	남부 (sibilant-spirant)	방언군	южная (сибилянтно-спирантная)	диалект-ная группа
	동부(sibilant)		восточная (сибилянтная)	
	북부		северная	
	나칸노	방언	наканновский	диалект
	두디		дудинский	
	바르구진		баргузинский	
	바이칼 유역 방언[북(北)바이칼, 바운트 방언]		прибайкальские (северо-байкальский и баунтовский)	

	방언명(러)	방언 단위 (한)	방언명(러)	방언 단위 (러)
	볼쇼이포로크		Большого порога	
	사할린		сахалинский	
	심		сымский	
	아가타		Агаты	
	아얀–마이		аяно-майский	
	예르보가촌		ербогаченский	
	우차미		учамский	
	우추르		учурский	
	일림피		илимпийский	
	제야–부레야		зейско-буреинский	
	쿠르–우르미		кур-урмийский	
	탈로차		талочский	
	토크마–베르홀렌스키		токминско-верхоленский	
	투구르–추미칸		тугуро-чумиканский	
	투톤차니		тутончанский	
	알단	지역어군	алданская	группа говоров
	올료크마		олекминская	
	폿카멘나야 툰구스카		подкаменно-тунгусская	
	칼라르	지역어	каларский	говор
	톡코		токкинский	
	톰모트		томмотский	
	툰기르		тунгирский	
	틴다		тындинский	
	팀프톤		тимптонский	
오로치어	툼닌	방언	тумнинский	диалект
	하디		хадинский	
	훈가리		хунгарийский	
오로크어	남부(포로나이)	지역어	южный (поронайский)	говор
	북부(동사할린)		северный (восточно-сахалинский)	
우디허어	남부(비킨–이만)	방언	южный (бикино-иманский)	диалект
	북부		северный	
	아뉴이	지역어	анюйский	говор

	방언명(러)	방언 단위 (한)	방언명(러)	방언 단위 (러)
출름 튀르크어 출름 튀르크어	사마르가		самаргинский	
	호로		хорский	
	중류 출름	방언	среднечулымский	диалект
	하류 출름		нижнечулымский	
	멜레트	지역어	мелетский	говор
	투탈		тутальский	
토파어	구타라	지역어	гутаринский	говор
	알리그제르		алыгджерский	

[별첨 부록 2] 기관명 목록 (가나다순)

한국어 번역본에 한국어 번역 명칭으로 실린 기관명의 실제 러시아 명칭을 찾아볼 수 있도록 하기 위하여 본문에 나오는 모든 기관명을 따로 정리하였다. (한)은 한국어, (러)는 러시아어를 의미한다.

기관명(한)	기관명(러)
게르첸 러시아 국립사범대학교 – 북방민족연구소 (전 극북 민족 학부) – 고아시아 민족 학과	Российский государственный педагогический университет (РГПУ) им. А. И. Герцена - Институт народов Севера (факультет народов Крайнего Севера) - Кафедра палеоазиатских народов
국제사범대학교 – 북방분과	Международный педагогический университет - Северное отделение
노보시비르스크 국립 음악원 –시베리아 극동 민족 음악 문화 연구실	Новосибирская государственная консерватория - лаборатория музыкальной культуры народов Сибири и Дальнего Востка
노보쿠즈네츠키 국립사범대학교	Новокузнецкий государственный педагогический университет
니콜라옙스크-나-아무레 사범학교 – 북방민족 분과	Николаевское-на-Амуре педагогическое училище - Отдление народов Севера
러시아 문학 연구소 푸시킨 하우스 (상트페테르부르크 소재)	Институт русской литературы Пушкинский дом (г. С.-Петербург)
러시아 연방 북방 시베리아 극동 토착 소수민족 연합	Ассоциация коренных малочисленных народов Севера, Сибирии, Дальнего Востока Российской Федерации
러시아 토착민족 정보센터 "리이오라버틀리안"	Информационный центр коренных народов России "Льыоравэтльан"
마가단 주립 민속문화센터	Магаданский областной центр народной культры
모스크바 국립음악원 – 민속음악실	Московская государственная консерватория - кабинет народной музыки
민족 교육 문제 연구소	Институт национальных проблем образования
부랴트 사회과학 연구소 (SO RAN)	Бурятский институт общественных наук СО РАН

기관명(한)	기관명(러)
부랴트 학술 센터 산하 몽골학 · 불교학 · 티베트학 연구소 (SO RAN)	Институт монголоведения, буддологии и тибетологии БНЦ СО РАН
북방 소수민족 문제 연구소(SO RAN)	Институт проблем малочисленных народов Севера (ИПМНС) СО РАН
북방 토착민족 교육 센터	Учебный центр коренных народов Севера
북방민족 단과대학	Колледж народов Севера
사하(야쿠티야) 공화국 학술원 산하 인문학 연구소	Институт гуманитарных исследований АН Республики Саха (Якутия)
상트페테르부르크 국립대학교 – 일반언어학과	Санкт-Петербургский государственный университет - Кафедра общей лингвистики
아나디리 북방민족 고등사범학교	Анадырское высшее педагогическое училище народностей Севера
아모소프 야쿠트 국립대학교	Якусткий государственный университет им. М. К. Аммосова
야쿠트 역사 · 언어 · 문학 연구소 (SO RAN)	Институт истории, языка и литературы Якутии СО РАН
야쿠트 학술 센터	ЯНЦ (Якутский научный центр)
언어 문학 역사연구소(SO RAN) (야쿠트 지부)	Институт языка, литературы и истории Якутского филиала СО РАН
언어학 연구소(RAN)(M) – 민족 언어 관계 연구 센터 (NICNJaO) – 로망스어 분과 – 우랄 알타이어 분과	Институт языкознания РАН (г. Москва) - Научно-исселовательский центр по национально-языковым отношениям (НАЦНЯО) - Отдел романских языков - Отдел урало-алтайских языков
언어학연구소(RAN)(SPb) – 알타이 언어 분과 – 고아시아 · 사모예드 언어 분과 – 이론문법 분과	Институт лингвистичеких исследований РАН (г. С.-Петербург) - Сектор алтайских языков - Сектор палеоазиатских и самодийских языков - Сектор теоретической грамматики
역사학 · 어문학 · 철학 통합 연구소 (SO RAN)(노보시비르스크 소재) – 어문학연구소 – 만주퉁구스학분과 – 고아시아민족과	Объединенный институт истории, филологии и философии (ОИИФФ) СО РАН (г. Новосибирск) - Институт филологии - Сектор тунгусо-маньчжуроведения - Кафедра палеоазиатских народов
인류학 · 민속지학 박물관 (쿤스트카메라) (RAN) – 시베리아실	Музей антрополгии и этнографии (МАЭ) РАН (Кунсткамера) - Отдел Сибири
체르니솁스키 사라토프 국립대학교	Саратовский государственный университет им. Н. Г. Ченышевского

기관명(한)	기관명(러)
케메로프 주 쇼르족연합	Ассоциация шорского народа Кемеровской области
하바롭스크 국립 사범대학교	Хабаровский государственный педагогический университет
하바롭스크 크라이 민속예술회관	Дом народного творчества Хабаровского края
하카스 공화국 사회단체 (북방 소수민족 지역 연합 '쇼리야')	Хакасская республиканская общественная огранизация (Региональное общество малочисленных народов Севера 'Шория')

[별첨 부록 3] 지명 목록 (가나다순)

한국어 번역본에 한글로 표기된 러시아어 고유명사의 실제 키릴 표기 명칭을 찾아볼 수 있도록 하기 위하여 본문에 나오는 지명 중 연방 주체를 제외한 시 이하의 행정 단위명을 따로 정리하였다(연방 주체에 대해서는 부록 5를 참조하라). 시, 구, 울루스(구), 촌(촌락/촌/마을)을 별도로 하여 배열하였으며, 지명 단위는 시 > 구 > 울루스(구) > 촌락/촌/마을 순서로 배열하였다. (한)은 한국어, (러)는 러시아어를 의미한다.

행정 단위

구(район), 울루스(구, улус), 촌락(посёлок), 촌(село), 마을(деревня)
구 중심지(районный центр) / 촌청(сельсовет)

약어

р-н = район / пос. = посёлок / с. = село / дер. = деревня

지명(한)	지명 단위(한)	지명(러)	지명 단위(러)
시 (г.)			
노보쿠즈네츠크	시	Новокузнецк	г.
니콜라옙스크-나아무레	시	Николаевск-на-Амуре	г.
두딘카	시	Дудинка	г.
마가단	시	Магадан	г.
메즈두레첸스크	시	Междуреченск	г.
바비노	시	Вавино	г.
소베츠카야 가반	시	Советская Гавань	г.
아나디리	시	Анадырь	г.

지명(한)	지명 단위(한)	지명(러)	지명 단위(러)
시 (г.)			
아무르스크	시	Амурск	г.
콤소몰스크-나아무레	시	Комсомольск-на-Амуре	г.
타시타골	시	Таштагол	г.
팔라나	시	Палана	г.
하바롭스크	시	Хабаровск	г.
구 (район)			
나나이	구	Нанайский	р-н
네륜그리	구	Нерюнгринский	р-н
노글리키	구	Ногликский	р-н
니즈네우딘스키	구	Нижнеудинский	р-н
니콜라옙스크-나아무레	구	Николаевский-на-Амуре	р-н
두딘카	구	Дудинский	р-н
라조(= 세르게이 라조)	구	им. Лазо	р-н
바르구진	구	Баргузинский	р-н
바비노	구	Вавинский	р-н
바운트	구	Баунтовский	р-н
바이키트	구	Байкитский	р-н
비스트라	구	Быстринский	р-н
빌리비노	구	Билибинский	р-н
세르게이 라조	구	им. Сергея Лазо	р-н
세베로바이칼스키	구	Северобайкальский	р-н
세베로-에벤스키	구	Северо-Эвенский	р-н
셀렘자	구	Селемджинский	р-н
소네츠니	구	Солнечный	р-н
수수만	구	Сусуманский	р-н
스레드네칸스키	구	Среднеканский	р-н
아나디리	구	Анадырский	р-н
아무르	구	Амурский	р-н
아시노보	구	Асиновский	р-н
아얀-마이	구	Аяно-Майский	р-н

지명(한)	지명 단위(한)	지명(러)	지명 단위(러)
구 (район)			
야코블레프	구	Яковлевский	р-н
예니세이	구	Енисейский	р-н
오이먀콘	구	Оймяконский	р-н
오호츠크	구	Охотский	р-н
올가	구	Ольгинский	р-н
올라	구	Ольский	р-н
올류토라	구	Олюторский	р-н
울치	구	Ульчский	р-н
일림피	구	Илимпийский	р-н
제야	구	Зейский	р-н
지랸스키	구	Зырянский	р-н
추구예프	구	Чугуевский	р-н
카추크	구	Качугский	р-н
카탕가	구	Катангский	р-н
칼라르	구	Каларский	р-н
콤소몰스크	구	Комсомольский	р-н
크라스노셀쿠프	구	Красноселькупский	р-н
크라스노아르메이스키	구	Красноармейский	р-н
키로프	구	Кировский	р-н
테르네이	구	Тернейский	р-н
텐킨	구	Тенькинский	р-н
투구르-추미칸	구	Тугуро-Чумиканский	р-н
투루한스키	구	Туруханский	р-н
툰구스-추나	구	Тунгусо-Чунский	р-н
툰구코촌스키	구	Тунгукочонский	р-н
툰기르-올료크마	구	Тунгиро-Олекминский	р-н
튜흐테트	구	Тюхтетский	р-н
티길	구	Тигильский	р-н
틴다	구	Тындинский	р-н
펜지나	구	Пенжинский	р-н
포로나이	구	Поронайский	р-н

지명(한)	지명 단위(한)	지명(러)	지명 단위(러)
구 (район)			
포자르스키	구	Пожарский	р-н
폴리나 오시펜코	구	им. Полины Осипенко	р-н
하바롭스키 셀스키	구	Хабаровский сельский	р-н
하탕가	구	Хатангский	р-н
울루스(구) (улус)			
니즈네콜림스키	울루스(구)	Нижнеколымский	улус
모마	울루스(구)	Момский	улус
베르호얀스크	울루스(구)	Верхоянский	улус
베르흐네콜림스키	울루스(구)	Верхнеколымский	улус
불룬	울루스(구)	Булунский	улус
사키리르	울루스(구)	Саккырырский	улус
스레드네콜림스키	울루스(구)	Среднеколымский	улус
아나바르	울루스(구)	Анабарский	улус
아비	울루스(구)	Абыйский	улус
알단	울루스(구)	Алданский	улус
알라이하	울루스(구)	Аллаиховский	улус
에벤-비탄타이	울루스(구)	Эвено-Бытантайский	улус
올레뇨크	울루스(구)	Оленекский	улус
올료크마	울루스(구)	Олекминский	улус
우스티-야나	울루스(구)	Усть-Янский	улус
우시티-마이	울루스(구)	Усть-Майский	улус
코뱌이	울루스(구)	Кобяйский	улус
톰폰	울루스(구)	Томпонский	улус
촌락/촌/마을 (посёлок/село/деревня)			
그바슈기	촌락	Гвасюги	пос.
네르하	촌	Нерха	с.
네르하	촌락	Нерха	пос.
네크라솝카	촌락	Некрасовка	пос.
노글리키	촌락	Ноглики	пос.
노보예 옴미	촌락	Новое Омми	пос.

지명(한)	지명 단위(한)	지명(러)	지명 단위(러)
촌락/촌/마을 (посёлок/село/деревня)			
니즈냐야 가반	촌	Нижняя Гавань	с.
다타	촌락	Датта	пос.
두디	촌락	Дуди	пос.
라타	촌락	Ратта	пос.
로소시나	촌락	Лососина	пос.
마리인스코예	촌	Мариинское	с.
마이스키	촌락	Майский	пос.
몬골	촌	Монгол	с.
베르흐냐야 구타라	촌	Верхняя Гутара	с.
베르흐냐야 구타라	촌락	Верхняя Гутара	пос.
보고로츠코예	촌	Богородское	с.
보그다린	촌	Богдарин	с.
봄나크	촌락	Бомнак	пос.
불라바	촌	Булава	с.
블라디미롭카	촌	Владимировка	с.
사비노	촌	Савинское	с.
셰르게시	촌락	Шергеш	пос.
소베츠카야 레치카	촌락	Советская речка	пос.
소피야	촌	Софийское	с.
솔론치	촌	Солонцы	с.
솔론치	촌락	Солонцы	пос.
수린다	촌락	Суринда	пос.
술로마이	촌락	Суломай	пос.
스네즈니	촌락	Снежный	пос.
아그주	촌락	Агзу	пос.
아르세니예보	촌락	Арсеньево	пос.
아쿠르	촌락	Акур	пос.
알레옙카	촌락	Алеевка	пос.
알리그제르	촌	Алыгджер	с.
알리그제르	촌락	Алыгджер	пос.
에소	촌락	Эссо	пос.

지명(한)	지명 단위(한)	지명(러)	지명 단위(러)
촌락/촌/마을(посёлок/село/деревня)			
에콘다	촌락	Эконда	пос.
올론	촌락	Олон	пос.
우스티-뉴그자	촌락	Усть-Нюкжа	пос.
우스티-암군	촌	Усть-Амгунь	с.
우시카 오로치스카야	촌락	Уська Орочская	пос.
우오얀	촌	Уоян	с.
우차미	촌락	Учами	пос.
우흐타	촌	Ухта	с.
울륜한	촌	Улюнхан	с.
이옝그라	촌락	Иенгра	пос.
인노켄티예프	촌락	Иннокентьевский	пос.
자베티 일리이차	촌락	Заветы Ильича	пос.
체르스키	촌락	Черский	пос.
치린다	촌락	Чиринда	пос.
침메르마놉카	촌락	Циммермановка	пос.
칼리놉카	촌	Калиновка	с.
칼리놉카	촌락	Калиновка	пос.
케나다	촌락	Кенада	пос.
콜촘	촌	Кольчом	с.
쿠룸칸	촌	Курумкан	с.
크라스니 야르	촌락	Красный яр	пос.
키슬로칸	촌락	Кислокан	пос.
타우이스크	촌	Тауйск	с.
탄코보	마을	Таньково	дер.
테굴데트	촌락	Тегульдет	пос.
투라	촌락	Тура	пос.
투탈리	마을	Туталы	дер.
투톤차니	촌락	Тутончаны	пос.
툴루치	촌락	Тулучи	пос.
티르	촌	Тыр	с.
파세치노예	촌	Пасечное	с.

지명(한)	지명 단위(한)	지명(러)	지명 단위(러)
촌락/촌/마을(посёлок/село/деревня)			
페레보스	마을	Перевоз	дер.
페르보마이스코예	촌	Первомайское	с.
포타포보-나-야말레	촌락	Потапово на Ямале	пос.
폴리구스	촌락	Полигус	пос.
폴리나 오시펜코	촌	им. Полины Осипенко	с.
한티스코예 오제로	촌락	Хантыйское озеро	пос.
홀로드니	촌	Холодный	с.
아르세니예보	촌청	Арсеньевский	сельсовет
잔가	촌청	Джанговский	сельсовет

[부록 4] 키릴 문자의 로마나이즈 규칙

키릴문자	а	б	в	г	д	е*	ё	ж	з	и	й	к	л	м	н	о
라틴문자	a	b	v	g	d	je/e	jo	zh	z	i	j	k	l	m	n	o

키릴문자	п	р	с	т	у	ф	х	ц	ч	ш	щ	ъ	ы	ь	э	ю	я
라틴문자	p	r	s	t	u	f	kh	c	ch	sh	shch	"	y	'	eh	ju	ja

* 자음 뒤의 e는 e로, 기타 환경(어두, 모음 및 구별 부호 뒤)의 e는 je로 표기하였다.